COLEÇÃO

Preparatória p...

CONCURSOS JURÍDICOS

2

Direito Administrativo

www.editorasaraiva.com.br/direito

Visite nossa página

COLEÇÃO

Preparatória para

CONCURSOS JURÍDICOS

2

Direito Administrativo

RODRIGO BORDALO

3ª edição

2015

100 ANOS

Saraiva

Editora Saraiva

Rua Henrique Schaumann, 270, Cerqueira César — São Paulo — SP
CEP 05413-909
PABX: (11) 3613 3000
SAC: 0800 011 7875
De 2ª a 6ª, das 8:30 às 19:30
www.editorasaraiva.com.br/contato

Direção editorial *Luiz Roberto Curia*
Gerência executiva *Rogério Eduardo Alves*

Gerência editorial *Thaís de Camargo Rodrigues*
Editoria de conteúdo *Roberto Navarro*
Assistência editorial *Thiago Fraga*

Coordenação geral *Clarissa Boraschi Maria*
Preparação de originais *Maria Izabel Barreiros Bitencourt Bressan e Ana Cristina Garcia (coords.)*
Luciana Cordeiro Shirakawa
Arte e diagramação *Isabel Gomes Cruz*
Revisão de provas *Amélia Kassis Ward e Ana Beatriz Fraga Moreira (coords.)*
Paula Brito Araújo
Serviços editoriais *Elaine Cristina da Silva*
Kelli Priscila Pinto
Marília Cordeiro
Colaboração *Débora Faria Garcia*

Capa *APIS design integrado*

Produção gráfica *Marli Rampim*
Impressão *Ed.Loyola*
Acabamento *Ed.Loyola*

ISBN 978-85-02-21283-1 volume 2

Bordalo, Rodrigo
Direito administrativo / Rodrigo Bordalo. – 3. ed. – São Paulo : Saraiva, 2015. – (Coleção preparatória para concursos jurídicos; v. 2)
Bibliografia.
1. Direito administrativo 2. Direito administrativo - Brasil 3. Direito administrativo - Concursos - Brasil I. Título. II. Série.
CDU-35(81)(079.1)

Índices para catálogo sistemático:

1. Brasil : Direito administrativo : Provas e concursos 35(81)(079.1)
2. Brasil : Provas e concursos : Direito administrativo 35(81)(079.1)

Data de fechamento da edição: 1º-10-2014

Dúvidas?

Acesse www.editorasaraiva.com.br/direito

124.519.003.001 | 963439

SUMÁRIO

1. DIREITO ADMINISTRATIVO

2. PRINCÍPIOS DA ADMINISTRAÇÃO

3. PODERES DA ADMINISTRAÇÃO

4. ESTRUTURA

5. ATOS ADMINISTRATIVOS

6. INTERVENÇÃO DO ESTADO NA PROPRIEDADE

7. RESPONSABILIDADE DO ESTADO

8. LICITAÇÃO

10. SERVIÇOS PÚBLICOS

11. AGENTES PÚBLICOS

12. BENS PÚBLICOS

1

DIREITO ADMINISTRATIVO

1.1. DIREITO ADMINISTRATIVO. ASPECTOS INTRODUTÓRIOS

O Direito Administrativo representa um dos ramos do direito público, juntamente com o Direito Constitucional, o Direito Tributário, o Previdenciário, o Penal, entre outros. Apesar de tais divisões, não se pode perder de vista que o Direito é uno, constituindo um verdadeiro sistema. "O Direito, como um conjunto de normas de conduta humana, impostas coativamente pelo Estado, constitui uma unidade indivisível, maciça, monolítica" (GASPARINI, 2008, p. 1).

Historicamente, o surgimento do Direito Administrativo coincidiu com o aparecimento do **Estado de Direito**. É Maria Sylvia Zanella Di Pietro quem explica, com propriedade (2009, p. 2):

"(...) a formação do Direito Administrativo, como ramo autônomo, teve início, juntamente com o direito constitucional e outros ramos do direito público, a partir do momento em que começou a desenvolver-se – já na fase do Estado Moderno – o conceito de **Estado de Direito**, estruturado sobre o **princípio da legalidade** (em decorrência do qual até mesmo os governantes se submetem à lei, em especial à lei fundamental que é a Constituição) e sobre o **princípio da separação de poderes**, que tem por objetivo assegurar a proteção dos direitos individuais, não apenas nas relações entre particulares mas também entre estes e o Estado.

Daí a afirmação de que o Direito Administrativo nasceu das Revoluções que acabaram com o velho regime absolutista que vinha da Idade Média".

Sobre a definição de Direito Administrativo, diversos foram os critérios utilizados, como o do serviço público (o Direito Administrativo gira na órbita da noção de serviço público), o critério do Poder Executivo (o Direito Administrativo compreendido como o regime dos atos expedidos pelo Executivo), o critério teleológico (Direito Administrativo como atividade voltada à consecução de fins de utilidade pública), o critério negativista (o Direito Administrativo abrange a atividade estatal que não seja legislativa ou jurisdicional) etc. (cf. DI PIETRO, 2009, p. 43-47). Atualmente, ganha relevo o **critério da Administração Pública**, segundo o qual o "Direito Administrativo é o conjunto de princípios que regem a Administração Pública" (DI PIETRO, 2009, p. 46).

Ocorre que a estipulação deste critério faz surgir nova dúvida, referente à própria definição de Administração Pública. Esta pode ser entendida de duas formas:

a) a Administração Pública representa o conjunto de pessoas jurídicas, órgãos e agentes públicos que exercem a atividade administrativa (sentido subjetivo);

b) a Administração Pública refere-se à natureza dessa atividade, centralizada na noção de função administrativa (sentido objetivo).

A conjugação dos dois aspectos permite uma definição apropriada de Direito Administrativo: "(...) ramo do direito público que tem por objeto os órgãos, agentes e pessoas jurídicas administrativas que integram a Administração Pública, a atividade jurídica não contenciosa que exerce e os bens de que se utiliza para a consecução de seus fins, de natureza pública" (DI PIETRO, 2009, p. 47).

Esquematicamente:

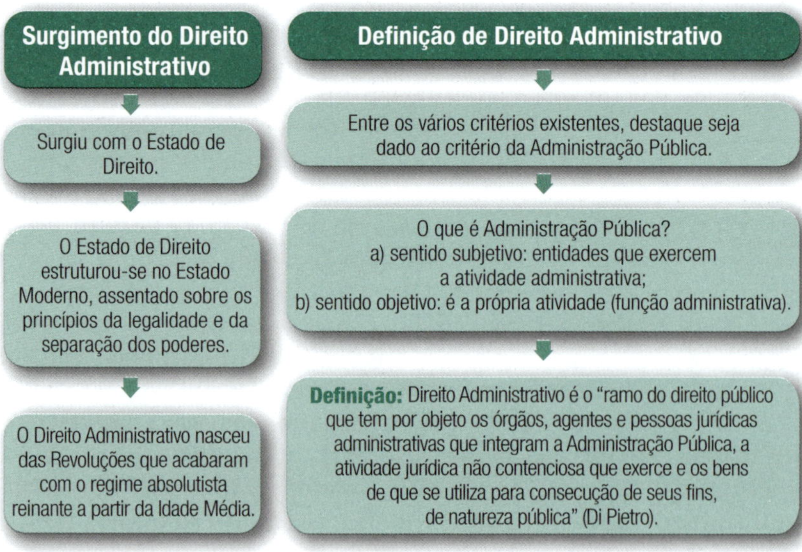

1.2. FUNÇÃO ADMINISTRATIVA

É cediço que as funções estatais são tradicionalmente divididas em três:

a) **função legislativa**;

b) **função jurisdicional**;

c) **função administrativa** (ou executiva).

Essa formulação decorre da teoria da tripartição das funções (também denominada teoria da separação dos poderes), consagrada principalmente pelas lições de Montesquieu, filósofo político do século XVIII. Partindo da premissa de que a concentração do Poder por alguém gera necessariamente o seu abuso, esse autor francês defendeu a tese de que o Poder deveria ser controlado pelo próprio Poder, motivo pelo qual imprescindível o seu fracionamento.

Com base em tal divisão, questão das mais relevantes é saber como distinguir de maneira adequada tais funções estatais.

Sobre o assunto, Celso Antônio Bandeira de Mello assinala que diversos são os parâmetros para referida distinção.

Em primeiro lugar, poder-se-ia afirmar que a função legislativa é aquela exercida pelo Poder Legislativo (ou seja, pelos órgãos que compõem tal Poder, como o Congresso Nacional, o Senado Federal, a Câmara dos Deputados etc.); a jurisdicional é a função exercida pelo Judiciário (STF, STJ, Tribunais estaduais, entre vários outros); e a função administrativa é a detida pelo Poder Executivo (Presidência da República, Ministérios, autarquias etc.). Este representa o **critério subjetivo** (ou **orgânico**) para a diferenciação de tais funções.

No entanto, trata-se de parâmetro falho, passível de críticas. Isso porque **todos os Poderes exercem todas as funções, seja de maneira principal (típica), seja de maneira acessória (atípica)**. Assim, os órgãos do Poder Legislativo exercem tipicamente a função legislativa. Ademais, desempenham de maneira atípica as funções jurisdicional e administrativa. Ou seja, o Senado Federal, por exemplo, além de legislar, julga crimes de responsabilidade do Presidente da República, nos termos do art. 52, I, da CF (exercício da função jurisdicional), bem como realiza concursos públicos, determina as nomeações de seus agentes, promove licitações para a compra de materiais (papéis, computadores, mesas, cadeiras etc.) necessários ao desenvolvimento da atividade (exercício da função administrativa).

O mesmo se pode dizer dos demais Poderes. Dessa forma, o Poder Judiciário, além de exercer tipicamente a função jurisdicional, desempenha a função administrativa (ex.: concursos públicos, licitações, relações funcionais etc.) e a legislativa (expedição de regimentos internos). Já o Poder Executivo, além de exercer de maneira típica a função administrativa, igualmente cumpre a função legislativa (manuseio das medidas provisórias) e a função jurisdicional (no âmbito dos processos que tramitam perante os "Tribunais Administrativos", a exemplo do Cade, dos Conselhos Tributários etc.).

Outro critério para distinguir as funções estatais é o **objetivo material** (ou substancial), que busca os elementos intrínsecos de cada uma das funções (cf. BANDEIRA DE MELLO, 2003, p. 30). Assim, a função legislativa baseia-se na expedição de atos gerais e abstratos; a função jurisdicional tem por escopo a resolução de controvérsias; e a função administrativa assume a condição de realizar de maneira concreta os fins desejados pelo Estado.

No entanto, esse critério também é passível de críticas. Isso porque existem muitas atividades decorrentes da função administrativa que não se enquadram nas características assinaladas. Exemplo: os regulamentos (atos gerais e abstratos expedidos pelo Presidente), que representam uma manifestação da função administrativa, não realizam concretamente os fins estatais, ou seja, do ponto de vista objetivo material, assemelham-se mais à função legislativa (consubstanciada em atos gerais e abstratos) do que à administrativa. O mesmo se pode afirmar das decisões proferidas por diversos órgãos e entidades administrativas, que assumem a função referente à solução de controvérsias, assemelhando-se à função jurisdicional.

Por fim, o critério **objetivo formal**, que leva em consideração as características jurídicas principais de cada função. De acordo com Celso Antônio Bandeira de Mello, este o **critério adequado para identificar as funções estatais**. Trata-se da posição predominante no cenário doutrinário nacional.

Segundo tal formulação, por meio da função legislativa verifica-se a criação, de maneira **originária**, de **direitos e deveres** dirigidos aos particulares e ao Estado. Quando se afirma que é "originária", quer-se dizer que a inovação do ordenamento jurídico se dá de forma primária e inicial. Já a função jurisdicional é marcada pela **definitividade**, ou seja, a solução das controvérsias apresenta força de **coisa julgada**, não podendo sofrer modificação. Quanto à função administrativa, caracteriza-se por ser exercida "na intimidade de uma **estrutura e regime hierárquicos**", bem como por "ser desempenhada mediante comportamentos **infralegais** ou, excepcionalmente, infraconstitucionais, submissos todos a controle de legalidade pelo Poder Judiciário" (BANDEIRA DE MELLO, 2003, p. 34).

Esquematicamente:

	Função legislativa	Função jurisdicional	Função administrativa
Critério orgânico	Poder Legislativo	Poder Judiciário	Poder Executivo
Critério objetivo material	Atos gerais e abstratos	Solução de controvérsias	Realização concreta e imediata dos fins estatais
Critério objetivo formal	Criação **originária** de direitos e deveres	Força de **coisa julgada**	Ato **infralegal** e inserido em uma **estrutura hierárquica**

1.3. REGIME JURÍDICO-ADMINISTRATIVO

A autonomia do Direito Administrativo justifica-se juridicamente em função de um regime peculiar que lhe traça os contornos, que lhe confere identidade e, sobretudo, autonomia. Trata-se do **regime jurídico-administrativo**.

De acordo com as lições de Celso Antônio Bandeira de Mello, esse regime assenta-se sobre dois princípios, considerados verdadeiras "pedras de toque", fundamentos do Direito Administrativo. São eles:

a) **Princípio da supremacia do interesse público sobre o privado**

A finalidade da Administração é perseguir o interesse público, objetivando, em última análise, assegurar o bem da coletividade. Diante disso, afirma-se deter o interesse público uma posição proeminente em relação ao privado. Essa configuração é "pressuposto de uma ordem social estável, em que todos e cada um possam sentir-se garantidos e resguardados" (BANDEIRA DE MELLO, 2003, p. 60).

Fácil imaginar que o interesse particular de um proprietário deve sucumbir diante do interesse público que enseja a desapropriação de seu bem.

Como se nota, consequência relevante desse princípio é o aparecimento, para a Administração, de uma série de **prerrogativas**, por meio das quais o Poder Público atua na busca do bem comum. As prerrogativas devem ser compreendidas como privilégios, como poderes atribuídos à Administração, que acaba por se colocar em uma posição de superioridade diante do particular (relação baseada na **verticalidade**).

Exemplos de prerrogativas: desapropriação de bens, aplicação de sanções administrativas em virtude do exercício do poder de polícia, possibilidade de alterar ou rescindir unilateralmente os contratos administrativos, manifestação dos atributos da imperatividade e da autoexecutoriedade, entre outros.

b) **Princípio da indisponibilidade do interesse público pela Administração**

Os interesses públicos não podem ser livremente dispostos pela Administração, na medida em que os interesses em jogo são aqueles próprios da coletividade. Assim, o Poder Público encontra-se sujeito a limites impostos pelo ordenamento jurídico. Como se percebe, decorre de tal princípio a imposição de **sujeições** (limitações, deveres) à Administração, como a necessidade de submissão à lei e aos princípios constitucionais.

Cumpre notar que essa contraposição entre prerrogativas e sujeições representa a marca característica do Direito Administrativo. Trata-se da dialética entre **autoridade da Administração** e **liberdade do particular**. Por exemplo: ao mesmo tempo que o Poder Público pode desapropriar bens dos particulares (prerrogativa da Administração), ele tem o dever de observar os trâmites disciplinados pela lei que rege a expropriação, como a obediência às fases declaratória e executória, obrigatoriedade de indenização prévia etc. (sujeições da Administração).

De maneira esquemática:

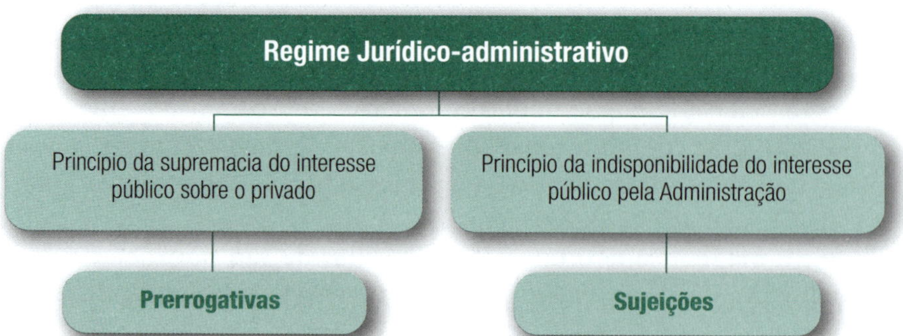

1.3.1. Interesse público

Convém notar que o **interesse público** representa a noção que integra os dois fundamentos acima vistos. Daí a sua importância, bem como a consequente necessidade de algumas considerações.

Importa registrar, em primeiro lugar, que os doutrinadores brasileiros costumam reproduzir uma lição advinda do direito italiano, o qual fez a seguinte distinção em relação aos interesses que envolvem a Administração.

De um lado, o chamado **interesse primário**, consistente no interesse da sociedade, da coletividade. De outro lado, o **interesse secundário**, que representa o interesse da própria Administração, na condição de pessoa jurídica.

Como se pode perceber, o **interesse primário representa o verdadeiro interesse público**, motivo pelo qual deve ser destacado. Portanto, a compatibilização de tais interesses somente se dá no seguinte sentido: **o interesse secundário somente pode ser perseguido pela Administração se coincidente com o interesse primário** (cf. BANDEIRA DE MELLO, 2003, p. 57). "A tentativa de obter a maior vantagem possível é válida e lícita, observados os limites do direito, apenas para os sujeitos privados. Essa conduta não é admissível para o Estado, que somente está legitimado a atuar para realizar o bem comum e a satisfação geral" (JUSTEN FILHO, 2005, p. 39).

Esquematicamente:

INTERESSE	**PRIMÁRIO** = interesse da sociedade (é o verdadeiro INTERESSE PÚBLICO).
	SECUNDÁRIO = interesse da Administração, na condição de pessoa jurídica.
REGRA: o interesse secundário somente pode ser perseguido pela Administração quando coincidente com o interesse primário.	

Em segundo lugar, sobre o real conteúdo do interesse público, reina grande divergência doutrinária, haja vista a grande indeterminação da expressão. Afinal, o que representa efetivamente interesse público? Quais os seus contornos?

Marçal Justen Filho, na tentativa de assinalar um conteúdo próprio, exclui da noção de interesse público o interesse da Administração (que representa o interesse secundário, como visto) ou o interesse do agente público.

Em seguida, conclui ser incabível a definição com base em um parâmetro aritmético relacionado com a sociedade. Desse modo, não se pode afirmar que o interesse público é o interesse privado comum a **todos os cidadãos**. "Essa concepção é inútil, porque a unanimidade nunca será atingida. Basta um único sujeito ter interesse divergente dos restantes para que não surja o interesse público" (JUSTEN FILHO, 2005, p. 39). Da mesma forma, inviável dizer que o interesse público é aquele pertencente à **maioria da população**. Tal formulação conduz à eliminação do interesse das minorias, o que se apresenta como antidemocrática.

Referido autor também julga insatisfatório afirmar que o interesse público representa o interesse da sociedade, dissociado do somatório dos indivíduos. "Gera a possibilidade de reconhecer como interesse público algo desvinculado de qualquer interesse individual concreto. A desvinculação entre a dimensão individual e o interesse público contém o germe do autoritarismo" (2005, p. 41).

Ao final, Marçal Justen Filho acaba por abandonar a noção de interesse público como primordial ao Direito Administrativo, preferindo a ideia de direitos fundamentais.

Entende-se que a razão se encontra com Celso Antônio Bandeira de Mello, para quem é impossível dissociar o interesse público e o interesse individual. Com efeito, "corresponderia ao mais cabal contrassenso que o bom para todos fosse o mal de cada um, isto é, que o interesse de todos fosse um anti-interesse de cada um" (2003, p. 51). Assim, **o interesse público representa a função qualificada dos interesses individuais**.

Ademais, também segundo este autor, na medida em que o interesse público representa uma noção jurídica, "é óbvio que a concreta individualização dos diversos interesses qualificáveis como públicos só pode ser encontrada no próprio Direito Positivo" (2003, p. 58).

1.4. FONTES DE DIREITO ADMINISTRATIVO

Fonte de Direito significa o modo pelo qual ele se manifesta. Sobre o tema, não se verifica unanimidade na doutrina, como assinala Diogenes Gasparini (2008, p. 27). As fontes costumam ser agrupadas em duas modalidades: as escritas e as não escritas.

1.4.1. Lei

De modo inconteste, pode-se afirmar que **a lei representa a fonte mais relevante do Direito Administrativo**. Com efeito, um dos aspectos fundamentais do Estado de Direito é a superioridade da lei. Há juristas, ainda, que entendem ser a lei a única fonte do Direito Administrativo.

A lei pode ser compreendida em seu sentido amplo, de tal maneira que compreende: a) a Constituição (ordenamento superior de um Estado); b) as leis formais (atos normativos expedidos no exercício da função legislativa); c) as normas jurídicas administrativas (decretos, portarias, resoluções, circulares etc.).

1.4.2. Jurisprudência

Representa a "orientação dada pelos Tribunais à solução de casos concretos" (ARAÚJO, 2005, p. 41). Deve ser compreendida como o conjunto de decisões em determinado sentido.

Apesar de alguns autores não creditarem à jurisprudência a categoria de fonte, verifica-se que recentes alterações constitucionais reforçam o contrário. Trata-se da súmula vinculante, prevista no art. 103-A da CF, acrescido pela Emenda Constitucional n. 45/2004 (denominada Emenda da Reforma do Judiciário). Assim, ao Supremo Tribunal Federal cabe, mediante decisão de dois terços de seus membros, após reiteradas decisões sobre matéria constitucional, aprovar súmula que, a partir de sua publicação, terá efeito vinculante em relação aos demais órgãos do Poder Judiciário e à Administração Pública direta e indireta, nas esferas federal, estadual e municipal.

1.4.3. Costume

O costume representa "a reiteração uniforme de um comportamento tido como obrigação legal" (GASPARINI, 2008, p. 31). Possui dois elementos: a) uso continuado; b) convicção generalizada acerca de sua obrigatoriedade.

Assinale-se que a "praxe administrativa (simples rotina administrativa) não se confunde com o costume, não sendo, na opinião da maioria dos autores, fonte do Direito Administrativo"(GASPARINI, 2008, p. 31). Edmir Netto de Araújo adota entendimento contrário, segundo o qual a praxe administrativa equivale ao "costume dos agentes", de modo que "seu valor como fonte de Direito é similar" (2005, p. 43).

1.4.4. Princípios gerais de direito

Representam as "proposições fundamentais que se encontram na base de toda a legislação, constituindo o norte, o roteiro, que orienta o sistema legislativo de um povo" (GASPARINI, 2008, p. 31). Pela importância, serão destacados a seguir (ver capítulo 2 – Princípios da Administração).

1.4.5. Doutrina é fonte de Direito Administrativo?

Divergem os autores. Para Edmir Netto de Araújo, cabível tal correlação, principalmente se a doutrina for considerada como "fonte supletiva de omissões ou deficiências da lei, como repositório dos princípios e conceitos do Direito e principalmente como atividade interpretativa dos textos legais e sua aplicação" (2005, p. 42).

Esse mesmo autor entende que "a própria autonomia do Direito Administrativo e sua emancipação do Direito Civil é obra da doutrina, pois influiu e continua a influir de maneira poderosa na formulação das teses fundamentais existentes nos vários sistemas de Direito Administrativo" (2005, p. 42).

Esquematicamente:

Lei

Jurisprudência

Costumes

Princípios gerais do Direito

Doutrina

1.5. INTERPRETAÇÃO DO DIREITO ADMINISTRATIVO

De acordo com a posição doutrinária clássica, a interpretação do Direito Administrativo deve levar em consideração três aspectos:

a) "a desigualdade jurídica entre a Administração e os administrados" (MEIRELLES, 2001, p. 43), na medida em que representa pressuposto do regime jurídico-administrativo o princípio da supremacia do interesse público sobre o privado. "Dessa desigualdade originária entre a Administração e os particulares resultam inegáveis privilégios e prerrogativas para o Poder Público, privilégios e prerrogativas que não podem ser desconhecidos nem desconsiderados pelo intérprete ou aplicados a regras e princípios desse ramo do Direito" (MEIRELLES, 2001, p. 43);

b) a presunção de legitimidade dos atos da Administração. "Em razão do princípio da legalidade, presumem-se praticados de acordo com a lei" (GASPARINI, 2008, p. 26);

c) "a necessidade, muitas vezes, do uso de poderes discricionários pela Administração, para atender ao interesse público *in concreto*" (ARAÚJO, 2005, p. 45).

Questões

1. **(Advogado da União – 2002 – CESPE) Julgue o item a seguir:**

   Em face da realidade da Administração Pública brasileira, é juridicamente correto afirmar que o critério adotado para a conceituação do Direito Administrativo no País é o critério do Poder Executivo.

2. **(Advogado da União – 2002 – CESPE) Julgue o item a seguir:**

   Não obstante o princípio da legalidade e o caráter formal dos atos da Administração Pública, muitos administrativistas aceitam a existência de fontes escritas e não escritas para o Direito Administrativo, nelas incluídos a doutrina e os costumes; a jurisprudência é também considerada por administrativistas como fonte do Direito Administrativo, mas não é juridicamente correto chamar de jurisprudência uma decisão judicial isolada.

3. **(Auditor Fiscal da Receita Federal – ESAF – 2003) O estudo do regime jurídico-administrativo tem em Celso Antônio Bandeira de Mello o seu principal autor e formulador. Para o citado jurista,**

o regime jurídico-administrativo é construído, fundamentalmente, sobre dois princípios básicos, dos quais os demais decorrem. Para ele, esses princípios são:

a) indisponibilidade do interesse público pela Administração e supremacia do interesse público sobre o particular.
b) legalidade e supremacia do interesse público.
c) igualdade dos administrados em face da Administração e controle jurisdicional dos atos administrativos.
d) obrigatoriedade do desempenho da atividade pública e finalidade pública dos atos da Administração.
e) legalidade e finalidade.

4. **(Procurador do Banco Central – 1999) Diz-se que a posição privilegiada da Administração Pública em relação aos particulares designa dever-poder e não poder-dever, visto que:**
   a) assujeita a Administração Pública à defesa prioritária do interesse da pessoa pública.
   b) tal privilégio é inerente à posição de supremacia do interesse público primário ou secundário.
   c) assujeita obrigatoriamente o Poder Público ao atendimento do interesse público primário.
   d) a Administração Pública tem o dever de atender aos princípios constitucionais da indisponibilidade do interesse privado.
   e) o privilégio decorre do princípio constitucional da eficiência.

5. **(Magistratura do Estado de São Paulo – 2009) A demora da Administração Pública em cumprir com a obrigação de saldar os débitos líquidos, certos e devidamente requisitados pelo Poder Judiciário por meio de precatório judicial, ainda que sob a ótica doutrinária:**
   a) justifica-se pelo poder-dever do Estado de dar atendimento, com primazia, aos interesses públicos primários, por princípio constitucional, indisponíveis, considerando que a rápida e efetiva solução dos precatórios judiciais diz respeito à indenização de caráter privado.
   b) justifica-se à vista do regime jurídico-administrativo que tutela o interesse coletivo, considerando que dar efetivo e rápido cumprimento aos precatórios judiciais implica empobrecimento do erário público em prejuízo da coletividade que não prescinde da prestação de serviços públicos.

c) justifica-se no fato de a Administração Pública ser dotada do poder discricionário de atender, em primeiro lugar, ao interesse do Estado, considerando que todo interesse do Estado por si só se define como interesse público.
d) ofende o princípio da supremacia do interesse público primário do Estado, considerando que a demora da solução dos precatórios atende exclusivamente ao interesse secundário do Estado.

Gabarito

1. Errada
2. Correta
3. A
4. C
5. D

2

PRINCÍPIOS DA ADMINISTRAÇÃO

2.1. INTRODUÇÃO

A noção de **princípio** passou por uma substancial alteração, de tal modo que atualmente assume relevância primordial no ordenamento jurídico. Não faz muito tempo os princípios detinham função **meramente integradora**, ou seja, eram utilizados como um mecanismo para preenchimento das lacunas (basta verificar o art. 4º da Lei de Introdução às Normas do Direito Brasileiro, de 1942, que assim dispõe: "Quando a lei for omissa, o juiz decidirá o caso de acordo com a analogia, os costumes e os **princípios gerais de direito**").

Presentemente, assumem a natureza de verdadeiras **normas jurídicas**, vale dizer, de comandos dotados de imperatividade (expressam um **dever-ser**) e a partir dos quais são impostas condutas aos destinatários, bem como instituídos valores e fins para a interpretação e a aplicação do Direito. Daí se dizer que os princípios constituem **fontes formais** do Direito Administrativo.

Como destacado por Celso Antônio Bandeira de Mello, em frase memorável: "Violar um princípio é muito mais grave que transgredir uma norma qualquer. A desatenção ao princípio implica ofensa não apenas a um específico mandamento obrigatório, mas a todo o sistema de comandos. É a mais grave forma de ilegalidade ou inconstitucionalidade, conforme o escalão do princípio atingido, porque representa insurgência contra todo o sistema, subversão de seus valores fundamentais, contumélia irremissível a seu arcabouço lógico e corrosão de sua estrutura mestra" (2003, p. 818).

Ressaltem-se os **princípios constitucionais**, que se encontram no ápice do ordenamento jurídico, representando, dessa maneira, verdadeiro **fundamento de validade** para as demais normas. Em virtude de tal **supremacia**, as leis e os atos administrativos que estiverem em contrariedade com os princípios estampados na Constituição não merecem prevalecer na ordem jurídica.

No que se refere aos princípios da Administração Pública, o dispositivo constitucional de maior relevância é o ***caput* do art. 37**, que assim preconiza:

"A administração pública direta e indireta de qualquer dos Poderes da União, dos Estados, do Distrito Federal e dos Municípios obedecerá aos princípios de legalidade, impessoalidade, moralidade, publicidade e eficiência (...)".

Esse preceito, além de indicar os princípios gerais do Direito Administrativo, assinala o âmbito de sua aplicação. É o que será visto a seguir.

2.2. ÂMBITO DE APLICAÇÃO

Observe-se o **âmbito de aplicação** dos princípios. Eles abarcam não somente a **Administração direta**, como também a **Administração indireta**. Assim, as autarquias (a exemplo do INSS), as fundações governamentais (Funai), as empresas públicas (Caixa Econômica Federal, Infraero) e as sociedades de economia mista (Banco do Brasil, Petrobras), todas integrantes da Administração indireta, submetem-se aos princípios aludidos.

Relevante esclarecer que os princípios incidem no âmbito da atuação administrativa, independentemente da atividade exercida pela entidade estatal. Dessa forma, as empresas públicas e as sociedades de economia mista que exercem **atividade econômica** (a exemplo da Caixa Econômica Federal e da Petrobras) submetem-se aos postulados constitucionais, muito embora a Carta Magna determine a sujeição das empresas governamentais ao regime típico das empresas privadas (cf. art. 173, § 1º, II).

Não se pode esquecer que a hermenêutica constitucional segue princípios específicos. Entre eles, digno de nota é o princípio da concordância prática ou harmonização, segundo o qual, com base na noção da unidade da Constituição e na inexistência de hierarquia entre os princípios, "os bens jurídicos constitucionalizados deverão coexistir de forma harmônica na hipótese de eventual conflito ou concorrência entre eles, buscando-se, assim, evitar o sacrifício (total) de um princípio em relação a outro em choque" (LENZA, 2008, p. 73).

Ademais, igualmente sofrem o influxo do comando do art. 37, *caput*, os **três Poderes** (Executivo, Legislativo e Judiciário), por ocasião do exercício da função administrativa, bem assim todas as **entidades federativas** (União, Estados, Distrito Federal e Municípios). Como se vê, o preceito constitucional acima transcrito procura repercutir de maneira ampla os princípios que elenca.

Esquematicamente:

2.3. PRINCÍPIOS BÁSICOS DO DIREITO ADMINISTRATIVO

Os princípios básicos do Direito Administrativo são aqueles insculpidos no *caput* do art. 37 da CF. Para lembrá-los, há um **recurso mnemônico** muito utilizado. A conjugação da primeira letra de cada princípio forma a palavra **LIMPE** (**L**egalidade, **I**mpessoalidade, **M**oralidade, **P**ublicidade e **E**ficiência). Em virtude da importância de cada um, convém analisá-los separadamente.

2.3.1. Princípio da legalidade

Indubitavelmente, o princípio da legalidade representa um dos mais importantes no âmbito do direito público. Para tanto, basta verificar que o próprio Direito Administrativo somente surgiu com o aparecimento do **Estado de Direito**, fruto das revoluções liberais do século XVIII.

Antes disso, predominava o **Estado absolutista** (também conhecido como **Estado de Polícia**), caracterizado pela figura do monarca soberano, que centralizava todas as funções estatais – as de fazer as leis, de aplicá-las e de julgar os conflitos. Ou seja, o rei concentrava todos os poderes. Nesse contexto, inexistiam limites para a atuação estatal, que se dava conforme o bel-prazer da autoridade máxima. Tampouco havia formas de controle. Nessa época histórica, não se poderia falar em administrados, mas em súditos, sempre curvados diante do onipresente poder real.

Com as revoluções oitocentistas, notadamente as Revoluções Americana (1779) e Francesa (1789), o cenário jurídico-político alterou-se substancialmente. Notável mudança foi a implantação da **teoria da separação entre os poderes** (aperfeiçoada teoricamente pelo Barão de **Montesquieu**), por meio da qual houve a tripartição das funções estatais, cada qual conferida a um órgão próprio. O escopo evidente foi desconcentrar o poder na figura de uma pessoa, distribuindo as funções que o embasam entre vários órgãos, ensejando assim uma limitação e a possibilidade de controle recíproco.

Diante dessa nova configuração do Estado, a função legislativa assumiu um destaque monumental, na medida em que a **lei** passou a deter posição de **superioridade** diante dos demais atos estatais. De acordo com **Rousseau**, filósofo iluminista do século XVIII, foi abandonada a concepção de poder como de origem divina, sendo substituída pela noção de poder com fundamento no povo (soberania popular). Ora, a lei representa a vontade geral, tendo em vista que o Parlamento é eleito pela sociedade. Disso decorre, inexoravelmente, a **submissão do Estado à própria lei**.

Foi da conjugação de tais ideias – separação dos Poderes e superioridade da lei – que surgiu o Estado de Direito e, via de consequência, o Direito Administrativo. Daí se afirmar que "o Direito Administrativo nasce com o Estado de Direito, porque é o Direito que regula o comportamento da Administração" (BANDEIRA DE MELLO, 2003, p. 40).

Vista a relevância do princípio em comento, passa-se à sua definição.

Pelo princípio da legalidade, **a Administração somente pode fazer o que a lei determina ou permite**. Notória a vinculação com os ditames legais, que balizam de maneira acentuada a atuação administrativa.

Tamanha a importância do preceito que a Constituição o acolheu em mais de um dispositivo. São eles o art. 5º, II; o já mencionado art. 37, *caput;* e o art. 84, IV.

Observe-se que o princípio da legalidade não representa uma exclusividade da disciplina referente à Administração Pública, uma vez que abarca igualmente a atuação dos particulares. Basta verificar o precitado art. 5º, II, da CF, que submete os indivíduos ao regime da legalidade. Assim, o princípio em tela aplica-se tanto no direito público quanto no direito privado.

Ocorre que os contornos da legalidade, em um e em outro caso, são diversos. De um lado, no âmbito do direito privado, o particular pode fazer tudo o que a lei não proíbe. Trata-se de uma relação de não contradição com a lei, de tal modo que a não proibição significa uma permissão. Por outro lado, na seara do direito público, a Administração apenas pode atuar nos termos da lei. A relação aqui assume outra natureza, a de subordinação com a lei. Dessa forma, o que a lei não proíbe em relação à Administração encontra-se, sim, proibido. Ou seja, a não permissão representa uma proibição.

De acordo com o célebre entendimento de Hely Lopes Meirelles, "na Administração Pública não há liberdade nem vontade pessoal. Enquanto na administração particular é lícito fazer tudo que a lei não proíbe, na Administração só é permitido fazer o que a lei autoriza" (2001, p. 82).

Esquematicamente:

Princípio da legalidade no direito público Atuação da Administração	Princípio da legalidade no direito privado Atuação dos particulares
A Administração somente pode fazer o que a lei determina ou permite.	O particular pode fazer tudo o que a lei não proíbe.
Relação de subordinação com a lei.	Relação de não contradição com a lei.
O que a lei não proíbe (expressamente) está (implicitamente) proibido.	O que a lei não proíbe está permitido.

2.3.1.1. Para aprofundamento: princípio da juridicidade

Deve-se relevar que o princípio da legalidade vem passando por reformulações, de tal sorte que a sua compostura atual assume ares diversos daquela inicialmente proposta. Isso decorreu daquilo que se vem chamando de "processo de desprestígio" da legalidade, o que engendrou uma espécie de "crise da lei", sobretudo da lei formal, fenômeno observado a partir da segunda metade do século XIX.

Costuma-se elencar uma série de fatores para tanto. Assim, o excesso de normas editadas pelo Legislativo, que acabou por criar uma situação asfixiante, de comprometimento mesmo da segurança jurídica necessária à manutenção do corpo social; a estatura alçada pelos princípios constitucionais, que passaram a ostentar a condição de normas jurídicas, assumindo, desse modo, um papel de destaque no cenário jurídico; mencione-se, ademais, a admissão de que atos normativos expedidos pelo Executivo detêm a capacidade de, por si mesmos, servir de fundamento à atuação administrativa em relação aos particulares. Nesse aspecto, a lei em sentido material (ou seja, qualquer ato normativo) passa a integrar a compostura do princípio da legalidade.

Aliás, tais fatores levaram à própria substituição terminológica do princípio. Evocam-se as lições de Cármen Lúcia Antunes Rocha, para quem o princípio da legalidade deve ser entendido de maneira mais ampla, abarcando não apenas a lei em sentido formal (ato expedido no exercício da função legislativa), como também o seu aspecto material (ato normativo, independentemente de quem a tenha expedido), além dos princípios disseminados pelo ordenamento. Trata-se do **princípio da juridicidade**. "Sendo a lei, entretanto, não a única, mas a principal fonte do Direito, absorveu o princípio da legalidade administrativa toda a grandeza do Direito em sua mais vasta expressão, não se limitando à lei formal, mas à inteireza do arcabouço jurídico vigente no Estado" (ROCHA, 1994, p. 79).

A posição tem amparo em Lúcia Valle Figueiredo, que confere uma dimensão também ampla ao princípio da legalidade. "Ora, assim como o princípio da legalidade é bem mais amplo do que a mera sujeição do administrador à lei, pois aquele, necessariamente, deve estar submetido também ao Direito, ao ordenamento jurídico, às normas e princípios constitucionais, assim também há de se procurar solver a hipótese de a norma ser omissa ou, eventualmente, faltante" (2003, p. 42).

A própria Lei federal n. 9.784/99 (lei do processo administrativo no âmbito federal) incorporou a juridicidade, ao prescrever que a atuação do administrador deve ser **"conforme a lei e o Direito"** (art. 2º, parágrafo único, I).

Conclusão: o entendimento mais moderno do princípio da legalidade, ou da juridicidade, é o de que a submissão à "lei" representa não somente a lei em sentido formal (p. ex., uma lei ordinária ou complementar), mas também a lei em sentido material (ou seja, qualquer ato normativo, a exemplo de um decreto, uma resolução, uma instrução normativa), bem como, para além disso, o próprio ordenamento jurídico, principalmente os princípios e os valores que o compõem e o informam. Neste sentido é que se afirma existir um verdadeiro "bloco de legalidade".

2.3.2. Princípio da impessoalidade

O princípio da impessoalidade detém **duas significações**, cada qual relacionada com uma das partes da relação jurídico-administrativa (de um lado, os administrados; de outro, a Administração).

2.3.2.1. Em relação aos particulares

É vedado à Administração desempenhar suas funções com o objetivo específico de prejudicar ou beneficiar pessoas determinadas. A sua atuação deve ser impessoal, no sentido de deter como objetivo a consecução do interesse público, desconsiderando a situação particular dos administrados. Sob esse aspecto, equivale ao princípio da finalidade pública.

Os particulares devem ser tratados de maneira igualitária, de tal modo que as discriminações impertinentes infringem o preceito constitucional. A relação com a isonomia é evidente.

Note-se bem. O que o princípio proíbe são as discriminações desarrazoadas, desprovidas de qualquer justificativa racional. Assim, as que se apresentarem como razoáveis e pertinentes são válidas à luz da impessoalidade.

Exemplifique-se.

No âmbito dos concursos públicos muitas vezes são formuladas condições para o ingresso em determinadas carreiras públicas. Daí surge o questionamento: cabível o estabelecimento, por exemplo, de limite de idade para o ingresso no serviço público?

De acordo com a jurisprudência que hoje prevalece, a resposta está na dependência da natureza da função pública considerada. Para alguns cargos, a idade do indivíduo não pode representar limite de acessibilidade à carreira pública. Foi o que decidiu o Superior Tribunal de Justiça em relação ao cargo de arquiteto (RMS 2.341, 6ª Turma, rel. Min. Adhemar Maciel, j. em 14-11-1994, *RT* 715/266). Confira-se trecho da ementa do julgado:

"I – A impetrante, por ter 44 anos de idade, foi impedida de inscrever-se em concurso público para o cargo de arquiteto: a Lei estadual n. 7.357/80 fixou como limite máximo a idade de 40 anos.

II – À evidência, cabe à lei ordinária fixar, em princípio, os limites –

mínimo e máximo – para a inscrição em cargo público. Essa limitação etária, todavia, deve-se lastrear numa certa razoabilidade de acordo com a exigência do serviço, sob pena de resvalar para um autêntico *abusus legis*, configurando discriminação pela idade, o que é defeso pela Constituição Federal (arts. 7º, XXX, e 37, I). No caso concreto, o cargo de arquiteto não exige grande esforço físico de seu ocupante".

Outros cargos, no entanto, pela sua peculiaridade, admitem a imposição de limite de idade. Nesse sentido encontra-se a jurisprudência, como se pode constatar pela decisão expedida pelo Superior Tribunal de Justiça que reconheceu a legalidade da imposição de limite máximo de idade (26 anos) para o cargo da Polícia Militar do Estado de Santa Catarina. De acordo com o acórdão (RMS 18.710, 5ª Turma, rel. Min. Laurita Vaz, j. em 16-2-2006):

"SERVIDOR PÚBLICO – CONCURSO PÚBLICO – POLÍCIA MILITAR – IDADE. LIMITE MÁXIMO – POSSIBILIDADE – PREVISÃO LEGAL – NATUREZA DO CARGO – PRECEDENTES JURISPRUDENCIAIS.

1. Consoante precedentes desta Corte e do Supremo Tribunal Federal, pode a lei ordinária, *ex vi* da interpretação dos arts. 7º, XXX, 39, § 2º, 37, I, da Constituição Federal, desde que pautada no princípio da razoabilidade, estabelecer limites mínimo e máximo de idade para ingresso em funções, empregos e cargos públicos. A controvérsia deve ser dirimida a par dos elementos norteadores do caso concreto, considerando-se a natureza do cargo que se pretende prover e o exigido do candidato, sempre dentro dos limites do razoável".

A propósito, confira-se a Súmula 683 do STF, que assenta tal entendimento: "O limite de idade para a inscrição em concurso público só se legitima em face do art. 7º, XXX, da Constituição, quando possa ser justificado pela natureza das atribuições do cargo a ser preenchido".

2.3.2.2. Em relação à Administração

Os atos administrativos não são imputáveis ao agente que o emitiu, mas à própria Administração. Os funcionários públicos praticam seus atos em nome do Estado-Administração, de tal forma que não interessa a pessoa que os expediu. Daí a impessoalidade.

Desdobramento relevante de tal princípio encontra-se estampado no art. 37, § 1º, da CF, que assim dispõe:

"A publicidade dos atos, programas, obras, serviços e campanhas dos órgãos públicos deverá ter caráter educativo, informativo ou de orientação social, dela não podendo constar nomes, símbolos ou imagens que caracterizem promoção pessoal de autoridades ou servidores públicos".

Como se nota, no bojo da publicidade oficial, incabível o estabelecimento de relação entre as atividades estatais e os respectivos agentes públicos. Em uma propaganda televisiva do governo de determinado Estado-membro, inadmissível o aparecimento de uma imagem do governador, nem tampouco de seu nome ou de qualquer símbolo referente a ele ou mesmo ao partido político que integre, sob pena de violação ao princípio da impessoalidade.

O escopo de tal imposição é patente. O agente não pode ser promovido às custas do erário despendido para a realização da publicidade oficial.

2.3.3. Princípio da moralidade

De acordo com o princípio da moralidade, a Administração deve pautar sua atuação de acordo com **padrões éticos**, em estrita observância a aspectos relacionados à honestidade, à lealdade e à boa-fé.

Trata-se de um paradigma recente em nosso direito. De acordo com o pensamento clássico, havia clara distinção entre o **Direito** e a **Moral**, esta compreendida no âmbito da ética, dos valores sociais cujo descumprimento não importava em nenhuma consequência jurídica. Para o positivismo jurídico exacerbado de outrora, impensável misturar tais noções, então entendidas como inconciliáveis.

No entanto, progressivamente tais valores se reaproximaram, de modo que os valores éticos se foram integrando de maneira íntima ao Direito. Daí resultou a **positivação** do princípio da moralidade, avanço notável em nosso ordenamento constitucional.

Outros dispositivos da Lei Maior fazem referência à moralidade, como o art. 5º, LXXIII (a ação popular como instrumento de combate a ato lesivo à "moralidade administrativa") e o art. 37, § 4º (penalidades decorrentes da prática de atos de improbidade administrativa).

A própria legislação infraconstitucional o incorporou, como se nota pela Lei federal n. 9.784/99 (lei do processo administrativo no âmbito federal), que impõe a "atuação segundo padrões éticos de probidade, decoro e boa-fé" (art. 2º, parágrafo único, IV). Destaque seja dado à Lei n. 8.429/92 (Lei de Improbidade Administrativa), que permitiu a severa penalização de condutas ímprobas e desonestas praticadas no exercício da função pública.

Assim, um ato administrativo pode ser formalmente legal, mas, caso se apresente como imoral (ou seja, se infringir valores éticos consagrados), será reputado inválido. Como se vê, a honestidade incorporou-se ao repertório dos requisitos de legitimidade da atuação pública.

2.3.3.1. Qual o conteúdo do princípio da moralidade?

Na medida em que se trata de um conceito ambíguo e impreciso, o real conteúdo da moralidade é controverso na doutrina brasileira. Como uma ideia comum, geralmente se toma por imoral o comportamento ímprobo e desonesto. No entanto, a grande indefinição do seu significado persiste. Daí a adoção de outros parâmetros.

Alguns autores estabeleceram uma relação entre a imoralidade e a figura do **desvio de poder** (também conhecido como **desvio de finalidade**), esta compreendida como a prática de um ato administrativo com objetivo diverso do que autorizado legalmente. Exemplo evidente é o cometimento de um ato com propósito de satisfação privada e egoística.

A incorporação de tal vício deu-se no âmbito da Lei n. 4.717/65 (Lei da Ação Popular), que prevê em seu art. 2º a figura do desvio de finalidade como causa de nulidade do ato.

Outros doutrinadores fazem a distinção entre **moral comum** e **moral administrativa**, salientando que esta segunda representa o verdadeiro teor do princípio constitucional da moralidade. Para Hely Lopes Meirelles, trata-se dos padrões de conduta extraídos da disciplina interna da Administração; representa as regras da boa administração.

Outros autores repelem tal diferenciação, a exemplo de Maria Sylvia Zanella Di Pietro, para quem igualmente implica ofensa ao princípio de moralidade a violação da moral comum. Representa ela a ética que paira sobre a conduta do homem, os valores morais incorporados na coletividade.

Atualmente vem prevalecendo o entendimento de que a moralidade insculpida no *caput* do art. 37 abarca qualquer conteúdo ético, independentemente da origem, se interna à disciplina administrativa ou se disseminada no seio da sociedade.

Com efeito, esta parece ser a melhor posição. Não é raro verificar que determinadas condutas encontram-se arraigadas no bojo do Poder Público, muito embora não se harmonizem com os valores incorporados na sociedade. Assim, olvidar o elemento axiológico externo à Administração representa simplesmente desprezar o comportamento ético que o cidadão espera que todo agente público adote. Haveria, com tal restrição, violação ao próprio princípio republicano. Já que o poder emana do povo (art. 1º, parágrafo único, da CF), incabível desconsiderar a moral social (ou moral comum).

2.3.3.2. Responsabilização das pessoas jurídicas pela prática de corrupção (Lei n. 12.846/2013)

Para fins de moralização da coisa pública nas situações envolvendo pessoas jurídicas, foi editada a Lei n. 12.846, de 1º de agosto de 2013.

Referida norma dispõe sobre a responsabilidade administrativa e civil de pessoas jurídicas pela prática de atos contra a Administração Pública. Trata-se de responsabilidade objetiva, nos termos de seus arts. 1º e 3º.

Relevante observar que a responsabilização da pessoa jurídica não exclui a responsabilidade individual de seus dirigentes e administradores, cuja imputação pelos atos ilícitos se dá na medida de sua culpabilidade (art. 3º, § 2º).

A responsabilização pode se dar administrativa ou judicialmente. Neste caso, será adotado o rito previsto na Lei da Ação Civil Pública (Lei n. 7.347/85), constituindo o polo ativo da demanda as entidades federativas atingidas (União, Estados, Distrito Federal e Municípios) ou o Ministério Público.

No âmbito administrativo, passível a aplicação de multa, que pode chegar a 20% (vinte por cento) do faturamento bruto da pessoa jurídica, ou, caso impossibilitada a adoção desse critério, a R$ 60.000.000,00 (sessenta milhões de reais) (art. 6º). Na seara judicial, outras penalidades são cabíveis, a exemplo da interdição parcial de suas atividades, bem assim a dissolução compulsória da pessoa jurídica (art. 19).

Foi disciplinado no âmbito dessa lei o denominado "acordo de leniência" (arts. 16 e 17), pelo qual as pessoas jurídicas envolvidas no ilícito, ao colaborarem efetivamente com as investigações, desoneram-se em relação a algumas cominações. Assim, a celebração de tal acordo isenta a pessoa jurídica de algumas sanções, como a proibição de receber subsídios de entes públicos. Além disso, o valor da multa aplicável reduz-se em até dois terços. Importa consignar que o seu firmamento não exime a pessoa jurídica de reparar integralmente o dano causado.

Esclareça-se que a aplicação das consequências prevista na Lei n. 12.846/2013 não afeta os processos de responsabilização decorrentes de improbidade administrativa, nos termos da Lei n. 8.429/92.

2.3.4. Princípio da publicidade

O princípio da publicidade impõe a **ampla divulgação** dos atos públicos. Evidente a finalidade do preceito: possibilitar um largo conhecimento das atividades administrativas, incrementando, consequentemente, os mecanismos de controle da Administração. Somente é possível a impugnação daquilo que se tem ciência, o que se dá com a devida publicidade do ato.

Tão relevante esse princípio que a veiculação do ato representa um **requisito de eficácia** em relação a terceiros. Assim, somente se verifica a produção de efeitos externos com a sua publicidade.

O postulado em comento, como todo princípio, não detém caráter absoluto. Existem exceções à publicidade, que autorizam o **sigilo** dos atos oficiais. Pela sua importância, mereceu tratamento constitucional. Duas são as hipóteses: a) **sigilo imprescindível à segurança da sociedade e do Estado** (art. 5º, XXXIII); b) **sigilo necessário à defesa da intimidade e da honra do particular** (art. 5º, LX). Esquematicamente:

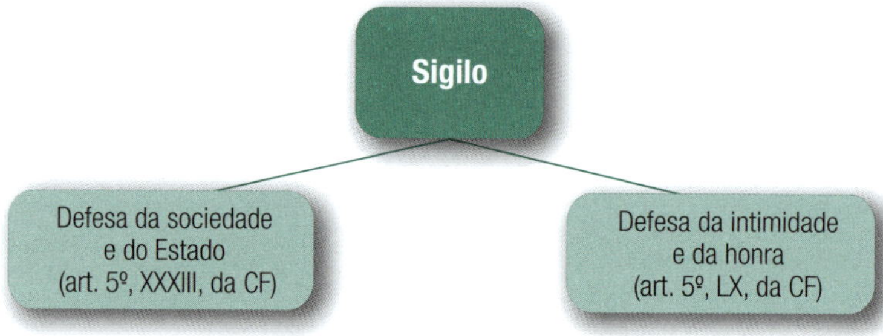

A forma pela qual se confere publicidade a um ato depende do que dispõe a lei. Como se trata de matéria de natureza administrativa, cada entidade federativa detém competência para disciplinar a maneira que os atos devem ser veiculados. Em geral, as normas preveem a divulgação pela **imprensa oficial**, representada por um jornal – de natureza pública ou privada – utilizado com tal propósito. Em alguns casos, o requisito da publicidade encontra-se satisfeito com a mera afixação do ato em um quadro de avisos localizado na repartição pública. É o que ocorre, por exemplo, com a divulgação do convite, que representa uma modalidade de licitação.

Atualmente, em virtude do desenvolvimento tecnológico, algumas normas preveem a divulgação dos atos oficiais por meio eletrônico (*internet*).

Determinadas normas que versam sobre processo administrativo igualmente tratam da publicidade relacionada à comunicação dos atos expedidos em seu bojo, como ocorre com a Lei federal n. 9.784/99. O seu art. 26, § 3º, preconiza que a intimação das decisões tomadas no procedimento pode ser efetuada por qualquer meio que assegure a certeza da tomada de conhecimento pelo interessado, como a ciência deste no processo, o envio de carta com aviso de recebimento ou de telegrama. Na hipótese de interessado indeterminado, desconhecido ou com domicílio indefinido, admite-se a intimação por edital, ou seja, por meio de publicação na imprensa oficial (art. 26, § 4º).

Saliente-se, ademais, formidável corolário do princípio da publicidade. É o direito conferido pela Constituição Federal em seu art. 5º, XXXIV, *b*, que assegura a qualquer pessoa a obtenção de **certidões** relacionadas a situações de interesse pessoal. Para efetivar o direito, dispõe a Carta Magna que a solicitação independerá do pagamento de taxas.

Essa norma é muito assemelhada ao inciso XXXIII do mesmo art. 5º, que assegura o direito à informação. Além das situações que envolvem **interesse pessoal**, este dispositivo acresce aquelas de **interesse coletivo ou geral**.

2.3.4.1. Lei de Acesso à Informação (Lei n. 12.527/2011)

Para fins de aprimoramento do regime referente ao acesso aos dados relacionados ao Poder Público, foi editada a Lei n. 12.527/2011 (conhecida como Lei de Acesso à Informação), aplicável a todas as entidades federativas, inclusive a Administração indireta, bem como às entidades privadas que recebem benefícios públicos.

Tal norma estabelece as diretrizes adstritas à publicidade, entre as quais se destacam:

a) a divulgação de informações de interesse público, independentemente de solicitações. Assim, é dever da Administração promover a divulgação em local de fácil acesso, no âmbito de suas competências, de informações de interesse coletivo ou geral por eles produzidas ou custodiadas;

b) a utilização de meios de comunicação viabilizados pela tecnologia da informação. Nesse sentido, as informações referentes às competências, estrutura, recursos financeiros, licitações, contratos etc. devem ser obrigatoriamente divulgadas pela internet. Exceção: os Municípios com população de até 10.000 (dez mil) habitantes ficam dispensados da divulgação obrigatória na internet, mantida, porém, a obrigatoriedade de divulgação, em tempo real, de informações relativas à execução orçamentária e financeira;

c) o desenvolvimento do controle social da Administração Pública. Evidentemente, um dos principais objetivos da publicidade, de natureza republicana, é favorecer o controle do Poder Público;

d) a observância da publicidade como preceito geral e do sigilo como exceção, como já visto.

Nesse sentido, no tocante às situações que envolvem a segurança da sociedade e do Estado, a Lei de Acesso estabelece as seguintes categorias de informação e os respectivos prazos máximos de sigilo (art. 24, § 1º): ultrassecreta (prazo máximo de 25 anos); secreta (15 anos) e reservada (5 anos).

Já em relação ao tratamento das informações pessoais atinentes à defesa da intimidade e da honra do particular, o prazo máximo estabelecido foi de 100 anos (art. 31, § 1º, I).

2.3.4.2. Candidato de concurso público submetido a exame psicotécnico tem direito a ter vista do respectivo laudo?

O princípio da publicidade impõe uma diretriz muito clara. Salvo as exceções constitucionais, não deve haver sigilo acerca dos atos relacionados à Administração Pública. Nas hipóteses em que estão envolvidos particulares (a exemplo dos concursos públicos, das licitações e dos processos administrativos disciplinares), é assegurada a estes a obtenção das informações respectivas. É notório o interesse pessoal de um candidato que pretende ter vista de um exame psicotécnico a que foi submetido em virtude de um concurso público. Plenamente incidente o art. 5º, XXXIII.

Aliás, conforme já decidido pelo Supremo Tribunal Federal, "a Constituição afasta de pronto o caráter sigiloso das decisões administrativas, em primeiro lugar porque a todos é assegurado o direito de exigir do órgão público o esclarecimento de situação de interesse pessoal, além do que é assegurada qualquer informação que seja do exclusivo interesse do cidadão (...). Esta Corte firmou entendimento segundo o qual o exame psicotécnico não pode ter critério sigiloso, sob pena de infringir o princípio da publicidade" (RE 348.494, rel. Min. Gilmar Mendes, *DJ* de 11-12-2003).

Entende-se que a mesma razão jurídica confere aos candidatos o direito de acesso à prova escrita prestada em concurso público. De acordo com julgado do Tribunal Regional Federal da 1ª Região: "Não se afigurando a hipótese de sigilo, uma vez que a informação, de caráter particular, de forma alguma ameaça a segurança da sociedade e do Estado, tem a autora direito constitucional de acesso à prova, indispensável ao exercício do direito à revisão da menção que lhe foi atribuída" (Ap. 2001.32.00.004858-9).

2.3.5. Princípio da eficiência

O princípio da eficiência não constava na redação original da Constituição Federal de 1988. Foi acrescido somente dez anos após, por meio da **Emenda Constitucional n. 19/98**, inserida no contexto conhecido como **Reforma Administrativa.**

Não se quer dizer com isso, no entanto, que o aludido princípio era até então desconhecido ou ignorado no ordenamento jurídico. Já entendia a doutrina, assim também a jurisprudência, que a eficiência era princípio implícito, decorrente do próprio Estado de Direito.

Por conta disso é que Celso Antônio Bandeira de Mello afirma que "este princípio da eficiência é uma faceta de um princípio mais amplo já superiormente tratado, de há muito, no Direito italiano: o princípio da 'boa administração'" (2003, p. 112). Hely Lopes Meirelles já inseria a eficiência no rol dos deveres da Administração (2001, p. 98).

Daí se dizer que ela não representa nenhuma novidade no Direito Administrativo brasileiro.

Uma concepção ampla do princípio da eficiência pode ser formulada no seguinte sentido: o administrador deve atuar da melhor maneira possível. Baseia-se em um **ideal de qualificação estrutural e funcional, envolvendo aspectos de efetividade, racionalização, produtividade, economicidade, celeridade etc.**

Ocorre que uma abordagem assim genérica não elucida muita coisa sobre o princípio, o que nos força a avançar. Na busca por um aprofundamento e sistematização, a doutrina revela que o princípio da eficiência apresenta diversos aspectos.

Maria Sylvia Zanella Di Pietro vislumbra duas formas de encará-lo: eficiência como modo de atuação dos agentes públicos e como modo de organizar, estruturar e disciplinar a Administração Pública (2009, p. 82).

Já Paulo Modesto vislumbra duas dimensões na eficiência. A primeira, como racionalidade no uso dos meios; a segunda, como satisfatoriedade dos resultados. Ao estabelecer que a eficiência abrange tanto os meios quanto os resultados, está-se afirmando que a atividade administrativa deve ser encarada, concomitantemente, como uma obrigação de meio e de resultado, numa alusão à classificação utilizada pelo direito privado.

Desse modo, não basta o melhor planejamento e desempenho para o exercício da função administrativa; tampouco o melhor resultado, por si só, é elemento de aferição da eficiência. Ambas as dimensões sofrem a incidência do princípio.

Diversos institutos do Direito Administrativo evidenciam a aplicação do princípio. Assim, a eficiência para ingressar na Administração se dá por meio do concurso público, de realização obrigatória (art. 37, II, da CF). A aquisição da estabilidade encontra no estágio probatório um dos seus requisitos, de tal modo que o servidor deve exercer sua função de maneira eficiente (art. 41, *caput*). Também pode ser mencionada a figura do contrato de gestão (art. 37, § 8º), celebrado entre a Administração e entidades estatais ou não estatais, com o objetivo de melhorar o desempenho destas.

2.4. OUTROS PRINCÍPIOS

Ao longo desta obra será verificada uma série de outros princípios relacionados de maneira específica com o Direito Administrativo.

Trataremos, a seguir, de alguns princípios de caráter geral, igualmente relevantes na aplicação do regime jurídico-administrativo.

2.4.1. Princípio da proporcionalidade e da razoabilidade

Inquestionável a envergadura que atualmente assumem os princípios da proporcionalidade e da razoabilidade, sobretudo em relação aos parâmetros para verificação da legitimidade da atuação estatal.

Entre as diversas dificuldades que o tema apresenta, algumas merecem ligeira abordagem.

Em primeiro lugar, convém assinalar que a distinção entre proporcionalidade e razoabilidade é defendida por diversos autores. Historicamente, costuma-se suscitar que, enquanto a proporcionalidade adveio do direito europeu continental, sobretudo das construções formuladas pelo Tribunal Constitucional Alemão, a razoabilidade tem matriz na *common law*, sendo originário do direito inglês e posteriormente incorporado, e desenvolvido, no direito norte-americano (cf. PIMENTA OLIVEIRA, 2006, p. 39).

A despeito das distinções propostas, os próprios autores que as propõem enxergam pontos de contato entre os postulados. Com efeito, não se pode desconhecer que existe um inegável entrelaçamento entre as noções de proporcionalidade e razoabilidade. Como salientado por Celso Antônio Bandeira de Mello, "o princípio da proporcionalidade não é senão faceta do princípio da razoabilidade" (2003, p. 101). Da mesma forma entende Hely Lopes Meirelles, para quem "a razoabilidade envolve a proporcionalidade e vice-versa" (2001, p. 87).

Em segundo lugar, o fundamento do princípio igualmente é objeto de controvérsias, haja vista a inexistência de preceito expresso na Constituição que o consagre.

Por conta da vinculação ao direito anglo-saxão, defende-se que o postulado da proporcionalidade encontra suporte no princípio do devido processo legal substantivo (art. 5º, LIV, da CF). Outro entendimento suscita, como fundamento do preceito, o Estado de Direito, insculpido no art. 1º, *caput*, da Carta Magna. Trata-se de formulação advinda do direito alemão, acolhida entre nós por Paulo Bonavides, para quem "é mesmo no Estado de Direito que o princípio da proporcionalidade melhor se aloja e pode receber sua mais plausível e fundamental legitimação". De maneira específica, Celso Antônio Bandeira de Mello destaca o princípio da legalidade (art. 5º, II, art. 37, *caput*, e art. 84, todos da Constituição). Cite-se, ainda, a evocação dos direitos fundamentais como justificativa da proporcionalidade.

O Supremo Tribunal Federal entende que o princípio da proporcionalidade decorre, notadamente, do princípio do devido processo legal substantivo. É o que se verifica do seguinte julgado da Corte Maior: "O princípio da proporcionalidade – que extrai a sua justificação dogmática de diversas cláusulas constitucionais, notadamente daquela que veicula a garantia do *substantive due process of law* – acha-se vocacionado a inibir e a neutralizar os abusos do Poder Público no exercício de suas funções, qualificando-se como parâmetro de aferição da própria constitucionalidade material dos atos estatais" (ADIn-MC 1.407, rel. Min. Celso de Mello, *DJ* de 24-11-2000, p. 86).

Entende-se que não se pode desconsiderar qualquer dos fundamentos constitucionais suscitados pela doutrina, ainda mais se for considerada a inter-relação entre eles. A conjugação dos diversos princípios presta-se, aliás, a reforçar a importância do postulado da proporcionalidade no cenário atual do direito público.

Merecem realce os critérios de aplicação do princípio da proporcionalidade. Trata-se de lição advinda do direito germânico, com ampla receptividade no direito brasileiro. Assim, a verificação de obediência ao postulado da proporcionalidade deve levar em consideração **três subprincípios**, de aplicação subsidiária e sucessiva, da seguinte forma:

a) Em primeiro lugar, averigua-se a **adequação** (ou **conformidade**) da medida, ou seja, se ela é capaz de atingir a finalidade proposta. "Uma medida é adequada se o meio escolhido está apto para alcançar o resultado desejado" (ÁVILA, 1998, p. 169). Assim, "é inadequado tentar tapar o sol com peneira", uma vez que não há conformidade entre o meio utilizado (uso da peneira) e o resultado que se pretende (tapar o sol).

b) Em segundo lugar, havendo adequação, verifica-se se a medida é **necessária** (ou **exigível**), considerando todas as restrições possíveis na esfera jurídica do particular. Dessa forma, o subprincípio impõe que seja adotado o meio menos gravoso à disposição do Poder Público; ou seja, "dos males o menor". "É desnecessário amputar a perna para solucionar o rompimento do menisco" (ÁVILA, 1998, p. 169).

c) Por fim, a **proporcionalidade em sentido estrito** "exige a comparação entre a importância da realização do fim e a intensidade da restrição aos direitos fundamentais" (ÁVILA, 2005, p. 124). De tal forma que "é desproporcional matar um pardal com um tiro de canhão".

A própria Lei n. 9.784/99 faz expressa referência a tais aspectos do princípio. De um lado, o *caput* do art. 2º apresenta a **proporcionalidade** como princípio a ser obedecido pela Administração; de outro, o mesmo art. 2º, parágrafo único, VI, dispõe que devem ser observados os critérios de "**adequação** entre meios e fins, vedada a imposição de obrigações, restrições e sanções em medida superior àquelas estritamente **necessárias** ao atendimento do interesse público".

Se, *in casu*, houver atendimento sucessivo de tais subprincípios, deve-se inferir que a medida administrativa atende ao princípio da proporcionalidade.

<table>
<tr><td rowspan="3">PRINCÍPIO DA PROPORCIONALIDADE (critérios de aplicação)</td><td>ADEQUAÇÃO
Aptidão para atingir a finalidade.</td></tr>
<tr><td>NECESSIDADE
Utilização do meio menos restritivo.</td></tr>
<tr><td>PROPORCIONALIDADE EM SENTIDO ESTRITO
Proporção entre a finalidade e o meio utilizado.</td></tr>
</table>

2.4.2. Princípio da segurança jurídica

Muito embora não encontre menção expressa na Constituição, diversos institutos acolhidos pela Carta Magna evidenciam a relevância da segurança jurídica. Destaque-se o art. 5º, XXXVI, que acolhe o direito adquirido, o ato jurídico perfeito e a coisa julgada. Igualmente presentes no ordenamento, a prestigiar a segurança jurídica, as figuras da prescrição, da decadência, da preclusão, da usucapião, entre outros. A Lei n. 9.784/99 o acolhe expressamente em seu art. 2º, *caput*.

O princípio da segurança jurídica é "da essência do próprio Direito, notadamente de um Estado Democrático de Direito, de tal forma que faz parte do sistema constitucional como um todo" (BANDEIRA DE MELLO, 2003, p. 112). Como bem observa esse autor, "coincide com uma das mais profundas aspirações do Homem: a da segurança em si mesma, a da certeza possível em relação ao que o cerca, sendo esta uma busca permanente do ser humano". Daí afirmar que "se não é o mais importante dentro de todos os princípios gerais de Direito, é, indisputavelmente, um dos mais importantes entre eles" (2003, p. 113).

Entre as aplicações de tal postulado, destaque seja dado à sua relação com o tema da invalidação dos atos administrativos, sobretudo no tocante aos seus efeitos.

Mencione-se, em nível infraconstitucional, o art. 54 da Lei n. 9.784/99, que assim dispõe: "O direito da Administração de anular os atos administrativos de que decorram efeitos favoráveis para os destinatários decai em 5 (cinco) anos, contados da data em que foram praticados, salvo comprovada má-fé".

Esse dispositivo evidencia a relação entre a segurança jurídica e o princípio da proteção à confiança, que confere proteção jurídica ao particular de boa-fé.

Sobre o tema da estabilização das relações jurídicas, expõe Carvalho Filho que o **princípio da segurança jurídica**, atrelado ao fator transcurso do **tempo**, denota o seu aspecto **objetivo**; já o **princípio da proteção à confiança**, adstrito à **boa-fé**, representa o aspecto **subjetivo**, "e neste se sublinha o sentimento do indivíduo em relação a atos, inclusive e principalmente do Estado, dotados de presunção de legitimidade e com a aparência de legalidade" (2008, p. 31).

Outra aplicação do princípio encontra-se no art. 2º, parágrafo único, XII, da Lei n. 9.784/99, que veda a aplicação retroativa de nova interpretação da norma administrativa. Sobre esse preceito, explica Di Pietro que, muito embora a mudança de orientação seja inevitável, "gera insegurança jurídica, pois os interessados nunca sabem quando a sua situação será passível de contestação pela própria Administração Pública. Daí a regra que veda a aplicação retroativa" (2009, p. 84). Esquematicamente:

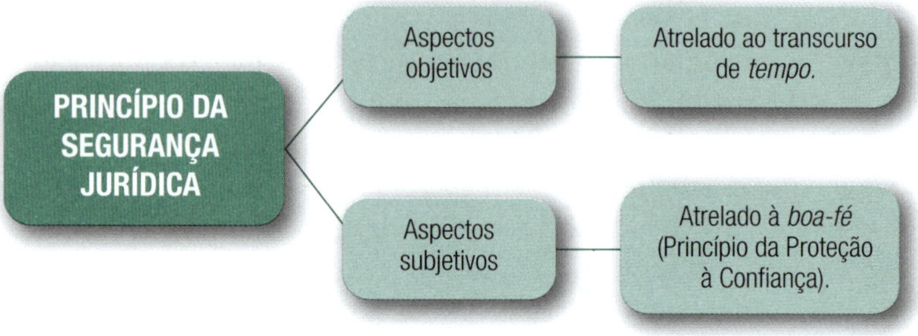

2.5. JURISPRUDÊNCIA DESTACADA DO SUPREMO TRIBUNAL FEDERAL. VALOR DOS PRINCÍPIOS

Para verificar a relevância dos princípios no cenário jurídico atual, basta o exame das decisões que resultaram na edição da Súmula Vinculante 13, referente à vedação ao nepotismo (contratação de parentes) na Administração. O Supremo Tribunal Federal, por diversas vezes, reconheceu o caráter normativo dos princípios, como se nota das seguintes passagens do RE 579.951 (Pleno, rel. Min. Ricardo Lewandowski, publ. em 24-10-2008):

"(...) embora existam diversos atos normativos no plano federal que vedam o nepotismo, inclusive no âmbito desta Corte, tal não significa que apenas leis em sentido formal ou outros diplomas regulamentares sejam aptos a coibir a nefasta e antirrepublicana prática do nepotismo. É que **os princípios constitucionais, longe de configurarem meras recomendações de caráter moral ou ético, consubstanciam regras jurídicas de caráter prescritivo**, hierarquicamente superiores às demais e 'positivamente vinculantes', como ensina Gomes Canotilho (...).

Ora, tendo em conta a expressiva **densidade axiológica** e a **elevada carga normativa** que encerram os princípios abrigados no *caput* do art. 37 da Constituição, não há como deixar de concluir que a proibição do nepotismo independe de norma secundária que obste formalmente essa reprovável conduta".

No mesmo sentido, Ação Declaratória de Constitucionalidade n. 12 e Mandado de Segurança n. 23.780, entre outras decisões.

Tais julgados assumem caráter paradigmático, na medida em que assinalam de maneira muito clara a função dos princípios no ordenamento jurídico. No caso especificamente considerado, o Supremo Tribunal Federal entendeu que os princípios da moralidade e da impessoalidade, insculpidos no art. 37, *caput*, possuem uma tal densidade normativa que vedam, por si sós, independentemente de qualquer lei em sentido formal que lhes dê concretude, a prática da contratação de parentes para os cargos em comissão ou função de confiança.

Esquematicamente:

2.6. RESUMO ESQUEMÁTICO

Princípio da Administração Pública (art. 37, *caput*)

Questões

1. **(Ministério Público do Estado de São Paulo – 2006) A Constituição Federal, em seu art. 37, *caput*, indica, de maneira expressa, os princípios da Administração Pública (direta e indireta), que são:**
   a) legalidade, veracidade, publicidade e motivação.
   b) impessoalidade, razoabilidade e continuidade do serviço público.
   c) legalidade, moralidade, publicidade e discricionariedade.
   d) legalidade, impessoalidade, moralidade, publicidade e eficiência.
   e) publicidade, veracidade, moralidade, discricionariedade e eficiência.

2. **(Magistratura do Trabalho – 15ª Região/Campinas – 2006) Assinale a alternativa onde os itens enumerados são considerados princípios informativos ou básicos da Administração Pública:**
   a) legalidade, motivação, eficiência e proporcionalidade.
   b) eficiência, pessoalidade, imparcialidade e permissibilidade.
   c) contraditório, disponibilidade, improbidade e instrumentalidade.
   d) ampla defesa, pessoalidade, permissibilidade e especialidade.
   e) publicidade, improbidade, continuidade e universabilidade.

3. **(Magistratura de Goiás – 2007) Para o setor privado é lícito fazer-se o que a lei não proíbe, mas no âmbito do Poder Público todo ato administrativo pressupõe a existência de permissão legal, o que está sintetizado no princípio da:**
   a) finalidade para os Poderes Executivo e Legislativo.
   b) moralidade, presente nos três Poderes Públicos em qualquer nível.
   c) legalidade, válido para os três Poderes Políticos em todos os níveis.
   d) impessoalidade e razoabilidade dos Poderes.

4. **(Analista do TRT da 24ª Região – Campo Grande/MS – 2006) O princípio que exige objetividade no atendimento do interesse público, vedando a promoção pessoal de agentes ou autoridades, e aquele que impõe a todo agente público a realização de suas atribuições com presteza, perfeição e rendimento funcional denominam-se, respectivamente:**
   a) impessoalidade e eficiência.
   b) publicidade e impessoalidade.
   c) impessoalidade e moralidade.

d) eficiência e legalidade.
e) publicidade e eficiência.

5. (Ministério Público Federal – 16º concurso) O Administrador da coisa pública:

I. pode fazer tudo o que a lei não proibir;

II. só pode fazer o que a lei permitir;

III. pode criar seus próprios limites, mediante norma regulamentar.

Analisando as afirmações acima, verifica-se que:

a) todas estão corretas.
b) apenas a I está correta.
c) apenas a II está correta.
d) apenas a III está correta.

6. (Procurador do Município de São Paulo – 2000) Os contratos de gestão e a possibilidade de demissão de servidores estáveis por insuficiência de desempenho são novidades introduzidas pela Reforma Administrativa relacionadas ao princípio:

a) da publicidade.
b) da eficiência.
c) da moralidade.
d) da impessoalidade.
e) do devido processo legal.

7. (Magistratura do Trabalho – 15ª Região/Campinas – 2008) A respeito dos princípios que regem a Administração Pública, é *correto* afirmar que:

a) o princípio da legalidade tem a mesma dimensão para o particular e para o ente público, facultando-se à Administração a prática de todos os atos que a lei não proíbe.
b) embora não explicitados no art. 37 da CF, são aplicáveis à Administração Pública federal os princípios da razoabilidade, da proporcionalidade e da finalidade.
c) em decorrência dos atributos dos atos administrativos, o princípio do contraditório somente é aplicável aos processos administrativos disciplinares.
d) no âmbito da Administração Pública federal, há norma expressa dispensando a observância do princípio da motivação para a anulação, revogação, suspensão ou convalidação de ato administrativo.

e) o princípio da publicidade não se aplica às decisões administrativas proferidas pelos tribunais.

8. (Defensoria Pública/RS – 2011) Na relação dos princípios expressos no artigo 37, *caput*, da Constituição da República Federativa do Brasil, NÃO consta o princípio da:

a) legalidade.
b) impessoalidade.
c) moralidade.
d) probidade.
e) eficiência.

9. (Juiz – TJ/MA – 2013) Consoante aos princípios da administração pública, assinale a opção correta:

a) De acordo com o princípio da publicidade, toda e qualquer atividade administrativa deve ser autorizada por lei.
b) Dado o princípio da legalidade, deve o administrador público pautar sua conduta por preceitos éticos.
c) A obrigação de a administração pública ser impessoal decorre do princípio da moralidade.
d) A eficiência constitui princípio administrativo previsto na CF.

Gabarito

1. D
2. A
3. C
4. A
5. C
6. B
7. B
8. D
9. D

3

PODERES DA ADMINISTRAÇÃO

3.1. INTRODUÇÃO

Como visto no capítulo 1, um dos fundamentos do regime jurídico-administrativo representa o **princípio da supremacia do interesse público sobre o privado**, do qual decorrem as **prerrogativas** da Administração. Entre elas, destacam-se os **poderes** conferidos ao Poder Público, atributivos de capacidades exorbitantes. Por meio do seu manuseio, o Estado instrumentaliza-se para a consecução de seu objetivo maior, o atendimento do bem comum.

Frise-se bem esta última observação. O poder não é confiado a título de benesse ou de privilégio estatal, mas como ferramenta destinada a uma finalidade maior, que, ao final das contas, não representa uma faculdade da Administração (o que poderia sugerir o termo "poder"), e sim um verdadeiro dever. Tal ideia é perfeitamente adequada à noção de **função administrativa**, que encerra a concepção de um **dever**. O exercício de qualquer função implica a ausência de liberdade de atuação, bem como a assunção de um verdadeiro ônus.

Daí alguns autores criticarem com veemência a utilização do vocábulo "poder", de tal modo que preferem associá-lo expressamente à noção de dever, o que enseja o emprego da expressão **poder-dever**. Ou de **dever-poder** (com inversão dos termos), a indicar a relevância da primeira concepção.

Em suma, os poderes da Administração detêm caráter **instrumental** e **cogente**.

De maneira específica, os **deveres** imputados às entidades estatais são os seguintes (cf. Hely Lopes Meirelles):

a) Dever de **agir**: o administrador tem a **obrigação de atuar**, no sentido de envidar todos os esforços para a consecução do bem comum.

b) Dever de **eficiência**: corresponde ao dever de **boa administração**, como já visto em relação ao princípio da eficiência.

c) Dever de **probidade**: estritamente relacionado à **moralidade**, trata-se do dever de agir com correção, honestidade, lealdade e boa-fé.

d) Dever de **prestar contas**: na medida em que representa o gestor de interesses alheios, incide sobre a Administração a obrigação de prestar contas ao seu titular, a sociedade. Cuide-se que o dever em tela não se restringe ao dinheiro público, abarcando igualmente todos os atos estatais. Fácil perceber a sua relação com o princípio da publicidade.

Em relação aos poderes, a doutrina costuma assinalar a existência de quatro poderes: hierárquico, disciplinar, regulamentar e de polícia. Alguns autores também indicam mais dois poderes, o discricionário e o vinculado (posição com a qual não se concorda, motivo pelo qual a discricionariedade e a vinculação serão objeto de estudo no capítulo referente aos atos administrativos).

De maneira esquemática, em relação aos poderes e deveres da Administração:

Poderes		Deveres
Hierárquico		Agir
Disciplinar	Poder-Dever	Eficiência
Regulamentar		Probidade
De polícia		Prestar contas

3.2. PODER HIERÁRQUICO

De acordo com o poder hierárquico, a Administração detém a prerrogativa de organizar a sua composição, bem como de comandar e fiscalizar a atuação dos agentes inseridos em sua estrutura. Alguns autores o incluem na categoria de verdadeiro princípio – o princípio da hierarquia.

Assume, desse modo, uma feição estática, representada pela composição do aparato administrativo e pela respectiva distribuição das competências. Evidentemente, tal escalonamento das atribuições públicas permite vislumbrar a existência de escalões superiores e inferiores, compondo um sistema orgânico todo integrado. Igualmente presente a feição dinâmica, adstrita ao efetivo exercício recíproco das competências administrativas, à inter-relação acentuada entre os referidos escalões.

Verifica-se que a **relação de subordinação** ostenta uma condição destacada, presente de forma marcante na estrutura administrativa.

Do poder hierárquico decorrem algumas atribuições administrativas específicas, de extrema importância. São elas:

a) O superior hierárquico tem o **poder de dar ordens** para o inferior, de tal modo que aquele agente determina a este a conduta a ser tomada. A essa prerrogativa de comando corresponde, sob a perspectiva do subordinado, o **dever de obediência**. O agente tem a obrigação de cumprir as ordens do chefe, sob pena de responsabilização.

É verdade que a imposição que recai sobre o subordinado apresenta seus limites. Vale dizer, o dever de obediência não implica o acatamento e o cumprimento de toda e qualquer ordem. As que se apresentarem como **manifestamente ilegais** não podem ser cumpridas.

É o que expressamente dispõe o art. 116, V, da Lei n. 8.112/90 (Estatuto dos Servidores Públicos Civis da União):

"São deveres do servidor:

(...)

IV – cumprir as ordens superiores, exceto quando manifestamente ilegais".

b) O agente pode **fiscalizar** a atuação de seu subordinado. Trata-se de atribuição inerente ao poder de comando, já que a conduta do agente público pode ser permanentemente verificada pelo superior.

c) Cabível o **controle** da atuação dos órgãos inferiores, o que permite a invalidação e a revogação dos atos administrativos. Pode-se dar de ofício ou por meio de recurso administrativo.

d) Com fundamento no poder hierárquico, o agente pode delegar atribuições. Representa a **delegação** o ato administrativo pelo qual um agente, órgão ou entidade transfere a outrem competências que originariamente competem àquele. Assim, o ato de nomear (prover) servidores públicos, de competência do Presidente da República (art. 84, XXV, da CF), pode ser delegado a um Ministro de Estado, como expressamente faculta o parágrafo único do art. 84 da CF.

Em geral, a delegação consiste no trespasse de atribuições do superior hierárquico para o seu inferior. Apesar disso, impende observar que se admite a delegação **fora de uma estrutura de subordinação hierárquica**, como expressamente admite o art. 12 da Lei federal n. 9.784/99. Exemplo: a competência de um Ministério da União pode ser delegada para uma autarquia federal, muito embora entre ambas as entidades não exista uma relação hierárquica (v. capítulo 4, referente à estrutura administrativa).

Algumas relevantes considerações sobre a figura da delegação.

Não é todo ato que admite tal transferência, de sorte que alguns são **indelegáveis**. De acordo com a Lei federal n. 9.784/99 (art. 13), não podem ser objeto de delegação os atos de caráter **normativo** (decretos e resoluções, p. ex.), a decisão de **recursos administrativos**, bem como as matérias de **competência exclusiva** (somente tratadas por determinado agente, com exclusão dos demais). A doutrina igualmente costuma ressaltar como impassíveis de delegação os atos de **natureza política**, a exemplo da sanção e veto às leis federais, declaração de guerra, decretação de estado de defesa ou de sítio, todos de competência do Presidente da República.

Questiona-se se a delegação exige lei autorizativa. Em outras palavras, é cabível a delegação diante da ausência de norma expressa que a preveja?

Muito embora haja controvérsias no âmbito da doutrina brasileira, prevalece o entendimento de que a delegação funciona como uma regra, somente afastada no caso de impedimento legal. Admissível, portanto, a delegação implícita. É a posição de Maria Sylvia Zanella Di Pietro, para quem "o poder de delegar é inerente à organização hierárquica que caracteriza a Administração Pública" (2009, p. 205). Assim sugere o art. 12 da Lei n. 9.784/99, que dispõe: "Um órgão administrativo e seu titular poderão, **se não houver impedimento legal**, delegar parte da sua competência a outros órgãos ou titulares (...)".

O ato que promove a delegação deve ser publicado no meio oficial, como preconiza o art. 14, *caput*, da Lei n. 9.784/99. Na medida em que a delegação é revogável a qualquer momento pela autoridade delegante (art. 14, § 2º), igualmente necessária a publicação.

Sobre a responsabilidade do ato objeto de delegação, **ela incide sobre o agente delegado**, ou seja, que efetivamente expediu a decisão (art. 14, § 3º). Assim, incabível a responsabilização da autoridade delegante em relação aos atos praticados pelo delegado. A propósito, se houver impugnação judicial por meio de mandado de segurança, a autoridade coatora é o agente delegado (cf. Súmula 510, do STF: "Praticado o ato por autoridade no exercício de competência delegada, contra ela cabe o mandado de segurança ou a medida judicial").

e) Também possível a **avocação**, ato pelo qual o agente chama para si funções originariamente atribuídas a um subordinado. De acordo com a Lei federal n. 9.784/99, somente é cabível a avocação "em caráter excepcional e por motivos relevantes devidamente justificados" (art. 15).

Em síntese referente ao poder hierárquico:

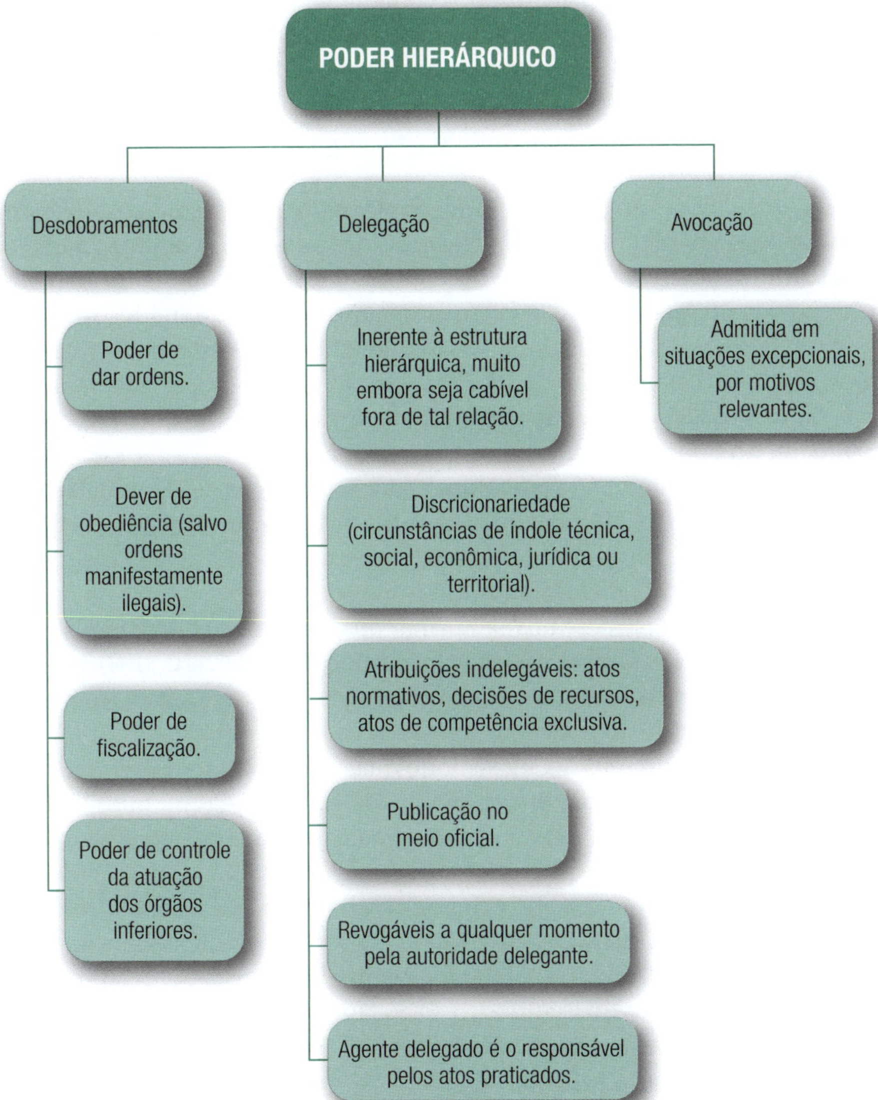

3.3. PODER DISCIPLINAR

Com fundamento no poder disciplinar, cabível a **apuração de faltas**, bem como a aplicação de **sanções administrativas** diante do cometimento de infrações praticadas por **agentes públicos**.

Fácil perceber a relação com o exercício do poder hierárquico, por meio do qual, como visto, o superior comanda e fiscaliza a atuação do inferior hierárquico. Exemplificando, caso o funcionário público descumpra uma ordem legal de seu chefe (poder hierárquico), legítima a imposição de uma penalidade ao infrator (poder disciplinar). Como se vê, são noções que não se confundem, muito embora estejam entrelaçadas (cf. MEIRELLES, 2001, p. 113).

Alguns autores ampliam a definição de poder disciplinar, abrangendo situações que envolvam penalidades aplicadas às **pessoas sujeitas à disciplina administrativa**, a exemplo dos contratados pela Administração (concessionários de serviços públicos), dos usuários de determinados serviços públicos (alunos de escolas públicas, frequentadores de uma biblioteca pública). São as lições de Maria Sylvia Zanella Di Pietro e Odete Medauar.

Alguns equívocos devem ser evitados no tocante a uma compreensão adequada do poder disciplinar.

Em primeiro lugar, não é qualquer sanção administrativa que decorre do **poder disciplinar**. Há penalidades aplicadas pela Administração resultantes do exercício do **poder de polícia**, como uma multa cominada a particular que tenha praticado uma infração de trânsito.

Em segundo lugar, costuma-se afirmar que o exercício do poder disciplinar é **discricionário**, de modo que a Administração detém certa **liberdade** na aplicação da penalidade. No entanto, a afirmação deve ser tomada com cautela, já que o exercício do poder em comento envolve, muitas vezes, a **obrigação de atuar** em certo sentido, inexistindo qualquer discricionariedade.

Assim, se a autoridade tomar ciência da prática de uma infração por outro agente, tem ela o **dever de apurar** o seu cometimento. Ausente, nessa seara, uma liberdade para não o fazer. É o que prevê a Lei n. 8.112/90 (Estatuto do funcionalismo público civil federal), em seu art. 143: "A autoridade que tiver ciência de irregularidade no serviço público é obrigada a promover a sua apuração imediata, mediante sindicância ou processo administrativo disciplinar, assegurada ao acusado a ampla defesa". Ademais, verificada a ocorrência da infração funcional, o agente competente tem a **obrigação de aplicar a sanção**, sob pena, até mesmo, de configuração do crime de **condescendência criminosa**, nos termos do art. 320 do CP ("Deixar o funcionário, por indulgência, de responsabilizar subordinado que cometeu infração no exercício do cargo ou, quando lhe falte competência, não levar o fato ao conhecimento da autoridade competente").

Apesar disso, é possível verificar certa **discricionariedade** em basicamente dois momentos do poder disciplinar: a) em relação à **caracterização**

da infração disciplinar, principalmente quando ela estiver prevista pela lei de forma genérica, por meio de conceitos indeterminados (p. ex., "falta grave"); b) no tocante à **escolha da sanção** a ser aplicada, bem como a sua **graduação,** na medida em que vários fatores devem ser levados em consideração para tanto (gravidade da falta, existência de reincidência, danos causados etc.).

Outrossim, convém salientar que a implementação do poder disciplinar se verifica por meio de um processo administrativo, motivo pelo qual plenamente incidente o **princípio do contraditório e da ampla defesa**. É o que estatui o art. 5º, LV, da CF: "aos litigantes, em processo judicial ou administrativo, e aos acusados em geral são assegurados o contraditório e ampla defesa, com os meios e recursos a ela inerentes". Da mesma forma o art. 143 da Lei n. 8.112/90, acima reproduzido.

Esquematicamente:

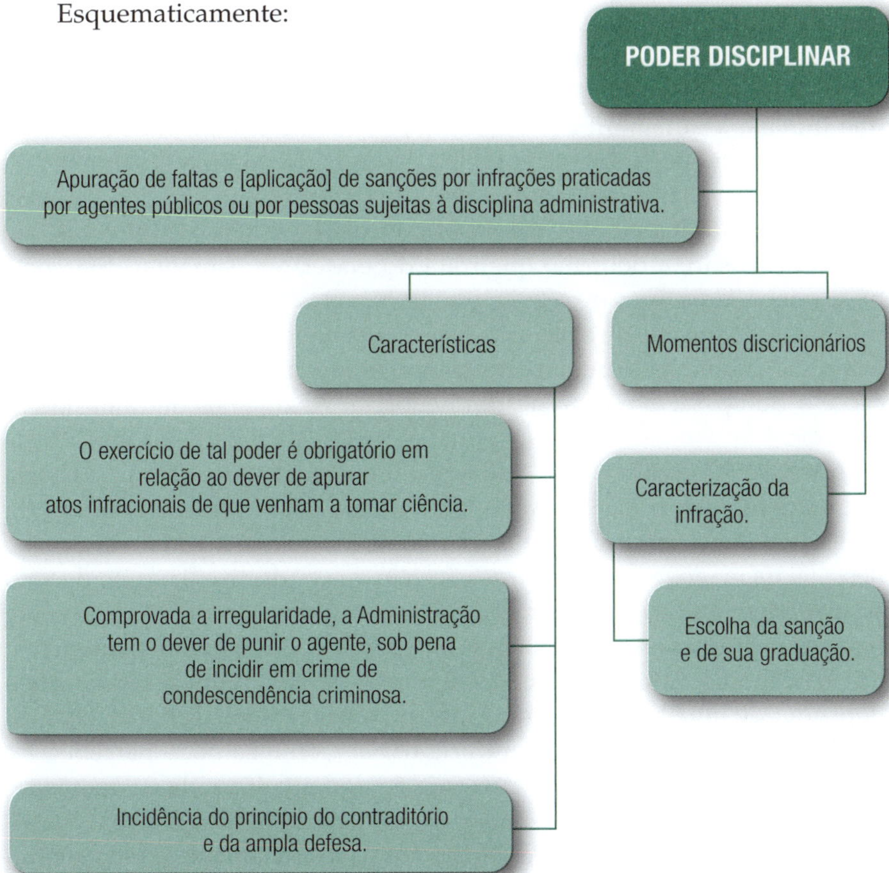

3.4. PODER REGULAMENTAR

É aquele atribuído ao Chefe do Poder Executivo (Presidente da República, Governadores e Prefeitos) para a expedição de **regulamentos**, objetivando propiciar a fiel execução da lei. Esclareça-se: regulamentos são atos com **caráter geral e abstrato** que disciplinam determinada situação. O instrumento usado é o **decreto** (forma utilizada para o exercício do poder regulamentar). Assim, quando um Governador expede um decreto, regulando de maneira pormenorizada o procedimento a ser tomado pelos agentes estaduais no âmbito da fiscalização ambiental, está exercendo o poder regulamentar.

Não se deve confundir o exercício desse poder com o exercício da função legislativa, muito embora se assemelhem pela produção de atos gerais e abstratos (ou seja, uma lei promulgada pelo Legislativo é materialmente semelhante a um decreto expedido pelo Executivo). A diferença primordial entre eles é que, pelo manuseio da legislatura, decorrem normas que **inovam** a ordem jurídica, criando originariamente direitos e obrigações; o que não pode dar-se, em regra, no bojo do poder regulamentar. A explicação para tanto advém do princípio da separação entre os Poderes, tal como disciplinado pela Constituição Federal.

A propósito, a doutrina que trata do poder regulamentar diferencia basicamente dois tipos de regulamentos. São eles:

a) **Regulamento de execução**: representa aquele que depende de uma lei prévia, motivo pelo qual não pode ir além do que ela dispõe. A sua função é a de operacionalizar, de pormenorizar os ditames de uma norma anterior.

Acerca dos regulamentos de execução, costuma-se apontar a existência de quatro requisitos (cf. STF, ADIn 1.435-8-DF, j. em 7-11-1996): 1) existência de lei prévia em vigor; 2) que o decreto se limite a assegurar a execução desta lei da maneira mais "fiel" possível; 3) que os destinatários do decreto sejam os agentes da Administração Pública; 4) que o decreto não acrescente nenhuma obrigação ao particular, nem estabeleça nenhum novo direito.

b) **Regulamento autônomo** (ou **independente**): é aquele que, por não depender de uma lei prévia, pode inovar o ordenamento jurídico, criando direitos e obrigações de maneira originária. Como se pode perceber, tal modalidade de regulamento representa verdadeiro exercício da função legislativa pelo Executivo.

Diante dessa distinção, surge relevante questionamento: qual a modalidade de regulamento admitida pelo ordenamento jurídico brasileiro?

A verdade é que este tópico ainda se apresenta controverso, sobretudo na doutrina. A problemática gira em torno da admissibilidade dos regulamentos autônomos, já que os de execução são unanimemente aceitos pelos autores e pelos tribunais.

Pela relevância da matéria, imprescindível a análise das posições existentes.

Alguns autores sustentam já há algum tempo a possibilidade dos regulamentos autônomos, nas "situações não disciplinadas em lei" (MEIRELLES, 2001, p. 120). Ou seja, na hipótese de lacuna, cabível ao Executivo a expedição de decreto, para disciplinar a situação não regulada.

Há juristas que ampliam a admissibilidade do regulamento autônomo, considerando-o um poder implícito do Executivo, necessário ao desenvolvimento da função administrativa. De acordo com Eros Grau, "a sua emanação é indispensável à efetiva atuação do Executivo em relação a determinadas matérias, definidas como de sua competência" (2005, p. 253).

Outros doutrinadores repelem de maneira incisiva a categoria dos regulamentos autônomos. Por todos, cita-se Celso Antônio Bandeira de Mello, que se vale dos contornos constitucionais do princípio da legalidade para justificar sua posição. A Carta Magna é repleta de dispositivos que evidenciam a impossibilidade dos regulamentos autônomos: art. 5º, II ("ninguém será obrigado a fazer ou deixar de fazer alguma coisa senão em virtude de lei"); art. 37, *caput* (que prevê o princípio da legalidade no âmbito da Administração Pública); e, sobretudo, o art. 84, IV (que traça o perfil finalístico do decreto regulamentar: promover a fiel execução da lei).

Por fim, há autores que admitem a expedição dos regulamentos autônomos, nas hipóteses previstas constitucionalmente. Destaque-se o art. 84, VI, *a*, cuja redação foi alterada pela Emenda Constitucional n. 32, de 2001. Assim prevê o dispositivo:

"Art. 84. Compete privativamente ao Presidente da República:

(...)

VI – dispor, mediante decreto, sobre:

a) organização e funcionamento da administração federal, quando não implicar aumento de despesa nem criação ou extinção de órgãos públicos".

Assim, a Administração Pública, no exercício do poder regulamentar, pode expedir decretos autônomos, independentemente de lei, com o objetivo específico de organizar e disciplinar o funcionamento da estrutura estatal. Trata-se, com efeito, de uma hipótese muito limitada de regulamento autônomo, como ressalta Maria Sylvia Zanella Di Pietro, adepta desse entendimento.

Advertência: os juristas que não admitem a categoria dos regulamentos autônomos mantêm esse entendimento, mesmo diante da alteração do art. 84, VI, *a*, da CF pela Emenda Constitucional n. 32/2001. É o que expõem Celso Antônio Bandeira de Mello, Marçal Justen Filho e José dos Santos Carvalho Filho.

Já o Supremo Tribunal Federal reconhece o caráter independente e autônomo do decreto previsto no art. 84, VI, *a*. É o que se extrai do acórdão proferido na ADIn 2.564-3-DF (rel. Min. Ellen Gracie, j. em 8-10-2003, v.u.). Nas razões de decidir, restou assentado:

"Por outro lado, nenhuma ofensa houve ao princípio da reserva legal. Como bem exposto nas informações [da Advocacia-Geral da União], o inciso VI do art. 84 da Constituição recebeu da Emenda Constitucional n. 32, de 11 de setembro de 2001, uma nova redação, que permite expressamente ao Presidente da República dispor, quando isso não implicar aumento de despesa ou criação de órgãos públicos, exceções que não se aplicam ao Decreto atacado".

Ressalte-se que o Ministro Gilmar Mendes menciona expressamente em seu voto que o regulamento previsto no art. 84, VI, "passou a ser um decreto autônomo em razão da Emenda n. 32, de 2001".

Deste modo: como regra, os regulamentos são de execução, de tal sorte que é vedada a expedição de decretos que ultrapassem e contrariem os ditames legais. Única exceção são os decretos autônomos que versem sobre a organização e o funcionamento da Administração (cf. jurisprudência do STF e posições doutrinárias).

Também é feita referência a outro tipo de regulamento, o delegado (ou autorizado). De acordo com as lições que o mencionam, decorre de uma transferência do poder normativo, do Legislativo ao Executivo, que passa a deter a atribuição de disciplinar determinadas situações. No entanto, essa figura é maciçamente criticada pela doutrina e pela jurisprudência. Para Celso Antônio Bandeira de Mello, é uma "delegação legislativa disfarçada".

O Supremo Tribunal Federal já se pronunciou acerca da impossibilidade dos decretos delegados, como se pode perceber pelo julgamento da ADIn 3.232-TO, na qual foi impugnada uma lei que delegava ao chefe do Executivo estadual (Governador de Estado) a competência para criação de cargos públicos mediante decreto. Restou reconhecida no acórdão a necessidade de lei formal para tanto, motivo pelo qual se reconheceu a "inconstitucionalidade manifestíssima" da norma. Em suma, a criação de cargos públicos somente pode se dar por meio de lei formal (expedida no exercício de função legislativa), eivada de inconstitucionalidade a delegação de tal atribuição.

Relevante observar que a competência regulamentar **não pode ser objeto de delegação**, conforme indicação do parágrafo único do art. 84. **Exceção** seja feita ao **decreto autônomo**, já que esse mesmo dispositivo indica a possibilidade de delegação de competência prevista no inciso VI.

Sobre o cabimento de controle judicial do poder regulamentar, consolidou-se o entendimento de que apenas os decretos autônomos admitem controle concentrado de constitucionalidade, já que violam diretamente a Constituição. Desse modo, na hipótese de o regulamento violar a lei que o embasa, presente um vício de legalidade, o que afasta o controle de constitucionalidade. Trata-se de entendimento pacificado no âmbito do Supremo Tribunal Federal: "Ato regulamentar não está sujeito ao controle de constitucionalidade, dado que, se vai além do conteúdo da lei, pratica ilegalidade e não inconstitucionalidade. Somente na hipótese de não existir lei que precede o ato regulamentar, é que poderia este ser acoimado de inconstitucional, assim sujeito ao controle de constitucionalidade. Precedentes do Supremo Tribunal Federal" (AgRg na ADIn 2.792-1-MG, rel. Min. Carlos Velloso, Pleno do STF, v.u., *DJ* de 12-3-2004).

Outro mecanismo de controle do poder regulamentar é aquele a que procede o **Congresso Nacional**, que pode "**sustar os atos normativos do Poder Executivo que exorbitem do poder regulamentar** ou dos limites da delegação legislativa" (art. 49, V, da CF). Vê-se, logo, que representa uma forma de fiscalização pelo Legislativo de atos emanados do Executivo, o que evidencia uma forma de controle recíproco típico da tripartição dos Poderes em nosso país. O instrumento de que o Congresso se vale para tanto é o decreto legislativo.

3.4.1. Para aprofundamento: poder normativo

Como visto, o poder regulamentar é aquele conferido privativamente ao chefe do Poder Executivo. Porém, não se pode desconhecer que outras entidades e órgãos públicos expedem atos de caráter geral e abstrato. Vários exemplos podem ser citados: as resoluções expedidas pelas agências reguladoras (Anatel, Aneel, ANP etc.) e por órgãos públicos (*v.g.*, Contran, Conama), as instruções normativas baixadas pelo Banco Central, as portarias emanadas do Cade.

Muito embora não se insiram no âmbito do chamado poder regulamentar, representam uma face do **poder normativo** estatal (a denominação é adotada por Maria Sylvia Zanella Di Pietro).

De maneira específica, vem predominando no cenário doutrinário nacional a expressão "poder regulador" (ou mesmo regulatório), muito em função da própria Constituição, que se vale da expressão "órgão regulador" (art. 21, XI).

Sobre a função do poder regulador, duas considerações são necessárias.

Em primeiro lugar, em virtude da hierarquia inerente à Administração, tais atos gerais são subordinados às leis e aos decretos. Em segundo lugar, a sua função restringe-se ao exercício da discricionariedade técnica, porquanto devem pormenorizar questões de ordem técnica traçadas genericamente pela lei.

Esquematicamente:

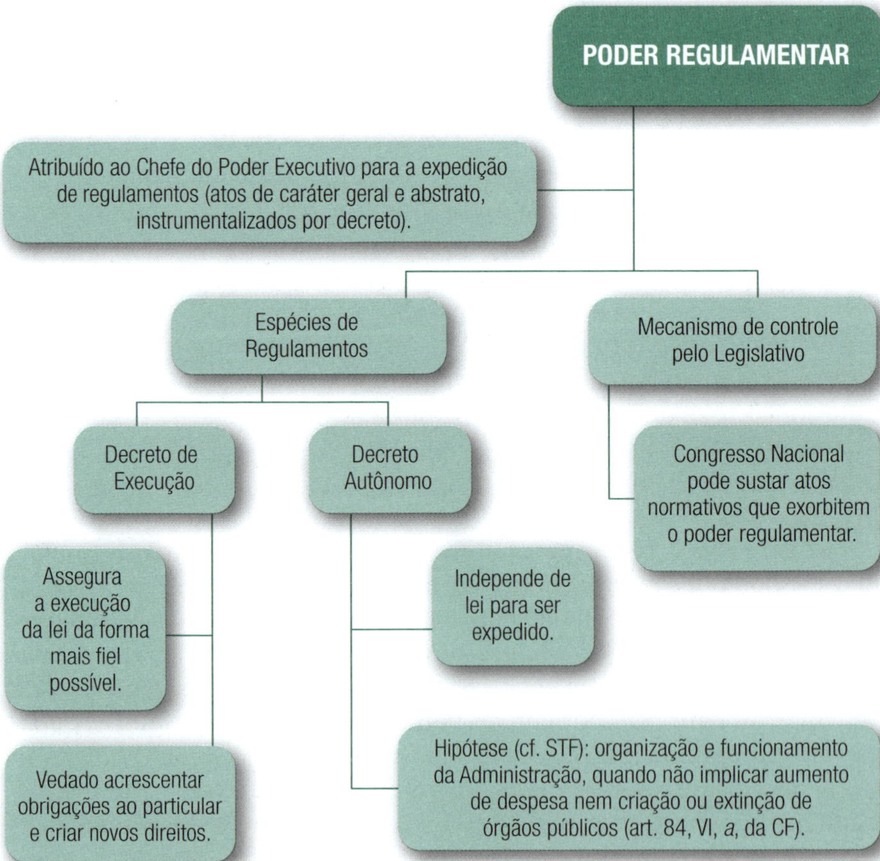

3.5. PODER DE POLÍCIA

O convívio do homem em sociedade, bem como a sua integração a uma estrutura estatal organizada, impõe uma limitação à liberdade e à propriedade dos indivíduos. Impensável um Estado em que tais valores não sofram restrição alguma, haja vista a constatação de que o atendimento do interesse público exige, muitas vezes, tal condicionamento. Em prol do interesse social, o particular somente pode erguer uma casa, por exemplo, se obtiver junto à Administração uma licença para construir. Ele deve, por conta disso, edificar de acordo com os dispositivos prescritos na lei municipal de obras. Caso viole tais prescrições, o Poder Público pode fiscalizar tal atividade e até aplicar penalidades administrativas, como uma multa ou o embargo de obra irregular.

Isso se aplica a uma infinidade de atividades exercidas pelos particulares (direção de veículos, venda de produtos alimentícios, desenvolvimento de atividades poluidoras, exercício de certas atividades profissionais, entre inúmeras outras), o que permite aglutinar tais exigências estatais à noção de **poder de polícia**.

Seu fundamento é o **princípio da supremacia do interesse público sobre o privado** (cf. DI PIETRO, 2009, p. 115), por meio do qual a Administração detém prerrogativas de imposição concreta das limitações, fiscalização das atividades disciplinadas e imposição de eventuais penalidades.

3.5.1. Definição

O poder de polícia pode ser definido como a **atividade estatal consistente em restringir genericamente a liberdade e a propriedade em benefício do interesse público**.

Existe uma definição legal do poder de polícia, estampada no art. 78 do CTN, que assim dispõe:

"Considera-se poder de polícia atividade da administração pública que, limitando ou disciplinando direito, interesse ou liberdade, regula a prática de ato ou abstenção de fato, em razão de interesse público concernente à segurança, à higiene, à ordem, aos costumes, à disciplina da produção e do mercado, ao exercício de atividades econômicas dependentes de concessão ou autorização do Poder Público, à tranquilidade pública ou ao respeito à propriedade e aos direitos individuais ou coletivos".

A noção de poder de polícia merece previsão específica no Código Tributário Nacional, porquanto o seu exercício confere à Administração a cobrança de uma modalidade de tributo – a **taxa** (cf. art. 150, II, da CF).

Note-se bem. O poder de polícia restringe a liberdade e a propriedade e não o respectivo direito, no qual se encontra contida a disciplina referente ao poder de polícia. Muito embora sutil, trata-se de aspecto dos mais relevantes, na medida em que o direito de liberdade e de propriedade já se encontra conformado juridicamente pelas limitações, que "integram o desenho do próprio perfil do direito" (BANDEIRA DE MELLO, 2003, p. 705). Consequentemente, não são indenizáveis.

Costuma-se distinguir o poder de polícia em **sentido amplo**, compreendendo a atuação das funções legislativas e administrativas; e em **sentido estrito**, restrito à atuação da Administração Pública. Neste caso, a terminologia apropriada é **polícia administrativa**.

Observe-se que o interesse público sobre o qual incide o poder de polícia envolve setores dos mais variados, a exemplo do meio ambiente, uso e ocupação do solo, saúde e higiene públicas, tranquilidade pública, trânsito, pesos e medidas etc. Daí se falar nas respectivas polícias ambiental, urbanística, sanitária, de trânsito, entre inúmeras outras.

3.5.2. Conteúdo

Em geral, o poder de polícia implica a imposição ao particular de uma **obrigação de não fazer** (*non facere*). Assim, o seu conteúdo é **negativo**, representando a abstenção de um comportamento vedado pelo ordenamento jurídico. Exemplos: na aplicação do poder de polícia de trânsito, o particular encontra-se na obrigação de não exceder a velocidade na condução de seu veículo; no tocante à polícia ambiental, fica vedado ao empreendedor poluir o ar; em relação à polícia sanitária, o particular deve abster-se de vender alimentos deteriorados.

No entanto, há casos em que o conteúdo do poder de polícia implica verdadeira imposição de **obrigação de fazer**. É o caso, por exemplo, da obrigação imposta ao proprietário de conferir ao seu bem uma função social. Ou da obrigação atribuída aos médicos, no sentido de comunicarem aos órgãos públicos a existência de doenças transmissíveis.

Saliente-se, contudo, que não se trata de entendimento pacificado, pois alguns autores compreendem que o poder de polícia sempre encerrará um conteúdo negativo (cf. BANDEIRA DE MELLO, 2003, p. 717).

3.5.3. Meios de atuação

A polícia administrativa pode manifestar-se por diversas formas.

De um lado, a atuação se dá pela expedição de **atos gerais e abstratos** destinados a disciplinar a atividade de polícia. É o caso de um decreto que rege os procedimentos a serem adotados no âmbito de uma fiscalização sanitária. Verifique-se, nesse exemplo, que um mesmo ato (o decreto) pode decorrer tanto do poder de polícia quanto do poder regulamentar (cf. item 3.4).

De outro, cabível a manifestação por **atos concretos**. Nessa modalidade, é possível vislumbrar três formas de atuação:

a) **Atuação preventiva**

Ocorre previamente ao exercício da atividade sobre a qual incide a limitação. Comumente, a prevenção dá-se pela expedição dos atos de **licença** e de **autorização** (sobre tais atos, ver capítulo 5 – Atos administrativos).

Desse modo, antes de dirigir um automóvel, o particular deve requerer ao Poder Público uma licença de motorista. Para consegui-la, o indivíduo deve submeter-se a vários exames, a fim de demonstrar capacidade para o exercício de tal atividade. O mesmo se diga em relação à construção de uma casa, situação em que o interessado deve solicitar ao órgão municipal competente a expedição de uma licença para edificar. Este instrumento permite que a Administração impeça a realização de uma construção irregular, em desobediência aos parâmetros legais.

b) **Atuação fiscalizadora**

Representa a atuação verificada durante o exercício da atividade pelo particular. Na condução de um veículo, o particular está sujeito à fiscalização de trânsito; durante o funcionamento de uma fábrica, cabível o monitoramento, pela Administração, do grau de poluição emitida pela empresa.

c) **Atuação repressiva**

Esta atuação verifica-se na hipótese de uma violação ao ordenamento, da prática de um ato ilícito pelo particular.

Ela se opera por meio da aplicação de **sanções administrativas**, a exemplo da multa pecuniária, interdição de estabelecimento, apreensão de mercadorias ou produtos, embargo de obras, suspensão de venda ou fabricação de produtos etc.

Ademais, cumpre notar que, além das sanções, existem as **medidas acautelatórias**, consistentes em "providências de caráter provisório ditadas pela urgência de fazer cessar ilegalidades que coloquem em grave risco a vida, a saúde, a segurança da sociedade" (SUNDFELD, 2003a, p. 78).

Advertência! Embora os efeitos sejam muito semelhantes, importante não confundir as sanções administrativas e as medidas cautelares. As diferenças são as seguintes (cf. SUNDFELD, 2003a, p. 79): 1ª) quanto aos fins, enquanto a finalidade da sanção é subjetiva ("impor consequência desfavorável ao infrator, para com isso puni-lo"), o fim da medida cautelar é objetivo ("eliminar o perigo, presente ou iminente"); 2ª) quanto aos requisitos procedimentais, a cominação da sanção deve ser precedida do contraditório e da ampla defesa, condição não observada na aplicação da providência acautelatória, que dispensa prévio procedimento.

No âmbito legislativo, existem normas que preveem expressamente as medidas cautelares. Por exemplo, no âmbito federal, dispõe o art. 45 da Lei n. 9.784/99:

"Art. 45. Em caso de risco iminente, a Administração Pública poderá motivadamente adotar providências acauteladoras sem a prévia manifestação do interessado".

3.5.4. Polícia administrativa e polícia judiciária

O termo "polícia" detém diversas significações. Daí a doutrina estabelecer a diferenciação entre a polícia administrativa e a polícia judiciária.

A **polícia administrativa**, objeto de estudo pelo Direito Administrativo, representa a atividade destinada a prevenir e reprimir os comportamentos antissociais. De acordo com lição clássica, ela incide sobre bens, direitos e atividades e o seu exercício "se difunde por toda a Administração Pública" (cf. MEIRELLES, 2001, p. 123).

Já a **polícia judiciária** consiste em uma atividade de investigação referente ao cometimento de delitos penais, de tal maneira que incide sobre as pessoas que praticam ilícitos de tal natureza. Como se pode notar, essa modalidade de polícia representa uma atividade que auxilia o Poder Judiciário. O regime jurídico aplicável é o Código de Processo Penal. E, em geral, é exercida pela polícia civil e federal.

3.5.5. Atributos

As características que particularizam o poder de polícia recebem a denominação de seus atributos. De acordo com clássica doutrina, são eles a discricionariedade, a autoexecutoriedade e a coercibilidade.

Sobre a **discricionariedade**, reitera-se o que já foi mencionado no item do poder disciplinar (ver *supra* – item 3.3).

A **autoexecutoriedade** representa o atributo pelo qual a Administração pode executar os próprios atos, sem a necessidade de intervenção do Poder Judiciário (ver capítulo 5 – Atos administrativos, oportunidade em que este atributo será analisado).

Já a **coercibilidade** significa que as decisões administrativas são impostas aos particulares, sem a necessidade de sua concordância. Equivalem à imperatividade dos atos administrativos (ver capítulo 5 – Atos administrativos).

O tópico ora analisado detém muita semelhança com a matéria dos atributos do ato administrativo. A explicação é simples: as medidas de polícia se exteriorizam por meio dos atos administrativos. Assim, pode-se afirmar que os atributos dos atos administrativos equivalem aos do poder de polícia. No entanto, a doutrina não costuma indicar a presunção de legitimidade como atributo da polícia administrativa, o que, evidentemente, não se pode admitir. De qualquer forma, **para efeitos de concurso público, o candidato deve considerar atributos do poder de polícia os três acima mencionados**.

3.5.6. Competência

De acordo com regra estabelecida por Hely Lopes Meirelles, **é competente para determinada medida de polícia a entidade que for competente para legislar sobre a matéria** (2001, p. 122). Desse modo, basta verificar a competência legislativa traçada pela Constituição Federal, para daí extrair a atribuição material respectiva.

Exemplo: na medida em que o Município detém competência para disciplinar a matéria de uso e ocupação do solo (nos termos do art. 30, I e VIII, da CF), é essa mesma entidade federativa que possui a competência para exercer a polícia administrativa correspondente.

Ressalte-se que "certas atividades interessam simultaneamente às três entidades estatais, pela sua extensão a todo o território nacional (*v.g.*, saúde pública, trânsito, transportes etc.)". Nessas hipóteses, "o poder de regular e de polícia se difunde entre todas as Administrações interessadas, provendo cada qual nos limites de sua competência territorial" (cf. MEIRELLES, 2001, p. 122).

3.5.7. Delegação a particulares: cabimento?

Questiona-se acerca do cabimento da delegação do exercício do poder de polícia aos particulares.

A resposta é negativa. Explica Celso Antônio Bandeira de Mello: "A restrição à atribuição de atos de polícia a particulares funda-se no corretíssimo entendimento de que não se lhe pode, ao menos em princípio, cometer o encargo de praticar atos que envolvem o exercício de misteres tipicamente públicos quando em causa liberdade e propriedade, porque ofenderiam o equilíbrio entre os particulares em geral, ensejando que uns oficialmente exercessem supremacia sobre outros" (2003, p. 726). Ou seja, é o Estado, por meio de suas entidades, que manuseia a competência de polícia administrativa, de maneira exclusiva. Nesse sentido, no acórdão proferido na ADIn 1.717, o Supremo Tribunal Federal reconheceu a inconstitucionalidade de artigo da Lei n. 9.469/98, que disciplinava a delegação a entidades privadas do poder de polícia de fiscalização de profissões regulamentadas. O argumento foi a indelegabilidade de indigitado poder.

Algumas normas, de maneira expressa, vedam tal delegação. A Lei n. 11.079/2004 (lei federal das parcerias público-privadas) dispõe como diretriz na contratação a "**indelegabilidade** das funções de regulação, jurisdicional, do **exercício do poder de polícia** e de outras atividades exclusivas do Estado" (art. 4º, III).

Sobre o tema, duas observações merecem realce.

Em primeiro lugar, a indelegabilidade do poder de polícia **não exclui a possibilidade de haver o exercício por particulares de determinadas atividades materiais auxiliares à polícia administrativa**. Exemplo: contratação de empresa privada para instalação de radares nas vias públicas. Nesse caso, tal delegação é possível, porque "não há nisto atribuição alguma de poder que invista os contratados em qualquer supremacia engendradora de desequilíbrio entre os administrados" (BANDEIRA DE MELLO, 2003, p. 727). Com efeito, inexiste a expedição de atos sancionatórios pelos particulares, nem sequer a expedição de decisão sobre a ocorrência ou não de infração administrativa.

Em segundo lugar, como bem observado por Diogenes Gasparini (2008, p. 136), admite-se a delegação do poder de polícia "desde que outorgada a uma pessoa pública administrativa, como é a autarquia, ou a uma pessoa governamental, como é a empresa pública. Desfrutam dessa delegação, a exemplo de outros entes, o Banco Central do Brasil, as agências reguladoras, como é o caso da Aneel, da Anatel, da Anvisa e da ANP, o INSS e o Cade, no âmbito federal, e a Cetesb, na esfera do Estado de São Paulo".

O STJ, contudo, em julgados recentes, vem entendendo que sociedade de economia mista, entidade da Administração indireta que detém personalidade privada, não pode exercer medidas repressivas de polícia (cf. REsp 817.534, rel. Min. Mauro Campbell, *DJe* de 10-12-2009).

3.5.8. Limites

Na medida em que se encontra submetido ao regime jurídico administrativo, impõe-se ao exercício do poder de polícia o princípio da indisponibilidade do interesse público pela Administração. Consequentemente, verificam-se sujeições que verdadeiramente limitam a polícia administrativa.

Tal contextualização permite constatar que a principal sujeição da Administração é a submissão à lei. Assim, pode-se afirmar que a legalidade representa, de maneira concomitante, o fundamento e o limite da polícia administrativa. A faceta referente ao seu limite encontra-se na formulação segundo a qual a Administração não pode exercer determinada competência na hipótese de silêncio legal. Já o enfoque que destaca o seu fundamento está adstrito à vinculação positiva do Poder Público à legalidade, de tal maneira que este somente pode fazer o que a lei determina ou permite.

Também pode ser ressaltado o princípio da impessoalidade, que impõe o tratamento isonômico dos particulares submetidos ao poder de polícia.

O princípio do devido processo legal é amplamente aplicável à espécie, como se pode depreender do art. 5º, LIV, da CF: "ninguém será privado da liberdade ou de seus bens sem o devido processo legal".

Ademais, pelo princípio da proporcionalidade dos meios aos fins, "o poder de polícia não deve ir além do necessário para a satisfação do interesse público que visa proteger; a sua finalidade não é destruir os direitos individuais, mas, ao contrário, assegurar o seu exercício, condicionando-o ao bem-estar social; só poderá reduzi-los quando em conflito com interesses maiores da coletividade e na medida estritamente necessária à consecução dos fins estatais" (DI PIETRO, 2009, p. 122).

Mencione-se um limite temporal aplicável à esfera federal, de acordo com o art. 1º da Lei n. 9.873/99: "Prescreve em 5 (cinco) anos a ação punitiva da Administração Pública Federal, direta e indireta, no exercício do poder de polícia".

Esquematicamente, acerca do poder de polícia:

PODER DE POLÍCIA	
CONCEITO	Atividade estatal (em regra indelegável) que consiste em restringir genericamente a liberdade e a propriedade em benefício do interesse público.
FUNDAMENTO	→ Princípio da supremacia do interesse público sobre o privado.
CONTEÚDO	Possui conteúdo negativo (obrigação de não fazer) e positivo (obrigação de fazer).
MEIOS DE ATUAÇÃO	→ atos gerais e abstratos; → atos concretos, subdividindo-se em três modalidades: 1. *ATUAÇÃO PREVENTIVA;* → Licença e autorização. 2. *ATUAÇÃO FISCALIZADORA;* 3. *ATUAÇÃO REPRESSIVA.* → Sanções administrativas e medidas acautelatórias.

POLÍCIA	→ ADMINISTRATIVA: destinada a prevenir e reprimir comportamentos antissociais; → JUDICIÁRIA: atividade investigativa referente a delitos penais, destinada a auxiliar o Poder Judiciário na responsabilização criminal.
ATRIBUTOS	→ discricionariedade; → coercibilidade; → autoexecutoriedade.
COMPETÊNCIA	Será da entidade competente para legislar sobre a matéria.
LIMITES	→ princípio da legalidade; → princípio da impessoalidade; → princípio do devido processo legal; → princípio da proporcionalidade.

Questões

1. **(Magistratura do Estado de Roraima – 2008) "Atividade da administração pública que, limitando ou disciplinando direito, interesse ou liberdade, regula a prática de ato ou abstenção de fato, em razão de interesse público concernente à segurança, à higiene, à ordem, aos costumes, à disciplina da produção e do mercado, ao exercício de atividades econômicas dependentes de concessão ou autorização do Poder Público, à tranquilidade pública ou ao respeito à propriedade e aos direitos individuais ou coletivos." Esse texto corresponde à definição de poder:**

   a) disciplinar, sendo tal noção conflitante com a atual Constituição Federal, na medida em que apenas lei pode limitar o exercício de direito ou liberdade.

   b) normativo, sendo tal noção compatível com a atual Constituição Federal, posto não haver o ordenamento constitucional acolhido o princípio da reserva legal absoluta.

c) de polícia, sendo tal noção compatível com a atual Constituição Federal, pois é normal que haja limitação ao exercício de direitos e liberdades em defesa de outros direitos ou valores constitucionalmente tutelados.
d) hierárquico, sendo tal noção conflitante com a atual Constituição Federal, posto que pertinente a um regime autoritário, incompatível com o Estado Democrático de Direito.
e) regulador, sendo tal noção compatível com a atual Constituição Federal, dada a afirmação da função social dos direitos, integrante da ordem econômica constitucional.

2. **(Delegado do Estado do Maranhão – 2006) Com relação aos Poderes Administrativos, considere:**
   I. O poder de que dispõe o Executivo para distribuir e escalonar as funções de seus órgãos, ordenar e rever a atuação de seus agentes, estabelecendo a relação de subordinação entre os servidores do seu quadro pessoal.
   II. A atividade do Estado consistente em limitar o exercício dos direitos individuais em benefício do interesse público.
   As proposições acima correspondem, respectivamente, aos poderes:
   a) regulamentar e de polícia.
   b) disciplinar e regulamentar.
   c) hierárquico e de polícia.
   d) hierárquico e disciplinar.
   e) polícia e regulamentar.

3. **(Magistratura do Trabalho da 11ª Região – RR/AM – 2005) É expressão própria do poder regulamentar no direito brasileiro:**
   a) a edição de medidas provisórias com força de lei.
   b) o veto a projetos de lei.
   c) a criação de cargos e sua extinção, quando vagos.
   d) a expedição de decretos para a fiel execução das leis.
   e) a expedição de decretos legislativos.

4. **(Auditor Fiscal da Receita Federal – ESAF – 2005) Considerando-se os poderes administrativos, relacione cada poder com o respectivo ato administrativo e aponte a ordem correta:**
   1. poder vinculado
   2. poder de polícia
   3. poder hierárquico

4. poder regulamentar
5. poder disciplinar

( ) decreto estadual sobre transporte intermunicipal
( ) alvará para construção de imóvel comercial
( ) aplicação de penalidade administrativa a servidor
( ) avocação de competência por autoridade superior
( ) apreensão de mercadoria ilegal na alfândega

a) 3/2/5/4/1.
b) 1/2/3/5/4.
c) 4/1/5/3/2.
d) 2/5/4/1/3.
e) 4/1/2/3/5.

5. **(Advogado da União – CESPE – 2006) Julgue o seguinte item:**
É obrigatória a publicação em meio oficial dos atos de delegação ante o seu caráter formal e, a partir da publicação, o ato de delegação torna-se irrevogável.

6. **(Advogado da União – CESPE – 2006) Julgue o seguinte item:**
A avocação é ato excepcional, de caráter transitório, que, no entanto, dispensa motivação por parte da autoridade hierarquicamente superior que a determina.

7. **(Procurador do Estado do Maranhão – 2003) Considere um dispositivo constitucional que crie obrigação aos indivíduos, mas cuja aplicação dependa de disciplina legal. Suponha que ainda não exista lei a respeito dessa matéria. Numa situação hipotética, o Presidente da República, pretendendo ver aplicado tal dispositivo, formula consulta a parecerista que apresenta, entre outras, as seguintes conclusões: (i) o Presidente da República pode diretamente regulamentar a matéria por decreto, posto que o Direito brasileiro, com a Emenda Constitucional n. 32/2001, passou a acolher o regulamento autônomo; (ii) a competência do Presidente da República para expedir decretos regulamentares pode, como regra geral, ser delegada aos Ministros; (iii) os decretos regulamentares, por serem atos de competência privativa do Presidente da República, não são passíveis de controle pelo Poder Legislativo, submetendo-se apenas ao controle judicial de constitucionalidade. Das conclusões acima:**

a) apenas a (i) está de acordo com a Constituição Federal.

b) apenas a (ii) está de acordo com a Constituição Federal.
c) apenas a (iii) está de acordo com a Constituição Federal.
d) todas estão de acordo com a Constituição Federal.
e) nenhuma está de acordo com a Constituição Federal.

8. **(Magistratura do Trabalho – 15ª Região/Campinas – 2008) O art. 161 da CLT preconiza que determinada autoridade poderá, à vista do laudo técnico do serviço competente que demonstre grave e iminente risco para o trabalhador, interditar estabelecimento, setor de serviço, máquina ou equipamento, indicando na decisão as providências que deverão ser adotadas para a prevenção de infortúnio do trabalho. Analisando a hipótese legal na ótica dos poderes da Administração, é *correto* afirmar que a interdição de estabelecimento, setor ou máquina retrata:**

a) exercício do poder disciplinar da Administração, por meio do qual estabelece diretrizes de conduta para os servidores e os particulares, sujeitando-os a sanções.
b) desdobramento do poder regulamentar da Administração, que detém competência privativa para editar normas que irão disciplinar o exercício de determinada atividade.
c) exercício do poder de polícia da Administração, por meio do qual ela pode reprimir atividades nocivas ao trabalhador.
d) exercício do poder hierárquico da Administração, uma vez que todas as atividades econômicas têm a sua atuação disciplinada pelo Poder Público.
e) exercício do poder discricionário da Administração, por meio do qual afere a oportunidade e a conveniência de fiscalizar determinado estabelecimento.

9. **(Procurador do Estado de Sergipe – 2005) Sobre o poder normativo da Administração, é correto afirmar que:**

a) é deferido a entidades da Administração direta e indireta, nos limites das suas respectivas competências.
b) pode se manifestar em caráter originário, mesmo que contra a lei.
c) seu exercício representa legítima delegação de competência legislativa à Administração.
d) se resume ao poder regulamentar previsto no art. 84, IV, da CF.
e) tem como titular o Presidente da República, que pode delegá-lo a outros níveis inferiores da federação.

10. (Ministério Público Federal – 2005) Sobre os poderes administrativos, é errado afirmar que:

a) são atributos do poder de polícia a discricionariedade, a autoexecutoriedade e a coercibilidade.

b) as condições de validade do ato de polícia são as mesmas do ato administrativo comum, ou seja, a competência, a finalidade e a forma, acrescidas da proporcionalidade da sanção e da legalidade dos meios empregados pela Administração.

c) a avocação, no plano do poder hierárquico da Administração, desonera o agente público inferior de toda a responsabilidade pelo ato avocado pelo superior.

d) o poder regulamentar da Administração somente pode ser exercido em relação às leis que expressamente recomendem a necessidade de regulamentação, não podendo contrariar, restringir ou ampliar suas disposições.

11. (Procurador da Fazenda Nacional – ESAF – 2004) Sobre a delegação de competência administrativa, assinale a opção correta:

a) É possível a delegação da decisão de recursos administrativos, ainda que não o seja para atos de caráter normativo.

b) Em vista da necessidade de segurança jurídica aos atos da Administração, não se admite, em regra, que o ato de delegação seja revogável a qualquer tempo pela autoridade delegante.

c) Não há a necessidade, como regra, de que o ato de delegação e o de sua revogação sejam publicados no meio oficial.

d) As decisões adotadas por delegação consideram-se editadas pelo delegante.

e) Se não houver impedimento legal, e for conveniente, em razão de circunstâncias de índole técnica, social, econômica, jurídica ou territorial, é possível a um órgão administrativo delegar parte de sua competência a outro órgão, ainda que este não lhe seja hierarquicamente subordinado.

12. (Defensor Público do Estado de São Paulo – 2006) Não é atividade típica de polícia administrativa a:

a) edição de normas regulamentares, de caráter geral e abstrato e condicionadoras do comportamento dos particulares.

b) aplicação de sanções aos concessionários de serviços públicos, pela inadequação do serviço.

c) imposição de obrigações de fazer aos particulares.
d) outorga de autorizações e licenças a interessados.
e) adoção de medidas cautelares administrativas, como o embargo de obra irregular.

13. **(Procurador do Estado de Sergipe – 2005) Uma autoridade administrativa presenciou a prática de ato de subordinado seu, a configurar ilícito administrativo. Considerando-se que tal autoridade tem competência para aplicar ao subordinado a respectiva penalidade disciplinar:**

a) deverá aplicá-la de imediato, sob a pena de estar, por sua vez, praticando ato ilícito ao omitir-se na defesa do interesse público.
b) poderá aplicá-la de imediato, invocando o princípio da verdade sabida.
c) ainda assim deverá iniciar o processo administrativo, tendente à aplicação da penalidade, em razão do princípio da inércia.
d) poderá aplicá-la de imediato, invocando o princípio da autotutela.
e) ainda assim deverá iniciar o processo administrativo, tendente à aplicação da penalidade, em razão do princípio da ampla defesa.

14. **(Analista do TRE – 2006) No que tange aos poderes administrativos, o de polícia:**

a) possibilita a anulação de liberdades públicas e o aniquilamento de direitos fundamentais assegurados constitucionalmente.
b) é o que dispõe a Administração Pública para condicionar o uso, o gozo e a disposição da propriedade e o exercício da liberdade dos administrados no interesse público ou social.
c) encontra-se submetido ao princípio da legalidade, mas, por sua natureza, não se submete ao controle jurisdicional.
d) é exclusivamente discricionário, já que a lei estabelece todos os elementos necessários para sua efetivação, e seu controle é restrito ao Legislativo.
e) é o que cabe à Administração Pública para apurar e punir internamente as infrações funcionais dos servidores públicos e demais pessoas sujeitas à disciplina administrativa.

15. **(Procurador do Banco Central do Brasil – 2006) É legalmente vedada, como regra, a delegação de competência em se tratando da prática de ato:**

a) de decisão de recurso administrativo.

b) que importe exercício de poder disciplinar.
c) administrativo vinculado.
d) administrativo discricionário.
e) integrante de processo administrativo.

16. (Delegado de Polícia do Estado do Rio de Janeiro – 2001) Analise os itens a seguir, sobre os poderes da Administração Pública, e assinale a alternativa correta:

I. Tem por objetivo o poder hierárquico ordenar, coordenar, controlar e corrigir as atividades administrativas, no âmbito interno da Administração Pública.

II. Do poder regulamentar decorrem faculdades, para a autoridade administrativa superior, de dar ordens e de avocar atribuições dos seus subordinados.

III. O poder disciplinar está vinculado à prévia definição da lei sobre a infração funcional e a respectiva sanção.

IV. Apesar de ser privativo dos chefes do Poder Executivo, o poder regulamentar pode ser por eles delegados.

a) Todos os itens estão corretos.
b) Somente um item está correto.
c) Somente dois itens estão corretos.
d) Somente três itens estão corretos.
e) Todos os itens estão incorretos.

17. (Magistratura do Trabalho/8ª Região – 2003) São atributos ou características do poder de polícia:

a) autoexecutoriedade, imperatividade e legalidade.
b) executoriedade, presunção de legitimidade e discricionariedade.
c) coercibilidade, legalidade e executoriedade.
d) discricionariedade, autoexecutoriedade e coercibilidade.
e) presunção de legitimidade, imperatividade e autoexecutoriedade.

18. (Procurador do Município de São Paulo – 2000) Assinale a alternativa que caracteriza o exercício de poder de polícia pela Administração Pública:

a) Desapropriação de imóvel particular para a construção de uma escola.
b) Lacração de um estabelecimento comercial por falta de condições sanitárias adequadas.
c) Fixação de tarifas para a prestação do serviço público de transporte coletivo.

d) Punição de um servidor por descumprimento de seus deveres funcionais.
e) Celebração de um convênio com outro ente estatal.

19. **(Outorga de delegação de notas e de registro – Paraná – 2014) O balizamento da limitação dos direitos e liberdades individuais pela Administração Pública, em prol do interesse público, fundamenta-se no poder:**
a) Disciplinar.
b) Regulamentar.
c) De polícia.
d) Hierárquico.

Gabarito

1. C
2. C
3. D
4. C
5. Errada
6. Errada
7. E
8. C
9. A
10. D
11. E
12. B
13. E
14. B
15. A
16. B
17. D
18. B
19. C

4 ESTRUTURA

4.1. INTRODUÇÃO

Para o exercício da função administrativa, é imprescindível que o Estado seja dotado de certa estrutura. Por meio dela é que se dá a efetiva atuação da Administração Pública, como a prestação dos serviços públicos, o exercício do poder de polícia, o desenvolvimento da atividade de fomento etc.

A estrutura da Administração divide-se em **três níveis**: os **agentes públicos**, os **órgãos públicos** e as **entidades**. A matéria sobre agentes públicos, pela relevância que detém nos concursos públicos, será analisada em capítulo próprio (capítulo 11 – Agentes públicos). Os demais serão tratados no presente capítulo.

Desde já convém assinalar, sinteticamente, que **agentes públicos** são as pessoas físicas incumbidas do desenvolvimento da função administrativa; **órgãos públicos** são "centros de decisão" que possuem a mesma finalidade; já as **entidades** constituem as pessoas jurídicas destinadas à consecução do interesse público. Esquematicamente:

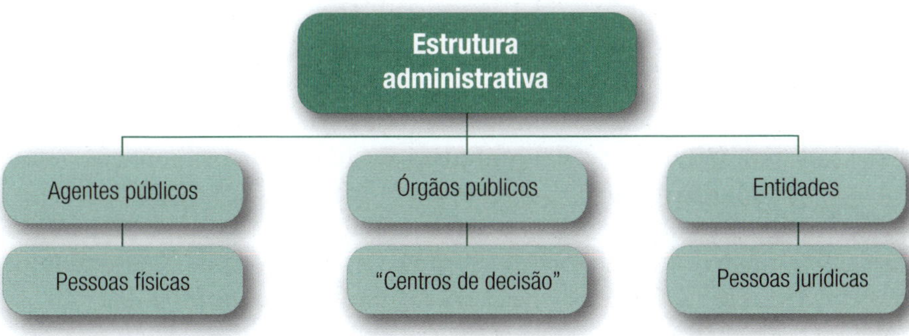

4.2. TÉCNICAS DE DISTRIBUIÇÃO DE COMPETÊNCIAS

É sabido que a função administrativa é constituída por inúmeras atividades. Ocorre que a distribuição das respectivas competências pode assumir uma quantidade igualmente variável de possibilidades.

Imagine-se a atividade de limpeza urbana, que representa um serviço público cuja competência é titularizada pelo Município (nos termos do art. 30, I e V, da CF). Cabível a sua prestação pelos próprios órgãos municipais, integrantes da chamada Administração direta. Outra possibilidade é o repasse dessa atribuição para outras entidades, que podem estar localizadas dentro da estrutura administrativa (a exemplo de uma autarquia ou uma empresa governamental criada para tal desiderato) ou mesmo fora da organização estatal (neste caso, o serviço público será exercido por uma entidade privada alheia à estrutura administrativa, como se dá com os concessionários de serviços públicos).

Assim, a própria composição da estrutura administrativa pode apresentar-se de diversas maneiras, a depender da técnica utilizada para a repartição das competências públicas.

Pela **centralização**, a atividade administrativa é exercida diretamente pela entidade política competente, pelo ente da Administração direta. É o exemplo acima citado, referente à prestação do serviço de limpeza urbana pelo próprio Município.

Já a **descentralização** constitui mecanismo pelo qual a atividade administrativa é distribuída para outras entidades. Como se vê, representa uma técnica pela qual a entidade da Administração direta é desonerada do exercício de uma atribuição, que passa a ser exercida por outrem, integrante ou não da estrutura administrativa.

A descentralização, por sua vez, pode dar-se por diversas formas. A **territorial ou geográfica** é aquela pela qual se cria uma entidade estatal, geograficamente delimitada, com competências administrativas genéricas e subordinada ao ente central (cf. DI PIETRO, 2009, p. 410-411). Exemplo são os territórios federais previstos no art. 18, § 2º, da CF. Muito embora não existam, hoje no Brasil, territórios federais, mencione-se o antigo território de Fernando de Noronha, extinto pela Constituição de 1988 (de acordo com o art. 15 do ADCT, sua área foi reincorporada ao Estado de Pernambuco).

Outra modalidade é a **descentralização por serviços**, também denominada **descentralização técnica ou funcional** (cf. DI PIETRO, 2009, p. 411). Ocorre quando o Estado cria uma entidade, para a qual é transferida determinada atividade de interesse público. É o que se verifica no âmbito das entidades integrantes da chamada Administração indireta.

O ato de transferência consiste em uma **outorga**. Importa ressaltar que tal descentralização depende de **lei expressa**, não bastando para tanto a outorga por ato administrativo ou outro instrumento.

Por fim, a **descentralização por colaboração** é entendida como a transferência da execução de atividade pública a uma entidade privada previamente existente, que passa a exercê-la em seu nome e por sua conta e risco. Neste caso, o ato de transferência assume outra terminologia – é a **delegação**. É o que se dá com a delegação de serviços públicos a empresas privadas (denominadas concessionárias ou permissionárias de serviços públicos).

Por fim, a doutrina faz referência à figura da **desconcentração**, que representa a distribuição interna de atribuições, ou seja, no âmbito de uma mesma entidade. Tal se dá por meio dos órgãos que compõem a pessoa jurídica. Assim, cada entidade administrativa (seja da Administração direta, seja da indireta) é internamente dividida em órgãos públicos, cada qual com atribuições específicas.

Esquematicamente:

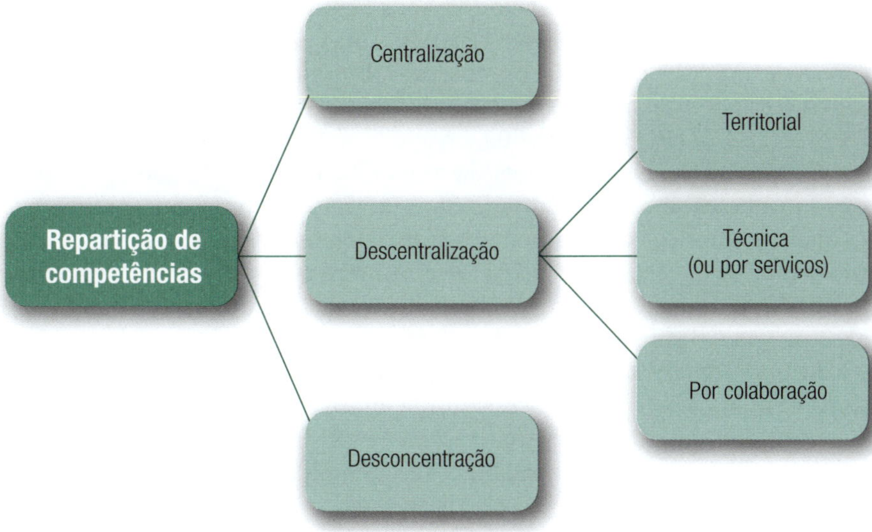

4.3. ÓRGÃOS PÚBLICOS

A noção de órgão público surgiu em um contexto teórico bem definido. Na tentativa de encontrar um fundamento para explicar a relação existente entre o Estado e os seus agentes públicos, diversas teorias foram criadas. Destaquem-se as principais:

a) **Teoria do mandato** – a relação entre Estado e seus agentes consiste em um vínculo de mandato, como se aquele tivesse outorgado uma procuração aos seus servidores, mandatários da pessoa jurídica. É passível de críticas, na medida em que o Estado não tem vontade própria (cf. DI PIETRO). Ademais, adotando-se tal teoria, o Estado não responderia pelos atos exorbitantes (ou seja, além dos poderes transferidos) praticados por seus agentes. No entanto, esta ideia é incompatível com o princípio da impessoalidade.

b) **Teoria da representação** – o Estado é representado juridicamente pela atuação de seus agentes, que estariam na condição de seu tutor ou curador. Igualmente não é admitida pelos autores, uma vez que significa igualar o Estado a um incapaz, o que soa como um absurdo. Outrossim, ensejaria a irresponsabilidade estatal pelo excesso cometido pelos servidores.

c) **Teoria do órgão** – observe-se que as teorias acima vistas se valeram de institutos típicos do direito privado, o que provavelmente justifica a sua insuficiência. Apresentou-se como imprescindível uma fundamentação própria de direito público, o que se deu com as lições do alemão Otto Gierke, criador da teoria do órgão, acatada pela maioria dos autores. Por essa teoria, a relação entre o Estado e seus agentes é de **imputação**, afastada, portanto, a ideia de representação. Assim, "a pessoa jurídica manifesta a sua vontade por meio dos órgãos, de tal modo que quando os agentes que os compõem manifestam a sua vontade, é como se o próprio Estado o fizesse" (DI PIETRO, 2009, p. 504).

Conforme assinalado por essa autora (2003, p. 426), "pode-se definir o órgão público como uma unidade que congrega atribuições exercidas pelos agentes públicos que o integram com o objetivo de expressar a vontade do Estado". A Lei federal n. 9.784/99 considera o órgão público como uma "unidade de atuação integrante da estrutura da Administração direta e da estrutura da Administração indireta" (art. 1º, § 2º, I).

Importa relembrar que os órgãos decorrem da chamada **desconcentração**, pela qual cada entidade é constituída internamente por diversos órgãos.

Inúmeros exemplos de órgãos podem ser dados, tanto no âmbito do Executivo (Presidência da República, Governadoria dos Estados, Prefeituras Municipais, Ministérios, Secretarias estaduais e municipais, Departamentos, Coordenadorias etc.) quanto no âmbito do Poder Legislativo (Congresso Nacional, Senado Federal, Câmara dos Deputados, Assembleias Legislativas, Câmara dos Deputados, entre outros), assim como no Judiciário (Supremo Tribunal Federal, Superior Tribunal de Justiça, Tribunais Regionais Federais, Tribunais de Justiça estaduais etc.).

Característica primordial dos órgãos públicos é a de que **não detêm personalidade jurídica própria**, ou seja, são **entes despersonalizados**. Disso decorrem relevantes consequências.

Na medida em que são despersonalizados, não podem ser titulares de direitos e obrigações no âmbito jurídico. Os atos emanados dos órgãos públicos são imputáveis à entidade administrativa que integram. Dessa forma, um contrato administrativo assinado no âmbito do Ministério da Saúde possui, na qualidade de parte contratante, a União (entidade administrativa) e não o referido Ministério (órgão que integra a União).

Observe-se aí a diferença jurídica entre órgãos e entidades. Aqueles não possuem personalidade jurídica; estas, sim. É o que estampa a Lei n. 9.784/99, que compreende a entidade como "a unidade de atuação dotada de personalidade jurídica" (art. 1º, § 2º, II).

Consequentemente, **os órgãos não detêm capacidade processual**, sendo-lhes vedada a figuração em uma ação judicial. Foi o que já decidiu o Supremo Tribunal Federal, em ação popular movida contra o Conselho Nacional do Ministério Público, órgão colegiado da União (Pet. 3.674, rel. Min. Sepúlveda Pertence, j. em 4-10-2006). No entanto, trata-se de regra que apresenta exceções.

Uma delas é de criação doutrinária e jurisprudencial (cf. MEIRELLES, 2001, p. 63). Para a defesa de suas prerrogativas e atribuições institucionais, cabível que o órgão público litigue em juízo. Hipótese muito comum é a impetração de mandado de segurança pela Câmara dos Vereadores (órgão público municipal), em caso de subtração de alguma competência sua por outro órgão do Município.

A outra exceção advém da própria lei, quando expressamente confere capacidade processual a órgão público para a defesa judicial de determinados interesses.

É o que dispõe o art. 82, III, da Lei n. 8.078/90 (Código de Defesa do Consumidor), quando faz referência a "órgãos da administração" como legitimados à defesa judicial dos interesses difusos e coletivos. Cite-se também a Defensoria Pública, órgão que passou a deter legitimidade para o ajuizamento de ação civil pública, nos termos do art. 5º, II, da Lei n. 7.347/85 (alterada pela Lei n. 11.448/2007). Na mesma condição, aliás, o Ministério Público, *ex vi* do art. 5º, I, dessa mesma norma.

Segundo a doutrina, os órgãos públicos classificam-se, de acordo com o critério da posição hierárquica, em: 1) órgãos independentes; 2) órgãos autônomos; 3) órgãos superiores; e 4) órgãos subalternos (cf. MEIRELLES, 2001, p. 65-7).

Órgãos independentes são aqueles originários da Constituição Federal, localizados no topo da estrutura governamental. Eles detêm ampla autonomia, de modo que não estão subordinados a nenhum outro órgão. Apenas se encontram sujeitos aos mecanismos de controle previstos constitucionalmente. Assim, constituem órgãos independentes os Centros Legislativos (Congresso, Senado, Câmara dos Deputados etc.), as chefias do Executivo (Presidência, Governadorias, Prefeituras), os Tribunais Judiciários (STF, STJ etc.), os Tribunais de Contas, o Ministério Público, a Defensoria Pública, entre outros.

Órgãos autônomos são os que se localizam no ápice da estrutura administrativa, muito embora sejam subordinados aos órgãos independentes. Possuem autonomia administrativa, financeira e técnica. Exemplos: Ministérios, Secretarias estaduais e municipais, a Advocacia-Geral da União (cf. MEIRELLES, 2001, p. 66).

Órgãos superiores representam aqueles que, subordinados aos órgãos autônomos, assumem a função de direção e controle. Apesar disso, não detêm autonomia administrativa ou financeira. Exemplos: Procuradorias Administrativas e Judiciais (a exemplo da Procuradoria da Fazenda Nacional, subordinada ao Ministério da Fazenda), Gabinetes, Coordenadorias etc.

Já **órgãos subalternos** "são todos aqueles que se acham hierarquizados a órgãos mais elevados, com reduzido poder decisório e predominância de atribuições de execução" (cf. MEIRELLES, 2001, p. 66). É o caso do protocolo geral, das seções de reprografia e de expediente, entre outros.

Esquematicamente:

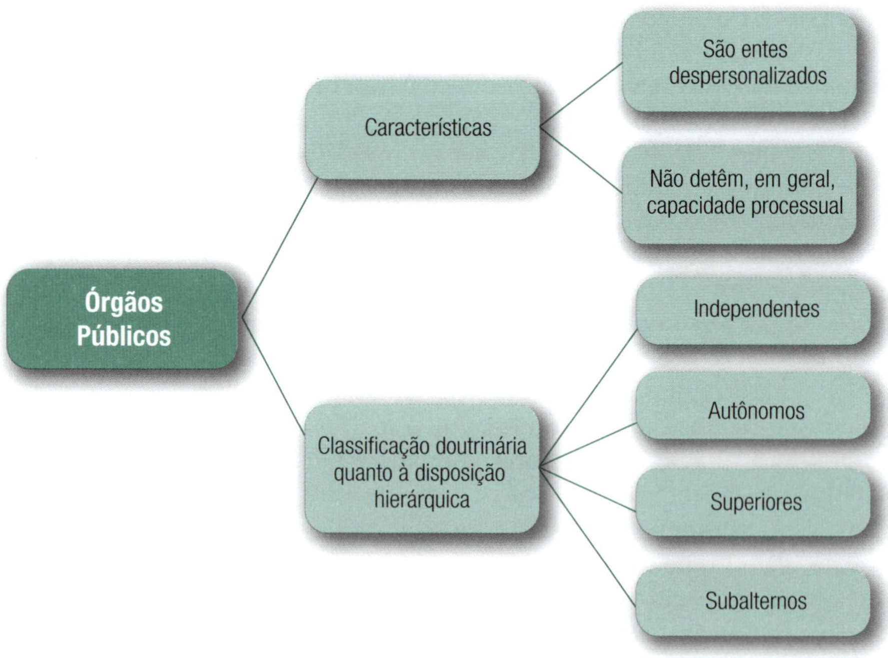

4.4. ENTIDADES DA ADMINISTRAÇÃO DIRETA

As terminologias "Administração direta" e "Administração indireta" são usadas há largo tempo no Brasil. Basta verificar que o Decreto-Lei n. 200/67, que dispõe sobre a organização da Administração Pública Federal, utiliza tais expressões (art. 4º, I e II). Também a Constituição as incorporou, como se verifica no *caput* do art. 37.

A **Administração direta** é constituída pelos órgãos que compõem as **entidades federativas** (ou **entidades políticas**), que são a **União, os Estados-membros, o Distrito Federal e os Municípios**. Esta a organização político-administrativa básica da República Federativa do Brasil, nos termos do art. 18, *caput*, da CF. De acordo com esse dispositivo, essas entidades são dotadas de autonomia política, administrativa e financeira.

Todas elas são **pessoas jurídicas de direito público**, o que significa a **plena submissão ao regime jurídico-administrativo**. Assim, como regra, os atos expedidos pelas entidades federativas são atos administrativos (dotados de atributos que conferem a elas determinadas prerrogativas), os contratos são contratos administrativos (no bojo dos quais se observam cláusulas exorbitantes), verifica-se a obrigatoriedade de licitação pública e de concurso público para o ingresso de seus agentes, seus bens são públicos (seguindo, portanto, um regime diferenciado), a responsabilidade pelos danos causados por seus agentes é objetiva, entre outros aspectos.

Esquematicamente:

4.5. ENTIDADES DA ADMINISTRAÇÃO INDIRETA

4.5.1. Introdução

A Constituição Federal procede a uma indicação das entidades que compõem a Administração indireta. O inciso XIX do art. 37 faz alusão às autarquias, fundações, empresas públicas e sociedades de economia mista, da mesma forma como já fazia o retromencionado Decreto-lei n. 200/67, que assim dispõe em seu art. 4º, II:

"Art. 4º A Administração Federal compreende:

(...)

II – A Administração indireta, que compreende as seguintes categorias de entidades, dotadas de personalidade jurídica própria:

a) autarquias;

b) empresas públicas;

c) sociedades de economia mista;

d) fundações públicas".

A justificativa para a existência da Administração indireta encontra-se na **descentralização por serviços**, mediante a qual as entidades federativas transferem a outros entes, localizados no seio da Administração, determinadas tarefas de interesse público. Outra noção muito difundida, relacionada à ideia de descentralização, é a necessidade do exercício de atividades específicas pelas entidades da Administração indireta. Estas são criadas, não para o desenvolvimento de funções genéricas, mas para a prática de competências bem delimitadas. Com isso, há uma presunção de que o serviço público será prestado de maneira mais eficiente. Fala-se, nesse sentido, em um **princípio da especialização**.

A título exemplificativo: a função de polícia administrativa referente à defesa da concorrência é, hoje no Brasil, uma atividade descentralizada, ou seja, foi objeto de transferência, da União para uma autarquia, criada especificamente para exercer o controle dos atos de concentração de mercado (como fusões entre empresas). Essa entidade da Administração indireta é o Conselho Administrativo de Defesa Econômica (Cade).

Para o desenvolvimento de tais atividades específicas, foi conferida certa **autonomia** aos entes, que detêm **capacidade de autoadministração**, vale dizer, possuem plena liberdade administrativa e financeira, com dirigentes e patrimônios próprios.

Outrossim, tópico dos mais relevantes é a **relação existente entre Administração direta e indireta**. Não se trata, como poderia transparecer, de um vínculo hierárquico, por meio do qual haveria amplo controle dos atos desenvolvidos pelo ente descentralizado. Isso porque inexiste subordinação entre as entidades da Administração direta e indireta. A ideia de autonomia, mencionada acima, apresenta-se como contrária à possibilidade de uma extensa influência de mando, típica das relações hierárquicas.

O que existe é uma relação denominada **vinculação administrativa**, também conhecida, no âmbito federal, como **supervisão ministerial**. Comparativamente com a subordinação, a vinculação representa uma relação mais tênue, do que decorre uma forma mitigada de controle, a chamada **tutela**.

Impende ressaltar a distinção entre o controle baseado na vinculação e aquela decorrente da hierarquia. Em primeiro lugar, a hierarquia representa uma relação localizada no âmbito de uma mesma entidade, constituída por órgãos superiores e inferiores (desconcentração); ao passo que a tutela pressupõe duas entidades, uma da Administração direta e outra da Administração indireta (descentralização). Em segundo lugar, a vinculação não se presume, de modo que o controle de tutela somente pode ser exercido nos termos disciplinados pela lei; já a hierarquia existe independentemente de previsão legal, haja vista representar princípio inerente à organização administrativa (cf. DI PIETRO, 2009, p. 484).

Ademais, costuma-se assinalar que a tutela constitui um **controle eminentemente finalístico**, na medida em que o seu escopo é manter a entidade dentro de suas finalidades institucionais. De acordo com Hely Lopes Meirelles, trata-se de "um controle teleológico, de verificação do enquadramento da instituição no programa geral do Governo e de seu acompanhamento dos atos de seus dirigentes no desempenho de suas funções estatutárias, para o atingimento das finalidades da entidade controlada" (2001, p. 626).

Esquematicamente, no que se refere à diferença entre a relação baseada na vinculação e na subordinação:

SUBORDINAÇÃO	VINCULAÇÃO
Pressupõe uma única entidade (a subordinação constitui as relações internas da entidade).	Pressupõe duas entidades (Administração direta e indireta).
Controle hierárquico (controle amplo).	Controle de tutela (controle finalístico).
Incondicionada (não depende de lei).	Condicionada (aos mecanismos de controle fixados expressamente em lei).

Uma observação: a disciplina jurídica dos **consórcios públicos** (Lei n. 11.107/2005) preconiza que os consórcios que assumirem natureza jurídica pública (as denominadas **associações públicas**) igualmente **integram a Administração indireta** (ver capítulo 9 – Contratos administrativos –, em que a figura dos consórcios é estudada de maneira específica).

4.5.2. Autarquias

Define-se autarquia como a pessoa jurídica de direito público, criada por lei específica, com capacidade de autoadministração, para o desempenho de atividade administrativa determinada.

Exemplos de entidades autárquicas: no âmbito federal, o Instituto Nacional do Seguro Social (INSS), o Instituto Brasileiro do Meio Ambiente e dos Recursos Naturais Renováveis (Ibama), Banco Central do Brasil (Bacen), Conselho Administrativo de Defesa Econômica (Cade), Instituto Nacional de Colonização e Reforma Agrária (Incra), Instituto Nacional de Propriedade Intelectual (INPI), entre outros; no âmbito do Estado de São Paulo, a Universidade de São Paulo (USP), a Universidade de Campinas (Unicamp), a Universidade Estadual Paulista (Unesp), o Departamento de Estradas de Rodagem (DER) etc.

Da definição acima vista, podem-se extrair algumas características relevantes:

a) **Pessoa jurídica de direito público**

De acordo com o art. 41, IV, do CC, autarquias são pessoas jurídicas de direito público.

Afirmar que são **pessoas jurídicas** significa dizer que se apresentam como titulares de direitos e obrigações. Assim, podem celebrar contratos em nome próprio, firmar convênios etc. Outrossim, detêm plena capacidade processual, podendo figurar como partes em ações judiciais.

A condição de pessoa de **direito público** demonstra que se submetem amplamente ao regime jurídico administrativo, com as prerrogativas e sujeições típicas das entidades da Administração direta. Daí alguns autores afirmarem que as entidades autárquicas representam uma *longa manus* do Estado (MEIRELLES, 2001, p. 327).

Consequentemente, as autarquias expedem atos administrativos, celebram contratos administrativos, são obrigadas a realizar licitação e concurso público, seus bens são públicos, respondem objetivamente pelos danos causados a terceiros, entre outros aspectos inerentes ao regime público.

b) Autarquia é **criada por lei**, nos termos do art. 37, XIX, da CF

O surgimento da entidade se dá por força legal, prescindindo de qualquer registro do ato constitutivo junto aos órgãos registrais.

Em virtude do princípio do paralelismo das formas, a extinção de uma autarquia opera-se também por meio de lei.

c) Capacidade de **autoadministração**

Tal característica reflete a autonomia administrativa e financeira inerente às entidades autárquicas. Um dos reflexos disso é a existência de dirigentes próprios, que exercem a função de direção superior do ente.

Contudo, ressalte-se que a nomeação e a exoneração de tais dirigentes se dão, em geral, livremente pela Administração direta, por ato do chefe do Executivo. Esses dirigentes titularizam verdadeiros cargos em comissão. É o que comumente disciplinam as leis, muito embora possa haver outras formas de investidura. Por conta disso é que alguns autores afirmam inexistir uma verdadeira autonomia política no âmbito de tais entidades.

d) Desenvolvimento de **atividade administrativa**

Como visto, a justificativa para a criação de um ente da Administração indireta é a descentralização de uma atividade administrativa específica. Daí se afirmar que existe uma verdadeira especialização dos fins, de tal maneira que o exercício de atividade diversa enseja o controle finalístico pela Administração direta.

4.5.2.1. Autarquias de regime especial

Trata-se de uma modalidade peculiar de autarquia, submetida a um regime jurídico diferenciado, atributivo de maiores privilégios e de maior autonomia. Exemplos de autarquias de regime especial: Cade, Ibama, USP, entre inúmeras outras.

É o que se dá com as autarquias cujos dirigentes detêm **mandato fixo** (cf. BANDEIRA DE MELLO, 2003, p. 156), não se submetendo à livre exoneração pela chefia do Executivo da Administração direta. Com isso, a autonomia de tais entes sofre um incremento, haja vista diminuir a possibilidade de interferências políticas pela Administração central.

4.5.3. Fundações governamentais

Fundação governamental pode ser definida como o patrimônio público personalizado, instituído para o exercício de uma atividade de interesse coletivo.

Exemplos de fundações governamentais: Fundação Nacional do Índio (Funai), Instituto Brasileiro de Geografia e Estatística (IBGE), Universidade de Brasília (UnB), Fundação de Amparo à Pesquisa (Fapesp).

Quanto à natureza jurídica, existem **três posições**: a) as fundações somente podem assumir personalidade jurídica privada (cf. Hely Lopes Meirelles, Eros Grau, entre outros); b) apenas cabível a criação de fundações de direito público (cf. Celso Antônio Bandeira de Mello); c) elas podem constituir-se sob a natureza pública ou privada (cf. Maria Sylvia Zanella Di Pietro, Diogenes Gasparini etc.).

Este último representa o entendimento prevalente, tendo sido até mesmo adotado pelo Supremo Tribunal Federal. É o que se conclui do seguinte julgado da Corte Suprema: ADIn 2.794, rel. Min. Sepúlveda Pertence, j. em 14-12-2006.

No tocante à criação de uma fundação, verifica-se dissenso quanto à função da lei no respectivo processo. Basicamente, observam-se dois entendimentos: a) de um lado, a lei somente autoriza a criação de um ente fundacional, nos termos do art. 37, XIX, da CF, de sorte que sempre se faz necessário o registro civil da respectiva pessoa jurídica para que a fundação tenha existência jurídica; b) de outro lado, a depender da natureza jurídica da fundação, pública ou privada, a lei, respectivamente, cria ou meramente autoriza a sua instituição.

Importa notar peculiaridade muito explorada nos concursos públicos: em qualquer caso, **lei complementar** deverá definir as áreas em que poderá atuar a fundação (art. 37, XIX, da CF).

As fundações governamentais que assumirem a natureza de direito público seguem o mesmo regime das autarquias. Aliás, tanto a doutrina (a exemplo de BANDEIRA DE MELLO, 2003, p. 171) quanto a jurisprudência (STF, ADIn 2.794, mencionada acima) entendem que tais fundações representam uma espécie do gênero autarquia.

Já as fundações constituídas com personalidade de direito privado submetem-se a um regime híbrido, ou seja, público e privado. Entre as normas de direito público incidentes destacam-se: submissão ao controle administrativo de tutela, obediência ao regime da Lei n. 8.666/93 (licitações e contratos administrativos), quadro funcional constituído por agentes públicos.

4.5.4. Empresas estatais (empresas públicas e sociedades de economia mista)

Inseridas no gênero **empresas estatais** (ou empresas governamentais) encontram-se duas espécies de entidades da Administração indireta: as **empresas públicas** e as **sociedades de economia mista**.

Exemplos de empresas públicas: Banco Nacional de Desenvolvimento Econômico e Social (BNDES), Empresa Brasileira de Correios e Telégrafos (ECT), Empresa Brasileira de Infraestrutura Aeroportuária (Infraero), Caixa Econômica Federal (CEF) etc.

Exemplos de sociedades de economia mista: Banco do Brasil, Petrobras, Companhia de Saneamento Básico do Estado de São Paulo (Sabesp), entre outros.

Relevante advertir: empresa estatal (ou governamental) não se confunde com empresa pública; enquanto aquela é gênero, esta é espécie.

Por integrarem a categoria mais ampla de empresas estatais, pode-se inferir que muitas características entre as empresas públicas e as sociedades de economia mista são comuns. Entre elas, merecem destaque:

• As empresas governamentais são **pessoas jurídicas de direito privado**.

Tal caracterização deve ser corretamente compreendida, de modo a afastar interpretações equivocadas. O fato de as empresas governamentais deterem personalidade jurídica privada não significa que elas ficam imunes a normas de direito público. A justificativa é de fácil compreensão: tais empresas são formadas pelas entidades da Administração direta, que integram a estrutura de tais entes empresariais. Inconcebível que uma entidade inserida na estrutura administrativa não sofra o influxo do regime jurídico administrativo.

Conclusão: as empresas governamentais, muito embora assumam a personalidade privada, seguem um **regime híbrido**, ou seja, submetem-se a normas, tanto de **direito privado** quanto de **direito público** (cf. DI PIETRO, 2009, p. 448).

• A criação das empresas governamentais exige **autorização legislativa específica**, nos termos do art. 37, XIX, da CF.

Como se vê, tais entidades empresariais não surgem da lei, que meramente autoriza a sua criação. Imprescindível que a Administração, posteriormente à edição da lei autorizativa, proceda aos atos de constituição da empresa, da forma como disciplinada no direito privado.

• As empresas estatais podem assumir, como regra, **duas finalidades**: ou elas prestam **serviços públicos**, ou exploram **atividade econômica**. Tal distinção é de grande relevância, na medida em que repercute no regime jurídico específico da empresa governamental.

Para as que exploram atividade econômica, o art. 173, § 1º, II, da CF dispõe que haverá a "sujeição ao regime jurídico próprio das empresas privadas, inclusive quanto aos direitos e obrigações civis, comerciais, trabalhistas e tributários".

Já para os entes que prestam serviço público, aplicam-se princípios de direito público, na medida em que "alguns desses princípios são inseparáveis da noção de serviço público, tais como o da predominância do interesse público sobre o particular, o da igualdade de tratamento dos usuários, o da mutabilidade do regime jurídico, o da continuidade do serviço público (...)" (DI PIETRO, 2009, p. 444).

4.5.4.1. Regime jurídico

Diversos são os aspectos que podem ser analisados em relação ao regime jurídico das empresas governamentais.

a) Quanto aos **atos** expedidos, são eles, em geral, de **natureza privada**, de modo que não podem ser considerados atos administrativos.

No entanto, cumpre ressaltar que **alguns atos emanados das empresas estatais enquadram-se na categoria dos atos administrativos**. É o que ocorre no âmbito das licitações e dos concursos públicos realizados por tais entes, típicas sujeições inerentes ao regime jurídico administrativo. Também podem ser mencionados os atos atinentes à prestação de serviço público pela empresa.

b) Em relação à **licitação pública**, todas as empresas governamentais estão obrigadas a observá-la. Indiferente a sua finalidade específica, se prestadora de serviço público ou se exploradora de atividade econômica.

Ressalte-se, contudo, que as entidades interventoras no domínio econômico, nas relações decorrentes de sua **atividade-fim**, não se submetem à licitação. Assim, "a aquisição de bens necessários à própria atividade e a alienação dos bens resultantes desse desempenho não exigem qualquer espécie de procedimento licitatório" (GASPARINI, 2008, p. 444).

Ao contrário, no tocante às relações adstritas à sua **atividade-meio**, alheias à finalidade econômica específica do ente, inafastável a realização de licitação. "Mas a licitação será indispensável se o desejado não se enquadrar no seu objeto estatutário, como seria a construção de um novo laboratório de uma empresa pública voltada à produção de um certo produto químico, necessário a alcançar seus precípuos objetivos sociais. Igualmente, a licitação seria indispensável se o desejado fosse a venda de um imóvel integrante de seu patrimônio. Nas duas hipóteses as respectivas operações não integram suas precípuas finalidades: fabricação e venda de produtos químicos destinados à melhoria da lavoura" (GASPARINI, 2008, p. 444).

Verificada a obrigatoriedade da licitação, surge o seguinte questionamento: aplicável a Lei n. 8.666/93?

Se a entidade for prestadora de serviço público, incidente a Lei n. 8.666/93.

Caso explore atividade econômica, a Constituição permite que a lei discipline de maneira específica o procedimento licitatório nas empresas governamentais. É o que se extrai do art. 173, § 1º, III, combinado com o art. 22, XXVII (com redações determinadas pela EC n. 19/98). Em outras palavras, a norma disciplinadora do estatuto das empresas estatais pode estabelecer um processo de licitação próprio, mais célere e dinâmico, de modo que restaria afastada a incidência da Lei n. 8.666/93. Porém, como tal estatuto ainda não foi editado, e considerando que os dispositivos constitucionais referidos não são autoaplicáveis, imprescindível a aplicação da Lei n. 8.666/93 (cf. DI PIETRO, 2009, p. 457).

Há posição diversa, porém. No âmbito federal, a Advocacia Geral da União entende que é possível a adoção de procedimento licitatório simplificado, se houver previsão regulamentar, a exemplo do que ocorre com a Petrobras, que se vale da licitação simplificada disciplinada pelo Decreto n. 2.745/98, *ex vi* do art. 67 da Lei n. 9.478/97. Observe-se que o STF vem corroborando, em decisões liminares, esta possibilidade (MS 26.783, Min. Ellen Gracie, *DJ*, 1º-8-2007; MS 27.796, Min. Carlos Britto, *DJe*, 9-2-2009). A discussão também se dá, especificamente em relação à Petrobras, no âmbito do RE n. 441.280, pendente de apreciação final pelo STF.

c) No tocante aos **quadros funcionais**, sua constituição se faz por **agentes públicos** disciplinados pelo **regime trabalhista** (art. 173, § 1º, II, da CF).

A acessibilidade se faz por meio do obrigatório **concurso público** (art. 37, II, CF).

d) Os bens das empresas governamentais são **privados**, não se submetendo ao regime exorbitante dos bens públicos.

Exceção se apresenta em relação às **coisas que estiverem vinculadas à prestação de serviço público**, haja vista também serem considerados, de acordo com doutrina e jurisprudência que prevalecem, **bens públicos**. Nessa hipótese, plenamente incidente o regime público (cf. GASPARINI, 2008, p. 441).

e) Quanto à **responsabilidade**, imprescindível distinguir a finalidade do ente empresarial administrativo.

De um lado, as entidades exploradoras de atividade econômica submetem-se ao regime de responsabilidade típico do direito privado. Quem assume a obrigação de indenizar é a própria empresa estatal, já que detentora de personalidade jurídica própria. Assim, a pessoa jurídica pública à qual se encontra vinculada (União, Estado, Distrito Federal ou Município) não responde, solidária ou mesmo subsidiariamente.

De outro lado, as prestadoras de serviço público estão inseridas no regime público de responsabilidade, nos termos do art. 37, § 6º, da CF, que abrange "as pessoas jurídicas de direito público e as de direito privado prestadoras de serviços públicos". Assim, aplica-se a teoria da responsabilização objetiva (ver capítulo 7 – Responsabilidade do Estado). Outrossim, cabe ao ente da Administração direta a responsabilidade subsidiária pelos danos provocados pela empresa governamental. Esgotado o patrimônio deste, "cabe à Administração Pública a que se vincula responder pelo remanescente. Com efeito, não seria justo, nem jurídico, que o simples trespasse do serviço público para a competência de uma empresa pública pudesse tornar mais difícil o recebimento da indenização (...)" (GASPARINI, 2008, p. 447).

f) Em relação à possibilidade de **falência**, reina polêmica no cenário doutrinário brasileiro. Tal dissenso já existia no cenário legislativo anterior, em que vigorava a Lei n. 6.404/76 (Lei das Sociedades Anônimas), e manteve-se no atual, em que se aplica a Lei n. 11.101/2005, norma reguladora da "falência do empresário e da sociedade empresária".

Dispõe o art. 2º da Lei n. 11.101/2005: "Esta Lei não se aplica a: I – empresa pública e sociedade de economia mista". Assim, de acordo com esse dispositivo, nenhuma empresa governamental está sujeita ao regime falimentar.

No entanto, não se pode fechar os olhos ao art. 173, § 1º, II, da CF, que determina a sujeição das empresas estatais exploradoras de atividade econômica ao regime próprio das empresas privadas, inclusive quanto aos direitos e obrigações comerciais. Dessa forma, deve-se interpretar o art. 2º da Lei n. 11.101/2005 conforme a Constituição, ou seja, como aplicável tão somente aos entes empresariais que prestam serviço público. É o entendimento de Diogenes Gasparini (2008, p. 440) e de Celso Antônio Bandeira de Mello (2008, p. 198). De acordo com este último:

"Quando se tratar de exploradoras de atividade econômica, então, a falência terá curso absolutamente normal, como se de outra entidade mercantil qualquer se tratara. (...)

Quando, pelo contrário, forem prestadoras de serviço ou obra pública, é bem de ver que os bens afetados ao serviço e as obras em questão são bens públicos e não podem ser distraídos da correspondente finalidade, necessários que são ao cumprimento dos interesses públicos a que devem servir. Com efeito, não faria sentido que interesses creditícios de terceiros preferissem aos interesses de toda a coletividade no regular prosseguimento de um serviço público. O mesmo se dirá em relação a obras servientes da coletividade. Assim, jamais caberia a venda destes bens em hasta pública, que seria o consectário natural da penhora e execução judicial em caso de falência" (2008, p. 198-9).

4.5.4.2. Diferenças entre empresas públicas e sociedades de economia mista

Como visto, a empresa governamental representa um gênero que abarca duas espécies: a empresa pública e a sociedade de economia mista. Muitas características entre tais entes são similares, o que evidencia certa correspondência entre eles.

No entanto, é preciso ressaltar que se trata de entidades efetivamente diversas, na medida em que existem características específicas que permitem apartá-las. Tais diferenças, de modo geral, são de três ordens:

1) Em primeiro lugar, observa-se regime diferenciado quanto à **composição do capital**. Desse modo, enquanto as empresas públicas são formadas por capital integralmente advindo do setor público (daí a denominação, empresa **pública**), as sociedades de economia mista são constituídas por capital misto, ou seja, público e privado (o que igualmente explica a sua denominação – sociedade de economia **mista**).

2) Em segundo lugar, em relação à **forma de organização**. As empresas públicas podem ser constituídas sob a forma de qualquer modalidade societária (como sociedade limitada, sociedade anônima etc.). Já as sociedades de economia mista somente podem assumir a forma de sociedade anônima.

3) Em terceiro lugar, observa-se uma distinção de caráter processual, atinente à **competência** para julgar as ações que envolvam empresas governamentais. De acordo com o art. 109, I, da CF, à Justiça Federal "compete processar e julgar: I – as causas em que a União, entidade autárquica ou **empresa pública federal** forem interessadas na condição de autoras, rés, assistentes ou oponentes, exceto as de falência, as de acidentes de trabalho e as sujeitas à Justiça Eleitoral e à Justiça do Trabalho". Como se pode observar, o dispositivo constitucional somente faz alusão à empresa pública, de modo que não há nenhuma referência à sociedade de economia mista.

Dessa forma, as ações em que figurar empresa pública federal (como a CEF, o BNDES etc.) são de competência da **Justiça Federal**, ao passo que aquelas integradas por sociedade de economia mista federal (a exemplo do Banco do Brasil) são de competência da **Justiça Comum**. Tal entendimento foi explanado na Súmula 556 do STF ("É competente a Justiça comum para julgar as causas cíveis em que é parte sociedade de economia mista") e na Súmula 42 do STJ ("Compete à Justiça Comum Estadual processar e julgar as causas cíveis em que é parte sociedade de economia mista e os crimes praticados em seu detrimento"). A propósito, cabível mencionar a Súmula 517 do STF, que detém a seguinte redação: "As sociedades de economia mista só têm foro na Justiça Federal, quando a União intervém como assistente ou opoente". Nessa hipótese, evidentemente, a intervenção da União deslocará a competência para a Justiça Federal, nos termos do art. 109, I, da CF.

Esquematicamente, acerca da Administração indireta:

	Natureza	Finalidade	Características	Criação	Exemplos
AUTARQUIA	Pessoa jurídica de direito público	Serviço público	Autonomia administrativa, financeira e patrimonial	Por lei (art. 37, XIX, da CF)	INSS, Ibama, Bacen, Cade, Incra, INPI, USP, entre outros
FUNDAÇÃO GOVERNAMENTAL	Pessoa jurídica de direito público ou privado	Serviço público	Autonomia administrativa, financeira e patrimonial	Lei autoriza a criação (art. 37, XIX, da CF)	Funai, IBGE, Fapesp, entre outros
EMPRESA PÚBLICA	Pessoa jurídica de direito privado	• serviço público; • atividade econômica	→ autonomia administrativa, financeira e patrimonial; → capital integralmente público; → constituição societária sob qualquer modalidade	Lei autoriza (art. 37, XIX, da CF)	ECT, BNDES, Infraero, CEF, entre outros
SOCIEDADE DE ECONOMIA MISTA	Pessoa jurídica de direito privado	• serviço público; • atividade econômica	→ autonomia administrativa, financeira e patrimonial; → capital misto; → constituição somente na forma de sociedade anônima	Lei autoriza (art. 37, XIX, da CF)	Banco do Brasil, Petrobras, Sabesp, entre outros
CONSÓRCIOS PÚBLICOS	Ver capítulo 9, referente aos contratos administrativos.				

4.5.5. Direito das agências

Atualmente, no Brasil, existem algumas entidades travestidas da denominação "agências", o que poderia transmitir a ideia de que se trata de nova modalidade de ente administrativo inserido em nosso ordenamento.

Contudo, como será visto adiante, essa representa uma falsa compreensão do que realmente se apresenta juridicamente.

Basicamente, observam-se dois tipos de agências: as **executivas** e as **reguladoras**.

4.5.5.1. Agências executivas

Agência executiva consiste na qualificação dada a uma autarquia ou a uma fundação que celebra contrato de gestão com a Administração direta a que se encontra vinculada, visando ao aumento de sua eficiência.

Exemplo: Instituto Nacional de Metrologia, Normalização e Qualidade Industrial (Inmetro).

Observe-se que tal agência representa uma **entidade preexistente** objeto de uma alteração em sua titulação jurídica em decorrência de um contrato.

Contrato de gestão
AUTARQUIA/FUNDAÇÃO ——→ AGÊNCIA EXECUTIVA

O contrato de gestão constitui figura negocial cuja finalidade é a concessão de maiores privilégios e prerrogativas, do que decorre um incremento em sua autonomia. Em contrapartida, são fixados objetivos e metas a serem atingidas, o que, ao final, enseja uma atuação mais eficiente (sobre o contrato de gestão, ver capítulo 9 – Contratos administrativos).

Entre as vantagens auferidas por uma agência executiva, destaque-se aquela prevista no art. 24, parágrafo único, da Lei n. 8.666/93, que amplia o limite para a contratação direta nas hipóteses de pequeno valor (licitação dispensável). Assim, em relação a uma autarquia, por exemplo, a contratação de uma obra cujo valor envolva quantia inferior a R$ 15.000,00 (quinze mil reais) dispensa licitação prévia (cf. art. 24, II); já no caso de uma agência executiva, prescinde-se de licitação nas contratações de obras que não superem o dobro do valor mencionado, ou seja, R$ 30.000,00 (trinta mil reais).

No âmbito federal, a disciplina das agências executivas está prevista na Lei n. 9.649/98 (arts. 51 e 52) e no Decreto n. 2.487/98.

4.5.5.2. Agências reguladoras

Agência reguladora é definida como "uma autarquia especial, sujeita a regime jurídico que assegure sua autonomia em face da Administração direta e investida de competência para a regulação setorial" (JUSTEN FILHO, 2005, p. 466). Em nosso país, são exemplos de agências reguladoras: Agência Nacional de Telecomunicações (Anatel), Agência Nacional do Petróleo (ANP), Agência Nacional de Energia Elétrica (Aneel), Agência Nacional de Aviação Civil (Anac), Agência Nacional de Vigilância Sanitária (Anvisa), Agência Nacional de Saúde Suplementar (ANS), Agência Nacional de Águas (ANA) etc.

De acordo com Maria Sylvia Zanella Di Pietro (2009, p. 467), existem dois tipos de agências reguladoras no direito brasileiro, tendo em vista a função exercida pela entidade. De um lado, encontram-se os entes reguladores que exercem **poder de polícia**, impondo limitações administrativas à liberdade e à propriedade particulares. É o caso da Anvisa e da ANS. No tocante a elas, não há nenhuma novidade no ordenamento jurídico brasileiro, na medida em que, há muito tempo, observa-se o exercício da polícia administrativa de segmentos específicos por entidades administrativas (hipótese do Banco Central do Brasil, do CMN, do Cade etc.).

De outro lado, apresentam-se as agências que exercem a **atividade de regulação e controle das delegações de serviço público ou de exploração de bem público** (por meio das concessões, permissões e autorizações). É o que fazem a Anatel, a Aneel, a ANP, a Anac, entre outras. Anteriormente, essa função era predominantemente exercida pelas próprias entidades da Administração direta, titulares do bem ou do serviço público objeto de descentralização. No entanto, passou-se a entender que a transferência de tais atividades a entes independentes da Administração indireta tornaria mais eficiente a própria prestação do serviço público ou a exploração do bem público pelos particulares. Isso porque, em tese, há menor interferência política na tomadas das decisões que envolvem a delegação, bem como maior e melhor ingerência técnica nesse campo, fatores que contribuem para o desenvolvimento mais adequado do serviço. Com base em tal contexto é que se afirma que este segundo tipo de agências reguladoras representou uma inovação em nosso direito.

Uma advertência da maior relevância: no ordenamento jurídico brasileiro **inexiste um regime jurídico único relativo às agências reguladoras**, vez que **cada uma destas entidades sofre tratamento legal específico**. Assim, a Anatel é disciplinada pela Lei n. 9.472/96, a Aneel, pela Lei n. 9.427/96, a ANP, pela Lei n. 9.478/97, e assim por diante. Desse modo, o que predomina é uma heterogeneidade de regimes.

Apesar disso, observa-se que **algumas características são tratadas de maneira uniforme** pelas leis das diversas agências reguladoras. Merecem ser destacadas as seguintes:

a) todas as agências reguladoras são **autarquias de regime especial**, motivo pelo qual detêm personalidade jurídica de direito público, submetendo-se integralmente ao regime jurídico-administrativo;

b) os dirigentes de uma agência reguladora, titulares de cargos em comissão, são nomeados na esfera federal pelo Presidente da República, com **prévia aprovação pelo Senado Federal**;

c) tais dirigentes detêm **mandato fixo**, vedada a exoneração *ad nutum*. Ou seja, são cargos em comissão com prazo determinado (cf. JUSTEN FILHO, 2005, p. 470), de forma que somente pode haver destituição de tais agentes nas hipóteses expressamente previstas, como o cometimento de crime, a prática de atos de improbidade, o descumprimento injustificado das políticas estabelecidas para o setor sob regulação (como prevê, p. ex., o art. 12 da Lei n. 9.782/99, referente à Anvisa). Observe-se que o regime de algumas agências admite a exoneração somente nos quatro primeiros meses do mandato (ANS, ANA e Anvisa);

d) sujeição à chamada **quarentena**, consistente no período de tempo (de doze meses, para grande parte das agências) em que o ex-dirigente fica impedido de prestar qualquer serviço relacionado ao setor regulado. A violação a tal preceito implica o crime de advocacia administrativa (art. 321 do CP), como preconizado pelo art. 8º da Lei n. 9.986/2000. O escopo de tal vedação é impedir que altas autoridades da agência se valham de informações privilegiadas quando dela se afastarem;

e) não coincidência entre si dos mandatos dos dirigentes;

f) exercício do poder normativo regulamentar (como visto no capítulo 3, referente ao poder normativo).

Esquematicamente:

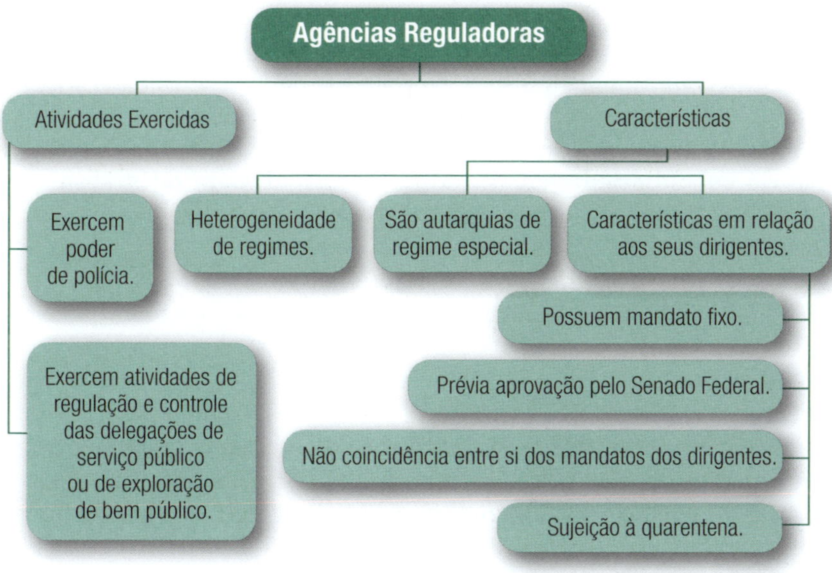

4.6. ENTIDADES PARAESTATAIS E TERCEIRO SETOR

Ao longo da década de 1990, foram observadas significativas alterações referentes à atuação do Estado em diversas áreas de interesse público. Procedeu-se, em tal período, à chamada Reforma Administrativa, baseada, entre outras diretrizes, **no incentivo à prestação de serviços de interesse coletivo pela sociedade civil organizada**. O objetivo foi o de desonerar a Administração de alguns encargos.

Nesse contexto, a figura das organizações não governamentais sofreu notável incremento, o que acabou por destacar o chamado **terceiro setor**, representativo da sociedade civil (o primeiro setor refere-se ao Estado; o segundo setor, ao mercado).

Fala-se, igualmente, em **entidades paraestatais**, dispostas paralelamente ao Estado, como assinalam Maria Sylvia Zanella Di Pietro e Celso Antônio Bandeira de Mello. Importa consignar que essa terminologia deve ser tomada com cautela, pois alguns autores utilizam o termo "paraestatal" com outros sentidos, como, por exemplo, para designar as empresas governamentais pertencentes à Administração indireta.

Outra terminologia adotada pela doutrina para se referir às entidades do terceiro setor é a seguinte: **organizações públicas não estatais**.

Essas entidades integrantes do terceiro setor apresentam as seguintes características:

a) são entidades privadas (instituídas por particulares), sem finalidade lucrativa;

b) exercem atividades de interesse do Estado (como educação, saúde, cultura, pesquisa científica etc.);

c) recebem algum tipo de incentivo do Poder Público (tal atividade representa a **função administrativa de fomento**).

Um dos fundamentos pelos quais se justifica o terceiro setor é o **princípio da subsidiariedade**, segundo o qual "o Estado deve abster-se de exercer atividades que o particular tem condições de exercer por sua própria iniciativa" (DI PIETRO, 2002, p. 27). Nesse cenário, a função da Administração é a de "fomentar, coordenar, fiscalizar a iniciativa privada" (DI PIETRO, 2002, p. 27). "A grande virtude do princípio está em que a partir dele se dá primazia ao grupo social e ao indivíduo, com a devolução à sociedade civil de matérias de interesse geral que possam ser eficazmente por ela realizadas" (ROCHA, 2003, p. 16).

O terceiro setor abarca diversos tipos de entidades, como os entes de utilidade pública, os serviços sociais autônomos, as entidades de apoio, as organizações sociais (OS), as organizações da sociedade civil de interesse público (Oscip) etc. Serão destacadas as duas últimas.

Consigne-se a edição da Lei n. 13.019/2014, que estabelece o regime jurídico das **parcerias voluntárias** entre a Administração e as **organizações da sociedade civil** (terminologia genérica dada às ONGs). Tais parcerias são instrumentalizadas pelo termo de colaboração ou pelo termo de fomento, devendo ser precedidas de **chamamento público**.

Esquematicamente:

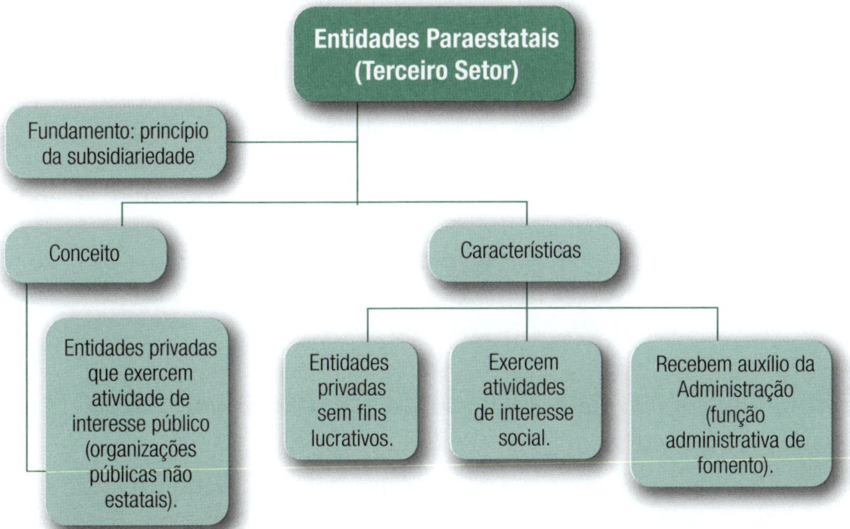

4.6.1. Organizações sociais

Organizações sociais são "pessoas jurídicas de direito privado, sem fins lucrativos, instituídas por iniciativa de particulares, para desempenhar serviços sociais não exclusivos do Estado, com incentivo e fiscalização pelo Poder Público, mediante vínculo jurídico instituído por meio de contrato de gestão" (DI PIETRO, 2009, p. 495).

O marco legal das organizações sociais é representado pela Lei n. 9.637/98, que traça as seguintes características:

• Exercício de atividades de interesse público: ensino, pesquisa científica, desenvolvimento tecnológico, proteção e preservação do meio ambiente, cultura e saúde (art. 1º). Somente estas as áreas em que pode haver a atuação de uma organização social.

• O ato público de qualificação da entidade privada em organização social faz-se no exercício de competência **discricionária** (art. 2º, II). Essa discricionariedade é criticada por diversos autores, sob a justificativa de que viola o princípio da impessoalidade (cf. FIGUEIREDO, 2003, p. 151).

• Para a qualificação, não há nenhum requisito de atuação ou mesmo de preexistência da entidade privada. É o que se depreende das condições de qualificação preconizadas no art. 2º, I.

• A lei impõe a existência de órgãos de deliberação superior. Trata-se do **Conselho de Administração**, que deve ser **constituído por representantes da sociedade civil, bem como do próprio Poder Público** (art. 3º, I, *a*). Essa necessária participação de representantes do Estado igualmente é criticada pela doutrina, pois subverte o princípio da subsidiariedade.

• Firmamento de **contrato de gestão** (arts. 5º a 7º), em que são definidas as **espécies de fomento** (representadas, nos termos dos arts. 11 a 15, pelo repasse de recursos orçamentários, pela transferência de bens públicos e pela própria cessão de servidores, com ônus para a origem) e as metas a serem perseguidas pela organização (objeto, posteriormente, do controle de resultados).

Ademais, verifica-se hipótese de dispensa de licitação nos contratos de prestação de serviços celebrados entre a Administração Pública e a organização social (cf. art. 24, XXXIV, da Lei n. 8.666/93).

4.6.2. Organizações da Sociedade Civil de Interesse Público

Organização da Sociedade Civil de Interesse Público (Oscip) representa a "qualificação jurídica dada a pessoas jurídicas de direito privado, sem fins lucrativos, instituídas por iniciativa de particulares, para desempenhar serviços sociais não exclusivos do Estado com incentivo e fiscalização pelo Poder Público, mediante vínculo jurídico instituído por meio de termo de parceria" (cf. DI PIETRO, 2009, p. 499).

Trata-se de entidade disciplinada pela Lei n. 9.790/99, aplicável no âmbito federal. Ademais, incidem, no que couber, os ditames da Lei n. 13.019/2014.

Podem qualificar-se como Oscip as pessoas jurídicas de direito privado sem fins lucrativos que tenham sido constituídas e se encontrem em funcionamento regular há, **no mínimo, 3 anos** (cf. condição instituída pela Lei n. 13.019/2014).

De acordo com o seu art. 2º, algumas entidades estão expressamente impossibilitadas de requerer qualificação como organização da sociedade civil: é o caso das sociedades comerciais, dos sindicatos, das instituições religiosas ou voltadas para a disseminação de credos e cultos, das organizações partidárias, das instituições hospitalares privadas não gratuitas, das escolas privadas não gratuitas, entre outros.

Como se nota pela definição acima, a organização da sociedade civil representa ente assemelhado à organização social. No entanto, observam-se diferenças bem marcantes que particularizam a Oscip.

Em primeiro lugar, as **áreas de atuação são mais amplas**, como dispõe o art. 3º: assistência social, proteção ao meio ambiente, defesa e conservação do patrimônio público, promoção do voluntariado, combate à pobreza, promoção da paz, da cidadania e dos direitos humanos, entre outras.

Em segundo lugar, a qualificação da pessoa privada constitui um **ato vinculado**, de tal maneira que, no caso de preenchimento dos requisitos estampados pela Lei n. 9.790/99, a pessoa privada passa a ter o direito subjetivo de receber o título de utilidade pública. A qualificação é ato de competência do Ministério da Justiça.

Entre os requisitos, encontra-se a preexistência da entidade privada. "Isto evita que entidades fantasmas, sem qualquer patrimônio e sem existência real, venham a pleitear o benefício" (DI PIETRO, 2009, p. 501).

Em terceiro lugar, em relação à composição dos órgãos de administração e direção, não se impõe participação obrigatória de representantes do Estado (art. 4º, parágrafo único), como ocorre com as organizações sociais.

Em quarto lugar, deve haver necessariamente a constituição de Conselho Fiscal ou órgão equivalente (art. 4º, III).

A lei das organizações da sociedade civil faz referência ao **termo de parceria**, ao passo que a norma das organizações sociais alude ao já referido **contrato de gestão**. A despeito da terminologia diversa, os instrumentos se equivalem (cf. DI PIETRO, 2002, p. 210). O termo de parceria deve especificar, entre outras coisas, o objeto da parceria, as metas a serem atingidas pela organização, os benefícios que devem ser percebidos pela entidade privada. Sobre o fomento a ser oferecido pelo Poder Público, não há nenhuma especificação pela lei acerca de suas modalidades, havendo tão somente indicação de transferência de bens e repasse de recursos de origem pública.

De maneira esquemática:

ORGANIZAÇÕES SOCIAIS (Lei federal n. 9.637/98)	ORGANIZAÇÕES DA SOCIEDADE CIVIL DE INTERESSE PÚBLICO (Lei federal n. 9.790/99)
Áreas de atuação: ensino, pesquisa científica, desenvolvimento tecnológico, proteção e preservação do meio ambiente, cultura e saúde (art. 1º).	Áreas de atuação: assistência social, defesa e conservação do patrimônio público, promoção do voluntariado, combate à pobreza, promoção da paz, da cidadania e dos direitos humanos, entre outras (art. 3º).
Qualificação: ato discricionário.	Qualificação: ato vinculado.
Contrato de gestão.	Termo de parceria.
Não há o requisito de preexistência da entidade privada.	Observância do requisito da preexistência da entidade privada.
Órgão de deliberação (conselho de administração) constituído por representantes da sociedade civil e do Poder Público.	Não há obrigatoriedade de que representantes do Estado integrem o órgão de deliberação (conselho).

4.7. JURISPRUDÊNCIA DESTACADA DOS TRIBUNAIS SUPERIORES

4.7.1. Súmulas relevantes do Supremo Tribunal Federal

Súmula Vinculante n. 27: "Compete à Justiça estadual julgar causas entre consumidor e concessionária de serviço público de telefonia, quando a Anatel não seja litisconsorte passiva necessária, assistente, nem opoente".

517: "As sociedades de economia mista só têm foro na Justiça Federal quando a União intervém como assistente ou opoente".

4.7.2. Súmulas relevantes do Superior Tribunal de Justiça

42: "Compete à Justiça Comum Estadual processar e julgar as causas cíveis em que é parte sociedade de economia mista e os crimes praticados em seu detrimento".

270: "O protesto pela preferência de crédito, apresentado por ente federal em execução que tramita na Justiça Estadual, não desloca a competência para a Justiça Federal".

333: "Cabe mandado de segurança contra ato praticado em licitação promovida por sociedade de economia mista ou empresa pública".

365: "A intervenção da União como sucessora da Rede Ferroviária Federal S/A (RFFSA) desloca a competência para a Justiça Federal ainda que a sentença tenha sido proferida por Juízo estadual".

4.7.3. Natureza jurídica da Ordem dos Advogados do Brasil

Sobre a natureza jurídica da Ordem dos Advogados do Brasil, muitas discussões já foram travadas, remanescendo muita polêmica no âmbito doutrinário.

Apesar disso, o Supremo Tribunal Federal fixou entendimento de que **a OAB não representa uma entidade da Administração indireta da União**. A decisão foi proferida na ADIn 3.026 (rel. Min. Eros Grau, *DJ* de 29-9-2006).

De acordo com a ementa do acórdão:

"3. (...) A Ordem é um serviço público independente, categoria ímpar no elenco das personalidades jurídicas existentes no direito brasileiro.

4. **A OAB não está incluída na categoria na qual se inserem essas que se têm referido como 'autarquias especiais'** para pretender-se afirmar equivocada independência das hoje chamadas 'agências'.

5. **Por não consubstanciar uma entidade da Administração Indireta, a OAB não está sujeita a controle da Administração, nem a qualquer das suas partes está vinculada.** Essa não vinculação é formal e materialmente necessária.

6. A OAB ocupa-se de atividades atinentes aos advogados, que exercem função constitucionalmente privilegiada, na medida em que são indispensáveis à administração da Justiça [artigo 133 da CB/88]. É entidade cuja finalidade é afeita a atribuições, interesses e seleção de advogados. Não há ordem de relação ou dependência entre a OAB e qualquer órgão público.

7. A Ordem dos Advogados do Brasil, cujas características são autonomia e independência, não pode ser tida como congênere dos demais órgãos de fiscalização profissional. A OAB não está voltada exclusivamente a finalidades corporativas. Possui finalidade institucional.

8. Embora decorra de determinação legal, o regime estatutário imposto aos empregados da OAB não é compatível com a entidade, que é autônoma e independente.

9. Improcede o pedido do requerente no sentido de que se dê interpretação conforme o artigo 37, inciso II, da Constituição do Brasil ao *caput* do artigo 79 da Lei n. 8.906, que determina a aplicação do regime trabalhista aos servidores da OAB.

10. **Incabível a exigência de concurso público para admissão dos contratados sob o regime trabalhista pela OAB**".

Questões

1. **(Procurador do Município de São Paulo – 2004) Um veículo foi furtado do estacionamento da Câmara Municipal. Em ação de indenização, quem deverá figurar no polo passivo é:**
   a) a Câmara Municipal.
   b) o Prefeito Municipal.
   c) o Município.
   d) o Presidente da Câmara Municipal.
   e) a Prefeitura.

2. (Analista do Ministério Público da União – 2007) Entre outros aspectos, a Administração Pública brasileira está organizada de forma que:

a) as pessoas físicas ou jurídicas que integram a administração indireta da União são criadas por decreto, possuem personalidade jurídica vinculada a órgão tutelar e patrimônio compartilhado, com responsabilidade solidária.

b) a Administração Pública indireta é a constituída dos serviços atribuídos a pessoas jurídicas diversas da União, públicas (autarquias) ou privadas (empresas públicas e sociedades de economia mista), vinculadas a um Ministério, mas administrativa e financeiramente autônomas.

c) a descentralização administrativa significa repartição de funções entre vários órgãos de uma mesma administração, sem quebra de hierarquia, sendo direta e imediata a execução das suas atividades ou a prestação de seus serviços.

d) a delegação de competência de funções e atividades administrativas no âmbito da desconcentração dos poderes públicos, por apresentar caráter obrigatório e definitivo, independe de norma que expressamente a autorize, bastando a vontade do superior.

e) a execução indireta de serviços públicos por pessoa administrativa física ou jurídica somente pode ser realizada mediante regime de concessão ou permissão, vedada a celebração de convênios ou consórcios.

3. (Advogado da União – CESPE – 2006) Julgue o item a seguir:

A teoria do órgão, atualmente adotada no sistema jurídico, veio substituir as teorias do mandato e da representação.

4. (Advogado da União – CESPE – 2006) Julgue o item a seguir:

A teoria do órgão é um dos fundamentos da teoria da responsabilidade subjetiva do Estado, buscando explicar como se podem atribuir ao Estado os atos praticados por pessoas físicas que agem em seu nome.

5. (Advogado da União – CESPE – 2006) Julgue o item a seguir:

Quando Hely Lopes conceitua os órgãos públicos como centros de competência, instituídos para o desempenho de funções estatais, por meio de seus agentes, cuja atuação é imputada à pessoa jurídica a que pertencem, fica claro que o autor adota a teoria do órgão.

6. (Auditor da Receita Federal – ESAF – 2005) Assinale, entre as seguintes definições, aquela que pode ser considerada correta como a de órgão público.

a) Unidade personalizada, composta de agentes públicos, com competências específicas.

b) Centro funcional, integrante da estrutura de uma entidade, com personalidade jurídica de direito público.
c) Conjunto de agentes públicos hierarquicamente organizados.
d) Centro de competências, com patrimônio, responsabilidades e agentes próprios, criado para uma determinada atividade.
e) Unidade organizacional, composta de agentes e competências, sem personalidade jurídica.

7. **(Procurador da Fazenda Nacional – ESAF – 2004) Quanto à teoria do órgão e sua aplicação ao Direito Administrativo, aponte a opção correta:**
a) Consoante tal teoria, o órgão é apenas parte do corpo da entidade e, por consequência, todas as suas manifestações de vontade são consideradas como da própria entidade.
b) Essa teoria não distingue órgão de entidade, reconhecendo personalidade jurídica a ambos, indistintamente, e, por conseguinte, reconhecendo serem sujeitos de direitos e obrigações, de forma direta.
c) Essa teoria, de ampla aceitação entre os administrativistas pátrios, reconhece personalidade jurídica ao órgão, que passa a ser sujeito de direitos e obrigações.
d) Por tal teoria, o agente (pessoa física) atua como representante da pessoa jurídica, à semelhança do tutor e do curador de incapazes.
e) Essa teoria não tem aceitação entre os publicistas contemporâneos, por não explicar, de forma satisfatória, como atribuir aos entes públicos os atos das pessoas humanas que agem em seu nome.

8. **(Defensor Público da União – CESPE – 2005) A respeito da organização administrativa, julgue o item a seguir:**
A descentralização administrativa pode resultar na atribuição de atividade pública a pessoa de direito privado, como as empresas públicas e as sociedades de economia mista.

9. **(Ministério Público do Trabalho – 2005) Com relação à Administração Pública, é *correto* afirmar que:**
a) as autarquias são entidades paraestatais em razão de sua personalidade de direito público.
b) as autarquias são entidades que integram a Administração Pública indireta e têm personalidade de direito público.
c) as empresas públicas e as autarquias são criadas por lei.
d) as empresas públicas em geral gozam da garantia da impenhorabilidade de seus bens.

10. (Ministério Público Federal – 2003) Assinale a alternativa correta:

a) ao contrário das empresas públicas, que são dotadas de personalidade jurídica de direito público, as sociedades de economia mista têm personalidade jurídica de direito privado.
b) as sociedades de economia mista podem ser organizadas sob a forma de sociedade civil ou comercial.
c) é possível, na esfera federal, que empresa pública seja organizada sob a forma de sociedade civil.
d) as autarquias, por serem dotadas de personalidade jurídica de direito público, compõem a Administração direta.

11. (Procurador do Ministério Público no TCE-GO – 2007) As chamadas Agências Reguladoras

a) integram a Administração direta, vinculadas que estão a órgãos do Poder Executivo.
b) poderão constituir-se como autarquias ou fundações públicas ou privadas.
c) têm natureza jurídica de autarquias.
d) integram o chamado Terceiro Setor, assumindo atividades de interesse público.
e) têm natureza jurídica de fundação privada, subsidiada com recursos públicos, em face da independência que devem possuir frente ao Estado.

12. (Procurador do Município de São Paulo – 2004) No direito brasileiro, os principais traços diferenciadores entre as empresas públicas e as sociedades de economia mista são os relativos à:

a) composição do capital e forma de organização.
b) forma de criação e personalidade jurídica.
c) personalidade jurídica e natureza da atividade a ser desempenhada.
d) natureza da atividade a ser desempenhada e forma de organização.
e) composição do capital e personalidade jurídica.

13. (Magistratura do Estado de Roraima – 2008) A Lei federal n. 9.472/97, em seu art. 9º, designa a Agência Nacional de Telecomunicações "autoridade administrativa independente". Tal designação, em termos da organização administrativa brasileira,

a) revela a criação de uma nova espécie típica de entidade integrante da Administração indireta, dita justamente "autoridade administrativa independente".
b) ressalta algumas características do regime especial dessa entidade, tais quais independência administrativa, ausência de subordinação hie-

rárquica, mandato fixo e estabilidade de seus dirigentes, mas não afasta o seu enquadramento como autarquia.

c) refere-se ao fato de essa entidade não integrar a Administração indireta.
d) refere-se ao fato de essa entidade não ser sujeita a normas decorrentes do exercício do poder regulamentar pelo chefe do Poder Executivo.
e) implica a criação de uma nova espécie típica de entidade integrante da Administração indireta, dita “agência reguladora”.

14. (Magistratura do Trabalho – 15ª Região/Campinas – 2006) Quanto à empresa pública, é correto afirmar:

a) pode ser constituída, mediante autorização de lei específica, sob quaisquer das formas admitidas em direito e seu capital é exclusivamente público.
b) pode ser constituída, mediante autorização de lei específica, sob quaisquer das formas admitidas em direito e seu capital é público e privado.
c) só pode ser constituída sob a forma de sociedade anônima, mediante autorização de lei específica, e seu capital é público e privado.
d) pode ser constituída sob quaisquer das formas admitidas em direito, mediante autorização de lei específica, e seu capital é exclusivamente privado.
e) só pode ser constituída sob a forma de sociedade anônima, mediante autorização de lei específica, e seu capital será unicamente privado.

15. (Procurador do Estado de Sergipe – 2005) Determinada pessoa jurídica de direito privado, constituída sob a forma de sociedade, não empresária e sem fins lucrativos, tem como objeto principal a prática de atividades de defesa do meio ambiente. Seu estatuto não prevê a existência de conselho de administração, mas prevê a existência de conselho fiscal, com atribuição de opinar sobre as demonstrações financeiras da entidade. Supondo existentes os demais requisitos legais, essa pessoa jurídica poderá qualificar-se como organização:

a) social, mas não como organização da sociedade civil de interesse público.
b) da sociedade civil de interesse público, mas não como organização social.
c) social e como organização da sociedade civil de interesse público, simultaneamente.
d) social e como organização da sociedade civil de interesse público, embora não simultaneamente.

e) social e como organização da sociedade civil de interesse público, desde que sua personalidade jurídica seja de direito público.

16. **(Procurador do Estado de Pernambuco – 2004) As organizações sociais, disciplinadas pela Lei n. 9.637/98 na esfera federal, são aquelas assim declaradas como pessoas jurídicas de direito:**

a) público ou privado, prestadoras de serviço público, que se submetem integralmente ao regime de direito público.

b) privado, com fins lucrativos, que desempenham serviços públicos não exclusivos do Estado e submetem-se a regime jurídico de direito privado.

c) privado, com ou sem fins lucrativos, que recebem incentivos materiais e financeiros do Poder Público para desenvolvimento de atividade social e que, portanto, submetem-se integralmente à obrigação legal de licitar no decorrer de suas atividades.

d) privado, sem fins lucrativos, que celebram contrato de gestão com o Poder Público para obtenção de recursos orçamentários e desenvolvem serviços sociais não exclusivos do Estado, podendo estar dispensadas de licitar no decorrer do exercício de suas atividades.

e) público ou privado, destinatárias de fomento do Poder Público para desenvolvimento de serviços públicos ou atividades sociais, que se submetem a regime jurídico de direito público ou privado, conforme, respectivamente, devam ou não licitar.

Gabarito

1. C
2. B
3. Correta
4. Errada
5. Correta
6. E
7. A
8. Correta
9. B
10. C
11. C
12. A
13. B
14. A
15. B
16. D

5

ATOS ADMINISTRATIVOS

5.1. DISTINÇÃO ENTRE ATOS E FATOS

Os doutrinadores que se ocupam dos atos administrativos costumam iniciar a abordagem fazendo uma distinção entre **atos** e **fatos**, valendo-se muitas vezes das lições advindas do direito privado. No entanto, é preciso assumir uma posição cautelosa na utilização das noções civilistas, na medida em que o direito público é cercado por um regime próprio, muitas vezes incompatível com aquele.

A principal distinção entre tais ramos do direito reside no papel desempenhado pela **vontade**. Como visto no capítulo 1, o direito privado gira na órbita da noção de **autonomia da vontade**, ao passo que o direito público se baseia na ideia de **função**, de um dever finalisticamente determinado: o atendimento do interesse público. Neste ramo, portanto, "não há espaço para a autonomia da vontade" (BANDEIRA DE MELLO, 2003, p. 25).

Para comprovar a relevância dessa diferenciação, basta verificar que o elemento vontade é irrelevante em muitos atos administrativos, a exemplo de uma aposentadoria compulsória por idade deferida por um louco. Ora, se preenchidos os requisitos legais para tal aposentadoria (contar o agente com 70 anos de idade), irrelevante que a respectiva concessão se tenha dado por um agente desprovido de qualquer discernimento. O ato será válido e produzirá seus regulares efeitos. Daí se dizer que, "nos atos inteiramente vinculados, a vontade do agente que os produz é irrelevante" (BANDEIRA DE MELLO, 2003, p. 341).

Por outro lado, evidente que algumas construções desenvolvidas no Direito Civil podem ser utilizadas no direito público, representando, nesse sentido, temas pertencentes à teoria geral do direito. Assim, o **fato jurídico** consiste nos acontecimentos aos quais o direito atribui determinadas consequências. O mesmo se pode dizer em relação à categoria de **ato jurídico**.

No tocante à distinção entre fato jurídico e ato jurídico, muito embora reinem divergências doutrinárias, adota-se o entendimento segundo o qual o fato jurídico representa um gênero, de que fazem parte duas espécies: o ato jurídico e o fato jurídico em sentido estrito.

O **ato jurídico** representa uma declaração que produz efeitos jurídicos. Trata-se, desta forma, de um enunciado, de uma prescrição. Como assevera Celso Antônio Bandeira de Mello, "é uma *pronúncia* sobre certa coisa ou situação, dizendo como ela *deverá ser*" (2003, p. 342).

Já o **fato jurídico em sentido estrito** é um evento não prescritivo ao qual o direito atribui consequência jurídica. Assim, "o fato não diz nada. Apenas ocorre" (BANDEIRA DE MELLO, 2003, p. 342).

Esquematicamente:

Fato jurídico	*Ato jurídico* = declaração, evento prescritivo
	Fato jurídico em sentido estrito = evento não prescritivo

A importância de tais considerações e distinções reside no fato de que **o ato administrativo representa uma espécie de ato jurídico**.

5.2. DEFINIÇÃO

5.2.1. Polêmica quanto à definição de ato administrativo

Toda definição carrega em si uma dificuldade. A depender dos critérios adotados para a estipulação de um conceito, podem ser observadas diversas definições acerca de uma mesma noção.

É o que ocorre com a definição de atos administrativos. Uma repassada pela doutrina que trata do assunto permite verificar a coexistência de diversos conceitos. Uns são mais amplos; outros, mais restritos.

O que se deve fixar é que não existe uma definição "certa" ou "errada" de ato administrativo. A diferenciação entre os vários conceitos opera-se no campo da utilidade, de tal modo que algumas definições são mais "úteis" do que outras, sobretudo em relação ao direito positivo considerado (cf. BANDEIRA DE MELLO, 2003, p. 248).

Como visto, o dissenso entre as definições de ato administrativo refere-se à amplitude da definição. Basicamente, as opiniões divergem em relação ao enquadramento dos **contratos** e dos **atos normativos** no âmbito do conceito dos atos administrativos.

Vale dizer: os contratos são atos administrativos? Os regulamentos e as resoluções, por exemplo, são atos administrativos? A resposta irá depender da definição considerada.

Para Hely Lopes Meirelles, ato administrativo "é toda manifestação unilateral de vontade da Administração Pública que, agindo nessa qualidade, tenha por fim imediato adquirir, resguardar, transferir, modificar, extinguir e declarar direitos, ou impor obrigações aos administrados ou a si própria" (2001, p. 141). Observe-se que nessa definição **não estão incluídos os contratos**, que são manifestações bilaterais.

Para Maria Sylvia, ato administrativo é a "declaração do Estado ou de quem o represente, que produz efeitos jurídicos imediatos, com observância da lei, sob regime jurídico de direito público e sujeita a controle pelo Poder Judiciário" (2003, p. 189). Trata-se de conceito que **exclui os atos normativos** exercidos no âmbito da função administrativa.

Já Celso Antônio Bandeira de Mello, muito embora faça referência a uma definição em sentido amplo e outra em sentido estrito, confere destaque àquela. Para o autor, ato administrativo é a "declaração do Estado (ou de quem lhe faça as vezes como, por exemplo, uma concessionária de serviço público), no exercício de prerrogativas públicas, manifestada mediante providências jurídicas complementares da lei a título de lhe dar cumprimento, e sujeitas a controle de legitimidade por órgão jurisdicional" (2003, p. 352). Note-se que o conceito abrange os atos gerais e abstratos (atos normativos) e os atos convencionais (contratos).

5.2.2. Notas relevantes da definição

Independentemente da definição a ser adotada, convém esclarecer que algumas características são destacadas por grande parte dos doutrinadores, representando relevantes elementos para identificação dos atos administrativos. São eles:

a) Trata-se de uma **declaração do Estado**, ou de **quem lhe faça as vezes**. Sobre tais aspectos, são cabíveis duas observações.

O ato administrativo é expedido pelo Estado, independentemente do poder estatal que o tenha feito. Reitere-se que a função administrativa é igualmente exercida pelos órgãos do Poder Judiciário e do Legislativo, e não somente do Poder Executivo. Assim, a demissão de um escrevente lotado no Tribunal de Justiça representa um ato administrativo emanado de um órgão judicial.

Ademais, o ato administrativo também pode ser produzido por alguém que faça as vezes do Estado, a exemplo de um concessionário de serviço público, a quem tenha sido delegado, pelo Estado, o exercício de uma parcela da função administrativa.

b) Uma das notas principais consiste no **exercício de prerrogativas públicas**, aspecto que distingue os atos administrativos dos atos privados, desprovidos de potestades públicas (como o poder de desapropriar e de aplicar sanções). Importa lembrar que o princípio da supremacia do interesse público sobre o privado justifica a peculiaridade de tal regime (o regime jurídico administrativo), destacando o ato administrativo no cenário dos demais atos jurídicos.

c) O ato administrativo destina-se a **cumprir os ditames legais**, o que evidencia o seu caráter subordinado. Nesse aspecto evidencia-se o princípio da legalidade aplicado à Administração Pública.

d) Evidentemente, diante do princípio da inafastabilidade jurisdicional (insculpido no art. 5º, XXXV, da CF), o ato administrativo é **sempre revisível pelo Poder Judiciário**. Representa uma das mais importantes modalidades de controle da Administração, incidente nos atos eivados de vícios.

Esquematicamente:

Elementos de identificação do ato administrativo

→ Declaração do Estado ou de quem lhe faça as vezes.

→ Consiste no exercício de prerrogativas públicas.

→ Destinado a cumprir os ditames legais.

→ Pode ser revisto pelo Poder Judiciário.

5.2.3. Outras distinções

Por fim, ressalte-se que não se deve confundir ato administrativo com **ato da Administração**. Este representa os atos praticados pelo Poder Executivo, sem nenhuma consideração quanto à sua natureza. Como se vê, é uma definição que toma por critério o sujeito que expediu o ato.

É verdade que um ato administrativo pode ser um ato da Administração. É o caso de uma nomeação realizada pelo Presidente da República.

No entanto, relevante notar que nem todo ato administrativo é um ato da Administração. Exemplo: a nomeação realizada no âmbito do Legislativo ou do Judiciário.

Outrossim, existem atos da Administração que não consistem em atos administrativos. É o caso:

- dos **atos privados expedidos pelo Executivo**, que não detêm prerrogativas públicas;
- dos denominados **atos políticos**. Muito embora a natureza de tais atos seja controversa, costuma-se apartá-la na noção de ato administrativo, porquanto os atos políticos não cumprem uma determinação legal. De acordo com Celso Antônio Bandeira de Mello, são atos sacados diretamente da Constituição, com alta carga de discricionariedade;
- dos chamados **atos materiais**, como a reforma de um prédio, a digitação de um memorando, a limpeza de via pública. São atos desprovidos de uma declaração. A bem da verdade, considerando a distinção acima realizada (entre atos e fatos), tais operações materiais nem sequer representam verdadeiros atos. São, isto sim, **fatos administrativos**.

5.2.4. Para aprofundamento: regulamentos são atos administrativos?

Como já dito, a resposta irá depender da extensão do conceito que se adote do ato administrativo. Uma definição mais ampla, como aquela utilizada por Hely Lopes Meirelles, abarca os atos gerais, entre os quais se incluem os regulamentos.

No entanto, sob o ponto de vista da utilidade, mais adequado parece ser o entendimento de Maria Sylvia Zanella Di Pietro, para quem os atos gerais da Administração não são atos administrativos, que são individuais. Isso porque apresentam diversos aspectos distintivos. Entre eles, destacam-se: a) "o ato normativo tem precedência hierárquica sobre o ato individual"; b) "o ato normativo é sempre revogável; a revogação do ato individual sofre uma série de limitações"; c) "o ato normativo não pode ser impugnado, administrativamente, por meio de recursos administrativos, ao contrário do que ocorre com os atos individuais" (2009, p. 223-224).

5.3. ATRIBUTOS

Os atributos do ato administrativo representam as características que diferenciam essa modalidade de ato jurídico dos atos privados. Evidenciam as prerrogativas públicas encerradas no âmbito da atuação administrativa, demonstrando a sua particular força.

De modo geral, costuma-se apontar a existência de três atributos.

5.3.1. Presunção de veracidade e de legitimidade

É muito comum a exclusiva menção à presunção de legitimidade. Maria Sylvia Zanella Di Pietro, no entanto, vai além, desdobrando a análise do atributo em relação a dois aspectos do ato administrativo (2009, p. 197). Daí haver, a bem da verdade, duas presunções: a de veracidade e a de legitimidade.

De acordo com a **presunção de veracidade**, presumem-se verdadeiros os **fatos** suscitados pela Administração. É a chamada "fé pública", por meio da qual se deve emprestar uma condição veraz às alegações fáticas do Poder Público.

Já pela **presunção de legitimidade**, os atos administrativos presumem-se em **conformidade com a lei**. Decorre do próprio princípio da legalidade, que estabelece uma relação de adequação entre o ato e o ordenamento jurídico.

Imagine-se o exemplo de uma apreensão realizada por um fiscal da vigilância sanitária, logo após constatar a venda de produtos alimentícios sem nenhuma condição de higiene. A tal ato administrativo (apreensão) deve-se emprestar tanto uma presunção de veracidade (presume-se verdadeiro o fato de que os alimentos estavam em péssimas condições) quanto uma presunção de legitimidade (o ato encontra-se em conformidade com a lei, de acordo com vários aspectos, como competência, forma, razoabilidade).

Evidentemente, tal presunção é **relativa** (***juris tantum***), ou seja, admite prova em contrário. Não se pode conceber a existência de uma presunção absoluta em relação às condições fático-jurídicas de um ato administrativo, sob pena de impossibilidade de controle da Administração. Assim, por exemplo, o particular atingido pelo ato pode impugná-lo judicialmente, por meio de um mandado de segurança, buscando a sua invalidação. No caso, podem ser postos em xeque os fatos levantados pelo Poder Público, assim também a sua legalidade.

Nessa ocasião, pode surgir o seguinte questionamento: até que momento perdura referida presunção?

Uma resposta mais clássica se valeria da **inversão do ônus da prova** para concluir que a presunção se mantém até o interessado demonstrar o contrário pelos meios probatórios admitidos em direito. É a opinião de Hely Lopes Meirelles (2001, p. 150).

No entanto, alguns doutrinadores conferem uma posição mais acanhada a dita presunção, restringindo seus efeitos até o momento da impugnação do ato administrativo. Celso Antônio Bandeira de Mello menciona o questionamento no âmbito judicial (2003, p. 382). Lúcia Valle Figueiredo considera também a impugnação no âmbito administrativo (2003, p. 175). Neste caso, haveria apenas uma **inversão do ônus de agir (ou de demandar)**.

Ressalte-se a existência de posição intermediária, pela qual a inversão do ônus probatório não se dá de maneira absoluta, de modo que a Administração não fica liberada de comprovar a sua verdade. É o entendimento de Maria Sylvia Zanella Di Pietro (2009, p. 198). Nessa hipótese, pode-se mencionar a inviabilidade de imputar ao particular a inversão do ônus probatório em caso de fato negativo. Leciona Marçal Justen Filho: "Assim, se o ato administrativo afirma a ocorrência de certo fato, não se pode atribuir ao particular o ônus de provar sua inocorrência – até porque não se produz prova de fatos negativos. É impossível provar que um fato não ocorreu; quando muito se pode provar a ausência de condições para sua ocorrência ou a consumação de fatos incompatíveis com sua verificação" (2005, p. 206).

Jurisprudencialmente, predomina no Superior Tribunal de Justiça o entendimento clássico acima esposado, muito embora haja decisões que ressalvem a impossibilidade de inversão (ver item 5.9, referente à jurisprudência dos Tribunais Superiores).

Em relação à sua aplicabilidade, tal presunção incide em **todos os atos administrativos**, como aponta Diogenes Gasparini (2004, p. 73).

5.3.2. Imperatividade (ou coercibilidade)

Os atos administrativos são imperativos, no sentido de serem impostos aos particulares, **sem a necessidade de sua concordância**. Com efeito, irrelevante a anuência do administrado em relação à implementação do interesse público, na medida em que este se sobrepõe ao interesse privado.

Advém do chamado **poder extroverso** do Poder Público (cf. terminologia do italiano Renato Alessi, amplamente acolhida pelos autores brasileiros), por meio do qual a Administração pode, unilateralmente, constituir terceiros em obrigações ou impor-lhes situações.

Assim, a interdição operada por um Município prescinde de qualquer aquiescência do particular afetado. Da mesma forma a permissão de uso de via pública para instalação de feira livre, que dispensa o aval dos moradores da mesma rua.

Ressalte-se que a imperatividade, diferentemente do atributo anterior, não representa característica de todo ato administrativo. Integra apenas os atos que impõem obrigações aos indivíduos, bem como os que lhes determinam situações.

5.3.3. Autoexecutoriedade

De acordo com esse atributo, os atos administrativos podem ser postos em execução pela própria Administração, **sem a necessidade de intervenção do Poder Judiciário**.

No direito privado, apresenta-se como regra a impossibilidade de os particulares satisfazerem por si mesmos as suas pretensões resistidas por outros indivíduos. Imprescindível, para tanto, o socorro ao Poder Judiciário, sob pena de configuração de crime previsto no art. 345 do CP (exercício arbitrário das próprias razões). Nesse ramo, é vedado fazer justiça com as próprias mãos.

Já no direito público a Administração é detentora de uma prerrogativa que evidencia uma particular força de sua atuação. Muitas de suas pretensões podem ser implementadas *sponte propria*, sem a intervenção de nenhum outro Poder. Dessa forma, o embargo de uma obra pode ser feito de maneira autoexecutória, vale dizer, dispensando a prévia autorização judicial para a sua efetivação.

Evidentemente, a desnecessidade de intervenção prévia não afasta o controle judicial *a posteriori*, exercitável, por exemplo, pelo particular atingido, que pode valer-se dos instrumentos processuais apropriados. Afinal, o sistema constitucional brasileiro prestigia o princípio da inafastabilidade do controle jurisdicional (art. 5º, XXXV, da CF).

Alguns autores, como Celso Antônio Bandeira de Mello, desdobram tal atributo em dois subtipos, ambos detendo a mesma característica básica – desnecessidade de intervenção do Judiciário.

De um lado, a **exigibilidade**, pela qual a Administração pode executar seus atos, exigindo do particular o seu cumprimento, sob pena de aplicação de alguma sanção a ele. Nesse caso, a Administração manda fazer. Representa um modo de **coerção indireta**. Se o particular não obedece a uma ordem de não estacionar em local proibido, cabível a aplicação de uma multa.

Diante da possibilidade da cominação de alguma penalidade, imprescindível previsão legal expressa para que haja este atributo.

De outro lado, a **executoriedade**, por meio da qual o Poder Público executa diretamente a sua ordem. Nessa hipótese, a Administração faz. Constitui, assim, uma forma de **coerção direta**. Imaginando o mesmo exemplo, diante do estacionamento em local proibido, o Estado pode remover o veículo da via pública, guinchando-o.

A doutrina majoritária atual considera que a executoriedade somente é cabível em duas hipóteses: 1ª) nas **hipóteses expressamente previstas em lei**; 2ª) nas **situações de urgência**, ou seja, nos casos em que a pronta atuação da Administração for necessária para a salvaguarda do interesse público.

Como se vê, a executoriedade não abrange todos os atos administrativos. Trata-se de atributo inaplicável, em exemplo clássico, nas cobranças de multas e tributos. Em tais casos, resta à Administração valer-se do Poder Judiciário, executando judicialmente o crédito, por meio das chamadas execuções fiscais.

5.3.4. Tipicidade

Alguns autores fazem referência, além daqueles mencionados acima, ao atributo da **tipicidade**, "pelo qual o ato administrativo deve corresponder a figuras definidas previamente pela lei como aptas a produzir determinados resultados" (DI PIETRO, 2009, p. 201).

Decorre do princípio da legalidade, representando uma verdadeira garantia ao particular.

Em relação aos atributos do ato administrativo, temos:

ATRIBUTOS	CARACTERÍSTICAS
Presunção de veracidade e de legitimidade	– Os fatos alegados pela Administração presumem-se verdadeiros (veracidade); – Presumem-se legais os atos expedidos pela Administração (legitimidade). Trata-se de presunção relativa *(juris tantum)*.
Imperatividade	Os atos administrativos são impostos a terceiros, sem necessidade de sua concordância.
Autoexecutoriedade	Os atos administrativos são postos em execução pela própria Administração, sem necessidade de intervenção do Poder Judiciário.

5.4. REQUISITOS DO ATO ADMINISTRATIVO

A análise do ato administrativo pode ser feita por meio do estudo das partes que o compõem. Com isso, a investigação de cada componente permitirá maior entendimento de sua estrutura, como também facilitará a identificação de seus vícios. Torna-se útil, assim, tal procedimento de "dissecação" do ato, para melhor compreensão de sua "anatomia". A cada uma das partes confere-se o nome de **requisitos** do ato administrativo (também recebem a denominação de **elementos**, **pressupostos**, entre outras).

Os autores divergem quanto à indicação dos requisitos do ato administrativo. É adotado no presente trabalho o entendimento clássico, comumente utilizado nos diversos concursos públicos. Nesse sentido, **são cinco os requisitos do ato administrativo: competência, objeto, forma, motivo e finalidade**.

Aliás, a Lei da Ação Popular (Lei federal n. 4.717/65) adota tal classificação, como se pode verificar em seu art. 2º, que assim dispõe:

"São nulos os atos lesivos ao patrimônio das entidades mencionadas no artigo anterior, nos casos de:

a) **incompetência**;

b) vício de **forma**;

c) ilegalidade do **objeto**;

d) inexistência dos **motivos**;

e) desvio de **finalidade**".

A seguir, será analisado cada um dos requisitos.

5.4.1. Competência

Todo ato administrativo é produzido por um **sujeito**, que pode ser avaliado sob enfoques diversos (a **entidade** que o expediu, o **órgão** de que emanou e o **agente público** com poderes para tanto). Trata-se de noção que gira na órbita da chamada **competência**, entendida como o **conjunto de atribuições** das diversas pessoas e órgãos que integram a Administração, fixado pelo ordenamento jurídico.

A estipulação da competência deve dar-se por meio de lei formal, nos termos do art. 61, § 1º, II, da CF. No entanto, vale salientar que alguns autores, baseados no entendimento de que é admissível o regulamento autônomo na hipótese do art. 84, VI, *a*, da CF (organização e funcionamento da Administração Federal), admitem a estipulação de atribuições por decreto (ver capítulo 3, referente ao poder regulamentar). É o que leciona Maria Sylvia Zanella Di Pietro: "Quem organiza tem que definir competências. Vale dizer que, no âmbito federal, as competências poderão ser definidas por decreto" (2009, p. 203).

E na hipótese de não haver a estipulação de competência para a expedição de algum ato? Nesse caso, estabelece a Lei n. 9.784/99, aplicável no âmbito federal, que, "inexistindo competência legal específica, o processo administrativo deverá ser iniciado perante a autoridade de menor grau hierárquico para decidir". *De lege ferenda*, entende Maria Sylvia Zanella Di Pietro que a autoridade competente deve ser o chefe do Poder Executivo, que concentra a "totalidade das competências não outorgadas em caráter privativo a determinados órgãos" (2009, p. 205).

A competência detém as seguintes características: é **irrenunciável**, no sentido de que o sujeito da atribuição não pode desfazer-se dela; é **imodificável**, ou seja, incabível o aumento ou a diminuição das atribuições por vontade exclusiva de seu titular; é **imprescritível**, de tal forma que, da não utilização da competência por um período prolongado, não decorre a sua extinção.

Relembre-se que, como visto no tópico do poder hierárquico (ver capítulo 3), a competência pode ser objeto de delegação e avocação, de acordo com as condições já estudadas.

Já em relação aos vícios estreitados com o requisito da competência, a doutrina costuma elencar três:

a) **usurpação de função** – ocorre quando o sujeito se faz passar por agente público, sem ter sido investido na função pública. Tamanha a gravidade de tal vício que constitui crime previsto no art. 328 do CP. Trata-se de ato administrativo inexistente;

b) **excesso de poder** – verifica-se "quando o agente público excede os limites de sua competência" (DI PIETRO, 2009, p. 239), expedindo atos cuja atribuição não lhe é conferida pelo ordenamento jurídico ou extrapolando a execução de atos de sua competência. Exemplos: "quando a autoridade, competente para aplicar a pena de suspensão, impõe penalidade mais grave, que não é de sua atribuição; ou quando a autoridade policial se excede no uso da força para praticar ato de sua competência" (DI PIETRO, 2009, p. 239);

c) **função de fato** (**funcionário de fato, agente de fato** ou **agente putativo**) – observa-se quando o ato é expedido por agente irregularmente investido na função pública, apesar da aparência de conformidade. É a hipótese de um servidor que, completados 70 anos de idade, não é aposentado compulsoriamente, continuando a trabalhar na repartição; ou de um agente que, não possuindo diploma universitário, é investido em cargo que exige tal graduação.

Note-se que, em relação a terceiros, os atos expedidos por tais agentes continuam válidos, em homenagem aos princípios da aparência, da boa-fé e da segurança jurídica. Exemplo: os efeitos de uma autorização de uso expedida por um funcionário de fato devem ser mantidos em relação ao terceiro beneficiário desse ato.

5.4.2. Objeto

Representa o conteúdo do ato, **aquilo que o ato declara e dispõe**. Para Di Pietro, "é o efeito jurídico imediato que o ato produz" (2009, p. 206).

Ressalte-se que alguns autores preferem distinguir o conteúdo do objeto. Para Diogenes Gasparini, o primeiro representa aquilo "que o ato prescreve"; já o segundo "é alguma coisa sobre a qual incide o conteúdo do ato administrativo" (2008, p. 68). Assim, o ato de permissão de uso de bem público assume como conteúdo a outorga do uso a um particular, e como objeto o próprio bem público.

Para assumir uma posição de conformidade, o objeto deve ser **lícito**, **possível**, **certo** e **moral**. Desse modo, os vícios que atingem este requisito são observados no caso de objeto ilícito (desapropriação de bem imóvel da União pelo Município), impossível (nomeação para cargo inexistente), incerto (servidão sobre bem precariamente definido) ou imoral (expedição de parecer emitido sob encomenda). Os exemplos são de Maria Sylvia Zanella Di Pietro (2009, p. 241).

5.4.3. Forma

A forma detém duas acepções. De acordo com uma **concepção restrita**, representa o **revestimento exterior do ato**, a maneira pela qual revela a sua existência. Já uma **concepção ampla** acresce a tal requisito as **formalidades** exigidas no bojo do processo de formação do ato.

No âmbito do direito privado predomina o princípio da liberdade das formas, o que é perfeitamente adequado à autonomia da vontade que fundamenta esse ramo jurídico. No direito público, entretanto, o aspecto formal assume outra compostura. Na medida em que a função administrativa representa o exercício de um dever direcionado ao atendimento do interesse público, imprescindível o estabelecimento de formas mais rígidas. Dessa forma, a legitimidade na produção do ato sofrerá significativo incremento, bem como será maior a possibilidade de sua fiscalização e controle.

Como se pode perceber, o requisito formal merece tratamento mais rigoroso nas situações que envolvem direitos dos particulares, como ocorre nos concursos públicos, nas licitações, nos processos disciplinares, nas desapropriações.

Já nas demais circunstâncias, aquelas que não afetam interesses individuais, as formas são menos rígidas. É o exemplo dos procedimentos administrativos internos.

Como regra, a fim de que a atuação do Poder Público seja documentada, o ato administrativo deve assumir a **forma escrita**. É o que dispõe o art. 22, § 1º, da Lei federal n. 9.784/99. No entanto, a título excepcional ou em função da natureza do ato, cabível a utilização de outros meios de veiculação do ato, como a forma verbal (ordem dada a um agente), por gestos (fiscal de trânsito que controla o fluxo de veículos), por meios eletromecânicos (semáforos em cruzamentos), por meios pictóricos (placas de trânsito).

Releva notar que, nas hipóteses que exigem uma formalidade mais rigorosa, aplica-se o **princípio do paralelismo das formas**, segundo o qual a extinção ou a alteração de um ato deve seguir forma idêntica àquela utilizada para a sua criação.

Os vícios quanto a este requisito se apresentam quando a forma utilizada não segue aquela preconizada pela lei. A contratação sem licitação prévia, a nomeação não antecedida por concurso público são os exemplos mais óbvios.

5.4.4. Motivo

Motivo é o **pressuposto, fático e jurídico**, que representa o fundamento do ato administrativo.

Tomemos como exemplo um ato de demissão. O seu pressuposto fático é o cometimento de uma falta grave pelo agente público; ao passo que o pressuposto jurídico representa o dispositivo legal que prevê tal sanção disciplinar.

Não se deve confundir o motivo com a **motivação**. Esta constitui a **exposição escrita dos motivos** elencados para a prática de um ato. É a indicação dos seus fundamentos. Uma análise mais atenta permite verificar que, na verdade, a motivação representa um requisito formal do ato. A falta de motivação representa, portanto, um vício de forma.

Tal distinção é relevante na medida em que se discute acerca da obrigatoriedade tanto do motivo quanto da motivação.

Em primeiro lugar, observe-se que o motivo é pressuposto inafastável do ato administrativo, de modo que sempre deve estar presente. Impensável que um ato seja expedido sem um fundamento que lhe dê suporte.

Em relação a tal requisito, aplica-se a denominada **teoria dos motivos determinantes**, por meio da qual os motivos invocados para a prática de um ato condicionam a sua validade. De tal maneira que, caso reste demonstrado que tais motivos inexistem ou são falsos, o ato administrativo está eivado de vício, sendo passível de invalidação.

Importa notar que essa teoria também se aplica na hipótese em que o ordenamento não exige a motivação, mas esta, apesar disso, for dada. Exemplo: a exoneração de ocupante de cargo em comissão será viciada se a motivação se fundar em fato inexistente. Observe-se que a motivação não é obrigatória nesse ato; no entanto, se for dada, ela condiciona a sua validade.

Em segundo lugar, no tocante à motivação, igualmente se questiona sobre a sua obrigatoriedade. Ao administrador sempre se impõe o dever de indicar por escrito o motivo do ato a ser expedido?

Trata-se de tópico objeto de polêmica em sede doutrinária.

Alguns autores, representantes de uma posição mais clássica, procediam à análise com base na distinção entre atos vinculados e discricionários. De acordo com tal entendimento, somente os atos vinculados deveriam ser motivados. Isso porque, na medida em que os atos discricionários eram impassíveis de controle, desnecessária se apresentava a sua motivação.

Outros juristas afastam, como regra, a obrigatoriedade da motivação sob o argumento de que a Constituição não a impõe. "Assim, só se poderá considerar a motivação obrigatória se houver norma legal expressa nesse sentido" (CARVALHO FILHO, 2008, p. 110).

Por fim, colocam-se os autores que entendem haver um verdadeiro princípio da motivação, de forma que ela se apresenta, regra geral, como obrigatória, independentemente do ato administrativo considerado (se discricionário ou vinculado). Este o entendimento que prevalece no cenário doutrinário nacional (cf. Maria Sylvia Zanella Di Pietro, Diogenes Gasparini, Odete Medauar, Marçal Justen Filho, entre outros).

Efetivamente, trata-se do melhor entendimento. Múltiplos fundamentos constitucionais sinalizam a necessidade de motivação dos atos administrativos. O princípio do contraditório e da ampla defesa (art. 5º, LV, da CF) impõe que o particular, para impugnar um ato administrativo, tenha ciência dos motivos que lhe serviram de fundamento. Do contrário, o próprio controle da Administração restaria obstaculizado, sobretudo o controle judicial (em afronta ao princípio da inafastabilidade do controle judicial, *ex vi* do art. 5º, XXXV, da CF). Igualmente pode ser invocado o princípio da moralidade (art. 37, *caput*, da CF), que estabelece um comportamento ético a ser adotado pela Administração, vetor este totalmente compatível com a necessidade de exposição dos motivos que servem de fundamento à conduta estatal.

A Lei n. 9.784/99 confere proeminência à motivação. Além de considerá-la verdadeiro princípio (art. 2º, *caput*), impõe a sua observância em diversas hipóteses, *ex vi* do art. 50. São elas os atos administrativos que: a) neguem, limitem ou afetem direitos ou interesses; b) imponham ou agravem deveres, encargos ou sanções; c) decidam processos administrativos de concurso ou seleção pública; d) dispensem ou declarem a inexigibilidade de processo licitatório; e) decidam recursos administrativos; e) decorram de reexame de ofício; f) deixem de aplicar jurisprudência firmada sobre a questão ou discrepem de pareceres, laudos, propostas e relatórios oficiais; g) importem anulação, revogação, suspensão ou convalidação de ato administrativo.

Assim vem entendendo a jurisprudência, como se pode observar pelos julgados a seguir, proferidos no âmbito do Superior Tribunal de Justiça:

"RECURSO ESPECIAL – MANDADO DE SEGURANÇA – TRANSFERÊNCIA DE SERVIDOR PÚBLICO – ATO DISCRICIONÁRIO – NECESSIDADE DE MOTIVAÇÃO – RECURSO PROVIDO.

Consoante a jurisprudência de vanguarda e a doutrina, praticamente, uníssona, nesse sentido, todos os atos administrativos, mormente os classificados como discricionários, dependem de motivação, como requisito indispensável de validade.

O Recorrente não só possui direito líquido e certo de saber o porquê da sua transferência 'ex officio', para outra localidade, como a motivação, neste caso, também é matéria de ordem pública, relacionada à própria submissão a controle do ato administrativo pelo Poder Judiciário" (STJ, RMS 15.459, 6ª Turma, *DJ* de 16-5-2005).

"ADMINISTRATIVO – MANDADO DE SEGURANÇA – INDEFERIMENTO DE AUTORIZAÇÃO PARA FUNCIONAMENTO DE CURSO SUPERIOR – AUSÊNCIA DE MOTIVAÇÃO DO ATO ADMINISTRATIVO – NULIDADE.

A margem de liberdade de escolha da conveniência e oportunidade, conferida à Administração Pública, na prática de atos discricionários, não a dispensa do dever de motivação. O ato administrativo que nega, limita ou afeta direitos ou interesses do administrado deve indicar, de forma explícita, clara e congruente, os motivos de fato e de direito em que está fundado (art. 50, I, e § 1º da Lei 9.784/99). Não atende a tal requisito a simples invocação da cláusula do interesse público ou a indicação genérica da causa do ato" (STJ, MS 9.944, 1ª Seção, *DJ* de 25-5-2005, *Informativo do STJ*, n. 248).

Assim, conclui-se que a motivação é, como regra geral, **obrigatória**. As **exceções** salientadas tanto pela doutrina quanto pela jurisprudência fazem referência às situações que não atingem a esfera jurídica dos particulares (ex.: expedientes internos da Administração), bem como às que encontram no próprio ordenamento jurídico a desnecessidade de se motivar (ex.: exoneração de cargo em comissão).

Ressalte-se que o requisito da motivação se encontra satisfeito se o ato administrativo faz referência a fundamentos constantes em pareceres, informações ou propostas previamente expedidas. Trata-se da chamada **motivação *aliunde***, admitida no âmbito doutrinário (cf. MEIRELLES, 2001, p. 94), do direito positivo (art. 50, § 1º, da Lei n. 9.784/99) e da jurisprudência (cf. STF, MS 25.518, Pleno, v. u., *DJ* de 10-8-2006). De acordo com esta decisão da Corte Suprema:

"Servidor público: demissão: motivação suficiente do ato administrativo. 1. Nada impede a autoridade competente para a prática de um ato de motivá-lo mediante remissão aos fundamentos de parecer ou relatório conclusivo elaborado por autoridade de menor hierarquia (AI 237.639-AgR, 1ª T., Pertence, *DJ* de 19.11.99). 2. Indiferente que o parecer a que se remete a decisão também se reporte a outro parecer: o que importa é que haja a motivação eficiente – na expressão de Baleeiro, controlável *a posteriori*".

5.4.5. Finalidade

O requisito da finalidade possui dois sentidos (cf. DI PIETRO, 2009, p. 209-210).

De acordo com uma **concepção ampla**, finalidade significa o **atendimento ao interesse público**. É a finalidade pública do ato.

Em um **sentido estrito**, representa o **resultado específico** que cada ato detém e que se encontra previsto no ordenamento jurídico. Trata-se da finalidade legal do ato.

Tome-se como exemplo o ato de demissão. A sua finalidade em sentido amplo é, de acordo com o interesse público, não possuir agentes ímprobos em seus quadros. Já a finalidade em sentido estrito é o resultado específico de punição.

Genericamente, o vício no requisito da finalidade é denominado **desvio de finalidade** ou **desvio de poder**. A doutrina conceitua tal figura da seguinte forma: "O desvio de finalidade verifica-se quando a autoridade, embora atuando nos limites de sua competência, pratica o ato por motivos ou com fins diversos dos objetivados pela lei ou exigidos pelo interesse público" (cf. MEIRELLES, 2001, p. 104-5).

Cumpre notar que os vícios referentes a tal requisito podem atingir tanto a finalidade *lato sensu* quanto a finalidade *stricto sensu*. Daí a utilidade de tal distinção.

Exemplifique-se:

a) Uma autoridade que desapropria determinado bem imóvel com finalidade egoística, objetivando vingar-se de um desafeto, comete desvio de poder, considerando a finalidade em sentido amplo. Isso porque o interesse público foi deixado de lado. No caso, tem-se o **desvio de finalidade genérico** (cf. GASPARINI, 2008, p. 64).

b) Já o agente que, pretendendo punir um subordinado que cometeu infração administrativa, remove-o para local distante, pratica também desvio de poder, tomando-se a finalidade em sentido estrito. Observe-se bem. O interesse público está sendo perseguido pela autoridade. Ocorre que ele se utilizou de ato cuja finalidade não possui o resultado específico pretendido. O resultado específico da remoção não é de punição, mas de readequação do serviço. Em suma, embora não tenha havido má-fé do agente público, houve desvio de poder. Para alguns autores, **desvio de finalidade específico** (cf. GASPARINI, 2008, p. 64).

Esquema acerca dos requisitos dos atos administrativos:

REQUISITOS	VÍCIOS
COMPETÊNCIA	• usurpação de função (art. 328 do CP) – alguém se passa por agente público, sem assumir tal condição; • função de fato: investidura irregular; • excesso de poder: extrapolação da competência.
OBJETO	• ilícito; • impossível; • incerto; • imoral.
FORMA	• uso de forma não prevista em lei; • violação ao princípio do paralelismo das formas.
FINALIDADE	• Desvio de poder (ou desvio de finalidade).
MOTIVO	• Teoria dos motivos determinantes.

5.5. ABUSO DE PODER

De alguns vícios esboçados acima, surgiu a concepção do **abuso de poder**.

Conforme a clássica lição de Hely Lopes Meirelles, o abuso de poder "ocorre quando a autoridade, embora competente para praticar o ato, ultrapassa os limites de suas atribuições ou se desvia das finalidades administrativas" (2001, p. 102).

Releva notar que tal figura representa um **gênero** que possui **duas espécies**. A primeira refere-se ao vício de competência denominado **excesso de poder** (ver acima). A segunda atém-se ao vício de finalidade, o **desvio de poder**. Nesta hipótese, reitere-se que o desvio se verifica em relação à finalidade tomada tanto em sentido amplo quanto em sentido estrito (ver acima).

Esse esquema do abuso de poder é acolhido por outros autores, como Maria Sylvia Zanella Di Pietro (2009, p. 239). Para ela, o abuso pode ser definido "como o vício do ato administrativo que ocorre quando o agente público exorbita de suas atribuições (excesso de poder), ou pratica o ato com finalidade diversa da que decorre implícita ou explicitamente da lei (desvio de poder)".

De maneira gráfica, tem-se:

ABUSO DE PODER
- EXCESSO DE PODER
- DESVIO DE PODER
  - Desvio de poder específico
  - Desvio de poder genérico

5.6. CLASSIFICAÇÃO DOS ATOS ADMINISTRATIVOS

Toda classificação toma por base um critério diferenciador, que permite separar em grupos menores o objeto de estudo. Serão analisadas aquelas mais relevantes, que têm sido abordadas pelos diversos concursos públicos.

5.6.1. Atos de império e de gestão

O critério utilizado nesta classificação leva em consideração a **posição jurídica da Administração**, mais precisamente a existência ou não de **prerrogativas**.

Atos de império são os que evidenciam os poderes, as prerrogativas da Administração. Por meio deles o Estado manifesta a sua autoridade, impondo aos particulares determinadas situações. Exemplos: desapropriação, interdição de estabelecimento, embargo de obra etc.

Atos de gestão, por outro lado, constituem aqueles desprovidos de prerrogativas. Em seu exercício, a Administração está em condição de equivalência com o particular. Em geral, são os atos de administração dos bens e dos serviços públicos.

Releva destacar que esta classificação é criticada por alguns doutrinadores (Celso Antônio Bandeira de Mello e Maria Sylvia Zanella Di Pietro), "por ser imprecisa, inexata e haver perdido sua função primordial (excluir responsabilidade do Estado pela prática dos primeiros e admiti-la para os segundos)" (BANDEIRA DE MELLO, 2003, p. 392).

Ademais, dentro de tal classificação, alguns autores (Hely Lopes Meirelles) inserem os **atos de expediente**, representados pelos atos estatais de mera rotina interna. Prefere-se não incluí-los, na medida em que, pelo critério tomado, não diferem dos atos de gestão (ambos não detêm prerrogativas).

5.6.2. Atos simples, complexos e compostos

Esta classificação vale-se do critério da **formação** do ato.

Ato simples é o que decorre da manifestação de um único órgão. Advirta-se que esse órgão pode ser singular ou colegiado, de modo que é irrelevante o número de agentes que participam de sua formação. Assim, a nomeação de um Ministro pelo Presidente da República representa um ato simples expedido por um órgão unipessoal. O relatório de uma comissão processante é o exemplo de um ato simples produzido por órgão colegiado (tal comissão é integrada por três servidores).

Ato complexo constitui o ato que depende da manifestação de dois ou mais órgãos (singulares ou colegiados). Em virtude da conjugação de duas vontades homogêneas, detentoras de uma mesma finalidade, surge um único ato.

Exemplos: a expedição de um decreto, que é assinado pelo Presidente e referendado por Ministro (art. 87, parágrafo único, I, da CF); investidura de cargo de reitor de universidade pública (que exige a formação de lista tríplice e escolha pela chefia do Executivo); a concessão de aposentadoria (como vem entendendo o STF e o STJ).

O **ato composto** (ou **conjunto**), por sua vez, decorre da conjugação de dois atos, um principal e o outro acessório, cada qual produzido por órgão diverso (singular ou colegiado). De modo geral, o ato acessório consiste em uma aprovação, um parecer, uma homologação etc.

Exemplo: nomeação de Ministro do Supremo Tribunal Federal, antecedida por uma aprovação do Senado.

Importa não confundir o ato complexo e o ato composto. Naquele, somente se verifica a existência do ato após a conjugação das manifestações. Logo, somente um ato está envolvido. No ato composto, por outro lado, o ato principal já está formado, detendo autonomia, de modo que a função do ato acessório é a de lhe conferir eficácia. Dois são os atos integrantes, de acordo com as lições de Maria Sylvia Zanella Di Pietro (2009, p. 222) e José dos Santos Carvalho Filho (2008, p. 125-6).

Esquematicamente:

ATO SIMPLES
Órgão X → ato A

ATO COMPLEXO
Órgão X + órgão Y → ato A

ATO COMPOSTO
Órgão X → ato A (principal) + ato B (acessório) ← órgão Y ↓ Ato A eficaz

Ressalte-se que a última categoria vista (a dos atos compostos) não é abordada por alguns autores. Celso Antônio Bandeira de Mello somente trata dos atos simples e dos complexos (2003, p. 390-1). No mesmo sentido Diogenes Gasparini (2008, p. 83).

5.6.3. Atos gerais e individuais

Quanto aos **destinatários**, os atos administrativos podem ser gerais e individuais.

Atos gerais são os que atingem uma generalidade indeterminada de indivíduos, de modo que os seus destinatários não são precisamente identificáveis. Submetem-se a seus efeitos os particulares que se encontram na mesma situação referida pelo ato.

Deve-se atentar que os atos gerais não se resumem aos atos normativos expedidos pela Administração. Estes, além de atos gerais, são **abstratos**, porque a sua aplicação é reiterada, reproduzindo-se indefinidamente. Exemplo: um regulamento que disciplina a promoção de funcionários (cf. BANDEIRA DE MELLO, 2003, p. 388).

Ocorre que os atos podem ser gerais e **concretos**, ou seja, esgotam-se em uma única aplicação. É a hipótese de uma ordem para dissolução de passeata, da concessão de anistia aos servidores punidos com a sanção de advertência, do abono de faltas aos servidores em virtude de greve nos transportes coletivos (os exemplos são colhidos de Celso Antônio Bandeira de Mello e Diogenes Gasparini).

Já os destinatários dos **atos individuais** (ou **especiais**) são precisamente identificáveis e determinados. Observe-se bem. Não se quer dizer que o ato se dirige a uma única pessoa, já que os destinatários determinados podem ser vários indivíduos. Por isso, os atos individuais podem ser **singulares** (o destinatário é um único sujeito), como a demissão de um servidor, ou **plúrimos** (os destinatários são múltiplos sujeitos identificados), a exemplo da nomeação de todos os aprovados em um concurso.

5.6.4. Atos perfeitos, imperfeitos, pendentes e consumados

Classificação que toma como critério a **exequibilidade**, que significa a capacidade do ato para produzir efeitos.

Atos perfeitos são os que, por terem completado o seu ciclo de constituição, detêm aptidão para a produção de efeitos. Como bem salienta Maria Sylvia Zanella Di Pietro, **perfeição** e **validade** representam noções distintas (2009, p. 224). A primeira refere-se à formação do ato; a segunda, à conformidade do ato com a lei. Assim, um ato pode estar regularmente formado, produzindo efeitos, e, ao mesmo tempo, não ser válido.

Por sua vez, os **atos imperfeitos** constituem os que não completaram o seu ciclo de formação, motivo pelo qual não são exequíveis. Exemplo: um ato de demissão ainda não assinado pela autoridade competente.

Já os **atos pendentes** são os atos perfeitos que ainda não produzem efeitos, já que sujeitos a um termo ou a uma condição para tanto.

Por fim, os **atos consumados** (ou **exauridos**) são os que já esgotaram os seus efeitos. Daí se falar que são definitivos e imodificáveis, não podendo ser impugnados.

A configuração de tal classificação permite distinguir três planos referentes ao ato: o plano da perfeição (ou da existência), o plano da validade e o plano da eficácia. Releva notar que cada um deles detém certa autonomia, de modo que é possível a combinação entre eles.

Assim, de acordo com Celso Antônio Bandeira de Mello (2003, p. 356), um ato administrativo pode ser: 1) perfeito, válido e eficaz; 2) perfeito, inválido e eficaz; 3) perfeito, válido e ineficaz; 4) perfeito, inválido e ineficaz.

5.6.5. Atos restritivos e ampliativos de direitos

Quanto aos **resultados sobre a esfera jurídica dos administrados**, os atos podem ser ampliativos ou restritivos. Trata-se de uma classificação de grande utilidade proposta por Celso Antônio Bandeira de Mello, cada vez mais adotada pela doutrina e jurisprudência nacionais.

Atos ampliativos são os "que aumentam a esfera de ação jurídica do destinatário" (BANDEIRA DE MELLO, 2003, p. 389), no sentido de possibilitar aos particulares o exercício de certas atividades, o uso de determinados bens, a utilização ou prestação de serviços, entre outros. São representados pelas licenças, autorizações, admissões, concessões etc.

Já os **atos restritivos** representam os que "diminuem a esfera jurídica do destinatário ou lhe impõem novas obrigações, deveres ou ônus" (BANDEIRA DE MELLO, 2003, p. 389). Como se pode notar, sempre presente um gravame atribuído ao indivíduo. Constituem as penalidades aplicadas pela Administração, a extinção dos atos ampliativos.

5.6.6. Atos vinculados e discricionários

Atos vinculados (ou **atos regrados**) são aqueles em que a lei determina um único comportamento a ser tomado pela Administração, inexistindo qualquer margem de liberdade por parte do agente. Nesses atos, a conduta estatal é rigidamente fixada pela norma, de tal maneira que a atuação da autoridade está adstrita aos pressupostos estabelecidos (cf. MEIRELLES, 2001, p. 159).

Exemplifique-se com a aposentadoria compulsória por idade. Ao completar 70 anos de idade, o agente público deve ser aposentado, não remanescendo outra possibilidade à Administração. Também pode ser mencionada a licença para construir. Preenchidos os requisitos previstos na legislação respectiva, o Poder Público deve expedir o alvará de construção.

Daí se afirmar que, "diante de um poder vinculado, o particular tem um **direito subjetivo** de exigir da autoridade a edição de determinado ato, sob pena de, não o fazendo, sujeitar-se à correção judicial" (DI PIETRO, 2009, p. 212).

No âmbito dos **atos discricionários**, por sua vez, existe uma margem de liberdade de atuação do agente. A lei, nessa hipótese, não esgota a matéria regulada, deixando à autoridade a possibilidade de aferir as peculiaridades do caso concreto e, consequentemente, de escolher a melhor forma de atuação.

No âmbito do ato discricionário, existe o exercício de um **juízo de conveniência e oportunidade**, também conhecido como **mérito**.

Exemplo: a autorização para uso de bem público por particulares (que pretendem usar via pública para a realização de uma festividade) representa um ato discricionário, pois a Administração, com base na análise do caso particular, avaliará a conveniência e a oportunidade para referido uso (dia e horário do uso pretendido, objetivo da festividade, estipulação de condições ao uso etc.).

De acordo com Hely Lopes Meirelles, "a discricionariedade administrativa encontra fundamento e justificativa na complexidade e variedade dos problemas que o Poder Público tem que solucionar a cada passo e para os quais a lei, por mais casuística que fosse, não poderia prever todas as soluções, ou, pelo menos, a mais vantajosa para cada caso concreto" (2001, p. 160).

No tocante às hipóteses de sua aplicação, Maria Sylvia Zanella Di Pietro ensina que a discricionariedade pode ser localizada em diversos planos do ato administrativo, bem como da atuação estatal. Em primeiro lugar, existe discrição em relação ao momento da prática do ato. "Se a lei nada estabelece a respeito, a Administração escolhe o momento que lhe pareça mais adequado para atingir a consecução de determinado fim" (2009, p. 213). Em segundo lugar, a discricionariedade "diz respeito a uma escolha entre o agir e o não agir (...) realizada uma licitação, a Administração pode ter de optar entre a celebração do contrato ou a revogação da licitação, segundo razões de interesse público" (DI PIETRO, 2009, p. 214).

Salienta a mesma autora que a discricionariedade pode ser analisada em relação aos requisitos do ato administrativo (competência, objeto, forma, finalidade e motivo). Assim, no tocante à **competência**, "o ato é sempre vinculado; só pode praticá-lo aquele a quem a lei conferiu competência". Em relação à **finalidade**, "também existe vinculação e não discricionariedade", notadamente quanto ao sentido estrito da finalidade. No que diz respeito à **forma**, "os atos são em geral vinculados porque a lei previamente a define".

Já quanto ao requisito do **motivo**, cabível a existência de discricionariedade. De duas formas a discrição pode manifestar-se: 1) quando a lei não define o motivo, "deixando-o ao inteiro critério da Administração; é o que ocorre na exoneração *ex officio* do funcionário nomeado para cargo de provimento em comissão (exoneração *ad nutum*); não há qualquer motivo previsto na lei para justificar a prática do ato"; 2) quando a lei estabelece o motivo, mediante a utilização de conceitos jurídicos indeterminados, que são noções vagas, plurissignificativas; "é o que ocorre quando a lei manda punir o servidor que praticar 'falta grave' ou 'procedimento irregular', sem definir em que consistem" (cf. DI PIETRO, 2009, p. 215).

Por fim, em relação ao **objeto**, o ato será discricionário "quando houver vários objetos possíveis para atingir o mesmo fim", como "ocorre quando a lei diz que, para a mesma infração, a Administração pode punir o funcionário com as penas de suspensão ou multa" (DI PIETRO, 2009, p. 216).

No mesmo sentido encontra-se Hely Lopes Meirelles, com base na lição de Seabra Fagundes: "Enquanto ao praticar-se o ato administrativo vinculado a autoridade está presa à lei em todos os seus elementos (competência, motivo, objeto, finalidade e forma), no praticar o ato discricionário é livre (dentro de opções que a própria lei prevê) quanto à escolha dos motivos (oportunidade e conveniência) e do objeto (conteúdo). Porém, no que concerne à competência, à finalidade e à forma, o ato discricionário está tão sujeito aos textos legais como qualquer outro" (2001, p. 162).

Daí se afirmar que **a discricionariedade nunca é plena, pois determinados aspectos são sempre vinculados**.

Esquematicamente:

REQUISITOS	VINCULADO OU DISCRICIONÁRIO?
COMPETÊNCIA	Vinculado
OBJETO	Vinculado ou discricionário
FORMA	Vinculado
FINALIDADE	Vinculado
MOTIVO	Vinculado ou discricionário

5.6.6.1. Controle dos atos administrativos pelo Poder Judiciário

A utilidade na classificação entre atos vinculados e discricionários está relacionada com a forma pela qual o Poder Judiciário pode controlar os atos administrativos (cf. DI PIETRO, 2009, p. 217).

Assim, em primeiro lugar, em relação aos **atos vinculados, o controle é irrestrito e amplo**. Isso porque, na medida em que todos os requisitos do ato são vinculados (ou seja, precisamente definidos pela lei), cabível ao Judiciário apreciar a conformidade do ato, todo ele, com a norma. Em havendo desconformidade, o órgão judicial o invalidará.

Em segundo, no que diz respeito aos **atos discricionários**, "o controle judicial é possível, mas terá que respeitar a discricionariedade administrativa nos limites em que ela é assegurada à Administração Pública pela lei" (DI PIETRO, 2009, p. 217).

Como visto, a discricionariedade representa uma margem de liberdade conferida pela própria lei à Administração. A autoridade administrativa, e somente ela, é quem detém a atribuição de avaliar o caso concreto e de atuar em determinado sentido, de acordo com o seu juízo de conveniência e oportunidade. É vedado ao Judiciário substituir a figura do agente em tal avaliação, sob pena de violação ao princípio da separação entre os Poderes. "Daí por que não pode o Poder Judiciário invadir esse espaço reservado, pela lei, ao administrador, pois, caso contrário, estaria substituindo, por seus próprios critérios de escolha, a opção legítima feita pela autoridade competente" (DI PIETRO, 2009, p. 217).

Assim, incabível o controle, pelo Judiciário, do mérito do ato administrativo. Somente é possível o controle de legalidade.

Tomando-se como parâmetros de análise os requisitos do ato, verifica-se que o Judiciário pode controlar os seus requisitos vinculados (competência, forma e finalidade), sendo vedada a intervenção quanto aos requisitos que forem discricionários (motivo e objeto).

Cumpre observar, como bem salientou Maria Sylvia Zanella Di Pietro, que existe uma "forte tendência no sentido de limitar-se ainda mais a discricionariedade administrativa, de modo a ampliar-se o controle judicial" (2009, p. 218). Isso se verifica por várias formas.

A restrição da discricionariedade referente aos conceitos jurídicos indeterminados representa uma manifestação de tal tendência. "Alega-se que, quando a Administração emprega esse tipo de conceito, nem sempre existe discricionariedade; esta não existirá se houver elementos objetivos, extraídos da experiência, que permitam a sua delimitação, chegando-se a única solução diante do direito" (DI PIETRO, 2009, p. 218). Nessa hipótese, a discricionariedade dará lugar à interpretação.

Outro aspecto que acaba por limitar a discricionariedade é a aplicação dos princípios da Administração, notadamente dos **princípios da razoabilidade e da proporcionalidade**, de tal maneira que a atuação administrativa não pode, mesmo no âmbito da liberdade conferida pela lei, ir além do necessário do que exige o interesse público. Assim, a "aferição subjetiva tem que ser feita dentro do razoável, ou seja, em consonância com aquilo que, para o senso comum, seria aceitável perante a lei" (DI PIETRO, 2009, p. 218-219).

Também merece ser destacado o **princípio da moralidade**, relevante parâmetro da atuação administrativa. Desse modo, o Judiciário pode proceder ao controle dos atos que, "pelos padrões do homem comum, atentam manifestamente contra a moralidade" (DI PIETRO, 2003, p. 212).

Vale destacar a advertência formulada por Di Pietro: "Essa tendência que se observa na doutrina, de ampliar o alcance da apreciação do Poder Judiciário, não implica invasão na discricionariedade administrativa; o que se procura é colocar essa discricionariedade em seus devidos limites, para distingui-la da interpretação e impedir as arbitrariedades que a Administração Pública pratica sob o pretexto de agir discricionariamente" (2009, p. 219).

Resumo esquemático da classificação dos atos administrativos:

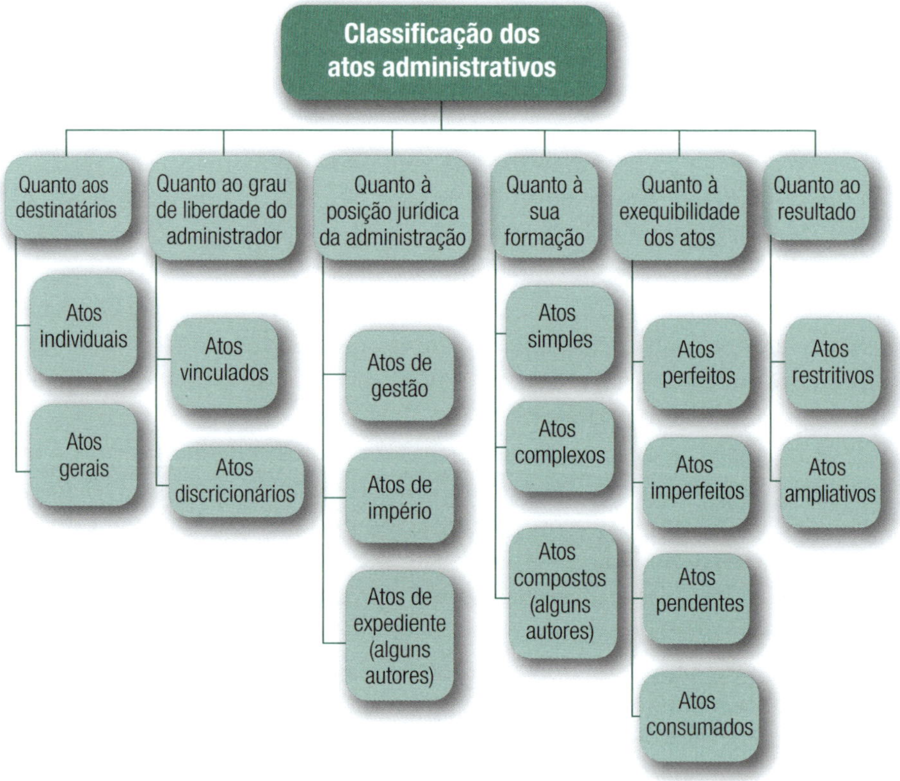

5.7. ATOS ADMINISTRATIVOS EM ESPÉCIE

Serão verificados neste tópico os principais atos administrativos em espécie, levando-se em conta o seu respectivo conteúdo, bem assim a forma que assumem.

5.7.1. Em relação ao conteúdo

5.7.1.1. Autorização

A **autorização** constitui um ato **discricionário** e **precário** pelo qual a Administração faculta ao particular o exercício de uma atividade ou o uso de um bem público, no **interesse preponderante do próprio administrado**. São exemplos a autorização de porte de arma, a autorização de uso de rua para realização de uma festa, a autorização para produção e comercialização de material bélico (art. 21, VI, da CF) ou de exploração de recursos naturais (art. 176 da CF).

Representa um ato discricionário, pois o Poder Público exerce um juízo de conveniência e oportunidade na apreciação feita pelo indivíduo interessado. No âmbito da autorização de uso de uma via pública para a realização de uma festividade, a Administração irá verificar se o dia e o horário do evento são convenientes, se o local é apropriado etc. Pode, até mesmo, impor ao particular algumas condições que achar oportunas objetivando, por exemplo, não atrapalhar o trânsito da região.

Por conta de tal característica, inexiste qualquer direito subjetivo à obtenção ou mesmo à continuidade da autorização (cf. MEIRELLES, 2001, p. 180). Daí se dizer que a autorização representa um **ato constitutivo**, porquanto cria uma situação jurídica ao administrado.

A precariedade da autorização significa que ela pode ser revogada a qualquer momento, **sem direito a indenização alguma pelo particular**.

Outrossim, trata-se de um ato que envolve o interesse preponderante do particular, do que decorre a **faculdade de seu exercício**. Assim, o indivíduo a quem foi autorizado o porte de uma arma não é obrigado a carregá-la.

5.7.1.2. Permissão

A **permissão** é um ato **discricionário** e **precário** pelo qual a Administração faculta ao particular a prestação de um serviço público ou a utilização de um bem público. É o caso de uma permissão de uso de calçada para a instalação de uma banca de jornal.

Muito embora assemelhada à autorização, tais atos não se confundem. Enquanto a autorização é expedida no interesse predominante do particular, na permissão observa-se uma **forte carga de interesse público** envolvido. Consequência disso é a assunção, pelo administrado, de uma obrigação pelo seu exercício, sob pena de cassação do ato.

A nota da precariedade permite a revogação a qualquer momento, sem direito a indenização.

Ocorre que a Administração pode fixar prazo ou condições mais restritivas no âmbito de tal ato, o que é denominado **permissão qualificada** (ou **condicionada**). Nessa hipótese, muito embora seja possível a revogação, é cabível a indenização ao particular.

Vale ressaltar que a permissão, na hipótese específica de prestação de serviços públicos, assume algumas peculiaridades. Em primeiro lugar, em virtude da redação do art. 175, parágrafo único, I, da CF, bem como do art. 40 da Lei n. 8.987/95 (Lei Geral de Concessões), verifica-se que a permissão é considerada um verdadeiro contrato administrativo, e não um ato. Em segundo lugar, na medida em que tais normas exigem prévia licitação, alguns autores passaram a entender que a permissão constitui, nesses casos, ato vinculado (cf. Diogenes Gasparini e Celso Antônio Bandeira de Mello).

5.7.1.3. Licença

Licença representa o ato administrativo **vinculado** por meio do qual a Administração faculta ao particular o exercício de determinada atividade. Exemplos: a licença para dirigir veículo automotor, a licença para construir, entre outros.

Advirta-se que, no caso de o administrado preencher os requisitos legais, possui ele o **direito subjetivo** de ver expedida a licença. Não há possibilidade de recusa pelo Poder Público, que se limita a reconhecer e declarar um direito existente. Caracteriza-se, dessa forma, como um **ato declaratório**.

Advertência: existem alguns atos que, muito embora sejam denominados textualmente na lei "licenças", são na verdade autorizações. É o caso da "licença para tratar de interesses particulares" (art. 91 da Lei n. 8.112/90), que representa um ato discricionário (autorização) e não um ato vinculado (licença). É a conclusão que se extrai do próprio conteúdo do dispositivo referido: "A critério da Administração, poderão ser concedidas (...) licenças para o trato de assuntos particulares".

5.7.1.4. Admissão

Admissão é o ato **vinculado** por meio do qual a Administração confere ao particular o direito de usufruir determinado serviço público. É o que ocorre na admissão das escolas e hospitais públicos.

Constitui um ato vinculado, na medida em que, preenchidos os requisitos legais para a outorga do serviço, o administrado passa a ter o direito de obter o benefício. Por exemplo, para a admissão em uma universidade pública, o sujeito precisa preencher certos requisitos, como a escolaridade mínima e a aprovação em um vestibular. Caso os satisfaça, passa a deter o direito de ser admitido na instituição.

5.7.1.5. Aprovação

Representa um ato **discricionário** pelo qual é exercido o controle prévio ou posterior de um ato administrativo. A nomeação pelo Presidente da República de um Ministro do Supremo Tribunal Federal é antecedida por aprovação pelo Senado Federal (art. 101, parágrafo único, da CF). O mesmo se dá em relação ao provimento do Procurador-Geral da República, que igualmente merece aprovação pelo Senado (art. 52, III, *e*, da CF).

5.7.1.6. Homologação

A **homologação** é ato administrativo **vinculado** pelo qual a Administração exerce o controle de legalidade de um ato prévio.

Serve de exemplo a homologação que ocorre no âmbito do processo licitatório. Constatada a conformidade legal do procedimento, a autoridade competente é obrigada a homologar. Nesse sentido é que se afirma ser um ato vinculado.

Observe-se que o controle se restringe aos aspectos de legalidade, sendo vedada qualquer interferência quanto ao mérito do ato controlado.

5.7.1.7. Parecer

Ato administrativo por meio do qual um órgão consultivo emite uma **opinião técnica** sobre determinado assunto.

A doutrina costuma fazer a distinção entre três tipos de pareceres, classificação esta acolhida pelo Supremo Tribunal Federal (cf. MS 24.631-6, rel. Min. Joaquim Barbosa, j. em setembro de 2007). São eles:

a) parecer **facultativo**: como o próprio nome indica, é aquele cuja expedição não é cogente, podendo a autoridade competente requerê-la se achar conveniente;

b) parecer **obrigatório**: a sua emissão deve ser solicitada pelo agente, nos casos em que a lei assim determinar. Cumpre notar que a opinião expedida em tal parecer não vincula a decisão final da autoridade competente, servindo-lhe tão somente como subsídio. Como bem assinala Di Pietro (2009, p. 230), a "obrigatoriedade diz respeito à solicitação do parecer", somente;

c) parecer **vinculante**: aquele cujas conclusões devem ser acatadas pela autoridade competente para decidir. Di Pietro cita um exemplo: "Para conceder aposentaria por invalidez, a Administração tem que ouvir o órgão médico oficial e não pode decidir em desconformidade com a sua decisão" (2009, p. 230). Da mesma forma, devem ser precedidas de análise e aprovação pela assessoria jurídica da Administração as minutas de editais licitatórios e de contratos administrativos (art. 38, parágrafo único, da Lei n. 8.666/93), o que representa "hipótese em que o parecer é obrigatório e vinculante" (DI PIETRO, 2009, p. 232).

5.7.2. Quanto à forma

5.7.2.1. Decreto

Decreto é a forma assumida pelos **atos que são expedidos pelo Chefe do Executivo** (Presidente da República, Governadores e Prefeitos). Convém notar que tais atos tanto podem ser individuais (decreto de demissão de determinado servidor) quanto gerais (decreto regulamentar).

5.7.2.2. Resolução e portaria

Os atos (individuais e gerais) emanados de **outras autoridades, que não o Chefe do Executivo**, revestem a forma de resoluções e portarias.

Por exemplo, o Código de Organização Administrativa do Estado de Sergipe (Lei Complementar estadual n. 33/96) atribui aos órgãos colegiados a competência para expedir resoluções. Aos secretários e aos diretores gerais, entre outros, cabe o estabelecimento de portarias.

Já no Estado de São Paulo, os secretários de Estado expedem resoluções e as demais autoridades, até o nível de diretor de serviços, emitem portarias (cf. Lei estadual n. 10.177/98).

Como se vê, trata-se de matéria de competência privativa de cada entidade política.

5.7.2.3. Circular

A circular representa ato pelo qual se veiculam ordens internas no âmbito da estrutura administrativa.

5.7.2.4. Despacho

Despacho é a forma assumida pelas decisões exaradas pelas diversas autoridades, acerca de assuntos submetidos a seu exame.

5.7.2.5. Alvará

Alvará constitui a forma por meio da qual são concedidas as licenças e as autorizações.

Relevante, portanto, não confundir as noções. O alvará representa a forma do ato. As licenças e as autorizações, o seu conteúdo.

Resumo esquemático acerca das espécies dos atos administrativos:

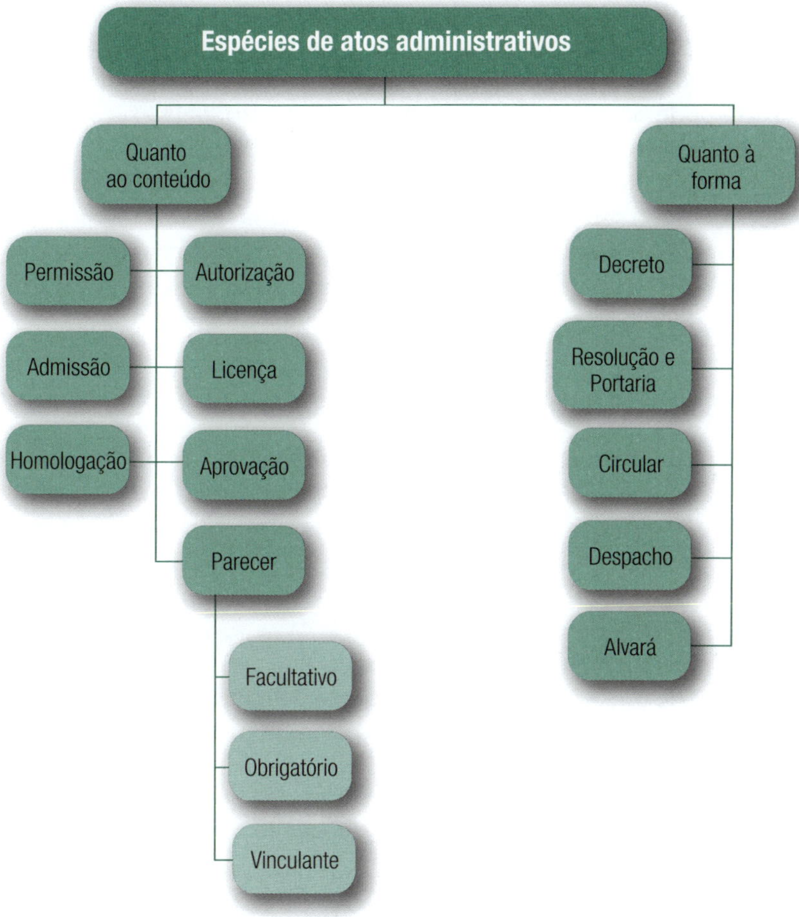

5.8. EXTINÇÃO DOS ATOS ADMINISTRATIVOS

Da mesma forma que todo ato jurídico, o ato administrativo possui o seu momento de criação, bem como o de extinção. Ocorre que diversos são os motivos que ensejam o desaparecimento jurídico do ato administrativo, motivo pelo qual a análise deste tópico exige um estudo específico em relação às diversas modalidades de extinção. É o que será feito a seguir. Desde já, convém salientar que as espécies mais exploradas em concursos públicos são as duas últimas, a **revogação** e a **invalidação**, às quais será dispensado um estudo mais aprofundado.

5.8.1. Cumprimento de seus efeitos

O ato administrativo é expedido com o objetivo de produzir os efeitos que lhe são típicos. Uma vez criado o ato, e com a produção de seus efeitos, dá-se, de maneira automática, a sua extinção. De acordo com Diogenes Gasparini, pode ocorrer pelo esgotamento do prazo, pela execução material do ato ou pelo atendimento de seu objetivo (2008, p. 101).

Exemplo: o ato administrativo de concessão de férias por trinta dias extingue-se com o seu gozo pelo prazo assinalado.

Cumpre notar que tal modalidade independe de um ato posterior que promova ou declare a extinção. Esta se verifica com o simples cumprimento dos seus efeitos.

5.8.2. Desaparecimento do sujeito ou do objeto

Por questão de ordem lógica, o desaparecimento do sujeito do ato administrativo ou mesmo do objeto sobre o qual recai são causas de sua extinção. São os exemplos, respectivamente, da morte de uma pessoa que foi nomeada e da ruína de um prédio objeto de expropriação.

5.8.3. Contraposição

Extinção de um ato, pela prática de outro cujos efeitos são contrapostos àquele. É o que se dá com a exoneração, que extingue o ato de nomeação.

5.8.4. Caducidade

Também denominada **decaimento**. Modalidade de extinção, em virtude de superveniência de norma que não considera legal determinada situação referida por um ato prévio. Diogenes Gasparini (2008, p. 103) dá os seguintes exemplos: extinção de uma licença para dirigir outorgada a menor, por conta de lei que não mais permite tal atividade a pessoas com tal idade; retirada de licença para construir em razão de desconformidade advinda da alteração da legislação edilícia.

Cuidado! O termo **caducidade** é equívoco, ou seja, **detém diversas significações**. Além do sentido ora exposto, também significa modalidade de extinção de contrato de concessão de serviço público (nos termos da Lei federal n. 8.987/95, art. 35, III). Nesse caso, representa a extinção do contrato, promovida unilateralmente pela Administração, em virtude de inadimplemento pela concessionária (ver capítulo 10 – Serviços públicos).

Esquematicamente:

Caducidade	Extinção do **ato administrativo** = alteração normativa superveniente
	Extinção do **contrato de concessão** = inadimplemento da concessionária

5.8.5. Cassação

Extinção promovida pela Administração sobre um ato administrativo que beneficia particular, em virtude do não cumprimento por este de condições estabelecidas. Trata-se, como se vê, de uma consequência negativa sobre administrado que não obedece a algumas obrigações impostas por ato público.

Exemplos: cassação de licença de funcionamento de um hotel que se converteu em casa de tolerância (BANDEIRA DE MELLO, 2003, p. 408), extinção de uma autorização para retirada de água de um rio em virtude de seu uso inadequado (GASPARINI, 2008, p. 103).

5.8.6. Revogação

Trata-se de uma das modalidades de extinção mais relevantes para concursos públicos.

A revogação consiste na **extinção de um ato válido em razão de sua inconveniência e inoportunidade**. Está relacionada com o **mérito administrativo**, motivo pelo qual a ela se procede com base no exercício de uma competência discricionária.

Um exemplo: a Administração expede um ato de permissão do uso de logradouro público para a instalação de uma banca de jornal. Ocorre que, passado algum tempo, em virtude do aumento de pedestres na região, o Poder Público reavalia a conveniência da manutenção da banca de jornal no local e, em virtude do interesse público, decide extinguir a referida permissão. O instrumento para tanto é a revogação.

Releva assinalar que a revogação recai sobre um ato válido. Por conta disso, seu efeito é *ex nunc*, ou seja, não retroage. Somente a partir da extinção propriamente dita é que o ato revogado deixa de produzir efeito.

A revogação pode ser realizada pela **Administração**, em virtude do seu **poder de autotutela** (Súmula 473, do STF). Uma observação. Alguns autores lecionam que é vedado ao Judiciário revogar um ato administrativo. No entanto, tal afirmação deve ser considerada com extrema cautela. É certo que o Judiciário não pode revogar os atos expedidos pelo Poder Executivo. Isso porque a revogação é uma extinção que não leva em conta a legalidade do ato. Ela se dá, como visto, em virtude do mérito, sendo exercida de maneira discricionária. Ora, ao Judiciário proíbe-se intervir na discricionariedade administrativa sob pena de violação do princípio de separação entre os Poderes.

Apesar de tais considerações, **o Judiciário pode revogar os atos administrativos emanados dos próprios órgãos judiciais.** A propósito, vale lembrar que todos os Poderes (Executivo, Legislativo e Judiciário) exercem função administrativa (p. ex., quando procedem a concurso público ou na realização de licitação etc.), motivo pelo qual cada um pode revogar os próprios atos. Dessa forma, a melhor lição é a de Celso Antônio Bandeira de Mello, para quem "Legislativo e Judiciário praticam revogação administrativa apenas quando, excepcionalmente, estejam no exercício de função administrativa, atípicas em relação às suas próprias funções normais. Neste caso, podem revogar seus respectivos atos administrativos" (2003, p. 410-1).

Tem competência para proceder à revogação, salvo disposição legal diversa, o agente que expediu o ato, bem como o seu superior hierárquico.

Não existe prazo para proceder à revogação. Ela pode dar-se a qualquer momento, desde que o ato esteja em vigor.

Em geral, a revogação não confere direito à indenização, porquanto o particular não detém direito à manutenção do ato administrativo.

Não são todos os atos administrativos que admitem revogação. Alguns são **irrevogáveis.**

É o caso dos atos vinculados, cuja noção é antagônica à de discricionariedade. Daí se afirmar que a marca dos atos vinculados é a definitividade.

No entanto, cabe ponderar que se admite a extinção de ato vinculado em razão do interesse público. Tal hipótese, contudo, não representa uma revogação, e sim uma expropriação de direito, do que resulta a necessidade de indenização.

Também são irrevogáveis os atos que geram direito adquirido, assim também os atos que já esgotaram os seus efeitos (ato consumado), já que não haveria sentido em revogar algo que já não produz efeitos. Igualmente podem ser mencionados os atos que integram um processo administrativo, uma vez que sobre eles se opera o instituto da preclusão.

5.8.7. Invalidação

Em tópico anterior, foi visto que o ato administrativo pode apresentar vícios, isto é, desconformidades em relação à lei. Na medida em que se vive em um Estado de Direito, um ato que assume tal compostura deve ser repelido pelo ordenamento jurídico, de tal sorte que cabível sua extinção, por meio da invalidação (também denominada anulação).

Assim, invalidação é a **extinção de um ato administrativo em virtude de sua ilegalidade**.

Consequentemente, o objeto da invalidação é um ato administrativo ilegal, viciado.

Titular da invalidação (o sujeito que pode fazê-lo) é a **Administração Pública**, por provocação ou de ofício. Trata-se do **princípio da autotutela**, por meio do qual a Administração pode revogar e anular os próprios atos (Súmula 473 do STF).

Igualmente pode anular os atos administrativos o **Judiciário**, já que uma de suas funções é o controle de legalidade dos atos jurídicos em geral. Atente-se que os órgãos judiciais somente podem proceder à invalidação por provocação (e nunca *ex officio*).

Tal modalidade de extinção detém **efeitos *ex tunc*** (retroage), retirando os efeitos do ato viciado desde o início da desconformidade. Trata-se de corolário natural do princípio da legalidade, na medida em que não pode produzir efeitos aquilo que contraria o ordenamento jurídico. No entanto, existem algumas situações em que o ato viciado, mesmo quando objeto de invalidação, produz efeitos. São duas as **exceções**.

A primeira diz respeito a **terceiros de boa-fé**, em relação aos quais não se afastam os efeitos do ato ilegal objeto de anulação. Da contraposição entre o princípio da legalidade e os princípios da boa-fé (princípio da proteção à confiança), da aparência e da segurança jurídica, o ordenamento prestigia estes últimos. Daí a preservação dos efeitos no tocante ao particular. Imagine-se a hipótese de uma autorização de uso de recursos hídricos realizada por um funcionário irregularmente investido (situação conhecida como agente de fato). Em relação ao particular, beneficiário de boa-fé, o ato de autorização detém plenos efeitos, ainda que referido ato seja dado como inválido, haja vista o vício de competência.

A segunda exceção refere-se à **execução pelo particular de atos ilegais**. É o caso da prestação de determinado serviço decorrente de um contrato viciado. O fato de esse ato bilateral ser invalidado não afasta a necessidade de indenização do contratado. É o que impõe o princípio que veda o enriquecimento sem causa. Evidentemente, adiciona-se o requisito da boa-fé do particular, que não pode ter contribuído para o vício.

Além das classificações vistas em item anterior, remanesce mais uma, cuja análise será feita no presente item, já que toma como critério os vícios do ato. De acordo com tal classificação, os atos administrativos podem ser:

a) **Atos inexistentes** – são os que não completaram seu ciclo de formação, por estarem desprovidos de seus requisitos de constituição. Exemplo: um decreto sem nenhum conteúdo.

Também são mencionados como inseridos na categoria dos atos inexistentes os atos que veiculam condutas criminosas, a exemplo da ordem de tortura dirigida a um carcereiro. Encontram-se tais atos "fora do possível jurídico e radicalmente vedados pelo Direito" (BANDEIRA DE MELLO, 2003, p. 426).

b) **Atos anuláveis** – são os que apresentam vícios passíveis de convalidação, de tal forma que a desconformidade deixa de existir.

A **convalidação** (ou **saneamento**) representa a supressão do vício do ato administrativo. Detém eficácia *ex tunc*, ou seja, retroage.

Imagine-se a hipótese de uma nomeação realizada por autoridade incompetente. Diante de tal vício (no requisito da competência), o ordenamento jurídico admite a sua convalidação, bastando que a autoridade com atribuição para tanto ratifique (confirme) a nomeação realizada.

c) **Atos nulos** – assim se consideram os atos cujos vícios são de tal ordem que não admitem convalidação. Incabível, portanto, ajustá-los ao ordenamento jurídico, motivo pelo qual devem ser invalidados, como regra.

d) **Atos irregulares** – consistem em atos cujos vícios são tão irrelevantes que não merecem nenhuma reprimenda jurídica. Exemplos: erros de grafia, indicação errônea do ano de publicação de uma lei (ZANCANER, 1993, p. 91). Para Celso Antônio Bandeira de Mello, não integram a categoria dos atos inválidos, uma vez que diminutas as desconformidades verificadas. Assim, não devem ser invalidados nem precisam ser convalidados.

Releva salientar que essa classificação não é objeto de unanimidade no âmbito doutrinário. Hely Lopes Meirelles, por exemplo, não admite a distinção entre atos nulos e anuláveis. Ou o ato é viciado, ou não o é. Caso haja uma desconformidade, representa um ato nulo. Irrelevante o grau do vício observado. Tal entendimento fundamenta a chamada **teoria monista**.

No entanto, vem prevalecendo a **teoria dualista**, que diferencia os atos nulos e os anuláveis. A própria legislação sinaliza nesse sentido, como se pode observar pela Lei federal n. 9.784/99, que prevê a figura da convalidação em seu art. 55 ("Em decisão na qual se evidencie não acarretarem lesão ao interesse público nem prejuízo a terceiros, os atos que apresentarem defeitos sanáveis poderão ser **convalidados** pela própria Administração").

No mesmo sentido a Lei paulista n. 10.177/98 (art. 10, III). Mais expressa ainda é a Lei Complementar sergipana n. 33/96 (o seu art. 76 dispõe sobre "ato nulo"; já o art. 77, sobre o "ato anulável").

Observe-se que tal caracterização foi tomada do direito privado, que igualmente procede à diferenciação entre atos nulos e anuláveis.

Com base em tal classificação, surge o questionamento: como proceder à identificação dos atos nulos e anuláveis?

Para tanto, imprescindível a localização do vício do ato administrativo, tomando-se como parâmetros os seus respectivos requisitos. É o que ensina Maria Sylvia Zanella Di Pietro (2009, p. 247), *in verbis*:

a) "Quanto ao **sujeito**, se o ato for praticado com vício de incompetência, admite-se a convalidação, que nesse caso recebe o nome de ratificação, desde que não se trate de competência outorgada com exclusividade."

b) "Em relação à **forma**, a convalidação é possível se ela não for essencial à validade do ato."

c) "Quanto ao **motivo** e à **finalidade**, nunca é possível a convalidação."

d) "O **objeto** ou **conteúdo** ilegal não pode ser objeto de convalidação."

Esquematicamente:

REQUISITOS	CABIMENTO DE CONVALIDAÇÃO
COMPETÊNCIA	Cabível convalidação, desde que a competência não seja exclusiva.
OBJETO	Incabível convalidação.
FORMA	Cabível convalidação, desde que a forma não seja essencial.
FINALIDADE	Incabível convalidação.
MOTIVO	Incabível convalidação.

Esquema geral acerca da extinção dos atos administrativos:

5.8.7.1. Dever de invalidar e os seus limites

Traçados os contornos gerais da invalidação, cabível analisar alguns aspectos atinentes ao seu exercício. Com base nisso, serão colocados os seguintes questionamentos:

a) A invalidação representa o exercício de uma competência vinculada ou discricionária?

Em outras palavras, observada desconformidade em um dado ato administrativo, a Administração é obrigada a invalidá-lo?

A resposta irá depender do tipo de ato considerado.

Caso se esteja diante de um ato nulo (que não admite convalidação), a Administração é obrigada a invalidá-lo. A explicação é simples. Impõe tal dever o princípio da legalidade, que não admite a existência de atos contrários ao ordenamento jurídico. Assim, a competência para invalidar, em casos tais, representa um ato vinculado, inexistindo margem de liberdade de atuação no sentido de se abdicar da extinção.

Já no tocante aos atos anuláveis que não geram lesão a interesse público ou a terceiros, pende controvérsia no âmbito da doutrina. O dissenso parte da constatação de que o ato anulável poderia, em tese, tanto ser invalidado quanto ser objeto de convalidação.

De uma parte, colocam-se os autores que defendem existir uma competência discricionária em tal situação, de tal forma que a autoridade escolheria qual a solução mais conveniente e oportuna: invalidar ou convalidar. Em ambos os casos, a legalidade estaria atendida. É o que entende Edmir Netto de Araújo.

De outra parte, encontram-se os juristas que entendem inexistir qualquer discricionariedade. A Administração, diante de um ato anulável, seria obrigada a convalidar. É a tese defendida inicialmente por Weida Zancaner e posteriormente acatada por Maria Sylvia Zanella Di Pietro e Celso Antônio Bandeira de Mello, entre outros.

Os argumentos suscitados por tais autores merecem breve exposição.

A invalidação de atos anuláveis rende homenagem tão somente ao princípio da legalidade, pelos motivos acima expostos. Ocorre que a convalidação de tais atos prestigia, além da legalidade, outros princípios caros ao Estado de Direito, quais sejam, o princípio da segurança jurídica (em prol da estabilidade das relações jurídicas) e o princípio da boa-fé (para evitar gravames ao particular nessa condição). Da comparação entre a invalidação e a convalidação, fácil concluir que esta última socorre um número maior de princípios, motivo pelo qual se torna mais "vantajosa" e, consequentemente, obrigatória.

A única exceção colocada pelos autores adeptos deste segundo entendimento refere-se ao ato discricionário praticado por autoridade incompetente. Com efeito, nesse caso, a autoridade competente não é obrigada a convalidar, podendo escolher a via da invalidação. "A razão é simples. Sendo discricionário o conteúdo do ato, quem não o praticou não poderia ficar compelido a praticá-lo com fins de convalidação" (BANDEIRA DE MELLO, 2003, p. 434).

A Lei federal n. 9.784/99 aponta para a primeira corrente, já que o seu art. 55 dispõe que "os atos que apresentarem defeitos sanáveis **poderão ser convalidados** pela própria Administração". Porém, os autores da segunda posição apontam a inconstitucionalidade de tal dispositivo (cf. BANDEIRA DE MELLO, 2003, p. 433).

Por sua vez, a Lei paulista n. 10.177/98 sinaliza a segunda posição. Embora o seu art. 11 contenha redação semelhante ao art. 55 da referida lei federal, preconiza o seu art. 10 que a Administração anulará seus atos inválidos, salvo quando forem passíveis de convalidação (inciso III).

Consigne-se que a solução é diversa no caso dos atos anuláveis que geram lesão a interesse público ou a terceiros. Em tal situação, em função da lesividade envolvida, a invalidação é de rigor.

b) A invalidação apresenta limites?

Apesar de representar, como regra, um dever imposto à Administração, a invalidação pode deparar-se com obstáculos que a inviabilizem. São os casos de **renúncia** a tal forma de extinção. A doutrina também denomina essa circunstância **manutenção** ou **confirmação**.

Duas são as formas de manutenção do ato viciado.

Em primeiro lugar, em razão da **prescrição administrativa**, corolário do princípio da segurança jurídica. O decurso do tempo produz uma estabilidade das relações jurídicas, o que pode gerar o direito à manutenção de uma situação.

E qual o prazo disposto à Administração para invalidar os próprios atos?

A resposta depende da legislação de cada Administração (federal, estadual, distrital e municipal). No âmbito da União, a Lei federal n. 9.784/99 estipula um prazo de cinco anos, salvo quando houver má-fé (art. 54, *caput*). No Estado do Rio de Janeiro, o prazo igualmente é de cinco anos (Lei estadual n. 3.870/2002). Já em São Paulo, a Lei estadual n. 10.177/98 impõe o prazo de dez anos (art. 10, I).

Na ausência de lei que discipline tal prazo, prevalece o entendimento de que se aplica o Decreto federal n. 20.910/32 (norma que dispõe sobre a prescrição das ações do particular em face do Poder Público), que prevê o prazo de cinco anos.

Por fim, frise-se que tais prazos detidos pela Administração no exercício da autotutela invalidatória são **decadenciais** e não prescricionais (cf. Celso Antônio Bandeira de Mello, Hely Lopes Meirelles e José dos Santos Carvalho Filho).

Em segundo lugar, obsta à invalidação a aplicação da chamada **teoria do fato consumado** (ou consumação do estado de fato), verificada quando o prejuízo decorrente da anulação for maior do que a manutenção do ato viciado. No caso, a conservação dos efeitos do ato atende de maneira mais acentuada ao interesse público, comparativamente com a sua extinção. Apesar de essa teoria ser acolhida por alguns autores, a jurisprudência do Supremo Tribunal Federal expressamente a repele (ver RMS-AgRg 23.544, *DJ* de 21-6-2002; RMS 23.692, *DJ* de 16-11-2001; RE-AgRg 476.783, publ. em 21-11-2008).

Esquematização acerca das diferenças entre revogação e invalidação:

	REVOGAÇÃO	INVALIDAÇÃO
MOTIVO	Mérito	Ilegalidade do ato
OBJETO	Ato válido	Ato viciado
TITULAR	Administração Obs.: Judiciário pode revogar os próprios atos	Administração e Judiciário
EFEITOS	*Ex nunc*	*Ex tunc* Obs.: há limites ao efeito retroativo (princípio da boa-fé e da segurança jurídica)
PRAZO	Imprescritível (enquanto o ato estiver produzindo efeitos)	Esfera federal: cinco anos

5.9. JURISPRUDÊNCIA DESTACADA DOS TRIBUNAIS SUPERIORES

5.9.1. Súmulas 346 e 473 do STF

• 346: "A Administração Pública pode declarar a nulidade dos seus próprios atos".

• 473: "A Administração pode anular seus próprios atos quando eivados de vícios que os tornam ilegais, porque deles não se originam direitos; ou revogá-los, por motivo de conveniência ou oportunidade, respeitados os direitos adquiridos e ressalvada, em todos os casos, a apreciação judicial".

Tais enunciados do Supremo Tribunal Federal evidenciam relevante princípio da Administração Pública, o **princípio da autotutela**: ao Poder Público se impõe o dever de anular os próprios atos (quando apresentarem vícios) e o poder de revogá-los (por motivos de inconveniência e inoportunidade).

5.9.2. Presunção de legitimidade e veracidade e inversão do ônus da prova

Como visto acima, verifica-se relevante divergência, sobretudo doutrinária, acerca da inversão decorrente da presunção de legitimidade e veracidade dos atos administrativos. Alguns entendem que o efeito da presunção é a inversão do ônus da prova; para outros, somente há uma inversão do ônus de agir.

O Superior Tribunal de Justiça, em reiteradas decisões, vem adotando o entendimento tradicional, ou seja, trata-se de uma inversão do ônus da prova.

"Os atos administrativos gozam de presunção de legalidade que, para ser afastada, necessita de prova cabal da deformação do ato" (STJ, ED no MS 11.870-DF, rel. Min. Eliana Calmon, *DJ* de 12-2-2007).

"A presunção de legitimidade do ato administrativo incumbe ao ocupante o ônus da prova de que o imóvel não se situa em área de terreno de marinha" (REsp 798.165-ES, rel. Min. Luiz Fux, *DJ* de 31-5-2007).

Ressalte-se, no entanto, a existência de decisões que relativizam a rigidez de tal interpretação. Foi o que se deu no julgamento do Recurso Especial n. 493.881, no qual restou assentado:

"Na hipótese dos autos, o vício é antecedente à inscrição da dívida, porquanto não existe prova da notificação do lançamento, que constitui ato de importância fundamental para configurar a obrigação tributária. Ademais, caberia à Fazenda municipal o ônus da prova, visto que fica em seu poder o procedimento administrativo" (REsp 493.881-MG, rel. Min. Eliana Calmon, j. em novembro de 2003, v.u., *Informativo do STJ*, n. 192).

Questões

1. **(Auditor da Receita Federal – 2003 – ESAF) O denominado poder extroverso do Estado ampara o seguinte atributo do ato administrativo:**
   a) imperatividade.
   b) presunção de legitimidade.
   c) exigibilidade.
   d) tipicidade.
   e) executoriedade.

2. **(Procurador do Estado do Maranhão – 2003) Determinada lei prevê que autoridade do Poder Executivo possa editar, discricionariamente, certos atos administrativos, impondo-os a terceiros independentemente da concordância destes últimos. Prevê ainda que tais atos possam ser postos em execução pela própria Administração, sem necessidade de intervenção do Poder Judiciário. Essa lei exprime, respectivamente, a:**
   a) autoexecutoriedade e a autotutela dos atos administrativos, mas contém impropriedade, pois tais atributos não se aplicam a atos discricionários.
   b) autotutela e a autoexecutoriedade dos atos administrativos, atributos aplicáveis tanto a atos discricionários como a vinculados.
   c) imperatividade e a autotutela dos atos administrativos, mas contém impropriedade, pois tais atributos não se aplicam a atos discricionários.
   d) imperatividade e a autoexecutoriedade dos atos administrativos, atributos aplicáveis tanto a atos discricionários como vinculados.
   e) autotutela e imperatividade dos atos administrativos, mas contém impropriedade, pois tais atributos não se aplicam a atos discricionários.

3. **(Atividade Notarial e de Registro do Espírito Santo – 2007) Entre os requisitos do ato administrativo é correto apontar:**
   a) veracidade, exigibilidade, motivo, forma e objeto.
   b) competência, legitimidade, imperatividade, exigibilidade e motivo.
   c) forma, finalidade, presunção de legitimidade, exigibilidade e autoexecutoriedade.
   d) competência, finalidade, forma, motivo e objeto.
   e) forma, motivo, objeto, presunção de legitimidade e autoexecutoriedade.

4. **(Analista Judiciário do TRT da 19ª Região – 2003) É matéria que se encontra excluída da regra geral de autoexecutoriedade dos atos administrativos a:**
   a) cobrança da dívida ativa da União, Estados ou Municípios.
   b) tomada de medidas preventivas de polícia administrativa.
   c) aplicação de multas pelo descumprimento de posturas edilícias.
   d) demissão de servidor público estável.
   e) aplicação de sanções pela inexecução de contratos administrativos.

5. **(Defensor Público da União – CESPE – 2004) Julgue os itens a seguir, com referência ao ato administrativo:**
   I. Há na doutrina quem aponte como atributos do ato administrativo, entre outros, a exigibilidade e a executoriedade (também chamada de autoexecutoriedade). Contudo, segundo a própria doutrina, ambas significam o mesmo, isto é, a capacidade de a Administração Pública, por si mesma, compelir materialmente o administrado à execução do ato.
   II. A anulação e a revogação do ato administrativo não são as únicas causas possíveis para a extinção dele. A realização total dos efeitos do ato, o implemento de condição resolutiva e o desaparecimento do sujeito ou do objeto do ato também o são.

6. **(Analista do TRT da 2ª Região/SP – 2004) Entre outros, são considerados atributos e requisitos dos atos administrativos, respectivamente, a:**
   a) presunção da veracidade e a finalidade; e o objeto e a imperatividade.
   b) imperatividade e o sujeito; e o motivo e a competência.
   c) competência e a autoexecutoriedade; e a forma e a presunção da legitimidade.
   d) tipicidade e a presunção de veracidade; e a finalidade e o objeto.
   e) exigibilidade e o motivo; e o sujeito e a tipicidade.

7. **(Magistratura do Trabalho – 15ª Região/Campinas – 2005) Entre as alternativas abaixo, assinale qual delas expressa um dos atributos próprios do ato administrativo:**
   a) presunção de legitimidade.
   b) moralidade.
   c) publicidade.
   d) imparcialidade.
   e) universalidade.

8. **(Magistratura do Trabalho – 15ª Região/Campinas – 2006) O atributo pelo qual os atos administrativos se impõem a terceiros, independentemente de sua concordância, é denominado de:**
   a) eficácia.
   b) imperatividade.
   c) autoexecutoriedade.
   d) exequibilidade.
   e) presunção de legitimidade.

9. **(Defensor Público do Estado do Maranhão – 2003) Dois atos administrativos foram praticados com vícios. O primeiro não continha motivação, em que pese fosse legalmente exigida. O segundo foi praticado tendo seu agente visado a fim diverso daquele previsto, explícita ou implicitamente, na regra de competência. Os vícios acima caracterizados, conforme definição do Direito brasileiro, são, respectivamente:**
   a) ilegalidade de objeto e vício de forma.
   b) inexistência dos motivos e incompetência.
   c) vício de forma e desvio de finalidade.
   d) inexistência de motivos e desvio de finalidade.
   e) ilegalidade do objeto e incompetência.

10. **(Analista do TRT da 24ª Região/Campo Grande – 2006) Alegando a falta de verbas públicas, o Prefeito de uma cidade litorânea exonerou, *ad nutum*, determinado servidor. No dia seguinte, sem qualquer modificação na situação financeira do município, nomeou outro funcionário para a mesma vaga. Em virtude deste fato, o ato de exoneração será nulo em virtude da inobservância do requisito do ato administrativo denominado:**
    a) imperatividade.
    b) competência.
    c) forma.
    d) motivo.
    e) autoexecutoriedade.

11. **(Advogado da União – CESPE – 2002) O ato administrativo é um ato jurídico, pois se trata de uma declaração que produz efeitos jurídicos. Sendo ato jurídico, aloca-se dentro do gênero fato jurídico. Este se define como qualquer acontecimento a que o di-**

reito imputa e enquanto imputa efeitos jurídicos. O fato jurídico, portanto, pode ser um evento material ou uma conduta humana, voluntária ou involuntária, preordenada ou não a interferir na ordem jurídica. Basta que o sistema normativo lhe atribua efeitos de direito para qualificar-se como um fato jurídico.

Celso Antônio Bandeira de Mello, *Curso de direito administrativo*, 14. ed., São Paulo: Malheiros, 2002, p. 333 (com adaptações).

Em relação ao ato administrativo, julgue os itens seguintes:

I. Considere a seguinte situação hipotética: Um indivíduo inscreveu-se em concurso público utilizando documentos falsificados, pois não preenchia os requisitos legais para a inscrição. Como a falsificação não foi descoberta, o criminoso logrou aprovação, nomeação e posse no cargo público. Entrou em exercício e praticou diversos atos, que produziram os efeitos a que se destinavam, até o funcionário ser descoberto, meses depois, quando, após o devido processo legal, tais atos foram anulados. Nessa situação, os atos administrativos derivados da inscrição do candidato, até a descoberta da falsidade, foram inválidos, mas eficazes.

II. O ato de nomeação de duzentos candidatos aprovados em concurso público é juridicamente classificado como ato administrativo individual, embora plural (ou plúrimo).

III. Se determinado indivíduo se inscreve em concurso vestibular para ingresso em instituição federal de ensino superior e vem a ser aprovado, o ato que o admite no corpo discente da instituição é de natureza vinculada; por outro lado, mesmo os atos administrativos discricionários podem ser avaliados, em certos aspectos, pelo Poder Judiciário.

IV. A revogação dos atos administrativos aplica-se àqueles que sejam válidos, mas que a Administração considere não mais cumprirem o interesse público; não cabe, portanto, revogação de ato administrativo inválido; de outra parte, é perfeitamente admissível a revogação parcial de ato administrativo, se a parte não revogada for subsistente por si mesma.

12. **(Advogado da União – CESPE – 2006) Na Antiga Roma, foi descoberto que Barbário Felipe, pessoa que fora nomeada pretor romano e exercia tais funções, era um escravo fugitivo, condição por todos ignorada. Embora a condição de escravo fugitivo impedisse o exercício da função de pretor, os atos praticados por Barbário Felipe foram considerados válidos, tendo em vista que se imaginava estar o agente regularmente provido no cargo.**

Odília Ferreira da Luz Oliveira, *Manual de direito administrativo.* Rio de Janeiro: Renovar, 1997, p. 64 (com adaptações).

Considerando o assunto abordado no texto acima, julgue os itens que se seguem:

I. A doutrina sobre o agente de fato tem como base principiológica os postulados da segurança jurídica e da boa-fé.

II. A situação apresentada no texto guarda paralelo com a figura do agente de fato, prevista na doutrina administrativista, porém, diante do ordenamento jurídico brasileiro e ante o poder-dever de autotutela da administração pública, os atos do agente seriam considerados nulos.

13. **(Procurador do Estado de Sergipe – 2005) A doutrina administrativa costuma afirmar que a Administração não pode revogar os atos administrativos vinculados. A razão adequada para tal afirmativa seria o fato de:**

a) a revogação desses atos poder ser feita apenas pelo Poder Judiciário.
b) não estarem presentes nos atos vinculados os aspectos de conveniência e oportunidade.
c) revestirem-se esses atos de presunção de legalidade.
d) revestirem-se esses atos de autoexecutoriedade.
e) os atos vinculados serem atos que produzem efeitos imediatos, exaurindo-se de plano.

14. **(Analista do TRT da 24ª Região/Campo Grande – 2006) A licença caracteriza-se como o ato administrativo:**

a) bilateral e discricionário, que proporciona ao particular que preencha os requisitos legais a fruição de certo bem público.
b) unilateral, discricionário e precário, segundo o qual a Administração faculta ao particular o uso privativo de determinado bem público.
c) unilateral e vinculado pelo qual a Administração Pública faculta àquele que preencha os requisitos legais o exercício de uma atividade.
d) unilateral, discricionário, precário e gratuito, pelo qual a Administração Pública faculta ao particular a execução de serviço público.
e) unilateral e vinculado, segundo o qual a Administração Pública reconhece a legalidade de um ato jurídico.

15. **(Defensor Público do Estado do Maranhão – 2003) Suponha que uma lei preveja a possibilidade de revogação de uma licença para construir. Essa lei seria vista doutrinariamente como contendo uma:**

a) regra conceitualmente adequada, posto que a licença, sendo ato vinculado, pode ser livremente desfeita por motivos de conveniência e oportunidade.
b) regra conceitualmente adequada, posto que a licença, sendo ato vinculado, pode ser livremente desfeita por motivos de legalidade.
c) impropriedade conceitual, posto que a licença, sendo ato discricionário, não pode ser livremente desfeita por motivos de conveniência e oportunidade.
d) regra conceitualmente adequada, posto que a licença, sendo ato discricionário, pode ser livremente desfeita por motivos de legalidade.
e) impropriedade conceitual, posto que a licença, sendo ato vinculado, não pode ser livremente desfeita por motivos de conveniência e oportunidade.

16. (Procurador do Banco Central do Brasil – 2006) Consoante conceitos estabelecidos na doutrina e na jurisprudência nacionais, a revogação, por decisão jurisdicional, de um ato administrativo, praticado pelo Poder Executivo:

a) é possível, desde que envolva questão de inconstitucionalidade do ato.
b) não é possível.
c) é possível, desde que se fundamente no mérito do ato.
d) é possível, desde que a ação respectiva, apontando a ilegalidade do ato, haja sido ajuizada pelo próprio Poder Executivo.
e) é possível, desde que a Administração não se haja pronunciado sobre a matéria em processo administrativo.

17. (Procurador do Banco Central do Brasil – 2006) Da aplicação da teoria dos motivos determinantes decorre a:

a) caracterização dos atos administrativos, cujos motivos sejam predeterminados pela lei, como atos vinculados.
b) impossibilidade de apreciação judicial quanto aos motivos escolhidos discricionariamente pelo administrador, ao praticar um ato administrativo.
c) invalidação de um ato administrativo, caso seus motivos explicitados não correspondam à realidade, ainda que não se exigisse, no caso, motivação.
d) obrigatoriedade de que todos os atos administrativos sejam motivados.
e) possibilidade de que autoridade hierarquicamente superior avoque a motivação de um ato administrativo praticado por subordinado seu.

18. (Analista da Receita Federal – ESAF – 2005) Analise o seguinte ato administrativo:

O Governador do Estado Y baixa Decreto declarando um imóvel urbano de utilidade pública, para fins de desapropriação, para a construção de uma cadeia pública, por necessidade de vagas no sistema prisional.

Identifique os elementos desse ato, correlacionando as duas colunas.

1. Governador do Estado
2. Interesse Público
3. Decreto
4. Necessidade de vagas no sistema prisional
5. Declaração de utilidade pública

( ) finalidade
( ) forma
( ) motivo
( ) objeto
( ) competência

a) 4/3/5/2/1.
b) 4/3/2/5/1.
c) 2/3/4/5/1.
d) 5/3/2/4/1.
e) 2/3/5/4/1.

19. (Delegação de Notas e de Registro do Estado de São Paulo – 2006) No tocante à invalidação dos atos administrativos do Executivo, é certo que:

a) o Poder Judiciário pode revogar e anular os referidos atos.
b) o Executivo pode revogar, mas nunca anular seus próprios atos.
c) o Executivo pode revogar ou anular seus próprios atos.
d) o Poder Judiciário pode revogar os referidos atos.

20. (Analista do TRE – 2006) Durante o período eleitoral, o Chefe do Executivo municipal de uma cidade do interior de São Paulo, embora atuando nos limites de sua competência, determinou a construção de uma praça com o objetivo único de valorizar o plano de loteamento de seu correligionário. Diante desta situação, restou caracterizado o:

a) desvio de finalidade.

b) regular exercício do poder discricionário.
c) excesso de poder.
d) normal exercício do poder vinculado.
e) exercício do poder político insuscetível de apreciação judicial.

21. (Defensor Público da União – 2001) Julgue os itens abaixo, relativos ao ato administrativo:

I. Ato administrativo que decide o processo administrativo, de qualquer natureza ou tipo, deve ser, obrigatoriamente, motivado.
II. É factível, por ato judicial, a convalidação de ato administrativo que apresente vício sanável, desde que não ocorra lesão ao interesse público nem prejuízo a terceiros.
III. Decreto e regulamento são expressões sinônimas: nomeiam duas espécies de ato administrativo que têm a mesma natureza e o mesmo significado.
IV. O atributo da autoexecutoriedade do ato administrativo decorre do princípio da supremacia do interesse público, típico do regime jurídico-administrativo.
V. A discricionariedade decorre, muitas vezes, da adoção pelo legislador de conceitos jurídicos indeterminados, que permitem ao administrador, no caso concreto, construir a solução adequada ao interesse público.

22. (Magistratura do Trabalho – 2ª Região/SP – 2005) Se um agente administrativo, no exercício de competência discricionária, pratica o ato administrativo declarando o motivo que o justifica:

a) a declaração do motivo constitui manifestação ociosa do agente porque não lhe cabe alterar a natureza jurídica do ato.
b) o ato continua imune ao controle judicial, mesmo que se demonstre que o ato não corresponde ao motivo declinado.
c) a validade do ato passa a depender da existência do motivo declarado pelo agente.
d) a teoria dos motivos determinantes não se aplica ao ato discricionário.
e) nenhuma das anteriores.

23. (Analista do TRT da 24ª Região/Campo Grande – 2006) O ato administrativo praticado no exercício da competência discricionária:

a) pode ser revogado pelo Judiciário ou Legislativo quando inadequado ou inoportuno.

b) não é passível de controle judicial, administrativo ou legislativo.
c) pode ser apreciado judicialmente, desde que sobre o mérito.
d) não goza do atributo da presunção de legitimidade.
e) pode ser passível de apreciação judicial quanto aos aspectos da legalidade.

24. (Magistratura do Trabalho – 15ª Região/Campinas – 2006) O ato que resulta da conjugação de vontade de mais de um órgão administrativo, que se unem para a formação de um único ato, chama-se:

a) ato composto.
b) ato pendente.
c) ato constitutivo.
d) ato declaratório.
e) ato complexo.

25. (Magistratura do Trabalho – 2ª Região/SP – 2005) O ato administrativo a que falte um dos elementos de validade:

a) é considerado inexistente, independente de qualquer decisão administrativa ou judicial.
b) tem aptidão para produzir efeitos.
c) não produz efeitos.
d) só pode ser anulado por decisão judicial.
e) não pode ser anulado pela própria Administração.

26. (Ministério Público do Trabalho – 2006) Quanto aos atos administrativos:

I. O princípio da legalidade da Administração Pública eliminou as discussões em relação ao mérito do ato administrativo e a ausência de controle da discricionariedade do administrador. Isto porque faz desaparecer qualquer possibilidade de atuação de acordo com juízos subjetivos de conveniência e oportunidade não especificados e estabelecidos previamente pela legislação.

II. A competência para a prática do ato administrativo decorre da lei e é inderrogável, mas pode ser objeto de delegação, inclusive no que se refere à decisão de recursos administrativos.

III. Pela teoria dos motivos determinantes, mesmo quando a lei não exija a motivação do ato, a sua indicação pelo admi-

nistrador produz o efeito de vincular a validade do ato aos motivos indicados.

IV. A nomeação do Procurador-Geral da República mediante aprovação prévia pelo Senado constitui o que a doutrina denomina de ato complexo.

a) apenas as de números I e III são corretas.
b) apenas as de números II e IV são corretas.
c) apenas a de número III é correta.
d) todas são incorretas.

27. (Ministério Público do Trabalho – 2006) Ainda quanto aos atos administrativos:

I. O ato administrativo viciado por incompetência do sujeito é insuscetível de convalidação.

II. A revogação do ato administrativo vinculado produz efeitos *ex tunc*.

III. Os atos praticados por funcionário de fato, mesmo sob aparência de legalidade, enquadram-se como usurpação de função e, como tal, não produzem quaisquer efeitos.

IV. A anulação do ato administrativo consiste no seu desfazimento por motivo de ilegalidade e cabe somente ao Poder Judiciário.

Assinale a opção *correta*:

a) apenas a de número I é correta.
b) apenas as de números II e III são corretas.
c) apenas a de número IV é correta.
d) todas são incorretas.

28. (Auditor da Receita Federal – ESAF – 2004) Conforme a doutrina, o ato administrativo, quando concluído seu ciclo de formação e estando adequado aos requisitos de legitimidade, ainda não se encontra disponível para eclosão de seus efeitos típicos, por depender de um termo inicial ou de uma condição suspensiva, ou autorização, aprovação ou homologação, a serem manifestados por uma autoridade controladora, classifica-se como:

a) perfeito, válido e eficaz.
b) perfeito, válido e ineficaz.

c) perfeito, inválido e eficaz.
d) perfeito, inválido e ineficaz.
e) imperfeito, inválido e ineficaz.

29. (Ministério Público Federal – 2003) Assinale a alternativa correta:

a) Ato administrativo discricionário é aquele em que o poder de agir da Administração é completamente livre, inclusive no que diz respeito à competência para a prática do ato.
b) O mérito do ato administrativo, assim entendido como o aspecto deste referente à sua oportunidade e conveniência, está sempre presente, tanto nos atos vinculados quanto nos discricionários.
c) O mérito do ato administrativo, tal como conceituado no item "b" acima, pode, em qualquer caso, ser amplamente revisto pelo Poder Judiciário.
d) O deferimento da licença para tratar de interesses particulares, prevista no Estatuto do Ministério Público Federal, não é ato vinculado.

30. (Ministério Público do Estado do Paraná – 2008) Em relação ao ato administrativo, assinale a alternativa *correta*:

a) O ato administrativo discricionário é aquele que possibilita ao agente público competente posicionar-se, livre e incondicionalmente, sobre determinada questão.
b) O ato praticado pelo "agente de fato" é sempre nulo, independentemente da aparência de legalidade.
c) O ato administrativo composto é aquele que se forma pela conjugação de vontades de mais de um órgão administrativo.
d) A Administração Pública, para anular ato próprio, em razão da constatação de ilegalidade, deverá necessariamente buscar o provimento jurisdicional nesse sentido.
e) O ato discricionário, quando motivado, fica vinculado ao motivo que lhe serviu de suporte, com o que, se verificado ser o mesmo falso ou inexistente, deixa de subsistir.

31. (Procurador do Distrito Federal – ESAF – 2004) O ato administrativo:

a) pode ser anulado pela Administração, por motivo de conveniência, a qualquer tempo.
b) só pode ser anulado por meio de ação popular.

c) pode ser anulado, no prazo de cinco anos, quando viciado por ilegalidade.
d) pode ser revogado, em cinco anos, sem que as partes possam invocar direito adquirido.
e) uma vez praticado, não pode ser revogado.

32. **(Ministério Público do Estado de Minas Gerais – 2007) Assinalar a alternativa *incorreta*:**
a) A anulação é o desfazimento do ato administrativo por motivo de ilegalidade.
b) A anulação dos atos administrativos produzirá sempre efeitos *ex nunc*.
c) A própria Administração e o Judiciário podem anular o ato administrativo.
d) A revogação dos atos administrativos é prerrogativa exclusiva da Administração.
e) Entre outros, são atributos dos atos administrativos a presunção de legitimidade e autoexecutoriedade.

33. **(Procurador da Fazenda Nacional – ESAF – 2008) Entre os atos da Administração, verifica-se a prática do ato administrativo, o qual abrange somente determinada categoria de atos praticados no exercício da função administrativa. Destarte, assinale a opção correta:**
a) A presunção de legitimidade e veracidade, a imperatividade e a auto-executoriedade são elementos do ato administrativo.
b) Procedimento administrativo consiste no *iter* legal a ser percorrido pelos agentes públicos para a obtenção dos efeitos regulares de um ato administrativo principal.
c) Os atos de gestão são os praticados pela Administração com todas as prerrogativas e privilégios de autoridade e impostos unilateral e coercitivamente ao particular, independentemente de autorização judicial.
d) Ato composto é o que resulta da manifestação de dois ou mais órgãos, sejam eles singulares ou colegiados, cuja vontade se funde para formar um ato único.
e) Na executoriedade, a Administração emprega meios indiretos de coerção, como a multa ou outras penalidades administrativas impostas em caso de descumprimento do ato, compelindo materialmente o administrado a fazer alguma coisa.

34. **(Magistratura do Trabalho da 11ª Região – RR/AM – 2005) A Súmula n. 473 do Supremo Tribunal Federal – "a administração**

pode anular seus próprios atos, quando eivados de vícios que os tornam ilegais, porque deles não se originam direitos; ou revogá-los, por motivo de conveniência ou oportunidade, respeitados os direitos adquiridos, e ressalvada, em todos os casos, a apreciação judicial" – reflete a aplicação do princípio da:

a) inércia da Administração Pública.
b) autotutela administrativa.
c) autoexecutoriedade dos atos administrativos.
d) presunção de legalidade dos atos administrativos.
e) presunção de veracidade dos atos administrativos.

35. (Magistratura do Estado de Alagoas – 2007) Considere a Súmula n. 473 do Supremo Tribunal Federal:

"A administração pode anular seus próprios atos quando eivados de vícios que os tornam ilegais, porque deles não se originam direitos; ou revogá-los, por motivo de conveniência ou oportunidade, respeitados os direitos adquiridos, e ressalvada, em todos os casos, a apreciação judicial". Esse entendimento, tradicional no Direito Administrativo brasileiro, comporta, presentemente, nova compreensão, decorrente de regra introduzida pela legislação federal em matéria de processo e atos administrativos. Com efeito, a lei:

a) exclui a ocorrência de direitos adquiridos em matéria de atos administrativos.
b) admite hipótese em que a passagem de certo lapso temporal impede a Administração de anular atos administrativos de que decorram efeitos favoráveis para os destinatários.
c) exclui a possibilidade de apreciação judicial quanto à revogação dos atos administrativos.
d) exige apreciação judicial para efetivar-se a anulação de atos administrativos, sempre que for invocado fundamento de inconstitucionalidade.
e) exige apreciação judicial para efetivar-se a revogação de atos administrativos, sempre que estiver em face de direitos adquiridos.

36. (Procurador do Estado do Paraná – 2002) Marque a alternativa *incorreta*:

a) Segundo a Teoria dos Motivos Determinantes, mesmo quando não exigida por lei a motivação, uma vez motivado o ato administrativo, ele só será válido se os motivos apontados forem verdadeiros e o justificarem.

b) O excesso de poder ocorre quando o agente público pratica ato para alcançar finalidade diversa do interesse público.
c) A convalidação, que somente é possível em relação a atos anuláveis, opera efeitos retroativos, não sendo obrigatória em relação a vícios de competência em atos de conteúdo discricionário.
d) A cassação é a forma de retirada do ato administrativo eficaz por descumprimento, pelo seu beneficiário, das condições que deveriam continuar a ser por ele observadas.
e) A revogação de ato administrativo inconveniente ou inoportuno produz efeitos *ex nunc* e somente pode ser praticada pela própria Administração Pública.

37. (Procurador do Município de São Paulo – 2000) É correto afirmar a respeito de um ato praticado no exercício de competência discricionária:

a) Não está sujeito a controle judicial, por envolver razões de conveniência e oportunidade.
b) É passível de controle judicial quanto ao seu mérito.
c) Não precisa de motivação.
d) É passível de anulação por desvio de poder.
e) Não goza de presunção de legitimidade.

38. (Delegado de Polícia/PR – 2001) Julgue os itens seguintes, relativos aos atos administrativos:

I. Presumem-se legítimos. Trata-se, porém, de presunção *juris tantum*.

II. Extinguem-se, entre outras causas, pela retirada, que abrange a revogação e anulação (por outros chamada de invalidação). Aquela pressupõe ato perfeito, válido e eficaz, cuja conservação é inconveniente ao interesse público. Já a anulação recai sobre ato ilegal.

III. Somente a Administração Pública pode revogá-lo. Todavia, a sua anulação pode ser decretada pela própria Administração ou pelo Judiciário.

IV. Têm como requisitos (ou elementos), entre outros, a competência, a finalidade e a forma.

V. Classificam-se como simples os decorrentes da manifestação de um único órgão, seja ele singular ou colegiado.

A quantidade de itens corretos é:

a) 5.
b) 4.
c) 3.
d) 2.
e) 1.

39. (Magistratura do Estado de São Paulo) Em face de ato administrativo expedido no exercício de competência discricionária, o controle pelo Judiciário, quando provocado:

a) é restrito aos aspectos de competência e formalidade.
b) é restrito aos aspectos de legalidade do ato.
c) é cabível sem quaisquer restrições.
d) é incabível pela insindicabilidade do ato discricionário.

40. (Advogado Geral – da União – CESPE) Julgue os itens a seguir relativos aos atos administrativos:

I. Os atos emanados de órgãos colegiados são atos complexos, porque, para a sua formação, concorrem vontades autônomas dos membros do colegiado.
II. O abuso de poder, na modalidade de desvio de poder, caracteriza-se pela prática de ato fora dos limites da competência administrativa do agente.
III. Ocorre a extinção do ato por caducidade quando o ato perde seus efeitos jurídicos em razão de norma jurídica superveniente que impede a permanência da situação anteriormente consentida.

41. (Juiz – TJ/AM – 2013) Assinale a alternativa que indica as situações que representam caso de extinção dos atos administrativos.

a) Prescrição e decadência.
b) Conversão e sanatória.
c) Reversão e reintegração.
d) Revogação e anulação.
e) Encampação e rescisão.

42. (Juiz – TJ/PE – 2013) Considere a seguinte afirmação quanto a um ato administrativo:

"Nada impede a autoridade competente para a prática de um ato de motivá-lo mediante remissão aos fundamentos de parecer ou relatório conclusivo elaborado por autoridade de menor

hierarquia. Indiferente que o parecer a que se remete a decisão também se reporte a outro parecer: o que importa é que haja a motivação eficiente, controlável *a posteriori*".

Tal afirmação, no contexto do Direito brasileiro, é

a) equivocada, pois a Constituição Federal exige a motivação como elemento a constar textualmente dos atos administrativos.
b) correta, compreendendo a motivação como elemento necessário ao controle do ato administrativo, porém sem exageros de mera formalidade.
c) equivocada, pois a Lei Federal sobre processo administrativo exige que todo ato administrativo seja motivado pela autoridade que o edita.
d) correta, pois motivar ou não, em todo caso, é faculdade discricionária da autoridade administrativa.
e) equivocada, pois a Lei Federal sobre processo administrativo veda que pareceres sejam invocados como motivos suficientes para a prática de atos.

43. **(Procurador do Município de São Paulo – Vunesp – 2014) A licença:**

a) pode ser considerada um ato discricionário.
b) pode ser negada por inconveniência ou oportunidade.
c) destina-se à utilização privativa de bem público.
d) é um ato bilateral e constitutivo.
e) difere da autorização por ser um ato declaratório.

Gabarito

1. A
2. D
3. D
4. A
5. I. Errado
II. Correto
6. D
7. A
8. B
9. C
10. D
11. I. Correto
II. Correto
III. Correto
IV. Correto
12. I. Correto
II. Errado
13. B
14. C
15. E

16. B
17. C
18. C
19. C
20. A
21. I. Errado
II. Errado
III. Errado
IV. Certo
V. Certo
22. C
23. E
24. E
25. B
26. C
27. D
28. B
29. D
30. E
31. C
32. B
33. B
34. B
35. B
36. B
37. D
38. A
39. B
40. I. Errado
II. Errado
III. Correto
41. D
42. B
43. E

6

INTERVENÇÃO DO ESTADO NA PROPRIEDADE

6.1. INTRODUÇÃO

O advento do Estado de Direito, marco inicial do Direito Administrativo (séculos XVIII e XIX), deu-se em um contexto em que predominava a ideologia liberal, que girava na órbita do Estado mínimo: "Era preciso que o Estado não interferisse nos negócios dos indivíduos, restringindo sua ação à garantia da ordem, da paz, da segurança" (SUNDFELD, 2003b, p. 54). Neste cenário, a propriedade privada era vista como um direito subjetivo praticamente absoluto, imune às interferências estatais.

No entanto, foi-se percebendo que a consecução do bem comum, objetivo maior do Estado, somente poderia ser perseguida por meio de uma atuação mais incisiva do Poder Público, inclusive em relação à propriedade. Com efeito, isso se deu pela necessidade de limitar a propriedade, *exempli gratia*, no sentido de adequar as construções a determinados padrões urbanísticos (recuos, altura das edificações etc.). Igualmente é o caso da instalação de determinados equipamentos públicos (linhas de transmissão de energia elétrica e gasodutos) em imóveis particulares, bem como da ocupação de terrenos para a guarda de materiais utilizados em obras públicas. Também pode ser citada a restrição em imóvel decorrente de seu valor histórico-cultural, bem como o uso coercitivo de bem particular em virtude de uma situação de emergência, a exemplo de um alagamento. A Administração pode chegar mesmo a retirar de alguém, de maneira impositiva, a sua propriedade, evidenciando uma força enérgica de intervenção.

Em todas estas hipóteses, é o interesse público que legitima a intromissão estatal no domínio particular. Deste modo, nota-se que o fundamento da intervenção estatal na propriedade encontra-se, de maneira genérica, no **princípio da supremacia do interesse público sobre o privado** (ver capítulo 1).

Existem diversas espécies de intervenção estatal no domínio privado. A diferença entre elas é o grau da ingerência, bem como a forma pela qual a intervenção atinge as características do direito de propriedade. É o que será visto a seguir, em relação a cada uma das modalidades de intervenção.

6.2. LIMITAÇÃO ADMINISTRATIVA

Limitações administrativas representam todas as "medidas de caráter geral, impostas com fundamento no poder de polícia do Estado, gerando para os proprietários obrigações positivas ou negativas, com o fim de condicionar o exercício do direito de propriedade ao bem-estar social" (DI PIETRO, 2009, p. 132).

Como salienta Diogenes Gasparini, representa uma forma suave de intervenção no domínio (2008, p. 797). Isto porque **não há restrição alguma quanto à posse do bem** sobre o qual incide a restrição.

Exemplos de limitações administrativas: as diversas imposições previstas nos códigos de obras municipais, referentes às construções (metragem mínima de recuo do imóvel, obrigação de construir muro de alinhamento e de instalar equipamentos contra incêndio); as restrições disciplinadas pelas leis de zoneamento e pelos planos diretores (proibição de exercer atividades comerciais em zonas residenciais, limitação quanto à altura ou ao gabarito das edificações); dispositivos ambientais que vedam o desmatamento de parcela da área florestal.

Da definição acima vista, extrai-se que as limitações administrativas à propriedade decorrem do **poder de polícia** (noção objeto de análise no capítulo 3).

A competência legislativa para a instituição das limitações pertence a qualquer das entidades federativas (União, Estados-membros, Distrito Federal e Municípios), a depender do teor da restrição.

O conteúdo da limitação pode ser **negativo** (ex.: não edificar acima de determinada altura), **positivo** (construir muro de alinhamento) ou **permissivo** (permitir que a fiscalização inspecione a propriedade).

Assume a limitação **caráter geral**, no sentido de que atinge **propriedades indeterminadas**. Outrossim, é imposta em benefício de um interesse público genérico, desvinculado de um equipamento ou serviço público específico.

Por conta disso, detém **caráter gratuito**, na medida em que incabível a indenização ao particular prejudicado. Justifica a doutrina que a limitação representa um ônus imposto a todas as propriedades que se encontram em determinada situação, motivo pelo qual se trata de intervenção que integra o próprio direito de propriedade.

Ademais, por não retirar a posse do bem, verifica-se que o conteúdo da restrição é mínimo. Assim, no âmbito das limitações administrativas persiste a **viabilidade prática e econômica do emprego da coisa** (SUNDFELD, 2003a, p. 93), o que é denominado **funcionalidade**. Nessa hipótese, o conteúdo mínimo da propriedade está sendo preservado. Observe-se que referido conteúdo mínimo deve ser aferido de acordo com os direitos que decorrem do domínio (poderes de apropriação, de disposição, de uso e de gozo).

Esquematicamente:

6.3. SERVIDÃO ADMINISTRATIVA

A **servidão administrativa** constitui a forma de intervenção consistente na imposição de ônus real a um bem particular, com o escopo de assegurar a realização de um serviço público ou em favor de um bem afetado a fim de utilidade pública.

Exemplos: servidão para a passagem de torres de transmissão de energia elétrica, para a passagem de cabos de energia elétrica e telefonia, servidão para a instalação de placas indicativas de ruas em imóveis particulares etc.

Observe-se que a servidão também representa figura utilizada no direito privado, revelando, a bem da verdade, uma noção da teoria geral do direito. Dessa forma, nota-se um núcleo comum à figura, presente em qualquer modalidade de servidão, consistente na existência de uma **coisa dominante** e de uma **coisa serviente**. Igualmente se pode mencionar a característica da **perpetuidade**, de tal forma que perdura o gravame enquanto subsiste a necessidade, pública ou privada.

No âmbito da servidão administrativa, a coisa dominante é o serviço público ou o bem afetado a fim de utilidade pública; já a coisa serviente representa o bem de propriedade alheia, predominando o entendimento que somente incide sobre bens imóveis.

Aliás, este o critério para distinguir a servidão administrativa da limitação administrativa. É o que assinala Di Pietro, para quem, "se a restrição que incide sobre um imóvel for em benefício de interesse público genérico e abstrato, como a estética, a proteção do meio ambiente, a tutela do patrimônio histórico e artístico, existe limitação à propriedade, mas não servidão; esta se caracteriza quando no outro extremo da relação (o dominante) existe um interesse público corporificado, ou seja, existe coisa palpável, concreta, a usufruir a vantagem prestada pelo prédio serviente" (2009, p. 149).

Ressalte-se, contudo, que inexiste uniformidade em tal diferenciação. Por exemplo, Celso Antônio Bandeira de Mello utiliza, como fator de distinção entre limitação e servidão, o critério da generalidade e o da singularidade, respectivamente.

A instituição de uma servidão administrativa deve ser precedida por um ato declaratório de utilidade pública. A sua efetivação pode dar-se por um acordo entre a Administração e o particular. Infrutífera a composição, resta à Administração ingressar com ação judicial, em um procedimento semelhante à desapropriação. Perceba-se, portanto, que a implementação da servidão não é autoexecutória.

Mencione-se que alguns autores admitem a instituição de uma servidão por meio de lei (DI PIETRO, 2009, p. 150). Tal hipótese é afastada por outros doutrinadores, sob a justificativa de que a restrição imposta por lei, por atingir propriedades indeterminadas, constitui limitação administrativa.

No que se refere à indenização, predomina o entendimento de que é condicionada à existência de efetivo prejuízo. Ocorre que, como regra, o ônus real decorrente da servidão acarreta prejuízos ao proprietário, que fica privado da posse do bem. Ademais, considerando que o gravame muitas vezes incide em propriedades determinadas, verifica-se um sacrifício em benefício da sociedade. Daí alguns autores afirmarem que "a regra é a indenização" (DI PIETRO, 2009, p. 153). No entanto, algumas situações específicas evidenciam a inexistência de qualquer subtração de poderes inerentes ao domínio, de modo que ausente qualquer prejuízo. É o caso das placas indicativas de ruas afixadas nos imóveis, servidões em que não se admite a indenização.

Para os autores que admitem a instituição de servidão administrativa por meio de lei, afasta-se qualquer indenização, "porque o sacrifício é imposto a toda uma coletividade de imóveis que se encontram na mesma situação" (DI PIETRO, 2009, p. 153).

Esquematicamente:

6.4. REQUISIÇÃO ADMINISTRATIVA

Requisição administrativa representa a utilização de bens particulares pela Administração, em razão de perigo público iminente.

Seu fundamento constitucional encontra-se no art. 5º, XXV, que assim dispõe:

"XXV – no caso de iminente perigo público, a autoridade competente poderá usar de propriedade particular, assegurada ao proprietário indenização ulterior, se houver dano".

Assim, na hipótese de uma inundação, pode a Administração requisitar determinada propriedade privada objetivando o alojamento de desabrigados.

A **competência legislativa** referente às requisições pertence à União, nos termos do art. 22, III, da CF. Deve-se atentar, por outro lado, que a **competência material**, ou seja, a prática dos atos de requisição, é de atribuição de todas as entidades políticas (União, Estados-membros, Distrito Federal e Municípios).

Para a efetivação de uma requisição, desnecessária autorização judicial. Como se vê, constitui uma medida dotada de **autoexecutoriedade**.

No tocante à indenização, o dispositivo constitucional referido dispõe expressamente que só é cabível se satisfeita uma condição: a **existência de danos**. Outrossim, também se encontra disposto o momento da indenização, que é **ulterior**, ou seja, posterior à requisição.

Ressalte-se uma pertinente diferença apontada por Diogenes Gasparini, que parte do pressuposto de que a requisição pode recair sobre bens móveis, imóveis ou semoventes. Esse autor distingue duas situações (2008, p. 808):

a) requisição sobre bens consumíveis (exemplo de gêneros alimentícios, vestuário etc.): representa uma intervenção definitiva, de tal maneira que se observa uma transferência dominial do bem e a consequente necessidade de indenização posterior. **Advertência:** a despeito de se assemelhar a uma desapropriação, trata-se de figuras distintas. "Da desapropriação difere porque a indenização é *a posteriori*, isto é, não é prévia como exige a Constituição para a expropriação, e porque independe, para a sua concreção, do auxílio do Judiciário, mesmo quando for contrária aos interesses de seu proprietário" (GASPARINI, 2008, p. 808).

b) requisição sobre bens inconsumíveis (exemplo de terrenos, veículos etc.): constitui intervenção transitória. "Finda, nesse caso, a utilização, devolve-se o bem ao proprietário e se satisfaz, de modo completo, o prejuízo causado" (GASPARINI, 2008, p. 808).

O ordenamento jurídico também admite a requisição de serviços, o que representa uma limitação na liberdade dos particulares. Exemplo é a requisição para a prestação de serviço militar e de serviço eleitoral. Nesse caso, de acordo com Hely Lopes Meirelles, não se verifica a exigência de perigo público iminente, na medida em que a Constituição impõe tal requisito apenas em relação aos bens.

Esquematicamente:

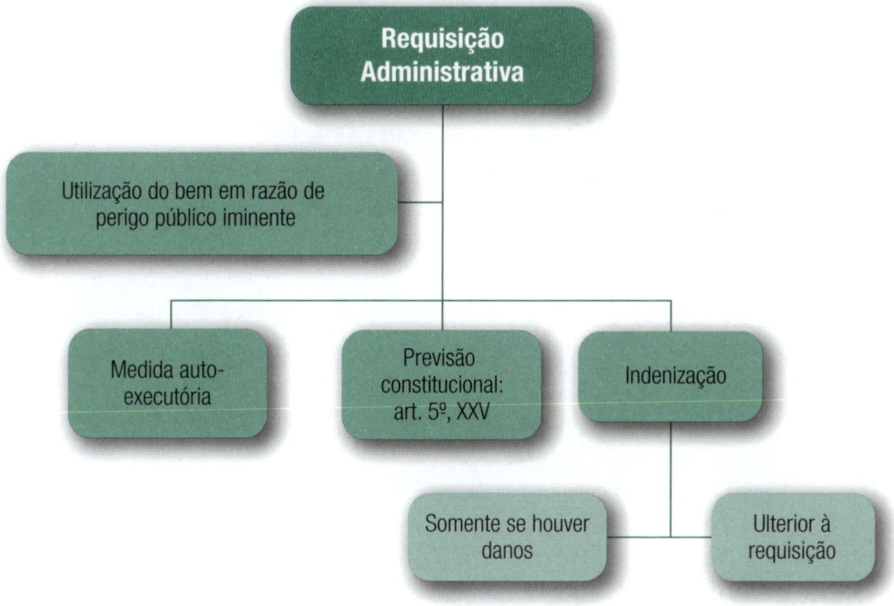

6.5. OCUPAÇÃO TEMPORÁRIA

A **ocupação temporária** constitui uma restrição provisória do uso da coisa em favor da Administração Pública, para fins de interesse público.

Existem diversas leis que disciplinam a ocupação temporária, a depender da finalidade específica que a enseja.

Aquela que sofre maior incidência nos concursos públicos é a espécie prevista na lei de desapropriações (Dec.-Lei n. 3.365/41), em seu art. 36. Trata-se da ocupação provisória de terrenos não edificados, vizinhos a obras públicas, destinada a auxiliar a sua execução. Assim, o imóvel objeto da intervenção pode ser utilizado para o armazenamento de materiais e equipamentos empregados na obra.

De acordo com referido dispositivo, cabível indenização ao particular. Com efeito, de acordo com Hely Lopes Meirelles, a ocupação representa verdadeiro "arrendamento forçado", o que exige a remuneração pelo uso temporário (2001, p. 592).

Advertência: muito embora alguns autores mencionem o art. 5º, XXV, da CF como dispositivo relacionado à ocupação temporária, trata-se, a bem da verdade, de hipótese referente à figura da requisição administrativa.

Esquematicamente:

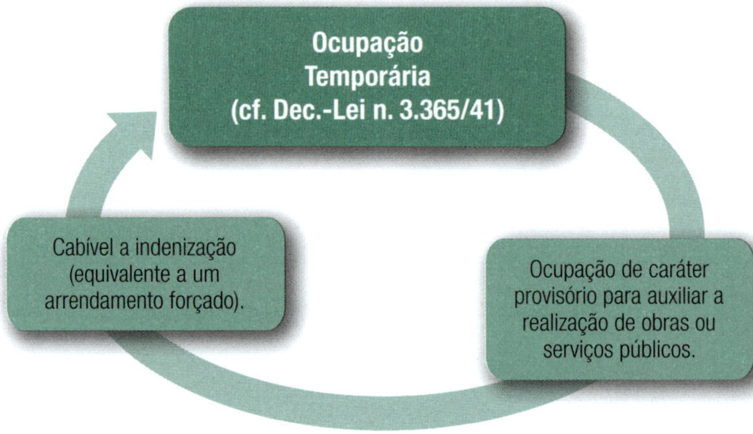

6.6. TOMBAMENTO

Tombamento consubstancia o procedimento administrativo pelo qual o Poder Público sujeita determinados bens a restrições parciais, objetivando a preservação do patrimônio histórico, artístico e cultural.

Com efeito, o valor cultural de certos bens pode merecer especial proteção do Estado, com a retirada do proprietário de alguns poderes dominiais, como ocorre com o tombamento de uma edificação que tenha representatividade histórica ou arquitetônica.

A natureza jurídica do tombamento é controvertida no âmbito doutrinário. Alguns autores chegam a inseri-la na categoria das limitações administrativas (José Cretella Júnior), uma vez que imposto em benefício de interesse público genérico. Há doutrinadores que o classificam como servidões administrativas (Celso Antônio Bandeira de Mello e Diogenes Gasparini), na medida em que a restrição incide sobre bem determinado. Outros, porém, consideram o tombamento uma categoria própria de intervenção na propriedade, haja vista apresentar características que o diferenciam tanto da limitação quanto da servidão. Aduz Maria Sylvia Zanella Di Pietro (2009, p. 147):

"O tombamento tem em comum com a limitação administrativa o fato de ser imposto em benefício de interesse público; porém dela difere por individualizar o imóvel.

Comparado com a servidão, o tombamento a ela se assemelha pelo fato de individualizar o bem; porém dela difere porque falta a coisa dominante, essencial para caracterizar qualquer tipo de servidão, seja de direito público ou privado".

O tombamento encontra previsão constitucional em tópico que impõe uma diretriz protetiva em relação ao patrimônio cultural brasileiro. É o que dispõe o art. 216, § 1º, que apenas menciona, como uma das formas de preservação, a figura do tombamento.

A disciplina infraconstitucional da intervenção estatal situa-se no Decreto-Lei n. 25/37 (Lei do Tombamento), que carreia os seus principais contornos jurídicos. Trata-se, na verdade, da **norma geral** sobre tombamento, já que a **competência legislativa** em matéria de proteção ao patrimônio histórico, cultural, artístico, turístico e paisagístico é **concorrente** (nos termos do art. 24, VII, da CF). Assim, a União detém atribuição para expedir as normas gerais (art. 24, § 1º, da CF), podendo haver complementação legislativa pelos Estados (art. 24, § 2º, da CF). No tocante à competência do Município para expedir normas sobre tombamento, o entendimento que prevalece sinaliza para a sua possibilidade. Como bem explana Hely Lopes Meirelles:

"A Constituição Federal de 1988, fiel à orientação histórico-cultural dos povos civilizados, estendeu o amparo do Poder Público a todos os bens que merecem ser preservados e atribui a todas as entidades estatais, o dever de preservá-los, para recreação, estudo e conhecimento dos feitos de nossos antepassados (art. 23, III). A competência para legislar sobre a matéria é concorrente à União e aos Estados (art. 24, VII), **cabendo aos Municípios a legislação de caráter local e suplementar** (art. 30, inciso I e II)".

Já no tocante à **competência material** para instituir tal forma de intervenção, pacífico o entendimento de que **todas as entidades federativas** podem fazê-lo. É o que dispõe o art. 23, III, da CF, que impõe **competência comum** da União, dos Estados, do Distrito Federal e dos Municípios para "proteger os documentos, as obras e outros bens de valor histórico, artístico e cultural, os monumentos, as paisagens naturais notáveis e os sítios arqueológicos".

De acordo com a lei de tombamento, qualquer bem, móvel ou imóvel, pode ser objeto de restrição. Assim dispõe o art. 1º do Decreto-Lei n. 25/37. Ressalte-se que os bens pertencentes às pessoas de direito público igualmente estão submetidos à intervenção (*ex vi* do art. 2º), de tal forma que um bem estadual pode ser tombado pelo Município. Nesse caso, inaplicável o princípio da hierarquia federativa, como ocorre no âmbito das desapropriações (como será visto a seguir – item 6.7.5).

Diversos são os **efeitos do tombamento**. Entre eles, destacam-se os seguintes:

a) Imodificabilidade do bem tombado (art. 17 do Dec.-Lei n. 25/37)

O bem tombado não pode ser destruído, demolido ou mutilado. Intervenções menores sobre o bem (como pinturas, reparações ou restaurações) dependem de prévia autorização do órgão competente. Como se nota, representa uma obrigação de não fazer imposta ao proprietário do bem tombado.

Em caso de descumprimento, cabível a aplicação de multa de 50% sobre o valor do dano causado.

b) Restrições a imóveis vizinhos (art. 18 do Dec.-Lei n. 25/37)

Os proprietários dos imóveis vizinhos ao bem tombado não podem fazer construções que impeçam ou reduzam a visibilidade da coisa protegida, tampouco podem colocar anúncios ou cartazes. Somente podem fazê-lo com autorização do órgão competente.

Trata-se de uma obrigação negativa de eficácia externa ao próprio bem tombado, atingindo propriedades localizadas no seu entorno. Como bem percebe Di Pietro, a natureza jurídica de tal restrição é a de uma servidão administrativa, na medida em que existe uma coisa dominante (o bem tombado) e uma coisa serviente (as propriedades vizinhas).

c) Dever de conservação do bem (art. 19)

Consiste no dever de proceder às obras de conservação e reparação necessárias à preservação do bem.

Representa obrigação positiva (de fazer) que incide primariamente no proprietário da coisa tombada. No entanto, caso o titular do domínio não disponha de recursos para proceder a tais obras, deve comunicar tal fato ao órgão competente, momento a partir do qual a obrigação se transfere à Administração. A falta de providências do Poder Público confere ao proprietário o direito de requerer o cancelamento do tombamento.

d) O tombamento enseja indenização ao proprietário?

Esse questionamento não tem recebido resposta uniforme da doutrina. Há autores que entendem ser devida a indenização, em grande parte dos casos. Assim leciona Celso Antônio Bandeira de Mello, para quem é manifesto o prejuízo econômico do proprietário na "esmagadora maioria dos casos de tombamento" (2003, p. 777).

No entanto, vem prevalecendo o entendimento de que, como regra, tal restrição não obriga ao ressarcimento. Isso porque, como salienta José dos Santos Carvalho Filho, o tombamento "apenas obriga o proprietário a manter o bem tombado dentro de suas características para a proteção do patrimônio cultural", de tal modo que "nenhum prejuízo patrimonial é causado ao dono do bem" (2008, p. 750). No mesmo sentido o entendimento de Maria Sylvia Zanella Di Pietro (2009, p. 139) e Hely Lopes Meirelles (2001, p. 539). Um detalhe: todos esses autores fazem a ressalva de que, caso haja comprovação de efetivo prejuízo em decorrência do tombamento, plenamente cabível a indenização.

A despeito da polêmica, entende-se que a existência de danos, notadamente o esvaziamento do valor econômico da propriedade, dá ensejo à indenização. Nisso a doutrina é pacífica. É o que entende, também o Supremo Tribunal Federal: "O tombamento, quando importar esvaziamento do valor econômico da propriedade, impõe ao Estado o dever de indenizar" (*RDA* 200/158). Por isso, somente no caso concreto será possível aferir se houve ou não dano indenizável.

e) Bem tombado pode ser objeto de alienação?

De acordo com o Decreto-Lei n. 25/37, os bens tombados podem ser legitimamente alienados, desde que conferido o direito de preferência aos entes políticos (União, Estados e Municípios). É o que preconiza o art. 22, que estabelece, ainda, a ordem para o exercício da preferência: primeiro a União, depois os Estados, em seguida os Municípios. A violação ao direito de preferência torna a alienação nula (art. 22, § 2º). Outrossim, o direito de preferência não inibe o proprietário de gravar livremente a coisa tombada, podendo, assim, empenhá-la ou hipotecá-la (art. 22, § 3º). Neste caso, a lei exige a notificação judicial dos titulares do direito de preferência em momento prévio à venda em hasta pública (art. 22, § 4º).

Outro ponto que merece abordagem são as formas de instituição de um tombamento. De acordo com o Decreto-Lei n. 25/37, três são as modalidades.

Em primeiro lugar, o chamado **tombamento de ofício** é o que incide sobre bens públicos (art. 5º do Decreto-Lei n. 25/37). O procedimento é simples, consistente na notificação da entidade a quem pertence a coisa tombada, momento a partir do qual a restrição inicia seus efeitos (cf. DI PIETRO, 2009, p. 140).

Em segundo lugar, o **tombamento voluntário**, resultante da concordância do particular proprietário da coisa (art. 7º).

Em terceiro lugar, o **tombamento compulsório**, que ocorre na hipótese de o proprietário recusar-se a anuir à inscrição do bem (art. 8º). Nesse caso, a Administração deve obedecer às fases procedimentais estipuladas no art. 9º.

Em qualquer caso, a lei exige que o tombamento seja inscrito no "Livro do Tombo" (cadastro público dos bens tombados), do que decorre o **tombamento definitivo**. Também é exigido o registro no cartório imobiliário, obrigação esta imputada à Administração (art. 13). A ausência de transcrição no cartório de imóveis acarreta a perda do direito de preferência pelas entidades públicas (cf. DI PIETRO, 2009, p. 142).

Observe-se que, após a notificação do proprietário (no tombamento voluntário ou no compulsório), dá-se o chamado **tombamento provisório**, que possui os mesmos efeitos do definitivo, exceto a obrigação relativa à inscrição no registro imobiliário (art. 10).

Esquematicamente:

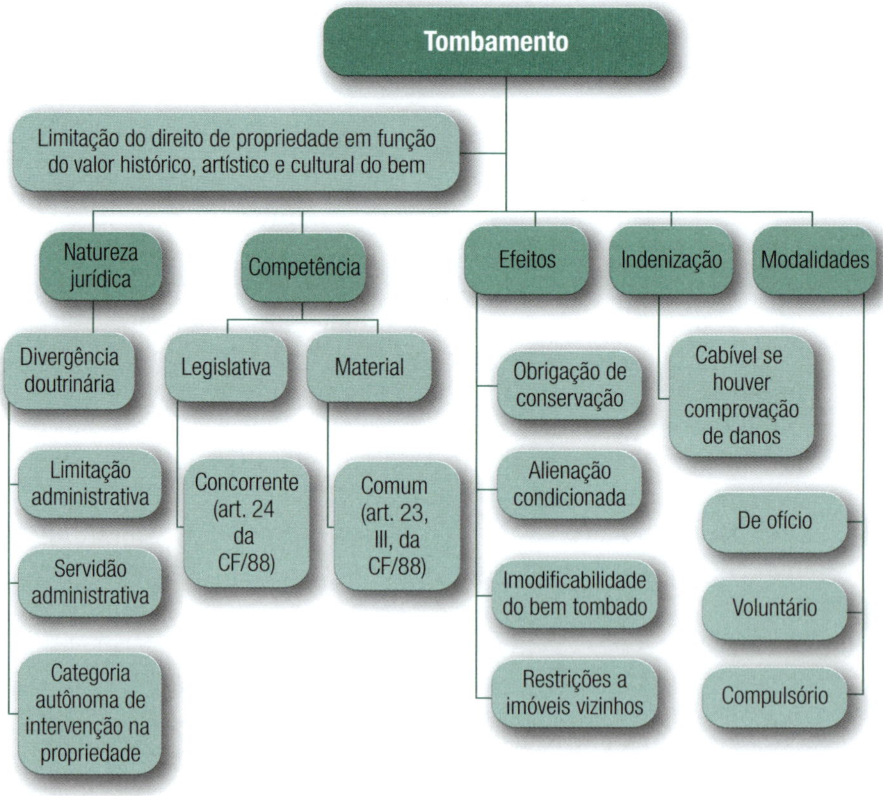

6.7. DESAPROPRIAÇÃO

Das modalidades de intervenção na propriedade, a desapropriação representa a mais pungente de todas, na medida em que extingue o direito de propriedade do particular. Pela sua relevância em relação aos concursos públicos, será analisada de maneira mais detida.

6.7.1. Definição

Desapropriação é definida como o processo pelo qual a Administração retira compulsoriamente de alguém a propriedade de um bem, que passa a integrar o patrimônio público, em virtude de necessidade pública, utilidade pública ou interesse social, mediante o pagamento de prévia indenização. Também é denominada **expropriação**.

Tal definição evidencia relevantes aspectos referentes ao regime jurídico-administrativo (cf. capítulo 1, item 1.3). De uma parte, relacionada com o princípio da supremacia, a desapropriação apresenta-se como a retirada compulsória do domínio, o que demonstra uma prerrogativa considerável da Administração. De outra parte, relacionada com o princípio da indisponibilidade, apresentam-se diversos limites ao poder de desapropriar, como a imprescindibilidade de um pressuposto (necessidade ou utilidade públicas, ou interesse social), bem como do pagamento prévio de indenização ao expropriado, entre outros.

6.7.2. Previsão constitucional e legal

A desapropriação encontra previsão constitucional específica no capítulo dos direitos e garantias constitucionais, mais precisamente no inciso XXIV do art. 5º, que assim dispõe:

"A lei estabelecerá o procedimento para desapropriação por necessidade ou utilidade pública, ou por interesse social, mediante justa e prévia indenização em dinheiro, ressalvados os casos previstos nesta Constituição".

A ressalva prevista em tal dispositivo refere-se às hipóteses excepcionais em que a indenização não assume as características gerais estampadas neste mesmo dispositivo. Trata-se das hipóteses contempladas nos arts. 182, § 4º, III; 184 e 243, todos da Constituição Federal (ver, adiante, subitem 6.7.6, referente à indenização).

Em nível infraconstitucional, há diversas leis federais que disciplinam o instituto em comento. **Advertência: somente a União pode legislar sobre a**

matéria de desapropriação, nos termos do art. 22, II, da Constituição ("Compete privativamente à União legislar sobre: (...) II – desapropriação").

Entre as normas, dá-se destaque para o **Decreto-Lei n. 3.365/41**, que dispõe sobre a desapropriação por utilidade e necessidade pública, representando uma das leis sobre expropriação mais relevantes em relação a concursos públicos.

A Lei n. 4.132/62 define os casos de desapropriação por interesse social, um dos pressupostos da expropriação. Já o Decreto-Lei n. 1.075/70 regula a imissão de posse em imóveis residenciais urbanos. Quanto à desapropriação para fins de reforma agrária, um caso específico de interesse social, o tratamento jurídico se dá, sobretudo, pela Lei n. 8.629/93 e pela Lei Complementar n. 76/93. Mencione-se também a Lei n. 10.257/2001 (denominada Estatuto da Cidade), que prevê a desapropriação sancionatória (ver subitem 6.7.6, referente à indenização).

Os principais dispositivos de cada uma dessas normas serão abordados ao longo do presente item.

6.7.3. Natureza jurídica

De acordo com a posição que hoje prevalece, a desapropriação detém a natureza jurídica de **forma originária de aquisição da propriedade**. Significa que a expropriação se apresenta como se a Administração fosse a primeira proprietária da coisa, de tal maneira que são desconsiderados os anteriores titulares do domínio (expropriados). Ou seja, irrelevante a figura do transmitente (no caso, o expropriado), de maneira que o adquirente (a Administração expropriante) "alcança o domínio como se a propriedade nunca tivesse pertencido a alguém" (GASPARINI, 2008, p. 822). Difere, portanto, da forma "derivada" de aquisição da propriedade, em que a figura do transmitente deve ser levada em consideração.

De tal natureza decorrem relevantes consequências, a saber:

a) incidência do princípio da irreversibilidade da transferência em favor da Administração, ainda que existam vícios que maculem o processo de desapropriação (CARVALHO FILHO, 2008, p. 768). No caso, há resolução em perdas e danos. É o que dispõe o art. 35 do Decreto-Lei n. 3.365/41:

"Os bens expropriados, uma vez incorporados à Fazenda Pública, não podem ser objeto de reivindicação, ainda que fundada em nulidade do processo de desapropriação. Qualquer ação, julgada procedente, resolver-se-á em perdas e danos".

b) Na medida em que a condição dos proprietários anteriores à expropriação se apresenta como irrelevante, plenamente cabível que a ação de desapropriação seja promovida em face dos aparentes titulares do domínio, a exemplo dos meros possuidores de um imóvel, hipótese que não representa vício algum no âmbito do processo.

Assim, o pagamento de indenização a quem não for o real proprietário igualmente não torna inválida a desapropriação.

Assim já decidiu o Superior Tribunal de Justiça: "1. A desapropriação é a natureza de forma originária de aquisição da propriedade, pois a transferência da propriedade opera-se pelo fato jurídico em si, independentemente da vontade do expropriado, que se submete aos imperativos da supremacia do interesse público sobre o privado. 2. Constitui efeito da sentença proferida em sede de desapropriação a sua utilização como título hábil à transcrição do bem expropriado no competente registro de imóveis, não podendo haver discussão, ao menos no âmbito da ação expropriatória, em torno de eventual direito de terceiros" (REsp 468.150-RS, rel. Min. Denise Arruda, *DJU* de 12-3-92, p. 5248).

c) Não aplicação do princípio da continuidade registral. Segundo Di Pietro (2009, p. 178), "a transcrição da desapropriação no registro de imóveis independe da verificação da continuidade em relação às transcrições anteriores, não cabendo qualquer impugnação por parte do Oficial de Registro de Imóveis".

d) De acordo com o art. 31 do Decreto-Lei n. 3.365/41, "ficam sub-rogados no preço quaisquer ônus ou direitos que recaiam sobre o bem expropriado". Isso significa que os direitos reais (os direitos pessoais estão excluídos) que gravavam o bem expropriado, ao passarem para o domínio público, extinguem-se, sendo substituídos (sub-rogados) pelo valor da indenização.

e) De acordo com Diogenes Gasparini, a Administração expropriante não tem direito à ação redibitória nem de pedir abatimento do preço por vício ou defeito oculto do bem desapropriado (2008, p. 823).

6.7.4. Pressupostos

De acordo com a Constituição (art. 5º, XXIV), três são os pressupostos de uma desapropriação.

Em primeiro lugar, a **necessidade pública**, consistente em uma situação excepcional que impõe a desapropriação de determinado bem. A expropriação, nesse caso, apresenta-se como necessária (daí a terminologia "necessidade pública").

Em segundo lugar, a **utilidade pública**, caracterizada por uma circunstância de normalidade, de maneira que a expropriação se revela como conveniente e oportuna ao interesse público. A expropriação, nesse caso, apresenta-se como vantajosa e útil (daí a terminologia "utilidade pública").

As hipóteses específicas de necessidade e utilidade públicas estão previstas no Decreto-Lei n. 3.365/41, em seu art. 5º. Vale salientar que, apesar de esse dispositivo fazer referência tão somente aos "casos de utilidade pública", trata-se, a bem da verdade, de hipóteses referentes aos dois pressupostos. Conforme Di Pietro, referida lei "fundiu em uma só categoria – utilidade pública – os casos de necessidade pública e utilidade pública" (2009, p. 169).

Assim, são de necessidade pública os casos de "segurança nacional", "defesa do Estado", "socorro público em caso de calamidade". Já representam utilidade pública "a exploração ou a conservação dos serviços públicos", "a abertura, conservação e melhoramento de vias ou logradouros públicos", "o funcionamento dos meios de transporte coletivo". Importa notar que a alínea *p* do art. 5º abre margem a outros "casos previstos por leis especiais".

Releva salientar que predomina o entendimento de que as hipóteses legais acima referidas (art. 5º do Dec.-Lei n. 3.365/41, bem como as hipóteses previstas em outras leis) são **taxativas**, "não havendo possibilidade de o Poder Executivo criar outras, ainda que, a seu ver, se insiram no conceito doutrinário de utilidade pública" (cf. DI PIETRO, 2009, p. 169 e GASPARINI, 2008, p. 825).

Em terceiro lugar, o **interesse social**, relacionado com as camadas mais necessitadas da sociedade. "O Poder Público, nesses casos, tem preponderantemente o objetivo de neutralizar de alguma forma as desigualdades coletivas" (CARVALHO FILHO, 2008, p. 761).

A Lei n. 4.132/62 define os casos de desapropriação por interesse social em seu art. 2º. Exemplos: "o estabelecimento e a manutenção de colônias ou cooperativas de povoamento e trabalho agrícola", "construção de casas populares". Da mesma forma, as hipóteses da Lei n. 4.132/62 são **taxativas** (cf. GASPARINI, 2008, p. 825 e CARVALHO FILHO, 2008, p. 761).

Vale consignar que a desapropriação para fins de reforma agrária também representa hipótese de interesse social, como expressamente aduz o art. 184 da CF.

6.7.5. Objeto

Nos termos do art. 2º do Decreto-Lei n. 3.365/41, todos os bens podem ser objeto de desapropriação. Assim, submetem-se ao regime da expropriação os bens móveis e imóveis, materiais e imateriais, públicos ou privados.

Do ponto de vista juridicamente mais preciso, é possível afirmar, como faz Diogenes Gasparini, que são passíveis de desapropriação, salvo as vedações legais, os bens apropriáveis ou os que detenham conteúdo econômico (2008, p. 836).

A despeito da amplitude da regra estampada no Decreto-Lei n. 3.365/41, doutrina, jurisprudência e normas têm excluído do regime expropriatório alguns bens. Podem ser destacadas as seguintes **coisas inexpropriáveis**:

a) Bens e direitos personalíssimos, a exemplo do nome, do direito a alimentos, de títulos profissionais, da liberdade etc. Nesse caso, de fácil compreensão referida impossibilidade, uma vez que não são apropriáveis, não podendo sequer ser aferidos economicamente.

b) Moeda corrente do País, já que a indenização é igualmente feita por tal moeda. Assim, desprovido de sentido a expropriação de reais e a posterior indenização em reais.

c) De acordo com a Constituição, são inexpropriáveis, para fins de reforma agrária, a propriedade produtiva e a pequena e média propriedade rural, desde que seu proprietário não possua outra (art. 185, I e II). Atente-se que a norma constitucional dispõe sobre tal vedação na hipótese específica de expropriação relacionada com reforma agrária.

d) Posição doutrinária interessante é mencionada por Diogenes Gasparini, para quem não podem ser expropriados os bens encontráveis no mercado, os quais podem ser adquiridos normalmente pela Administração, a exemplo de ônibus, carteiras escolares, móveis de escritório, caminhões etc. (2008, p. 838). Justifica o autor, acertadamente, que a "desapropriação somente tem sentido quando à aquisição do bem se opõe o seu proprietário. Fora dessa hipótese, o uso da desapropriação para a aquisição de bens comerciáveis normalmente enseja fraude à licitação".

Quanto aos bens públicos, aplica-se a regra do art. 2º, § 2º, do Decreto-Lei n. 3.365/41, que dispõe:

"Os bens do domínio dos Estados, Municípios, Distrito Federal e Territórios poderão ser desapropriados pela União, e os dos Municípios pelos Estados, mas, em qualquer caso, ao ato deverá preceder autorização legislativa".

Como se vê, a Lei de Desapropriações estabelece a regra segundo a qual a entidade federativa maior ou central pode expropriar coisas da entidade federativa menor ou local; no entanto, o inverso não é possível (DI PIETRO, 2009, p. 171). Logo, incabível que o Município desaproprie bens dos Estados ou da União. Da mesma forma é vedada a expropriação de bens da União pelo Estado. Ademais, a norma exige que haja autorização legislativa. Trata-se de uma lei da entidade expropriante.

Cumpre ressaltar que tal norma sofre críticas por determinada doutrina, por representar violação ao princípio federativo, que não estabelece nenhuma hierarquia entre as entidades políticas. É o que salienta, entre outros, Marçal Justen Filho, para quem "não tem cabimento afirmar que a União pode desapropriar terrenos municipais para construir uma rodovia federal mas que o Município não tem competência para desapropriar bens federais para construir uma rodovia municipal" (2005, p. 427). Isso porque "cada ente federativo tem sua autonomia consagrada" (2005, p. 427).

Muito embora saliente a divergência, Maria Sylvia Zanella Di Pietro entende como legítima a solução estampada no Decreto-Lei n. 3.365/41, ressaltando como fundamento "a ideia de domínio eminente do Estado, entendido como o poder que o Estado exerce sobre todas as coisas que estão em seu território; trata-se de poder inerente à própria ideia de soberania e não poderia ser obstado por um poder de igual natureza exercido pelos Estados e Municípios dentro de suas respectivas áreas geográficas, mesmo porque tais entidades não detêm soberania, mas apenas autonomia nos termos defendidos pela Constituição" (2009, p. 171).

Sobre o tema, questiona-se: quais bens públicos podem ser expropriados (levando-se em consideração a classificação dos bens públicos – de uso comum, de uso especial e dominicais)?

Conquanto alguns autores defendam a tese de que qualquer modalidade de bem público pode ser expropriado (cf. GASPARINI, 2008, p. 838), vem prevalecendo na jurisprudência dos Tribunais Superiores a tese segundo a qual somente os bens dominicais estão sujeitos à desapropriação, a exemplo do quanto decidido no REsp 518.744 (rel. Min. Luiz Fux, *DJU* de 25-2-2004, p. 108, *RT* 825/200).

6.7.6. Indenização

Ao poder de desapropriar corresponde o dever da Administração de indenizar o particular pela perda da propriedade. É o que expressamente preconiza o art. 5º, XXIV, da CF.

Mais do que isso, a Carta Magna estipula as características do valor indenizatório. De acordo com o mesmo dispositivo, a indenização deve ser:

a) **Prévia** – o pagamento do ressarcimento decorrente da perda da propriedade deve ser anterior à efetiva transferência do domínio ao patrimônio público. Ou seja, antes do pagamento integral da indenização, a coisa objeto de expropriação persiste na esfera patrimonial do particular.

Importa ressaltar que a indenização é prévia à transferência da propriedade, e não prévia à ocupação do bem pela Administração. Isso porque é juridicamente cabível que o Poder Público se imita na posse do bem antes do pagamento integral do valor indenizatório. É a figura da imissão provisória na posse, objeto de estudo em item ulterior (ver subitem 6.7.7.1, fase declaratória da desapropriação).

b) **Em dinheiro** – vale dizer, em moeda corrente. Em nosso país, o pagamento deve ser feito em real.

c) **Justa** – o *quantum* indenizatório deve corresponder ao exato valor da coisa expropriada, de tal sorte que haja a recomposição integral do patrimônio do particular expropriado.

Dessa forma, imprescindível que a aferição da indenização tome como parâmetro o valor real do bem.

Os problemas jurídicos que costumam apresentar-se em relação ao enquadramento como justa indenização referem-se a determinados valores acessórios.

Atualmente, encontra-se pacificado o entendimento de que é devida indenização referente às benfeitorias existentes no bem. Igualmente devem integrá-la os danos emergentes e os lucros cessantes.

A propósito da incidência de juros, predomina a posição segundo a qual cabe o pagamento conjunto de juros moratórios e compensatórios em uma desapropriação. Trata-se, ainda, de matéria objeto da Súmula 12 do STJ ("Em desapropriação, são cumuláveis juros compensatórios e moratórios").

Em relação aos juros compensatórios, o valor é, atualmente, de 12% ao ano (cf. Súmula 618 do STF), com incidência (termo *a quo*) a partir da ocupação do bem, que pode dar-se licitamente (imissão provisória da posse) ou ilicitamente (desapropriação indireta). Este o conteúdo das Súmulas 164 do STF e 69 do STJ. Consigne-se que relevantes alterações dispostas no art. 15-A do Decreto-lei n. 3.365/41 (cf. redação dada por medidas provisórias a partir de 1997) foram objeto de suspensão pelo STF, em 2001, no âmbito da ADIn 2.332. A principal delas foi a redução dos juros compensatórios para "até 6% ao ano". Saliente-se que esse percentual mereceu aplicação entre 1997 e 2001, nos termos da Súmula 408 do STJ.

No tocante aos juros moratórios, a taxa é de 6% ao ano. Anteriormente, aplicava-se a Súmula 70 do STJ (juros a partir do trânsito em julgado). No entanto, com a disciplina do art. 15-B do Decreto-Lei n. 3.365/41, tais consectários fluem "a partir de 1º de janeiro do exercício seguinte àquele em que o pagamento deveria ser feito".

Igualmente integram o valor da indenização os honorários advocatícios, custas e despesas processuais, bem como a correção monetária, a partir do laudo de avaliação até a data do efetivo pagamento da indenização (cf. Súmula 561 do STF).

6.7.6.1. Indenização. Exceções. Desapropriações extraordinárias

A própria Constituição traça exceções aos contornos gerais da indenização. São três as hipóteses, comum a todas elas o fato de o ordenamento imputar uma consequência negativa ao particular que se comporta de maneira antijurídica.

Em primeiro lugar, a **desapropriação por descumprimento da função social da propriedade urbana**, de acordo com o art. 182, § 4º, III, da CF.

Um dos elementos que integram o direito de propriedade é a obrigação imposta ao titular do domínio de conferir ao bem uma função social, o que representa, muitas vezes, uma obrigação de fazer do proprietário. Assim, se alguém possui, por exemplo, um imóvel subutilizado, a Administração pode forçá-lo a cumprir com referida obrigação, notificando-o para tanto. Trata-se da figura disciplinada pelo Estatuto da Cidade (Lei n. 10.257/2001), denominada utilização, parcelamento e edificação compulsórios.

Caso o particular, mesmo diante da notificação administrativa, descumpra com tal obrigação, o ordenamento jurídico confere à Administração a prerrogativa de aplicar o IPTU progressivo no tempo. Na hipótese de o particular persistir no inadimplemento, cabível à Administração promover a desapropriação por descumprimento da função social da propriedade urbana.

Trata-se da desapropriação urbana sancionatória, cuja indenização se dá por meio de **títulos da dívida pública, que devem ser previamente aprovados pelo Senado Federal**. Esses títulos são **resgatáveis em até dez anos**. A competência para proceder a este tipo de expropriação pertence ao **Município**.

Em segundo lugar, a **desapropriação por descumprimento da função social da propriedade rural**, que assume o mesmo caráter da espécie anterior. Trata-se de sanção cominada ao proprietário que não confere ao seu domínio rural uma função social. Representa **desapropriação para fins de reforma agrária**. Detém atribuição para tanto a **União**.

A indenização é feita mediante **títulos da dívida agrária, resgatáveis em até vinte anos** (cf. art. 184 da CF). Excepciona a Constituição, ao dispor que as benfeitorias úteis e necessárias serão indenizadas em dinheiro (art. 184, § 1º).

Em terceiro lugar, a **desapropriação de glebas de terra em que cultivadas ilegalmente plantas psicotrópicas** (art. 243 da CF). Representa penalidade pelo cultivo ilegal de plantas das quais se fabricam drogas. A competência para promover a expropriação é da **União**. A Carta Magna é expressa ao determinar que **não é cabível indenização ao proprietário**.

Assinala a Constituição que o imóvel desapropriado será destinado ao assentamento de colonos, para o cultivo de produtos alimentícios e medicamentosos.

6.7.7. Processo

A desapropriação representa um processo, de tal maneira que os atos sucessivos e encadeados que o integram acabam por culminar na transferência da coisa ao patrimônio público.

Duas são as fases que o constituem: a **declaratória** e a **executória**.

6.7.7.1. Fase declaratória

Nesta etapa inicial, a Administração manifesta a intenção de proceder à expropriação, declarando a utilidade pública, a necessidade pública ou o interesse social que lhe serve de pressuposto.

Em relação à competência, detém atribuição para proceder à fase declaratória o Executivo, por meio de suas entidades federativas (União, Estados-membros, Distrito Federal e Municípios). O instrumento para tanto é o decreto, expedido pela Chefia do Executivo, de acordo com o art. 6º do Decreto-Lei n. 3.365/41. Consigne-se que outras entidades da Administração podem fazer a declaração expropriatória, na hipótese de haver uma autorização legal. É o que se dá com a Agência Nacional de Energia Elétrica (Aneel, autarquia de regime especial de âmbito federal), nos termos do art. 10 da Lei n. 9.074/95.

Igualmente o Legislativo possui referida competência, *ex vi* do art. 8º do Decreto-Lei n. 3.365/41. A atuação desse Poder fica restrita a fase declaratória, porquanto a efetivação da desapropriação é atribuição do Executivo. Observe-se que a lei expedida nesses termos representa uma lei de efeito concreto, motivo pelo qual, em sentido material, constitui verdadeiro ato administrativo. Daí tal lei não obrigar o Executivo a realizar a desapropriação, de modo que somente o fará se entender conveniente e oportuno (cf. GASPARINI, 2008, p. 850).

Fase declaratória é a etapa inicial do processo de desapropriação. Entre os seus efeitos não se encontra a transferência da propriedade ao domínio público. O proprietário do bem continua nesta condição, podendo usar, gozar e dispor do bem, até mesmo aliená-lo. Ademais, a Administração não pode lhe negar a licença para construir, nos termos da Súmula 23 do STF.

A propósito dos **efeitos** da fase declaratória, destacam-se os seguintes:

a) **Fixação do estado do bem**, ou seja, o valor da indenização será aferido de acordo com o estado do bem no momento da declaração feita pela Administração.

Em relação às benfeitorias realizadas após a declaração, o art. 26, § 1º, do Decreto-Lei n. 3.365/41 dispõe que as **benfeitorias necessárias** serão sempre indenizadas (p. ex., obra de reparos no telhado); que as **úteis** (uma garagem, p. ex.) somente serão ressarcidas se autorizadas pelo Poder Público; já as **benfeitorias voluptuárias** (piscina em uma residência) não serão objeto de indenização.

b) Com a declaração, a Administração tem o **direito de penetrar no bem** objeto do regime expropriatório, a fim de fazer verificações e medições (art. 7º do Dec.-Lei n. 3.365/41). Em geral, trata-se de medida autoexecutória, ou seja, sem a necessidade de intervenção do Poder Judiciário. Ressalte-se, contudo, que o princípio da inviolabilidade do domicílio deve ser respeitado (art. 5º, XI, da CF), o que exige, nesta hipótese, o ajuizamento de ação judicial pela Administração.

c) Início do prazo de validade da declaração expropriatória.

A declaração expedida pela Administração não é eterna. Possui um prazo de validade, também denominado **prazo de caducidade**, que varia de acordo com o pressuposto da desapropriação.

Em caso de **necessidade ou utilidade públicas**, a Administração possui o **prazo de cinco anos** para ajuizar a respectiva ação judicial ou efetivar a desapropriação mediante acordo. Sobrevindo a caducidade, a declaração somente pode ser renovada após decorrido **um ano** (período de carência).

Na hipótese de **interesse social**, inclusive para fins de reforma agrária, o **prazo é de dois anos** e leva em consideração o tempo para a efetivação da desapropriação, bem assim para a tomada das medidas de aproveitamento do bem.

6.7.7.1.1. Tredestinação ilícita e retrocessão

Como visto, na fase declaratória a Administração indica a destinação que será conferida ao bem. Esta representa a finalidade da desapropriação.

Diante disso, surge o seguinte questionamento: caso o Poder Público atribua ao bem fim diverso daquele especificamente indicado na fase declaratória, haverá desvio de finalidade?

Sobre o tema, a doutrina e a jurisprudência firmaram entendimento de que somente haverá vício de finalidade na hipótese de ser conferido ao bem uma destinação desvinculada do interesse público. Vale dizer, se for dado fim diverso, porém relacionado a interesse público, não restará caracterizado desvio de finalidade. Nesse caso, há tredestinação lícita.

Exemplo: a Administração, ao declarar que a expropriação de um terreno tem por finalidade a construção de uma escola, vem posteriormente a erguer um hospital. Não há desvio de finalidade, pois o interesse público restou mantido, a despeito de o fim específico ter sido desconsiderado. Hipótese diversa é aquela em que, após a desapropriação, o Poder Público aluga o imóvel, para que uma empresa monte no local um estacionamento privado. Evidente, neste caso, o desvio de poder, haja vista o desvirtuamento do interesse público.

Com referência ao desvio de finalidade em matéria de desapropriação, a terminologia específica é **tredestinação ilícita** (ou simplesmente **tredestinação,** conforme alguns autores), que pode, então, ser definida como a **utilização do bem expropriado em finalidade não pública**.

Ocorrendo a tredestinação ilícita, surge ao expropriado o exercício do direito de retrocessão. Sobre o conteúdo de tal direito, verifica-se acirrada polêmica doutrinária e jurisprudencial. Há basicamente três entendimentos: a retrocessão possui a natureza real (o particular expropriado tem o direito de reaver o bem), pessoal (ao particular resta apenas pleitear perdas e danos) ou mista (o expropriado tem o direito de preferência ou, caso isso seja inviável, de pleitear indenização).

A despeito desse dissenso, decisões recentes do Superior Tribunal de Justiça apontam a natureza real da desapropriação. Esses julgados estão baseados em entendimento de Celso Antônio Bandeira de Mello, em precedentes do próprio STJ, bem como do STF. É nesse sentido que se posiciona o Acórdão proferido no âmbito do REsp 868.120, rel. Min. Luiz Fux, *DJ* de 21-2-2008:

"2. A retrocessão constitui-se direito real do ex-proprietário de reaver o bem expropriado, mas não preposto a finalidade pública (Celso Antônio Bandeira de Mello, *Curso de Direito Administrativo*, 17ª edição, p. 784).

Precedentes: RESP n. 623.511/RJ, Primeira Turma, deste relator, *DJ* de 6-6-2005), RESP n. 570.483/MG, Segunda Turma, Rel. Min. Franciulli Netto, *DJ* de 30-6-2004).

Outrossim, o Supremo Tribunal Federal também assentou a natureza real da retrocessão: 'DESAPROPRIAÇÃO – Retrocessão – Prescrição – Direito de natureza real – Aplicação do prazo previsto no art. 177 do CC e não do quinquenal do Dec. 20.910/32 – Termo inicial – Fluência a partir da data da transferência do imóvel ao domínio particular, e não da desistência pelo Poder expropriante' (STF, ERE, 104.591/RS, Rel. Min. Djaci Falcão, *DJU* 10-4-87)".

6.7.7.2. Fase executória

A segunda fase do procedimento expropriatório é a fase executória, no âmbito da qual a Administração toma as medidas para a efetivação da desapropriação, ou seja, a integração do bem ao patrimônio público.

A competência para proceder à execução pertence ao Poder Executivo das pessoas federativas (União, Estados-membros, Distrito Federal e Municípios). Outrossim, de acordo com o art. 3º do Decreto-Lei n. 3.365/41, entidades descentralizadas também detêm a mesma atribuição, caso previsto em lei ou contrato. É o caso dos entes da Administração indireta (autarquias, fundações governamentais, empresas públicas, sociedades de economia mista), bem como dos concessionários e permissionários de serviços públicos.

A fase executória pode ser **administrativa** ou **judicial**.

No primeiro caso, decorre de um acordo entre a Administração e o particular a respeito do valor da indenização, entre outros aspectos. Se for efetivada, mesmo se assemelhando à compra e venda, não perde a natureza de forma originária de aquisição da propriedade.

No segundo caso, inexistindo composição, a Administração deve promover demanda judicial, denominada ação de desapropriação, que segue o rito especial previsto no Decreto-Lei n. 3.365/41. Os principais aspectos de referida lide são:

a) Embora se aplique o rito especial do Decreto-Lei n. 3.365/41, a disciplina do Código de Processo Civil incide de maneira supletiva.

b) De acordo com o art. 20, a "contestação só poderá versar sobre **vício do processo judicial** ou **impugnação do preço**". Como se vê, a lei restringiu as matérias que podem ser alegadas no âmbito da resposta do expropriado.

Apesar de haver opiniões pela inconstitucionalidade do dispositivo, por ofensa ao princípio do contraditório e da ampla defesa, prevalece o entendimento oposto. Isso porque não é vedada a arguição de outros aspectos pelo réu. A proibição é fazê-lo, sob o aspecto formal, no bojo da contestação. Assim, qualquer outra matéria de defesa pode ser suscitada, no entanto, somente em outra ação (o mesmo art. 20 faz alusão a uma "ação direta"), que, na prática, pode ser uma ação ordinária, um mandado de segurança etc. Evidentemente, tal ação judicial será conexa à ação expropriatória, motivo pelo qual os autos tramitarão em apenso.

c) Igualmente pode ser exercido, em sede de contestação ou por meio de acordo, o chamado **direito de extensão**, que representa o "direito de exigir que na desapropriação se inclua a parte do imóvel que ficou inaproveitável isoladamente" (DI PIETRO, 2009, p. 167). Se não for exercido sob uma dessas formas, presume-se a renúncia ao direito.

d) Dispõe o art. 9º que "ao Poder Judiciário é vedado, no processo de desapropriação, decidir se se verificam ou não os casos de utilidade pública".

e) No bojo da ação de desapropriação, cabível que a Administração promova a chamada **imissão provisória na posse**, que constitui a ocupação do bem pelo Poder Público, antes mesmo da transferência efetiva da propriedade.

Os requisitos para tanto estão previstos no art. 15 do Decreto-Lei n. 3.365/41. São dois:

Em primeiro lugar, a **declaração de urgência**, que representa o motivo que enseja a pronta ocupação do bem pela Administração. Ela pode ser formulada na fase declaratória ou na executória, no curso da ação de desapropriação. Observe-se que a declaração possui uma validade de **cento e vinte dias**, posteriormente aos quais ocorre a sua caducidade, de modo que se apresenta como incabível a sua renovação.

Em segundo lugar, o **depósito de quantia** fixada legalmente, após instrução sumária. Nesse ponto, duas hipóteses devem ser consideradas: 1) a imissão provisória de posse de **imóvel residencial urbano** encontra-se regulada pela Lei n. 1.075/70, que determina, em caso de impugnação pelo expropriado do valor inicialmente oferecido, a fixação judicial da quantia, após realização de prova pericial; 2) a imissão provisória de posse nas demais hipóteses sofre tratamento pelo Decreto-Lei n. 3.365/41, em seu art. 15, § 1º. Ocorre que se verifica acirrada polêmica quanto à constitucionalidade de tal dispositivo. Para alguns autores, e também para o Superior Tribunal de Justiça, não se trata de preceito recepcionado pela Carta Magna, pois os critérios nele estampados (valor locativo, valor cadastral tomado como referência para pagamento de imposto, entre outros) acabam por ensejar a fixação de quantia muito aquém àquela considerada justa para efeitos de perda da posse pelo expropriado. Ocorre que o Supremo Tribunal Federal considera constitucional referido dispositivo, entendimento firmado pela Súmula 652: "Não contraria a Constituição o art. 15, § 1º, do Dec.-Lei. 3.365/41 (Lei da Desapropriação por utilidade pública)".

f) Caso o réu não conteste, **não se aplicam os efeitos da revelia**, na medida em que a diretriz constitucional impõe que a indenização seja justa, cabendo ao Judiciário zelar por tal garantia individual. Assim entende o Superior Tribunal de Justiça: "A revelia do desapropriado por si só não significa implícita aceitação da oferta, pois a lei impõe a realização de perícia avaliatória a fim de fixar o justo preço, constitucionalmente garantido" (REsp 618.146-ES, rel. Min. João Otávio de Noronha, *DJU* de 19-12-2006, p. 368).

g) Assinala Diogenes Gasparini que a Administração pode **desistir unilateralmente da desapropriação** (2008, p. 861). No entanto, observam-se algumas vedações para tanto. Ela somente será possível caso não tenha sido feito o pagamento da indenização, total ou mesmo parcialmente, conforme entendimento do Superior Tribunal de Justiça no REsp 402.482, rel. Min. Eliana Calmon, j. em 25-3-2002 (releva observar que, no âmbito dessa decisão, restou assentado que "a sentença, mesmo transitada em julgado, não impede a desistência").

Igualmente incabível a desistência "se a ocupação do bem a ser desapropriado provocou alterações substanciais, sendo inviável a devolução nas condições anteriores" (CARVALHO FILHO, 2008, p. 804).

6.7.8. Desapropriação por zona

Também denominada desapropriação extensiva, a desapropriação por zona é aquela em que "se desapropria uma área maior que a necessária à realização de uma obra ou serviço, com o fito de reservá-la para posterior utilização no desenvolvimento da obra ou serviço ou com o objetivo de revendê-la" (GASPARINI, 2008, p. 843).

Observe-se, portanto, que a Administração pode expropriar uma extensão maior da área imediatamente necessária à consecução do interesse público. Existem duas finalidades para tanto: a) desenvolvimento da obra ou serviço; ou b) revenda a terceiros, pelo valor decorrente da valorização do bem em virtude das melhorias públicas.

Esta última finalidade evidencia que a desapropriação por zona é um sucedâneo da contribuição de melhoria, espécie de tributo previsto no art. 145, III, da CF (GASPARINI, 2008, p. 843).

Alguns autores consideram tal hipótese inconstitucional. É o entendimento de Celso Antônio Bandeira de Mello, que assim justifica: "Pelo menos duas razões assomam para levar a tal entendimento. Uma é a de que a própria Constituição prevê, em seu art. 145, III, a contribuição de melhoria, concebida para captar a valorização obtida à custa da obra pública. É este, então, o instituto idôneo para absorvê-la. Outra, a de que, se o Poder Público tem um meio para atingir o objetivo em causa, não pode se valer de outro que impõe ao administrado gravames maiores (a perda da propriedade) que os necessários para alcançar o fim que lhe serve de justificativa (recolher a valorização extraordinária)" (2003, p. 758). Apesar da propriedade do argumento, os Tribunais vêm admitindo a figura da desapropriação por zona com tal desiderato (cf. CARVALHO FILHO, 2008, p. 773).

6.7.9. Desapropriação indireta

Compreende-se a **desapropriação indireta** (também denominada **apossamento administrativo**) como o apossamento abusivo e irregular cometido pela Administração referente a bem de terceiro, pela inobservância do regular processo de desapropriação. Trata-se de verdadeiro esbulho praticado pelo Poder Público (DI PIETRO, 2009, p. 184), em flagrante ofensa ao direito de propriedade do particular. De acordo com José Carlos de

Moraes Salles, "desapropriação indireta é uma expropriação que se realiza às avessas, sem observância do devido processo legal" (1995, p. 743).

A consequência apontada, tanto pela doutrina quanto pela jurisprudência prevalecentes, é no sentido de que, conferida uma destinação pública ao bem apossado, incabível ao particular retomar a posse, restando-lhe apenas exercer a pretensão indenizatória. Assim, "se o proprietário não o impedir no momento oportuno, deixando que a Administração lhe dê uma destinação pública, não mais poderá reivindicar o imóvel, pois os bens expropriados, uma vez incorporados ao patrimônio público, não podem ser objeto de reivindicação" (SALLES, 1995, p. 743).

O argumento que se apresenta para justificar a impossibilidade de o particular tornar sem efeito a ocupação ilícita da Administração, reavendo a posse sobre a coisa, é o art. 35 do Decreto-Lei n. 3.365/41, que assim dispõe: "Os bens expropriados, uma vez incorporados à Fazenda Pública, não podem ser objeto de reivindicação, ainda que fundada em nulidade do processo de desapropriação. Qualquer ação, julgada procedente, resolver-se-á em perdas e danos". Esse dispositivo encerra o chamado princípio da intangibilidade da obra pública (cf. SALLES, 1995, p. 744). No tocante à prescrição da pretensão indenizatória, prevalece o entendimento de que o prazo é de 15 anos, nos termos da jurisprudência pretérita sobre a matéria.

No entanto, consigne-se a existência de opiniões contrárias. De acordo com Marçal Justen Filho, acerca do art. 35 do Decreto-Lei n. 3.365/41 e de sua interpretação conforme à Constituição (2005, p. 707):

"O dispositivo tem merecido interpretação no sentido da concretização automática da transferência do domínio do bem para o Estado, mediante qualquer ato de força. Portanto, seria vedado ao particular pleitear a restituição da posse ou reivindicar o domínio do bem indevidamente ocupado pelo Estado.

Essa interpretação é flagrantemente inconstitucional. Ofende tanto o princípio da legalidade quanto o da proteção da propriedade privada.

Em face do princípio da legalidade, a atividade administrativa tem de respeitar os limites da lei. Apropriar-se de bem privado sem título é infringir a lei e configura atuação inválida e defeituosa: tal se aplica à Administração Pública e a qualquer particular.

Por outro lado, o art. 5º, XXIV, subordina a desapropriação à observância de um procedimento especial, garantindo-se, como regra, o pagamento prévio de justa indenização em dinheiro. Logo, nenhum bem privado se incorpora automaticamente no patrimônio público sem observância da disciplina constitucional pertinente".

Importa observar que, em algumas situações, "a Administração não se apossa do bem, mas lhe impõe limitações ou servidões que impedem totalmente o proprietário de exercer sobre o imóvel os poderes inerentes ao domínio; neste caso, também se caracterizará a desapropriação indireta, já que as limitações e servidões somente podem, licitamente, afetar em parte o direito de propriedade" (DI PIETRO, 2009, p. 184).

Resumo esquemático acerca da desapropriação:

DESAPROPRIAÇÃO	
CONCEITO	Processo consistente na retirada compulsória de um bem particular pela Administração, por razões de necessidade pública, utilidade pública ou interesse social, mediante prévia indenização.
COMPETÊNCIA	→ ***Legislativa:*** privativa da União (art. 22, II, da CF/88).
	→ ***Declaratória:*** Poder Executivo (Administração direta e indireta) e Poder Legislativo. → ***Executória:*** Poder Executivo (Administração direta e indireta) e concessionários/permissionários de serviços públicos.
NATUREZA JURÍDICA	→ Forma originária de aquisição da propriedade. ↓ **Consequências:** • incidência do princípio da irreversibilidade • pagamento de indenização para aparente titular da propriedade não invalida a desapropriação • não aplicação do princípio da continuidade registral • direitos reais gravados sobre o bem expropriado são extintos, ficando substituídos no valor da indenização • expropriante não tem direito à ação redibitória ou de pedir abatimento do preço por vício ou defeito oculto do bem expropriado

OBJETOS INEXPROPRIÁVEIS	→ bens e direitos personalíssimos → moeda corrente do País → pequena e média propriedade rural para fins agrários, desde que o proprietário não possua outra propriedade (art. 185, I e II, da CF/88) → bens de mercado que podem normalmente ser adquiridos pela Administração por meio de licitação
DESAPROPRIAÇÃO DE BENS PÚBLICOS	Aplicação do princípio da "hierarquia federativa": as entidades federativas maiores podem expropriar bens das entidades menores, mas o inverso é vedado. OBS.: tal princípio é criticado por alguns doutrinadores, em virtude do regime federativo brasileiro.
REQUISITOS PARA INDENIZAÇÃO	→ prévia → justa → em dinheiro
DESAPROPRIAÇÃO EXTRAORDINÁRIA	Decorrente → De descumprimento da função social da propriedade urbana (art. 182, § 4º, da CF/88). Competência exclusiva do Município. Indenização: títulos da dívida pública resgatáveis em até 10 anos. → De descumprimento da função social da propriedade rural para fins de reforma agrária (art. 184 da CF). Competência exclusiva da União. Indenização: títulos da dívida agrária resgatáveis em até 20 anos. → De desapropriação de glebas de terras utilizadas para o cultivo de plantas psicotrópicas (art. 243 da CF/88). Competência exclusiva da União. Incabível indenização (confisco). → Destinação do bem expropriado: assentamento de colonos, para o cultivo de produtos alimentícios e medicamentosos.

<table>
<tr>
<td>PROCESSO</td>
<td>
1. Fase declaratória:
a. Efeitos:
✓ fixação do estado do bem (em relação ao valor da indenização)
✓ direito da Administração de adentrar no bem objeto de expropriação
✓ prazo de validade:
• cinco anos: por razões de necessidade ou utilidade pública
• dois anos: por razões de interesse social
→ Tredestinação: utilização do bem expropriado em finalidade não pública, surgindo ao expropriado o direito de retrocessão.

2. Fase executória:
→ Fase de integração do objeto ao patrimônio público.
→ Espécies:
✓ administrativa
✓ judicial
└→ Principais aspectos:
↓
→ segue o rito especial previsto no Decreto-Lei n. 3.365/41, aplicando o CPC supletivamente
→ a contestação do expropriado somente pode versar sobre vícios processuais ou impugnação do preço
→ possibilidade de exercício do direito de extensão (na contestação)
→ cabível a Administração promover a imissão provisória na posse, mediante (i) declaração de urgência e (ii) depósito da quantia fixada legalmente
→ não se aplicam os efeitos da revelia
</td>
</tr>
<tr>
<td>DESISTÊNCIA UNILATERAL DA DESAPROPRIAÇÃO POR PARTE DA ADMINISTRAÇÃO</td>
<td>
→ cabível se o pagamento da indenização não tiver sido efetuado, total ou parcialmente
→ incabível se a ocupação do bem provocou alterações que tornaram inviável a sua devolução nas condições anteriores
</td>
</tr>
</table>

DESAPROPRIAÇÃO POR ZONA	A Administração pode expropriar uma extensão maior da área necessária à consecução do interesse público, desde que haja finalidade de desenvolvimento da obra ou serviço ou de revenda a terceiros.
DESAPROPRIAÇÃO INDIRETA (ou apossamento administrativo)	Expropriação realizada sem a observância do devido processo legal.

6.8. JURISPRUDÊNCIA DESTACADA DOS TRIBUNAIS SUPERIORES

6.8.1. Súmulas do Supremo Tribunal Federal referentes à desapropriação

• 23: "Verificados os pressupostos legais para o licenciamento da obra, não o impede a declaração de utilidade pública para desapropriação do imóvel, mas o valor da obra não se incluirá na indenização quando a desapropriação for efetivada".

• 164: "No processo de desapropriação, são devidos juros compensatórios desde a antecipada imissão de posse ordenada pelo juiz por motivo de urgência".

• 378: "Na indenização por desapropriação incluem-se honorários do advogado do expropriado".

• 416: "Pela demora no pagamento da desapropriação não cabe indenização complementar além dos juros".

• 479: "As margens dos rios navegáveis são de domínio público, insuscetíveis de expropriação e, por isso mesmo, excluídas de indenização".

• 561: "Em desapropriação, é devida a correção monetária até a data do efetivo pagamento da indenização, devendo proceder-se à atualização do cálculo, ainda que por mais de uma vez".

• 618: "Na desapropriação, direta ou indireta, a taxa dos juros compensatórios é de 12% (doze por cento) ao ano".

6.8.2. Súmulas do Superior Tribunal de Justiça referentes à desapropriação

• 12: "Em desapropriação são cumuláveis juros compensatórios e moratórios".

• 69: "Na desapropriação direta, os juros compensatórios são devidos desde a antecipada imissão na posse e, na desapropriação indireta, a partir da efetiva ocupação do imóvel".

Questões

1. **(Procurador do Estado do Maranhão – 2003) Determinada lei municipal impôs aos proprietários de imóveis de áreas específicas o ônus de suportar a passagem, por seus terrenos, de cabos de transmissão de energia elétrica, destinados ao abastecimento municipal. Semelhante ônus:**
   a) pode ser considerado servidão administrativa, pois esta caracteriza-se pela retirada do caráter exclusivo da propriedade, implicando sua utilização também pelo Poder Público.
   b) pode ser considerado servidão administrativa, pois esta caracteriza-se por retirar do proprietário a plena disponibilidade de seu imóvel.
   c) não pode ser considerado servidão administrativa, pois não atende a uma finalidade de interesse público.
   d) não pode ser considerado servidão administrativa, pois instituído por meio de lei, quando as servidões apenas são instituídas por decreto.
   e) não pode ser considerado servidão administrativa, pois não houve a transferência da propriedade dos imóveis ao Poder Público.

2. **(Procurador do Município de São Paulo – 2004) Tombamento é:**
   a) procedimento administrativo por meio do qual o Poder Público sujeita alguns bens a restrições, cuja conservação seja de interesse público.
   b) instrumento utilizado pela Administração Pública em situação excepcional de emergência e em prejuízo da propriedade particular, para conservação de bens imóveis.
   c) ato administrativo por meio do qual a Administração Pública ocupa temporariamente o imóvel, para conservação que atenda ao interesse público, assegurada ao proprietário indenização pertinente.
   d) procedimento administrativo de desapropriação de bem imóvel para fim de preservação, em virtude de seu excepcional valor cultural, arqueológico ou artístico.
   e) direito real de gozo, de natureza pública, instituído pelo Poder Público sobre imóvel particular, em virtude de seu excepcional valor cultural, arqueológico ou artístico.

3. **(Delegação de Notas e de Registro do Estado de São Paulo – 2006) A requisição é:**

a) o pedido de bens ou serviços particulares, pelo Poder Público, visando à execução mediata e direta da autoridade requisitante e indenização prévia e justa, para atendimento de necessidades coletivas urgentes e transitórias.

b) a utilização coativa de bens ou serviços particulares, pelo Poder Público, por ato de execução imediata e direta da autoridade requisitante e indenização ulterior, para atendimento de necessidades coletivas urgentes e transitórias.

c) a utilização consensual de bens ou serviços particulares, pelo Poder Público, por ato de execução imediata e direta da autoridade requisitante e indenização ulterior, para atendimento de necessidades coletivas urgentes e transitórias.

d) a utilização coativa de bens ou serviços particulares, pelo Poder Público, por ato de execução imediata e direta da autoridade requisitante e indenização prévia e justa, para atendimento de necessidades coletivas urgentes e transitórias.

4. **(Defensor Público do Estado do Maranhão – 2003) *Não* é efeito do tombamento de edificação urbana:**

a) a proibição de construções no entorno que prejudiquem sua visibilidade.

b) a proibição de sua derrubada.

c) a inalienabilidade do imóvel em que construída.

d) o dever do proprietário de conservá-la.

e) a sujeição à fiscalização do órgão público competente.

5. **(Defensor Público do Estado do Maranhão – 2003) Decretada a utilidade pública de um imóvel, para fins de sua desapropriação, o Poder Executivo permanece inerte. Transcorridos 7 (sete) anos, resolve enfim mover o processo judicial correspondente. A propositura da ação de desapropriação, nessa hipótese:**

a) está correta.

b) depende da edição de novo decreto desapropriatório, que pode ter fundamento idêntico ao anterior.

c) depende da edição de decreto desapropriatório com fundamento diferente do anterior.

d) não pode ser realizada antes de transcorrido 1 (um) ano da edição de novo decreto desapropriatório, com qualquer fundamento.

e) é impossível, pois o imóvel não mais poderá ser desapropriado.

6. **(Defensor Público do Estado de São Paulo – 2006) No processo de desapropriação, não é cabível a discussão:**
   a) da fixação de acréscimos legais à indenização fixada.
   b) do preço oferecido.
   c) de vícios de caráter processual.
   d) de desvio de finalidade no ato declaratório.
   e) do direito de extensão.

7. **(Ministério Público Federal – 2005) Sobre a temática das limitações e servidões administrativas, assinale a alternativa incorreta:**
   a) pode-se afirmar que, em geral, a limitação administrativa implica uma obrigação de não fazer imposta ao titular do direito de propriedade, ao passo que a servidão se refere a um ônus de tolerância que se impõe ao bem do particular.
   b) a instituição da servidão administrativa se faz por acordo judicial ou sentença judicial, precedida sempre de ato declaratório, redundando no direito a indenização do particular que sofrer prejuízo em sua propriedade.
   c) a limitação administrativa, por consubstanciar verdadeira redução da vocação econômica da propriedade, deve ser sempre acompanhada de indenização, preservando-se o direito do proprietário do bem submetido ao regime jurídico limitador.
   d) o impedimento de construção ou de desmatamento que atingir a maior parte da propriedade ou sua totalidade deixa de ser limitação administrativa, passando a ser considerado interdição do uso da propriedade, com as consequências daí decorrentes.

8. **(Magistratura Goiás – 53º concurso – 2007) A ampliação da desapropriação de um bem particular às áreas que se valorizarem extraordinariamente, em consequência da realização de obra ou de serviço público na área primitivamente desapropriada, caracteriza:**
   a) desapropriação indireta.
   b) expansão obrigatória.
   c) desapropriação por zona.
   d) desapropriação paralela.

9. **(Magistratura do Estado de Minas Gerais – 2007) Em relação aos atos de intervenção do Estado na propriedade privada, é incorreto afirmar:**

a) a desapropriação em nenhuma hipótese pode se dar sem justa indenização.
b) o tombamento constitui, em regra, restrição apenas parcial do direito de propriedade.
c) a servidão administrativa extingue-se pela desafetação da coisa dominante.
d) a desapropriação tem como pressupostos a necessidade pública, a utilidade pública e o interesse social.

10. (Defensor Público do Distrito Federal – CESPE – 2006) Julgue os itens a seguir, a respeito dos poderes de intervenção do Poder Público na propriedade privada.

I. A ocupação temporária, por ser transitória, é necessariamente gratuita.
II. Constitui requisição a utilização compulsória da propriedade particular pelo Estado, em situações de iminente perigo público, ficando sempre assegurada ao proprietário a posterior indenização pelo uso de sua propriedade.
III. A requisição depende de prévia intervenção do Poder Judiciário.
IV. Na servidão administrativa, alguns atributos do direito de propriedade são definitivamente transferidos do particular para a administração pública, sem que seja possível reclamar indenização.

11. (Procurador do Estado de Pernambuco – 2004) Um imóvel, de 500 m², onde funcionava um posto de gasolina foi desapropriado para alargamento de uma estrada, restando ao proprietário área de 50 m² beirando o acostamento da rodovia. O proprietário:

a) deverá ajuizar ação de desapropriação indireta, buscando indenização pela área remanescente de 50 m², que restou inutilizável.
b) poderá contestar a ação de desapropriação, questionando o cabimento da medida.
c) poderá invocar, em contestação, direito de extensão, pretendendo a inclusão dos 50 m² remanescentes na área expropriada, porque a área restou economicamente inaproveitável.
d) poderá pleitear a inclusão da área de 50 m² no preço da indenização, remanescendo com a propriedade da mesma.
e) não terá êxito em eventual demanda judicial proposta, vez que, não havendo fundamento legal para questionar judicialmente os motivos da desapropriação, não há como pretender discutir a dimensão da área desapropriada.

12. (Magistratura do Estado de Minas Gerais – 2008) Quando se trata de desapropriação indireta, os juros compensatórios:

a) não são devidos.
b) devem ser fixados em 0,5% ao mês.
c) devem ser fixados em 12% ao ano.
d) não podem ser fixados no mesmo percentual da desapropriação direta.

13. (Procurador da Fazenda Nacional – ESAF – 2006) A desapropriação que ocorre em uma área maior que a necessária à realização de uma obra, com vistas a que seja reservada para posterior desenvolvimento da própria obra, é hipótese de:

a) desapropriação indireta, por já ter o Supremo Tribunal Federal pacificado o entendimento de ser inconstitucional a perda de propriedade por alguém para que o bem fique, simplesmente, reservado para utilização futura.
b) desapropriação indireta, vez que a desapropriação em área maior do que a inicialmente necessária somente seria juridicamente viável para assentamentos rurais, em atividades concernentes à Reforma Agrária.
c) direito de extensão, reconhecido ao Poder Público quando razões de utilidade pública ou interesse social justifiquem a medida.
d) desapropriação por zona, expressamente prevista em legislação que disciplina a desapropriação por utilidade pública.
e) desapropriação por interesse social, tendo em vista que a destinação do bem se dará no interesse da coletividade.

14. (Procurador do Distrito Federal – ESAF – 2004) Desapropriação indireta é:

a) a expropriação efetuada pela União, para que o imóvel seja utilizado por Estado, Município ou pelo Distrito Federal.
b) o ingresso da Administração na posse do imóvel, com pagamento de indenização provisória.
c) aquela em que a indenização é feita mediante títulos da dívida pública.
d) o esbulho praticado pelo Estado, sem justo título, para implantar no imóvel esbulhado um serviço público.
e) a implantação, em imóvel particular, de estradas ou condutores de eletricidade ou outras utilidades de consumo público.

15. (Defensor Público da União – CESPE – 2005) A respeito da desapropriação, julgue o item a seguir:

O direito de ingressar em imóvel sujeito a desapropriação depende da decisão judicial que conceda ao poder expropriante a imissão provisória na posse.

16. (Defensor Público do Estado do Acre – 2006) Acerca da desapropriação, assinale a opção correta:

a) Os bens públicos não são passíveis de desapropriação.
b) A competência para declarar o imóvel como de interesse social para fins de reforma agrária não é exclusiva da União.
c) A imissão provisória na posse do imóvel pressupõe a declaração de urgência, o respectivo pedido, no prazo de 120 dias, e o depósito de acordo com o que a lei prescreve.
d) A incidência de juros moratórios sobre os compensatórios nas ações desapropriatórias constitui anatocismo vedado em lei.

17. (Magistratura do Estado de São Paulo – 170º concurso) A exigência, imposta por lei municipal, de recuo de determinado número de metros na construção a ser levantada em terreno urbano, constitui:

a) servidão predial.
b) servidão administrativa.
c) limitação administrativa.
d) desapropriação parcial do terreno.

18. (Ministério Público de São Paulo – 2000) Qual dos meios interventivos do Estado na propriedade privada pode acarretar, à semelhança da desapropriação, a retirada do domínio sobre o bem pelo particular?

a) A limitação administrativa.
b) A requisição.
c) A servidão administrativa.
d) A ocupação temporária.
e) O tombamento.

19. (Procurador do Estado de São Paulo) Tipo de intervenção do Estado na propriedade que não gera direito a indenização:

a) limitação administrativa.
b) servidão administrativa.
c) requisição de bem particular.
d) criação de Parque Florestal em propriedade particular.
e) desapropriação.

20. (Defensoria Pública/MA – CESPE – 2011) O poder público comunicou a Maria que, em atendimento a interesse coletivo, precisaria erguer postes de energia elétrica dentro de sua proprie-

dade privada para levar luz a um vilarejo próximo, instituindo direito real sobre a área atingida.

Nessa situação hipotética, incide, sobre o bem de Maria:

a) concessão de uso.
b) limitação administrativa.
c) servidão administrativa.
d) ocupação temporária.
e) desapropriação indireta.

21. **(Procurador do Estado – PGE/RO – 2011) Considera-se apossamento administrativo:**

a) o ato administrativo pelo qual se dá posse a um servidor público, em decorrência de um provimento de caráter originário.
b) o provimento jurisdicional pelo qual o juiz, no processo de desapropriação, concede à Administração a posse do bem expropriado.
c) o fato da administração, consistente na irregular apropriação de um bem de terceiro pelo Poder Público.
d) a medida de polícia, consistente na intervenção em obra cuja utilização está comprometendo a segurança ou a saúde da coletividade.
e) o ato administrativo unilateral pelo qual a Administração regulariza a posse de uma terra devoluta ocupada de forma tradicional e pacífica por um particular, que a explora de forma produtiva e consentânea à sua função social.

Gabarito

1. A
2. A
3. B
4. C
5. B
6. D
7. C
8. C
9. A
10. I. Errado
II. Errado
III. Errado
IV. Errado
11. C
12. C
13. D
14. D
15. Errado
16. C
17. C
18. B
19. A
20. C
21. C

7

RESPONSABILIDADE DO ESTADO

7.1. INTRODUÇÃO

O instituto da responsabilidade civil pertence à teoria geral do direito, motivo pelo qual o seu estudo se faz no âmbito tanto do direito privado quanto do direito público. No que se refere ao Direito Administrativo, representa a **obrigação legal imposta ao Estado de ressarcir os danos causados a terceiros**.

A atuação estatal, como já visto, envolve o exercício de três funções: legislativa, judicial e administrativa. Logo, a análise da responsabilidade do Estado deve implicar a consideração de todas elas. Evidentemente, será dado destaque à função administrativa, mesmo porque, em relação às demais, prevalece a irresponsabilidade.

Ademais, não se pode confundir a **responsabilidade civil**, de ordem patrimonial, com as demais modalidades de responsabilidade – a **penal** (decorrente da prática de delitos penais) e a **administrativa** (referente aos ilícitos funcionais), sem desconsiderar a **político-civil** (caracterizadora da improbidade administrativa). Em regra, observa-se a independência entre tais esferas, de modo que é plenamente admissível a cumulação entre elas. Assim, se o motorista de uma repartição pública atropelar uma pessoa, cabível, em tese, a responsabilização civil (ressarcimento pelos danos causados à vítima), a penal (p. ex., por lesão corporal culposa) e a administrativa (por tal ilícito funcional, o agente pode ser suspenso).

7.2. HISTÓRICO

O tópico da responsabilidade pertence à teoria geral do direito, mas nem sempre foi assim. As origens e o desenvolvimento teórico da matéria deram-se no bojo do direito privado, já que no direito público predominava a ideia da inexistência do dever estatal de ressarcir os danos causados.

Assim, a primeira fase referente à responsabilidade do Estado foi a sua negação. Representou a fase da **teoria da irresponsabilidade estatal**, também conhecida como **teoria regalista ou regaliana**. Vigorou na época dos Estados absolutistas, nos quais a noção de soberania era acentuada, não se admitindo o reconhecimento de uma conduta estatal antijurídica. Por conta disso, muito conhecida a frase de que **o rei não podia errar** ("the king can do not wrong"). Como salienta Maria Sylvia Zanella Di Pietro, "qualquer responsabilidade atribuída ao Estado significaria colocá-lo no mesmo nível que o súdito, em desrespeito a sua soberania" (2009, p. 640).

No entanto, durante o século XIX, foi-se percebendo a extrema injustiça da teoria regalista, o que forçou uma mudança de entendimento. De início, procedeu-se à distinção entre **atos de império** e **atos de gestão**. Os primeiros decorrem de uma posição de supremacia da Administração em relação ao particular, o que afasta a possibilidade de responsabilização do Estado. O regime público exorbitante justificava a inaplicabilidade do direito privado. Diferentemente, pelos atos de gestão, a posição da Administração equivalia à dos particulares. Era o que se dava na gestão do serviço e do patrimônio públicos. Desse modo, aplicáveis ao regime estatal os institutos privados, entre os quais a responsabilidade. Progressivamente, tal distinção foi abandonada, sob o fundamento da personalidade única do Estado, o que ensejou o acatamento da ampla responsabilidade administrativa.

Vale reiterar que, neste primeiro momento, a responsabilização estatal seguiu os modelos do direito privado, de tal forma que se adotou a **teoria subjetiva** (ou **teoria civilista da culpa**). O Estado respondia pelos danos causados a terceiros, **desde que comprovado o dolo ou a culpa do agente público**.

Ocorre que a utilização de um regime tipicamente privado foi-se mostrando inadequada na seara do direito público, submetido a princípios peculiares. Por conta disso, surgiram as **teorias publicistas**.

A primeira delas foi a **teoria da culpa do serviço** (também conhecida como **culpa administrativa** ou **acidente administrativo**). A Administração responde nas situações em que o serviço público não funcionou, funcionou mal ou com atraso. Esta a culpa que enseja o dever de ressarcir os danos causados. Observe-se bem: irrelevante o agente público que contribuiu para o dano. O que importa, juridicamente, é a situação deficitária do próprio serviço público. Por isso é que também assume a denominação **culpa anônima**.

Importa ressaltar a diferença entre a teoria civilista da culpa e a teoria da culpa do serviço. Muito embora ambas sejam modalidades de responsabilização subjetiva, a imputação da culpa é diversa. Pela primeira, a culpa a ser demonstrada é a do agente público. Já a segunda se funda na culpa do serviço, no sentido da comprovação de uma deficitária atuação estatal. Como se nota, a passagem da teoria civilista da culpa para a teoria da culpa administrativa representou um deslocamento da culpa, do agente público para o serviço.

Posteriormente, surgiu outra teoria publicista, consistente na **teoria do risco** (ou **teoria da responsabilidade objetiva**), em que a ideia de culpa é abandonada. Assim, para que surja o dever de ressarcimento, basta a comprovação de que houve o nexo causal entre uma ação estatal e determinado dano a particular. Prescinde-se, portanto, da demonstração de dolo ou culpa pela vítima.

A teoria do risco encontra duas variantes: de um lado, a **teoria do risco administrativo**, que afasta a responsabilidade do Estado na ocorrência de causas excludentes; de outro, a **teoria do risco integral**, que não acolhe tais excludentes.

Esquematicamente:

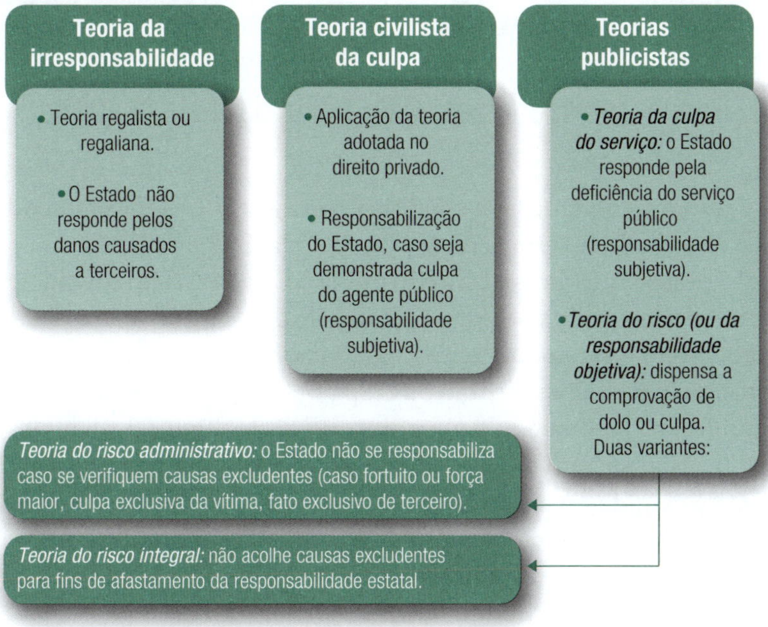

7.3. FUNDAMENTO PRINCIPIOLÓGICO DA RESPONSABILIDADE OBJETIVA DO ESTADO

A teoria do risco justifica-se pela adoção do **princípio da igualdade da repartição dos encargos sociais**, que se assenta sobre a ideia de que os ônus decorrentes da atividade estatal devem ser suportados por todos. Com efeito, se a função do Estado visa ao benefício da sociedade, os gravames dela oriundos são compartilhados pela mesma coletividade (DI PIETRO, 2009, p. 642). De acordo com Celso Antônio Bandeira de Mello, "o fundamento da responsabilidade estatal é garantir uma equânime repartição dos ônus provenientes de atos ou efeitos lesivos, evitando que alguns suportem prejuízos ocorridos por ocasião ou por causa de atividades desempenhadas no interesse de todos" (2003, p. 866).

Em complementação, alguns autores elencam o **princípio da legalidade** como embasamento da responsabilização por atos ilícitos. A prática de atos ofensivos à lei e ao direito enseja o dever de ressarcir os danos causados.

7.4. TEORIAS ADOTADAS PELO DIREITO BRASILEIRO

7.4.1. Responsabilidade por ação: teoria da responsabilidade objetiva

A responsabilidade por condutas comissivas (responsabilidade por ação) é **objetiva**, nos termos do art. 37, § 6º, da CF, que dispõe:

"As pessoas jurídicas de direito público e as de direito privado prestadoras de serviços públicos responderão pelos danos que seus agentes, nessa qualidade, causarem a terceiros, assegurado o direito de regresso contra o responsável nos casos de dolo ou culpa".

A interpretação que se deve extrair do dispositivo é a seguinte: a responsabilização subjetiva (necessidade de comprovação de dolo ou culpa) **somente é exigida no exercício do direito de regresso** (relação entre o Estado e o agente que efetivamente provocou o dano), motivo pelo qual o liame entre a vítima e o Estado prescinde de tal demonstração – é a responsabilidade objetiva.

7.4.1.1. Requisitos da responsabilidade objetiva

Três são os requisitos da responsabilidade objetiva: ação, dano e nexo causal. Observe-se que não os integra o elemento culpa, totalmente irrelevante no âmbito da teoria do risco.

a) Primeiro requisito: **ação**

O ato que enseja a responsabilidade do Estado deve provir de um **agente público**, entendido em seu **sentido amplo**. Assim, os danos provocados tanto pelos agentes políticos e pelos servidores públicos quanto pelos **particulares em colaboração com o Estado** (exs.: jurados, mesários eleitorais, recrutados para o serviço militar obrigatório, notários e oficiais de registro público) merecem ser reparados pela Administração, aplicando-se *in casu* a teoria da responsabilidade objetiva.

Outrossim, o agente deve agir na condição de agente público. É o que assinala a Constituição, na passagem "nessa qualidade" do art. 37, § 6º (ver a redação do dispositivo, acima transcrito). Assim, se um servidor agente fiscal, em período de férias, causar danos na piscina do hotel em que esteja hospedado, incabível evidentemente se imputar a responsabilidade objetiva ao Estado.

Importa ressaltar que a responsabilidade do Estado decorre tanto de um **ato ilícito** quanto de um **ato lícito**. É o posicionamento que prevalece na doutrina nacional. Não representa um absurdo, portanto, admitir a existência de uma obrigação de ressarcir em virtude de um comportamento estatal legítimo. De acordo com Maria Sylvia Zanella Di Pietro, "ao contrário do direito privado, em que a responsabilidade exige sempre um ato ilícito (contrário à lei), no direito administrativo ela pode decorrer de atos ou comportamentos que, embora lícitos, causem a pessoas determinadas ônus maior do que o imposto aos demais membros da coletividade" (2009, p. 638).

Trata-se de entendimento corroborado pelo Supremo Tribunal Federal, como se pode perceber do acórdão proferido no RE 456.302-AgR (1ª Turma, rel. Min. Sepúlveda Pertence, *DJ* de 16-3-2007, v.u.): "É da jurisprudência do Supremo Tribunal Federal que, para a configuração da responsabilidade objetiva do Estado não é necessário que o ato praticado seja ilícito. Precedentes".

Esquematicamente:

Ação	Praticada por **agente público**, nessa qualidade
	Ação **lícita** ou **ilícita**

b) Segundo requisito: **dano indenizável**

O ressarcimento justifica-se em função da existência de um dano. Porém, não é qualquer lesão que enseja a responsabilidade estatal. Existem **danos indenizáveis** e **danos não indenizáveis**. Somente a lesão com determinadas características é que faz surgir a obrigação de reparar os agravos sofridos pelo particular lesado.

E quais as características do dano indenizável? A resposta irá depender da natureza do ato danoso, se ilícito ou lícito.

De uma parte, **se o ato for ilícito**, bastam duas características.

Em primeiro lugar, **o dano deve ser jurídico**. Em outras palavras, a lesão deve corresponder a uma situação protegida pelo direito. De acordo com Celso Antônio Bandeira de Mello, "quem não fere direito alheio não tem por que indenizar" (2003, p. 879).

Releva não confundir lesão jurídica com mero agravo patrimonial e econômico. Este pode existir sem aquela. É a hipótese de uma lesão econômica sofrida por um comerciante diante da mudança de uma repartição pública, haja vista a subtração da clientela do estabelecimento. "Não há dúvida de que os comerciantes e profissionais vizinhos terão sofrido um dano patrimonial, inclusive o 'ponto' ter-se-á destarte desvalorizado. Mas não haverá dano jurídico" (BANDEIRA DE MELLO, 2003, p. 880). Assim, importante fixar: para que surja a responsabilidade, não basta a configuração de um dano patrimonial.

Em segundo lugar, **o dano deve ser certo, real**, de modo que se torna incabível o ressarcimento por lesão eventual ou possível.

De outra parte, **caso o ato seja lícito**, além das características acima, somam-se outras duas.

A lesão deve ser especial, entendida como a que agrava a situação de uma ou algumas pessoas. Danos genéricos, os que acarretam prejuízos a uma coletividade, estão excluídos. "Por isso não estão acobertadas, por exemplo, as perdas de poder aquisitivo da moeda decorrentes de medidas econômicas estatais inflacionárias" (BANDEIRA DE MELLO, 2003, p. 881).

Por fim, **o dano deve se apresentar como anormal**, compreendido como o agravo que ultrapassa os pequenos incômodos inerentes à vida em sociedade. O convívio social "implica a aceitação de certos riscos de sujeição a moderados gravames econômicos a que todos estão sujeitos, ocasional e transitoriamente" (BANDEIRA DE MELLO, 2003, p. 881). Exemplo: incabível a indenização decorrente da "breve interrupção de rua para conserto de canalização", o que impedirá o acesso a determinado estabelecimento. Isso porque o dano sofrido pelo comerciante representa um dano normal.

Esquematicamente, em relação às características do dano indenizável:

ATO ILÍCITO	ATO LÍCITO
• dano jurídico • dano certo e real	• dano jurídico • dano certo ou real • dano especial • dano anormal

c) Terceiro requisito: **nexo causal**

Evidentemente, entre a ação estatal e o dano indenizável, é necessário haver um nexo de causalidade. Por razões de ordem lógica, intuitiva até, somente caberá indenização quando um dano for **causado** por determinada conduta.

Pode haver, porém, várias causas que contribuam para o mesmo resultado lesivo. São as **concausas** (causas concomitantes). Se uma das concausas for um ato da Administração, estar-se-á diante de uma **hipótese atenuante de responsabilidade**, do que decorre uma **minoração do valor indenizatório**.

Existem diversas teorias referentes ao nexo causal (teoria da equivalência das condições, teoria da causalidade adequada, teoria dos danos diretos e imediatos etc.).

De acordo com a jurisprudência, sobretudo do Supremo Tribunal Federal, a teoria adotada em matéria de responsabilidade do Estado, nos danos decorrentes de ação (e também a própria omissão), é a **teoria dos danos diretos e imediatos**. É o que restou consignado no RE 130.764 (1ª Turma, rel. Min. Moreira Alves, j. em 12-5-1992), no qual se discutia a responsabilidade do Estado em virtude de dano decorrente de assalto por quadrilha integrada por um preso foragido há vários meses. Assim restou reconhecido:

"Em nosso sistema jurídico, como resulta do disposto no art. 1.060 do Código Civil, a teoria adotada quanto ao nexo de causalidade é a teoria do dano direto e imediato, também denominada teoria da interrupção do nexo causal. Não obstante aquele dispositivo da codificação civil diga respeito à impropriamente denominada responsabilidade contratual, aplica-se ele também à responsabilidade extracontratual, inclusive a objetiva, até por ser aquela que, sem quaisquer considerações de ordem subjetiva, afasta os inconvenientes das outras duas teorias existentes: a da equivalência das condições e a da causalidade adequada. (...)

Com efeito, o dano decorrente do assalto por uma quadrilha de que participava um dos evadidos da prisão não foi o efeito necessário da omissão da autoridade pública que o acórdão recorrido teve como causa da fuga dele, mas resultou de concausas, como a formação da quadrilha, e o assalto ocorrido cerca de vinte e um meses após a evasão".

7.4.1.2. Teoria do risco administrativo ou teoria do risco integral?

Como mencionado acima, a responsabilidade objetiva detém duas modalidades: a teoria do risco administrativo, que admite excludentes de responsabilidade; e a teoria do risco integral, que não as aceita.

O ordenamento jurídico brasileiro consagra a **teoria do risco administrativo**. Esta a interpretação que se deve extrair do art. 37, § 6º, da CF. É o que já decidiu o Supremo Tribunal Federal (RE 217.389-7, 2ª Turma, rel. Min. Néri da Silveira, v. u., *DJ* de 15-6-2007).

De acordo com Hely Lopes Meirelles, a teoria do risco integral foi "abandonada na prática, por conduzir ao abuso e à iniquidade social". Isso porque, de acordo com "essa fórmula radical, a Administração ficaria obrigada a indenizar todo e qualquer dano suportado por terceiros, ainda que resultante de culpa ou dolo da vítima" (2001, p. 612). O Estado, nessa hipótese, passaria à condição de segurador universal, o que não se pode admitir.

E quais as causas excludentes de responsabilidade? Predomina na doutrina e jurisprudência as seguintes:

a) Caso fortuito ou força maior.

Ainda pende dissenso quanto ao significado de tais expressões. De toda forma, adota-se a posição segundo a qual o fato imprevisível, independente e externo à atuação da Administração pode advir de um **evento da natureza** (**caso fortuito**), como a ocorrência de vendavais ou terremotos, ou de uma **conduta humana** (**força maior**), a exemplo de danos causados por multidões. Em tais casos, rompe-se o nexo de causalidade, o que afasta a responsabilização do Estado.

Ressalte-se que alguns autores não reconhecem o caso fortuito como causa excludente. É o entendimento de Maria Sylvia Zanella Di Pietro e Celso Antônio Bandeira de Mello. Este último apregoa: "O caso fortuito não é utilmente invocável, pois, sendo um acidente cuja raiz é tecnicamente desconhecida, não elide o nexo entre o comportamento defeituoso do Estado e o dano assim produzido" (2003, p. 883).

Saliente-se, contudo, que o Supremo Tribunal Federal admite tais excludentes, como se observa no seguinte acórdão (RE 109.615-2, rel. Min. Celso de Mello, *DJ* de 2-8-1996): "O princípio da responsabilidade objetiva não se reveste de caráter absoluto, eis que admite o abrandamento e, até mesmo, a exclusão da própria responsabilidade civil do Estado, nas hipóteses excepcionais configuradoras de situações liberatórias – como o caso fortuito e a força maior – ou evidenciadoras de ocorrência de culpa atribuível à própria vítima (*RDA* 137/233 – *RTJ* 55/50)".

Consideração importante: se, aliada à hipótese de caso fortuito ou força maior, houver uma omissão da Administração (referente a uma situação em que se exige um dever de atuação do Poder Público), incide a responsabilidade do Estado (ver subitem seguinte – Responsabilidade por omissão).

b) Culpa exclusiva da vítima. Exemplo: um suicida que se atira sobre uma viatura oficial.

c) Ato exclusivo de terceiro.

Por fim, cabe assinalar que alguns autores reconhecem a aplicação, entre nós, da teoria do risco integral, em hipóteses excepcionais. A despeito da polêmica existente, é o caso dos danos nucleares, como se extrai do art. 21, XXIII, *d*, da CF. Também seria o caso da responsabilidade decorrente de atentados terroristas, atos de guerra ou situações similares, em relação a aeronaves brasileiras, nos termos da Lei federal n. 10.744/2003.

7.4.2. Responsabilidade por omissão

No que se refere à responsabilidade por omissão da Administração Pública, observa-se importante controvérsia em sede doutrinária e jurisprudencial.

De acordo com uma corrente que encontra guarida nas lições de Hely Lopes Meirelles, a teoria adotada é a da **responsabilidade objetiva**. Para a aplicação da teoria do risco, irrelevante qualquer consideração quanto à origem do dano, se advindo de uma ação ou de uma omissão. Também seguem tal entendimento, entre outros, Odete Medauar (2004, p. 435).

Outra corrente entende que a teoria do risco apenas se aplica na hipótese de uma ação estatal. Verificada uma omissão, incide a **responsabilização subjetiva**, na modalidade da **teoria da culpa administrativa**. Essa teoria assume diversos sinônimos: teoria da **culpa do serviço público**, teoria da **culpa anônima**, teoria do **acidente administrativo** ou teoria da **falta do serviço**. É a posição de Celso Antônio Bandeira de Mello. "Quando o dano foi possível em decorrência de uma omissão do Estado (o serviço não funcionou, funcionou tardia ou ineficientemente) é de aplicar-se a teoria da responsabilidade subjetiva. Com efeito, se o Estado não agiu, não pode, logicamente, ser ele o autor do dano. E, se não foi o autor do dano, só cabe responsabilizá-lo caso esteja obrigado a impedir o dano" (2003, p. 872). A segunda corrente é seguida por Maria Sylvia Zanella Di Pietro, Lúcia Valle Figueiredo, Maria Helena Diniz, entre outros.

Nos casos de omissão administrativa, incabível a aplicação do art. 37, § 6º, da CF. Esse dispositivo faz expressa referência a uma causalidade material, que pressupõe conduta comissiva. Uma omissão nada causa.

A jurisprudência dos Tribunais Superiores tem igualmente oscilado (ver ao final do capítulo, item 7.7, a jurisprudência destacada dos Tribunais Superiores), com uma inclinação à tese da responsabilidade subjetiva.

Apesar da controvérsia existente, vem prevalecendo nos concursos públicos a tese da **responsabilidade subjetiva**, com base na aplicação da **teoria da culpa do serviço público**.

7.4.3. Responsabilidade por situação produzida pelo Estado diretamente propiciatória

Como assinala Celso Antônio Bandeira de Mello, há situações em que o Estado não produz diretamente o dano (de modo que inaplicável o art. 37, § 6º, da CF), mas cria as condições que resultam no dano. "Vale dizer: são hipóteses nas quais é o Poder Público quem constitui, por ato comissivo seu, os fatores que propiciarão decisivamente a emergência de dano" (2003, p. 876). No caso, aplica-se o princípio da **responsabilidade objetiva**.

É a hipótese da responsabilidade pela guarda de pessoas e coisas perigosas, como ocorre com "o assassinato de um presidiário por outro presidiário; os danos nas vizinhanças oriundos de explosão em depósito militar em decorrência de um raio" (BANDEIRA DE MELLO, 2003, p. 876).

Esquematicamente:

HIPÓTESE	TEORIA
RESPONSABILIDADE POR AÇÃO	• Responsabilidade objetiva: teoria do risco administrativo (art. 37, § 6º, CF/88). • Fundamento: princípio da igualdade na repartição dos encargos sociais e princípio da legalidade. • Requisitos: ação, dano e nexo causal.
RESPONSABILIDADE POR OMISSÃO	• Polêmica: responsabilidade objetiva (teoria do risco administrativo) / responsabilidade subjetiva (teoria da culpa do serviço público).
RESPONSABILIDADE POR SITUAÇÃO PROPICIATÓRIA	• Casos em que o Estado não produziu o dano diretamente, mas cria condições para que este ocorra. • Aplica-se a teoria da responsabilidade objetiva.

7.5. RESPONSABILIDADE POR ATOS LEGISLATIVOS E JURISDICIONAIS

Como visto, a responsabilidade do Estado abarca qualquer uma das funções estatais. As lições acima, no entanto, são alusivas a uma de suas modalidades, a função administrativa. As demais foram deixadas para uma análise específica, haja vista o regime jurídico próprio a que estão submetidas. É o que se fará a seguir.

7.5.1. Responsabilidade por atos legislativos

Em regra, verifica-se a **irresponsabilidade** do Estado pelos atos expedidos no exercício da função legislativa.

Diversos são os fundamentos apresentados pela doutrina para justificar tal solução. A soberania detida pelo Poder Legislativo, a impossibilidade de o cidadão pleitear a responsabilização pelos danos causados pelos agentes políticos por ele eleitos, bem como, e principalmente, pela inobservância do princípio da igualdade na repartição dos encargos sociais, pois os atos legislativos são gerais e abstratos, de modo que os ônus são iguais para todos (cf. DI PIETRO, 2009, p. 653-654).

Apesar disso, em algumas hipóteses é admitida a responsabilização, com aplicação da teoria objetiva.

Em primeiro lugar, os danos sofridos pelo particular em virtude de uma **lei declarada inconstitucional**.

Em segundo lugar, lesão a particular causada por uma **lei de efeito concreto**. Neste caso, a lei equivale materialmente a um ato administrativo.

7.5.2. Responsabilidade por atos jurisdicionais

Da mesma forma, a regra consiste na **irresponsabilidade** estatal pelos atos jurisdicionais.

Entre as justificativas para tanto, colocam-se a soberania do Judiciário, assim como a independência dos magistrados. Outrossim, "a indenização por danos decorrente de decisão judicial infringiria a regra da imutabilidade da coisa julgada, porque implicaria o reconhecimento de que a decisão foi proferida com violação da lei" (DI PIETRO, 2009, p. 658).

As hipóteses em que a responsabilidade é admitida são três.

Em primeiro lugar, em razão de **erro judiciário** reconhecido em revisão criminal (art. 5º, LXXV, 1ª parte, da CF).

Em segundo lugar, quando o **condenado ficar preso além do tempo fixado judicialmente** (art. 5º, LXXV, 2ª parte, da CF).

Em terceiro lugar, de acordo com o **art. 133 do CPC**, quando o juiz (a) proceder com dolo ou fraude, no exercício de suas funções (inciso I), bem como (b) recusar, omitir ou retardar, sem justo motivo, providências que deva ordenar de ofício, ou a requerimento da parte (inciso II).

Esquematicamente:

	Regras	Exceções
RESPONSABILIDADE POR ATOS LEGISLATIVOS	Irresponsabilidade do Estado pelos atos expedidos no exercício da função legislativa.	→ danos sofridos pelo particular por lei declarada inconstitucional; → lesão a particular causada por lei de efeito concreto.
RESPONSABILIDADE POR ATOS JURISDICIONAIS	Irresponsabilidade estatal pelos atos jurisdicionais.	→ erro judiciário; → condenado que permanece preso além do tempo judicialmente fixado; → hipóteses do art. 133 do CPC.

7.6. RELAÇÕES JURÍDICAS ESTABELECIDAS PELO ART. 37, § 6º, DA CF

A leitura do art. 37, § 6º, da CF permite identificar duas relações jurídicas diversas estabelecidas constitucionalmente: 1) a **relação entre o particular lesado e o Estado** (por conta dela, a vítima exerce o seu **direito à reparação do dano**); 2) a **relação entre o Estado e o agente público** causador da lesão (por meio da qual a Administração exerce o **direito de regresso**).

A seguir, será analisada cada uma dessas relações.

7.6.1. Reparação do dano

É a relação primordial da responsabilidade estatal. Diante de uma lesão sofrida por um particular em decorrência de uma ação ou omissão do Estado, este deve promover o seu ressarcimento.

Tal compensação pode dar-se de duas formas: no âmbito administrativo ou no judicial.

Pela primeira, as partes (particular lesado e Administração) entram em acordo sobre o valor da indenização. A vítima compõe-se com a Administração, representando, portanto, uma forma de reparação amigável, sem a interferência do Poder Judiciário.

Pela segunda, o lesado ajuíza uma ação judicial de reparação para satisfazer a sua pretensão.

O valor que há de ser pago a título de ressarcimento deve abranger o que a vítima efetivamente perdeu (danos emergentes) e o que deixou de ganhar (lucros cessantes), acrescido de correção monetária e de juros de mora. Em relação à correção monetária, incide a partir da data do efetivo prejuízo, de acordo com a Súmula 43 do STJ. Quanto aos juros moratórios, fluem a partir do evento danoso, nos termos da Súmula 54, também do STJ. Evidentemente, deve haver reparação pelos danos morais sofridos, nos termos do art. 5º, V, da CF.

No tocante à ação de ressarcimento, alguns aspectos processuais são comumente explorados em concursos públicos. Tomemos como parâmetro analítico a seguinte hipótese: Fulano envolveu-se em um acidente com um veículo do Ministério da Saúde, dirigido pelo agente público Sicrano, em janeiro de 2007.

Primeiro questionamento: qual o sujeito passivo da ação de ressarcimento?

O polo passivo de uma ação de reparação representa tópico objeto de polêmica.

De acordo com Hely Lopes Meirelles, a vítima somente pode ajuizar a ação em face do Estado, restando vedada a inclusão do agente público. Seu fundamento é o art. 37, § 6º, da CF, que fixa duas relações distintas (uma, entre a vítima e o Estado; a outra, entre a Administração e o agente público).

Já Celso Antônio Bandeira de Mello entende que a vítima pode litigar contra quem desejar: Estado, agente público, ou ambos. Logo, trata-se de um litisconsórcio facultativo. Extrai seu argumento do mesmo art. 37, § 6º, da CF, que deve ser interpretado como um dispositivo que visa ao favorecimento do particular. Isso em função da própria responsabilidade objetiva, fundamentada na desnecessidade de comprovação de culpa, e também no patrimônio solvente do Estado, o que, no entanto, não retira da vítima a possibilidade de exercer seu direito de ação. Com base em um artigo que pretende beneficiar a vítima, não se pode extrair uma interpretação que lhe acarrete restrição. É o mesmo entendimento de Yussef Said Cahali.

A jurisprudência mais recente do Supremo Tribunal Federal vem adotando o primeiro entendimento, segundo o qual somente o Estado pode ser incluído no polo passivo. É o que se extrai do RE 327.904 (rel. Min. Carlos Britto, 1ª Turma, v.u., *DJ* de 8-9-2006), no qual restou assentado:

"Se o eventual prejuízo ocorreu por força de um atuar tipicamente administrativo, como no caso presente, não vejo como extrair do § 6º do art. 37 da Lei das Leis a responsabilidade 'per saltum' da pessoa natural do agente. Tal responsabilidade, se cabível, dar-se-á apenas em caráter de ressarcimento do Erário (ação regressiva, portanto)". Há, portanto, uma garantia estabelecida em favor do próprio servidor estatal, "que somente responde administrativa e civilmente, perante a pessoa jurídica a cujo quadro funcional se vincular". É citada em seu bojo lição de José Afonso da Silva, para quem "o prejudicado há que mover a ação de indenização contra a Fazenda Pública respectiva ou contra a pessoa jurídica privada prestadora de serviço público, não contra o agente causador do dano. O princípio da impessoalidade vale aqui também". O mesmo entendimento é seguido no âmbito do RE 344.133 (rel. Min. Marco Aurélio, 1ª Turma, v.u., *DJ* de 14-11-2008).

Outro questionamento é o seguinte: é cabível a denunciação da lide no âmbito da ação de ressarcimento?

Denunciação da lide representa uma modalidade de intervenção de terceiros prevista pelo art. 70 do CPC. No caso sob enfoque, consiste na possibilidade de o Estado, polo passivo da ação, denunciar à lide o agente causador do dano, que passa a integrar a ação. Nesse caso, o juiz proferirá uma única sentença, devendo apreciar tanto a pretensão de ressarcimento da vítima em relação à Administração quanto a pretensão regressiva do Estado em face do servidor público.

Igualmente reina dissenso em relação à admissibilidade de denunciação da lide.

Para os autores contrários à denunciação, argumenta-se que o seu cabimento representaria inserir na demanda fundamento jurídico novo (a responsabilidade subjetiva do agente público causador do dano), alheio à relação principal (baseada na responsabilidade objetiva do Estado). Isso retardaria o andamento da ação, já que necessária a dilação probatória para a comprovação do dolo ou da culpa do servidor. No entanto, tal postergação representa um atentado ao princípio da celeridade, que funciona como um postulado implícito no art. 37, § 6º, da CF (a ideia da responsabilidade objetiva é uma indenização pronta e rápida à vítima).

Corrente oposta é defendida pelos autores para quem a denunciação rende homenagem ao princípio da economia processual, haja vista permitir que uma única sentença estabeleça a solução sobre as duas relações. É o magistério de ilustres processualistas, como José Carlos Barbosa Moreira, Humberto Theodoro Júnior e Luiz Fux.

Já uma solução intermediária aponta para a admissibilidade ou não da litisdenunciação na estrita dependência da causa de pedir suscitada na ação de ressarcimento. Assim assinala Maria Sylvia Zanella Di Pietro, com base nas lições de Yussef Said Cahali. De um lado, se a vítima fundamentar o seu pedido na teoria do risco ou na teoria da culpa anônima, incabível a denunciação, "porque o denunciante estaria incluindo novo fundamento na ação: a culpa ou dolo do funcionário, não arguida pelo autor" (DI PIETRO, 2009, p. 662). De outro lado, caso o particular lesado fundamente o seu pedido com base na culpa do agente público, cabível a litisdenunciação.

No âmbito da jurisprudência do Superior Tribunal de Justiça, ainda remanesce certa polêmica sobre o tema, muito embora possa apontar-se uma tendência deste Tribunal Superior no sentido de somente admitir a denunciação quando a intervenção não acarretar violação ao princípio da celeridade. Trata-se do posicionamento intermediário acima referido. Assim o entendimento proferido no REsp 975.799 (rel. Min. Castro Meira, *DJ* de 28-11-2008):

"PROCESSUAL CIVIL – RESPONSABILIDADE CIVIL DO ESTADO – DENUNCIAÇÃO DA LIDE – IMPOSSIBILIDADE.

A denunciação da lide, como modalidade de intervenção de terceiros, busca os princípios da economia e da presteza jurisdicional, não devendo ser prestigiada quando susceptível de pôr em risco tais princípios.

Assim, só é cabível a denunciação da lide quando o julgador, analisando as circunstâncias da causa, verificar que a sua admissão não implicará ofensa à celeridade e à economia processual".

No mesmo sentido o REsp 770.590 (*DJ* de 3-4-2006), entre outros.

Um terceiro questionamento que se apresenta: qual o prazo prescricional?

O prazo para o particular exercer o direito à reparação é de **cinco anos**, nos termos do art. 1º-C da Lei federal n. 9.494/97. Ressalte-se que alguns autores fundamentam esse prazo com base no Decreto n. 20.910/1932 (assim o faz também o STJ – REsp 749.339-AgRg).

Indaga-se se o Código Civil de 2002 teria minorado o prazo quinquenal, de acordo com o art. 206, § 3º, V, que estipula o prazo de **três anos** na "pretensão de reparação civil". Observe-se que alguns autores defendem a aplicação desse prazo prescricional, como José dos Santos Carvalho Filho e Carlos Roberto Gonçalves. "Se a ordem sempre privilegiou a Fazenda Pública, estabelecendo prazo menor de prescrição da pretensão de terceiros contra ela, prazo este fixado em cinco anos pelo Decr. 20.910/32, raia ao absurdo admitir a manutenção desse mesmo prazo quando a lei civil, que outrora apontava prazo bem superior àquele [o prazo de vinte anos para as ações pessoais], reduz significativamente o período prescricional, no caso para três anos (pretensão à reparação civil)" (CARVALHO FILHO, 2008, p. 542).

Esse entendimento, inclusive, já sofreu acolhimento no âmbito do Superior Tribunal de Justiça. De acordo com a decisão proferida no REsp 1.137.354 (rel. Min. Castro Meira, *DJe* de 18-9-2009):

"ADMINISTRATIVO – RESPONSABILIDADE CIVIL DO ESTADO – PRESCRIÇÃO – DECRETO N. 20.910/32 – ADVENTO DO CÓDIGO CIVIL DE 2002 – REDUÇÃO DO PRAZO PRESCRICIONAL PARA **TRÊS ANOS.**

1. O legislador estatui a prescrição de cinco anos em benefício do Fisco e, com o manifesto objetivo de favorecer ainda mais os entes públicos, estipulou que, no caso da eventual existência de prazo prescricional menor a incidir em situações específicas, o prazo quinzenal seria afastado nesse particular

Inteligência do art. 10 do Decreto n. 20.910/32.

2. O prazo prescricional de três anos relativo à pretensão de reparação civil – art. 206, § 3º, V, do Código Civil de 2002 – prevalece sobre o quinquênio previsto no art. 1º do Decreto n. 20.910/32".

Observe-se, no entanto, que o mesmo Superior Tribunal de Justiça já expediu outras decisões, aplicando o prazo prescricional de **cinco anos** (AgRg no REsp 1.073.796, *DJe* de 1º-7-2009; AgRg no REsp 1.117.531, *DJe* de 11-12-2009).

Diante dessa divergência interna, o STJ consolidou recentemente o entendimento de que o prazo prescricional aplicável é o de **cinco anos**, nos termos do julgado a seguir (REsp 1.081.885, 1ª Seção, rel. Min. Hamilton Carvalhido, *DJe* de 1º-2-2011):

"EMBARGOS DE DIVERGÊNCIA EM RECURSO ESPECIAL. DIREITO ADMINISTRATIVO. AÇÃO DE INDENIZAÇÃO POR RESPONSABILIDADE CIVIL DO ESTADO. PRESCRIÇÃO. PRAZO QUINQUENAL.

1. É de cinco anos o prazo para a pretensão de reparação civil do Estado. 2. Precedente da Primeira Seção (AgRg no REsp 1.149.621/PR, rel. Min. Benedito Gonçalves, *DJe* de 18-5-2010)".

7.6.2. Direito de regresso

A segunda relação estampada pelo art. 37, § 6º, da CF é aquela havida entre o Estado e o agente público causador do dano, consistente no **direito de regresso** daquele contra este. Se houver reconhecimento da responsabilidade do Estado, com a condenação da Administração ao ressarcimento dos danos sofridos pelo particular lesado, remanesce o direito de se voltar contra o efetivo provocador do dano.

O exercício do direito de regresso pode dar-se no âmbito administrativo, de forma amigável. Ressalte-se ser incabível a imposição unilateral de tal direito, bem como a cobrança autoexecutória do valor que a Administração pagou à vítima. É o que assinala José dos Santos Carvalho Filho.

Caso reste frustrado o acordo, o direito de regresso dá-se na esfera judicial, por meio da ação regressiva. Nesta hipótese, **a responsabilidade do agente público é sempre na modalidade subjetiva**, de tal forma que deve haver comprovação de dolo ou culpa.

Por óbvio, a legitimidade passiva de uma ação regressiva é assumida pelo agente causador do dano, mesmo após eventual afastamento seu (como ocorreria se o servidor fosse exonerado, demitido ou aposentado). Em caso de seu falecimento, a lide deve ser proposta contra seus herdeiros ou sucessores, já que se trata de uma obrigação meramente patrimonial.

O exercício do direito de regresso é imprescritível, nos termos do art. 37, § 5º, *in fine*, da CF. É o entendimento que prevalece, a despeito de algumas vozes doutrinárias discordantes. A imprescritibilidade vem sendo reconhecida pelo Supremo Tribunal Federal, como se pode notar pelo seguinte julgado: MS 26.210, rel. Min. Ricardo Lewandowski, Plenário, m.v., *DJE* de 10-10-2008.

7.7. JURISPRUDÊNCIA DESTACADA DOS TRIBUNAIS SUPERIORES

7.7.1. Usuários de serviços públicos

O Supremo Tribunal Federal, em decisão proferida em 2004, adotou entendimento que deve ser destacado, com referência à responsabilidade das pessoas jurídicas de direito privado prestadoras de serviço público.

De acordo com o art. 37, § 6º, da CF, tais pessoas submetem-se ao regime da responsabilidade objetiva. É o que se dá, por exemplo, com as empresas governamentais que prestam serviços públicos, bem assim com as concessionárias e permissionárias de serviço público.

Ocorre que o Supremo Tribunal Federal procedeu a uma diferenciação quanto ao regime de responsabilidade destes entes. A decisão traz a seguinte ementa:

"A responsabilidade civil das pessoas jurídicas de direito privado prestadoras de serviço público **é objetiva relativamente aos usuários do serviço, não se estendendo a pessoas outras que não ostentem a condição**

de usuário. Exegese do art. 37, § 6º, da CF" (RE 262.651, rel. Min. Carlos Velloso, *DJ* de 6-5-2005).

Como se percebe, existem duas situações. Em relação aos usuários do serviço público, aplica-se a teoria do risco. No tocante a outras pessoas que não possam ser consideradas usuárias (p. ex., em um acidente entre um ônibus que realiza transporte público e um automóvel de um particular, este não é considerado, nessa situação específica, usuário do serviço público), incide a responsabilidade subjetiva. O fundamento que embasou tal decisão foi a interpretação do art. 37, § 6º, que teria delimitado o regime de responsabilidade objetiva dos entes privados.

No entanto, mais recentemente, o **Supremo Tribunal Federal reverteu tal entendimento**, passando a consignar que a **responsabilidade referente aos não usuários de serviço público também se baseia na teoria do risco**. É o que se verifica pela seguinte decisão, tomada pelo Pleno do STF (RE 591.874, rel. Min. Lewandowski, j. 26-8-2009).

"RESPONSABILIDAE DO ESTADO – ART. 37, § 6º DA CONSTITUIÇÃO – PESSOAS JURÍDICAS DE DIREITO PRIVADO PRESTADORAS DE SERVIÇO PÚBLICO – CONCESSIONÁRIO OU PERMISSIONÁRIO DO SERVIÇO DE TRANSPORTE COLETIVO – RESPONSABILIDADE OBJETIVA EM RELAÇÃO A TERCEIROS NÃO USUÁRIOS DO SERVIÇO – RECURSO DESPROVIDO. I – A responsabilidade civil das pessoas jurídicas de direito privado prestadoras de serviço público é objetiva relativamente a terceiros usuários e não usuários do serviço, segundo decorre do art. 37, § 6º, da Constituição Federal. II – A inequívoca presença do nexo de causalidade entre o ato administrativo e o dano causado ao terceiro não usuário do serviço público, é condição suficiente para estabelecer a responsabilidade objetiva da pessoa jurídica de direito privado."

De acordo com a fundamentação da decisão, "a Constituição Federal não faz qualquer distinção sobre a qualificação do sujeito passivo do dano, ou seja, não exige que a pessoa atingida pela lesão ostente a condição de usuário do serviço. Assim, onde a lei não distingue, não cabe ao intérprete distinguir".

Esse, portanto, o entendimento atual do Supremo Tribunal Federal sobre a matéria.

7.7.2. Responsabilidade do Estado por omissão

Como visto, em relação à responsabilidade do Estado por omissão, a celeuma observada na doutrina encontra-se refletida na jurisprudência. Assim, o Supremo Tribunal Federal possui decisões ora em um sentido (entendendo que a responsabilidade é objetiva), ora em outro (responsabilidade subjetiva).

No âmbito do RE 369.820 (2ª Turma, rel. Min. Carlos Velloso, *DJ* de 27-2-2004):

"Tratando-se de ato omissivo do poder público, a responsabilidade civil por tal ato é subjetiva, pelo que exige dolo ou culpa, esta numa de suas três vertentes, a negligência, a imperícia ou a imprudência, não sendo, entretanto, necessário individualizá-la, dado que pode ser atribuída ao serviço público, de forma genérica, a falta do serviço".

No mesmo sentido o RE 140.270 (rel. Min. Marco Aurélio, *DJ* de 18-10-1996).

Já na decisão proferida no RE 573.595-AgRg (rel. Min. Eros Grau, 2ª Turma, *DJ* de 15-8-2008) assim restou consignado: "Ato omissivo do Estado que enseja a responsabilidade objetiva nos termos do disposto no artigo 37, § 6º, da Constituição Federal".

Na mesma esteira o RE 109.615 (rel. Min. Celso de Mello, *DJ* de 2-8-1996):

"A teoria do risco administrativo, consagrada em sucessivos documentos constitucionais brasileiros desde a Carta Política de 1946, confere fundamento doutrinário à responsabilidade civil objetiva do Poder Público pelos danos a que os agentes públicos houverem dado causa, por ação ou por omissão".

No seio do Superior Tribunal de Justiça vem prevalecendo a tese da responsabilidade subjetiva, como se verifica dos julgados nos REsp 148.641, 418.713 e 721.439. Destaque-se este último acórdão, relatado pela Ministra Eliana Calmon, que, após pesquisa doutrinária e jurisprudencial, assim conclui:

"Em se tratando de ato omissivo, embora esteja a doutrina dividida entre as correntes da responsabilidade objetiva e da responsabilidade subjetiva, prevalece, na jurisprudência, a teoria subjetiva do ato omissivo" (REsp 721.439, rel. Min. Eliana Calmon, j. em 21-8-2007).

A despeito da polêmica existente, cumpre advertir novamente: vem prevalecendo nos concursos públicos a tese da **responsabilidade subjetiva**, com base na **teoria da culpa do serviço público**.

7.7.3. Súmulas do Superior Tribunal de Justiça

- 54: "Os juros moratórios fluem a partir do evento danoso, em caso de responsabilidade extracontratual".
- 227: "A pessoa jurídica pode sofrer dano moral".

Questões

1. **(Defensor Público da União – 2001) Acerca da responsabilidade civil do Estado, julgue os itens a seguir:**

I. As sociedades de economia mista, independentemente do seu objeto social, submetem-se à responsabilidade objetiva pelos danos que seus agentes causarem a terceiros.
II. A teoria do risco administrativo, base para a responsabilidade objetiva do Estado, admite a exclusão da responsabilidade do Estado nos casos de comprovação da culpa exclusiva da vítima.
III. Considere a seguinte situação hipotética: a interdição de uma via pública, por ato lícito, para a reparação de rede pluvial, impediu, por determinado tempo, o acesso de clientes a um posto comercial de combustíveis de determinada empresa, causando-lhe prejuízo advindo da cessação da venda de seus produtos. Nesse caso, em razão da adoção, pelo direito brasileiro, da teoria da culpa anônima do serviço, será devida pelo Estado reparação à empresa.
IV. No atual regime jurídico brasileiro, convivem as teorias subjetiva e objetiva de responsabilidade do Estado.
V. No ordenamento jurídico brasileiro, a responsabilidade objetiva é restrita ao Estado e às pessoas jurídicas integrantes de sua Administração indireta.

2. **(Delegação de Notas e de Registro – 2006) A responsabilidade civil do Estado é:**
   a) subjetiva, quanto aos atos de seus prepostos, em relação ao terceiro lesado, se o preposto é réu na ação principal, cabendo a prova da culpa.
   b) objetiva nos casos de comissão e subjetiva nos de omissão.
   c) objetiva, quanto aos atos do seu agente delegado, em relação ao terceiro lesado, se ele for denunciado à lide em ação de regresso.
   d) subjetiva, quanto ao ente público, se o preposto agiu com dolo ao lesar terceiro.

3. **(Magistratura do Trabalho – 15ª Região/Campinas – 2008) Relativamente à responsabilidade patrimonial extracontratual do Estado, por comportamento comissivo, consagrada no plano constitucional, é *correto* afirmar que:**
   a) o direito brasileiro adota a teoria da responsabilidade civil objetiva para o Estado e subjetiva para o agente público, desde que provados o dano e o nexo causal.
   b) o direito brasileiro adota a teoria da responsabilidade civil subjetiva, tanto para o Estado quanto para o agente público, desde que provados o dano, o nexo causal e a culpa.

c) o direito brasileiro adota a teoria da responsabilidade civil objetiva para o Estado e subjetiva para o agente público, devendo ser provado apenas o dano.
d) o direito brasileiro adota a teoria do risco integral da Administração, sendo que o agente responderá apenas nas hipóteses de dolo e culpa.
e) prevalece no direito brasileiro a teoria da responsabilidade civil objetiva, tanto para a Administração Pública quanto para o agente que praticou o ato danoso.

4. **(Auditor do Tribunal de Contas do Estado de Alagoas – 2008) Em matéria de responsabilidade civil da Administração Pública, a corrente doutrinária que passou a distinguir a culpa do funcionário da culpa anônima do serviço público, reconhecendo a responsabilidade do Estado tão simplesmente se o serviço público não funcionou, funcionou mal ou funcionou atrasado, ficou conhecida como a teoria:**
a) da culpa administrativa.
b) do risco administrativo.
c) do risco integral.
d) da culpa civil.
e) da responsabilidade por atos de gestão.

5. **(Defensor Público do Estado de São Paulo – 2007) Tratando-se de responsabilidade civil do Estado, assinale a afirmativa incorreta.**
a) Empresas públicas podem se sujeitar à responsabilidade objetiva ou subjetiva, dependendo de seu objeto social.
b) A teoria francesa da *faute du service* é enquadrada como hipótese de responsabilidade objetiva.
c) Pessoas jurídicas de direito privado, não integrantes da Administração Pública, podem se sujeitar à responsabilidade objetiva.
d) A responsabilidade do Estado por omissão caracteriza-se como de natureza subjetiva.
e) A responsabilidade civil por danos nucleares independe da existência de culpa.

6. **(Magistratura do Estado de Roraima – 2008) A ideia de que a responsabilidade civil das pessoas jurídicas de direito privado prestadoras de serviço público é objetiva relativamente aos usuários do serviço, não se estendendo, desse modo, a pessoas outras que não ostentem a condição de usuário é:**

a) expressamente afastada pela Constituição de 1988.
b) expressamente acolhida pela Constituição de 1988.
c) negada por súmula do Supremo Tribunal Federal.
d) objeto de acolhimento em decisão do Supremo Tribunal Federal.
e) amplamente acolhida em diversos dispositivos legais.

7. **(Ministério Público Federal – 2004) Em relação às responsabilidades extracontratuais do Estado, assinale a alternativa correta:**

a) o Supremo Tribunal Federal entende não existir responsabilidade civil do Estado por ato omissivo quando um preso foragido há vários meses comete homicídio. Isso porque a Constituição Federal de 1988, no que toca ao nexo de causalidade, adota a teoria do dano direto e imediato.
b) a atual ordem constitucional somente prevê a responsabilidade objetiva da Administração Pública, tanto na prática de atos omissivos como na realização de atos comissivos.
c) a Constituição Federal de 1988 veda a responsabilização do Estado por ato comissivo quando a Administração observou o princípio da legalidade na prática desse ato administrativo.
d) as concessionárias de serviço público, em razão de serem pessoas jurídicas de direito privado, não respondem objetivamente pelos atos que praticarem tendo apenas responsabilidade subjetiva.

8. **(Agente da Receita Federal – ESAF – 2005) Assinale, entre as entidades abaixo, aquela que não se submete à responsabilidade objetiva pelos danos que seus agentes, nessa qualidade, causem a terceiros.**

a) Funasa – Fundação Nacional de Saúde.
b) Caixa Econômica Federal.
c) Anatel – Agência Nacional de Telecomunicações.
d) Rede Globo de Televisão.
e) Telemar.

9. **(Procurador do Distrito Federal – ESAF – 2004) Assinale a sentença correta:**

a) O agente público é, sempre, responsável pelos danos que nessa qualidade vier a causar a terceiros.
b) O agente público não responde, em qualquer hipótese, pelos danos que, no exercício de sua função, causar a terceiros.

c) Os danos causados a terceiros, na execução de serviços públicos, devem ser indenizados pelos beneficiários de tais serviços.
d) O Estado e as pessoas jurídicas de direito privado, prestadoras de serviços públicos, respondem pelos danos causados a terceiros por seus agentes, no exercício de suas funções, assegurado o direito de regresso, em caso de dolo ou culpa.
e) O Estado responde pelos danos causados por seus agentes, na execução de serviços públicos, descontando destes, automaticamente, os valores que despender no pagamento de indenizações.

10. (Serviços Notariais e de Registro do Estado de Mato Grosso – CESPE – 2005) João é motorista de ônibus de uma empresa que presta serviço público de transporte coletivo no município de Cuiabá e, dessa forma, de maneira culposa, foi considerado responsável pelo acidente de trânsito envolvendo Maria e Antônio como vítimas. Maria era passageira do referido ônibus e Antônio estava conduzindo o seu próprio veículo.

Com base na situação hipotética apresentada acima, assinale a opção correta.

a) Conforme entendimento do STF, tanto Maria quanto Antônio podem ser indenizados judicialmente pelo município, por haver, na espécie, responsabilidade objetiva.
b) Maria não poderia ingressar com ação de responsabilidade civil diretamente contra João, mesmo que pudesse demonstrar a culpa deste pelo acidente.
c) Não sendo Antônio usuário do serviço de transporte coletivo, resta, conforme entendimento do STF, afastada a responsabilidade objetiva do município quanto aos danos causados a Antônio.
d) Caso haja a responsabilização da empresa concessionária do serviço de transporte coletivo pelo acidente, poderá ela buscar a reparação dos danos, mediante ação regressiva, em face do município, tendo em vista a responsabilidade objetiva deste no acidente.

11. (Magistratura do Trabalho da 11ª Região – RR/AM – 2005) Uma sociedade de economia mista e uma empresa privada, ambas prestadoras de serviços públicos, por meio de empregados seus, atuando negligentemente na prestação dos seus serviços, causam danos a terceiros. Nessa situação, as empresas:

a) responderão, respectivamente, de modo objetivo e subjetivo pelos danos causados, devendo as ações indenizatórias ser ajuizadas mediante litisconsórcio passivo com os empregados.
b) responderão subjetivamente pelos danos causados, podendo ajuizar ação regressiva contra seus empregados.
c) responderão solidariamente, de modo subjetivo, pelos danos causados, devendo as ações indenizatórias ser ajuizadas mediante litisconsórcio passivo com os empregados.
d) responderão, respectivamente, de modo objetivo e subjetivo pelos danos causados, podendo ajuizar ação regressiva contra seus empregados.
e) responderão objetivamente pelos danos causados, cabendo ajuizar ação regressiva contra seus empregados.

12. (Analista do Tribunal Regional Eleitoral – 2006) Com relação à responsabilidade civil do Estado, é correto afirmar:

a) As permissionárias prestadoras de serviços públicos responderão pelos danos que seus agentes causarem a terceiros de forma subjetiva, com base no risco integral.
b) As empresas públicas exploradoras de atividades econômicas se sujeitam à responsabilidade civil objetiva, com base no risco integral, quando causarem danos a terceiros.
c) Havendo culpa exclusiva da vítima, a responsabilidade civil do Estado deverá ser mitigada, hipótese em que se reparte o *quantum* da indenização.
d) A força maior exclui a responsabilidade civil do Estado, quando descaracteriza o nexo de causalidade entre o evento danoso e o serviço público prestado ao administrado.
e) Os atos comissivos lícitos praticados por agente público, que causem danos ao particular, não ensejam a responsabilização civil da Administração Pública.

13. (Defensor Público do Estado de São Paulo – 2006) "O dano cometido pela concessionária de serviço público a seus usuários é capaz de gerar a responsabilidade... da concessionária e, em caráter..., a responsabilidade... do ente público concedente." Para que esta afirmação seja correta, as lacunas devem ser preenchidas, respectivamente, por:

a) objetiva, solidário, objetiva.
b) objetiva, subsidiário, subjetiva.
c) subjetiva, solidário, objetiva.
d) subjetiva, subsidiário, subjetiva.
e) objetiva, subsidiário, objetiva.

14. (Ministério Público do Rio Grande do Sul – 2003) Considerando as seguintes assertivas:

I. A responsabilidade extracontratual do Estado decorre somente da prática de ato ilícito.

II. A teoria da responsabilidade objetiva informa que a obrigação de indenizar do Estado surge do ato lesivo causado por culpa do serviço.

III. A obrigação de indenizar do Estado, segundo a teoria da responsabilidade integral, dá-se independentemente de qualquer culpa, exceto se o dano decorrer por culpa da vítima.

IV. A dor pela perda de um filho, sem reflexos patrimoniais, causada pela Administração Pública, não se constitui em dano indenizável.

V. O dano se qualifica juridicamente como injusto, e como tal induz a responsabilidade objetiva do Estado, se encontra sua causa exclusiva na força maior ou em fatos necessários ou inevitáveis da natureza.

a) corretas são apenas as assertivas I e III.
b) corretas são apenas as assertivas II e III.
c) incorretas são apenas as assertivas II, IV e V.
d) nenhuma assertiva está correta.
e) correta é apenas a assertiva I.

15. (Delegação de Notas e Registro do Estado de São Paulo – 2002) A responsabilidade do Estado:

I. abrange apenas os danos que seus agentes, agindo com culpa ou dolo, causarem a terceiros.

II. aplica-se de forma indistinta a quaisquer das funções públicas, não sendo restrita a danos provenientes de atos administrativos.

III. é objetiva para os atos comissivos do Estado e, em regra, subjetiva para os comportamentos omissivos.

IV. é sempre objetiva.

Pode-se dizer que está correto apenas o contido em:

a) I e IV.
b) I, II e IV.
c) II e III.
d) II e IV.

16. **(Ministério Público do Estado de São Paulo) A regra da responsabilidade objetiva do Estado pelos danos que seus agentes causem a terceiros (prevista no art. 37, § 6º, da Constituição Federal) não se aplica:**

a) às empresas públicas e às sociedades de economia mista prestadoras de serviços públicos.
b) a quaisquer empresas públicas ou sociedades de economia mista, independentemente da atividade que constitua objeto de seu funcionamento.
c) às empresas públicas e às sociedades de economia mista dedicadas à exploração de atividade econômica.
d) às mencionadas na alternativa *b* e também aos concessionários de serviços públicos, pois tratando-se de pessoas jurídicas de direito privado, aplica-se a teoria da responsabilidade com culpa.
e) às mencionadas nas alternativas *b* e *d* e também aos permissionários de serviços públicos, pois como são pessoas jurídicas privadas, ao lesado incumbe o ônus da demonstração da culpa.

17. **(Procurador do Município de São Paulo – 2000) Assinale entre os argumentos aquele que seria correto para afastar a responsabilidade patrimonial do Poder Público diante do particular:**

a) O prejuízo reclamado não se caracteriza como dano indenizável.
b) Ao causar o dano, o Poder Público não agiu com culpa.
c) O dano foi causado por culpa exclusiva do servidor que descumpriu seus deveres funcionais.
d) Não foi possível identificar o servidor causador do dano.
e) O Poder Público atuou no estrito cumprimento da lei.

18. **(Magistratura do Trabalho da 5ª Região – 2006 – CESPE) Um governador de Estado da Federação, durante discurso para promoção de uma política pública, emitiu declarações ofensivas contra uma pessoa que se sentiu lesada patrimonialmente e moralmente. O ofendido promoveu ação de indenização contra o Estado. Com referência a essa situação hipotética, assinale a opção correta:**

a) O governador utilizou-se abusivamente de sua qualidade de agente público e por isso fica afastada a responsabilidade estatal.
b) A ofensa irrogada em discurso é caso clássico de atuação com culpa, pelo que é incabível a responsabilização da pessoa de direito público em face do ato do governador.
c) O ente de defesa do Estado deve aforar a competente ação regressiva contra o governador, em caso de o Estado ser condenado a ressarcir o ofendido.

d) A ação de ressarcimento contra o Estado pode ter por fundamento apenas o dano patrimonial, mas não o dano moral.
e) Incide, na situação considerada, a teoria do risco integral.

19. (Defensoria Pública/MA – CESPE – 2011) Os moradores de um bairro pobre de determinado município sofrem todos os anos com as inundações das ruas em razão do entupimento dos bueiros. Apesar de o problema ser recorrente e repetir-se todos os anos, o prefeito não adotou nenhuma providência e tampouco providenciou a limpeza dos bueiros. No último ano, em razão do acúmulo de lixo, a inundação causou grandes estragos nas casas dos moradores, razão pela qual estes resolveram procurar a Defensoria Pública em busca de orientação jurídica. Com base nessa situação hipotética, assinale a opção correta com relação à orientação jurídica à população.

a) Aplica-se ao caso a teoria dos motivos determinantes, sendo o Estado obrigado a indenizar as vítimas, visto que a falta de limpeza dos bueiros foi determinante para a ocorrência dos danos.
b) Não há evidência de nenhum fato administrativo que possa ensejar responsabilização do Estado, visto que o entupimento dos bueiros é resultado do mau uso do lixo pelos moradores da localidade.
c) Segundo a jurisprudência majoritária, caracterizada a conduta omissiva, aplica-se a teoria da responsabilidade subjetiva do Estado, cabendo aos prejudicados demonstrar que os danos foram gerados em razão da culpa do município, que se omitiu na limpeza dos bueiros.
d) Cabe o ajuizamento de mandado de segurança por ato omissivo, com pedido de limpeza dos bueiros e de reparação dos danos em razão da responsabilidade objetiva.
e) Por ser a chuva fato natural, configura-se a hipótese de excludente por motivo de força maior, insuscetível, portanto, de gerar indenização por parte do Estado.

20. (Promotor – Ministério Público/SP – 2011) O motorista de uma ambulância de um hospital público, transportando um paciente em situação de emergência médica, envolve-se em acidente de trânsito, causando danos materiais e pessoais a terceiros. Nesse caso, é correto afirmar que:

a) é indevida a indenização pela Administração Pública por haver o seu agente agido em estado de necessidade.

b) a Administração Pública responde objetivamente pelos danos que o seu agente, nessa qualidade, causar a terceiros.
c) a indenização pelos danos ocorridos será devida pela Administração Pública em caso de culpa de seu agente pelo sinistro.
d) havendo culpa concorrente, de ambos os motoristas, a indenização é devida integralmente pela Administração Pública.
e) a inexistência de culpa do condutor do veículo oficial pelo evento danoso exclui o dever de indenizar da Administração Pública.

Gabarito

1. I. Errado
II. Certo
III. Errado
IV. Certo
V. Errado
2. B
3. A
4. A
5. B
6. D*
7. A
8. B
9. D
10. C**
11. E
12. D
13. E
14. D
15. C
16. C
17. A
18. C
19. C
20. B

---

*(Muito cuidado! A alternativa "D" não é, atualmente, a correta. Isso porque **o STF alterou o entendimento sobre o tema** em 2009, cf. decisão tomada no REsp 591.874: no caso de danos a terceiros que não ostentem a condição de usuário do serviço, aplicável a **teoria objetiva**, *ex vi* do art. 37, § 6º, da CF; portanto, não se identifica qualquer alternativa correta para a questão).

(A alternativa "C", constante no gabarito oficial, não é, atualmente, a correta, em virtude de **mudança de jurisprudência do STF; de acordo com a decisão tomada no REsp 591.874, tanto Maria quanto Antônio merecem ser indenizados com base na **teoria objetiva** da responsabilidade do Estado; portanto, a alternativa correta é a "A").

8

LICITAÇÃO

8.1. INTRODUÇÃO

O exercício da função administrativa é realizado materialmente por um número extraordinário de negócios. A construção de uma obra pública, a delegação de um serviço público, a reforma de um prédio, a aquisição de materiais para o desenvolvimento das atividades ordinárias de uma repartição, a compra de medicamentos, a venda de bens, entre inúmeros outros contratos, são atividades necessárias à consecução do interesse público.

No âmbito do direito privado, como regra, a realização dos negócios é feita livremente pelo particular, sem a necessidade de qualquer procedimento prévio para tanto. Uma empresa privada pode adquirir determinado material pelo critério do menor preço, da proximidade de seu fornecedor, pelo mero parentesco entre os donos das partes contratantes. O motivo da opção feita pelo ente privado é irrelevante. Lembre-se de que nesse ramo jurídico predomina a autonomia da vontade.

No direito público, por outro lado, o regime é diverso. Baseado na noção de função, que remete à ideia de dever, impõe-se a realização, antes das contratações públicas, de um processo de escolha entre todos os que desejam firmar negócio com a Administração. Trata-se da figura da **licitação pública**.

Pode-se defini-la, portanto, como o **procedimento pelo qual a Administração, para a realização de seus negócios, seleciona o licitante com a proposta mais vantajosa**.

8.2. OBJETIVOS DA LICITAÇÃO

Os objetivos da licitação são de três ordens.

A própria Lei Geral de Licitações (Lei federal n. 8.666/93) estampa tais finalidades em seu art. 3º (com redação dada pela Lei n. 12.349/2010), que assim dispõe:

"Art. 3º A licitação destina-se a garantir a observância do **princípio constitucional da isonomia,** a **seleção da proposta mais vantajosa** para a administração e a **promoção do desenvolvimento nacional sustentável** (...)".

Em primeiro lugar, o procedimento licitatório confere uma **igualdade de oportunidades a quem deseja contratar com a Administração**. É decorrência do princípio da igualdade, com aplicação no Direito Administrativo. Igualmente se pode vislumbrar a incidência do princípio da impessoalidade, que detém forte carga de isonomia. De maneira geral, todos devem ser tratados de igual maneira. Sob uma ótica mais específica, a todos deve ser concedida a possibilidade de firmar negócio com o Poder Público.

Em segundo lugar, também constitui objetivo da licitação a **escolha da melhor proposta existente ao interesse público**. Representa esse escopo um desdobramento do princípio da moralidade administrativa, pela qual o administrador deve agir com honestidade e boa-fé.

Em terceiro, representando escopo recente incluído no regime licitatório (cf. Lei n. 12.349/2010), está a **promoção do desenvolvimento nacional sustentável**, pela qual se legitima a preferência por produtos e serviços nacionais.

Com efeito, foi incorporada no ordenamento a ideia de que as compras governamentais devem se prestar a desenvolver o mercado interno, seja pela geração de trabalho, seja pelo incremento da renda, entre outros aspectos.

Desse modo, cabível a estipulação de uma **margem de preferência** para produtos e serviços nacionais, limitada a 25% sobre o preço dos produtos e serviços estrangeiros (art. 3º, §§ 5º e 8º, da Lei n. 8.666/93). Ou seja, é legítima uma situação em que um produto estrangeiro mais barato (ex.: R$ 100,00) seja preterido em uma licitação por um produto nacional com valor até 25% acima daquele (ex.: R$ 120,00). Consigne-se inexistir nessa situação violação à Constituição, que prevê como objetivo fundamental da República Federativa do Brasil o desenvolvimento nacional (art. 3º, II).

Esquematicamente:

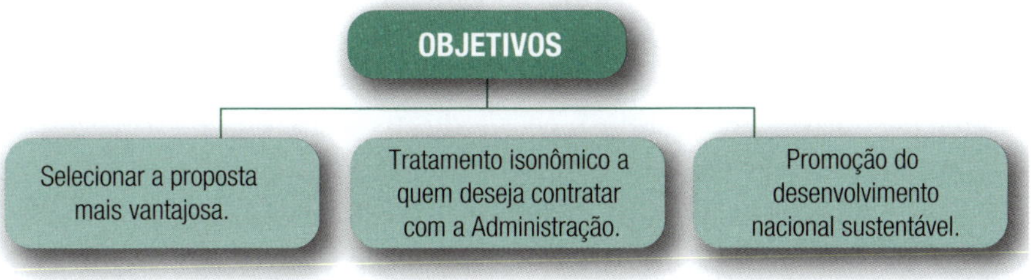

8.3. DISCIPLINA NORMATIVA

Pela relevância, a matéria de licitações é tratada amplamente pelo direito positivo.

Em nível constitucional, destaque seja dado a dois dispositivos: o art. 37, XXI, que, entre outros aspectos, preconiza a obrigatoriedade da licitação como regra; e o art. 22, XXVII, que firma a competência legislativa em matéria de licitação. De acordo com a norma, compete privativamente à União legislar sobre normas gerais.

A propósito de tal aspecto, convém tecer algumas considerações.

Por se tratar de matéria administrativa, e diante dos contornos traçados pela Constituição, todos os entes federativos possuem competência para legislar sobre licitações públicas (União, Estados-membros, Distrito Federal e Municípios). Evidentemente, devem ser obedecidas as normas gerais fixadas pela União, *ex vi* do referido art. 22, XXVII, da CF.

Assim, enquanto a União detém atribuição para expedir normas gerais (às quais todos os entes políticos devem obediência), aos Estados, Distrito Federal e Municípios compete editar normas específicas sobre licitações. Por óbvio, à União igualmente cabe a edição de normas específicas, cuja aplicação é restrita à órbita federal. Esquematicamente, temos:

Normas sobre licitação	Gerais → Competência da União. Específicas → Competência de todas as entidades federativas (União, Estados, Distrito Federal e Municípios).

Com base nisso, a União editou a Lei federal n. 8.666/93, que "regulamenta o art. 37, XXI, da Constituição Federal, institui normas para licitações e contratos da Administração Pública".

Questão relevante é saber quais os tipos de normas que referida lei veicula (se normas gerais aplicáveis a todos os entes, ou se normas específicas somente incidentes na esfera federal).

O seu art. 1º preconiza: "Esta Lei estabelece normas gerais sobre licitações e contratos administrativos pertinentes a obras, serviços, inclusive de publicidade, compras, alienações e locações no âmbito dos Poderes da União, dos Estados, do Distrito Federal e dos Municípios". Por essa redação, poder-se-ia concluir que a Lei n. 8.666/93 somente veicula normas gerais, de modo que os entes federativos devem obediência a toda ela.

No entanto, a doutrina nacional repele tal interpretação. Isso porque a Lei n. 8.666/93 é norma exaustiva e minuciosa, esgotando a disciplina legal sobre a matéria de licitações. Ora, uma norma com tal compostura não pode ser considerada, em sua integralidade, como uma norma geral. Somente representam normas gerais os dispositivos da lei que traçam diretrizes e critérios básicos. Os demais artigos, aqueles que tratam de pormenores do instituto, não devem ser considerados normas gerais. São normas específicas, motivo pelo qual somente a União deve obediência a elas.

Daí a conclusão: "A inconstitucionalidade do artigo 1º da Lei n. 8.666/93 é manifesta, porque nada deixa para que Estados e Municípios legislem em matéria de licitação e contrato administrativo" (DI PIETRO, 2009, p. 353).

Outras leis federais que tratam das licitações, funcionando como normas gerais, são as seguintes: Lei n. 10.520/2002 (disciplina o pregão, uma das modalidades de licitação); Lei n. 8.987/95 (Lei Geral de Concessões, no âmbito da qual são previstas normas sobre licitação); Lei 11.079/2004 (Lei das Parcerias Público-Privadas); Lei n. 12.232/2010 (serviços de publicidade). Estas as mais relevantes para concursos públicos.

8.4. PRINCÍPIOS APLICÁVEIS ÀS LICITAÇÕES PÚBLICAS

8.4.1. Princípios gerais da Administração

A licitação representa uma parcela da função administrativa, motivo pelo qual aplicáveis os princípios gerais da Administração insculpidos no art. 37, *caput*, da CF: legalidade, impessoalidade, moralidade, publicidade e eficiência (ver capítulo 2 – Princípios da Administração).

A própria Lei n. 8.666/93 prevê tais pressupostos em seu art. 3º, *caput*. Exceção seja feita ao princípio da eficiência, que não consta expressamente nesse dispositivo. Evidentemente, isso não significa que ele não se aplica no âmbito dos certames licitatórios. Como visto, os princípios constitucionais têm eficácia direta nas relações jurídico-administrativas, de tal sorte que a sua reprodução na legislação infraconstitucional se apresenta como juridicamente desnecessária. Ademais, a ausência da eficiência na Lei de Licitações justifica-se por uma questão histórica, já que ela somente foi positivada constitucionalmente como princípio expresso no ano de 1998, com a Emenda n. 19 (denominada Emenda da Reforma do Estado).

8.4.2. Princípio da isonomia

Trata-se de um dos objetivos (ou fundamentos) da licitação, como visto acima. Muito embora o princípio da isonomia possa ser considerado uma faceta do princípio da impessoalidade, os autores costumam estudá-lo separadamente.

A compreensão da isonomia não encerra maiores dificuldades. Significa que é proibido o estabelecimento de condições que acarretem preferência em favor de determinados licitantes. A Administração deve conferir uma igualdade de oportunidades a quem quer negociar com o Estado. Observe-se que o já mencionado art. 37, XXI, da CF confere um destaque à igualdade no âmbito das licitações, ao prescrever que deve ser assegurada "igualdade de condições a todos os concorrentes". Busca-se, com isso, evitar exigências discriminatórias ou direcionadas e, consequentemente, incrementar a competitividade. Daí alguns doutrinadores referirem-se ao princípio da competitividade (cf. Diogenes Gasparini).

Importa notar que a vedação não atinge o estabelecimento de qualquer discriminação. Somente as exigências sem nenhuma razoabilidade, as condições impertinentes representam verdadeira violação ao princípio aludido. É o que estabelece expressamente o art. 3º, § 1º, I, da Lei n. 8.666/93.

Diogenes Gasparini oferece excelente exemplo de uma discriminação pertinente e relevante: "(...) obrigatoriedade de os proponentes, prestadores de serviços de manutenção e reparos de veículos terem suas instalações no interior de certo território" (2008, p. 488). E justifica o mesmo autor: "Com efeito, não teria sentido algum que a interessada pelos serviços dessas empresas tivesse de levar seus veículos para os necessários serviços de manutenção e reparos à sua sede, situada muito distante do local onde normalmente eles ficam (garagem)" (2008, p. 488).

8.4.3. Princípio da vinculação ao instrumento convocatório

O início da fase externa de uma licitação dá-se com o instrumento convocatório (em regra, denominado edital), ato por meio do qual são estabelecidas as condições do certame.

O princípio da vinculação ao instrumento convocatório significa que as regras estabelecidas no edital devem ser seguidas durante todo o processo licitatório. Sempre é lembrada a célebre frase de Hely Lopes Meirelles, para quem "o edital é a lei interna da licitação".

É o que dispõe expressamente o art. 41 da Lei de Licitações: "A Administração não pode descumprir as normas e condições do edital, ao qual se acha estritamente vinculada". Acresça-se que tais condições vinculam, além do Poder Público, os próprios licitantes.

8.4.4. Princípio do julgamento objetivo

O instrumento convocatório deve indicar precisamente os elementos relacionados à valoração das propostas. Ademais, tais elementos devem ser objetivos e concretos, para reduzir ao máximo o subjetivismo no momento do julgamento.

Trata-se de mandamento estampado nos arts. 44 e 45 da lei:

"Art. 44. No julgamento das propostas, a Comissão levará em consideração os **critérios objetivos definidos no edital ou convite** (...).

§ 1º É vedada a utilização de qualquer elemento, critério ou fator sigiloso, secreto, **subjetivo** ou reservado (...).

Art. 45. **O julgamento das propostas será objetivo**, devendo a Comissão de licitação ou o responsável pelo convite realizá-lo em conformidade com os tipos de licitação, os critérios previamente estabelecidos no ato convocatório e de acordo com os fatores exclusivamente nele referidos, **de maneira a possibilitar sua aferição pelos licitantes e pelos órgãos de controle**".

A não obediência a este princípio representa causa de nulidade da licitação.

Costuma-se assinalar que critério objetivo é aquele que pode ser constatado por qualquer pessoa mediante simples comparação.

8.4.5. Princípio da adjudicação compulsória

Princípio pelo qual o objeto da licitação deve ser atribuído ao vencedor do certame. Em caso de contratação, a Administração é obrigada a celebrar a avença com o licitante que se sagrou vitorioso. Este é denominado adjudicatário.

Diante disso, inevitável o questionamento: com base neste princípio, o Poder Público é obrigado a contratar com o vencedor?

A resposta tradicional, de ampla aceitação doutrinária e jurisprudencial, sinaliza a inexistência de qualquer obrigação de celebrar o contrato. Caso a Administração decida fazê-lo, o princípio impõe que a avença seja firmada com o adjudicatário. Esta a interpretação que prevalece.

Ocorre que alguns doutrinadores vêm adotando entendimento contrário. O vencedor de uma licitação, mais do que uma expectativa, tem o direito subjetivo de contratar com a Administração. De acordo com Marçal Justen Filho, "a aplicação dos princípios constitucionais conduz à alteração das concepções tradicionais sobre a atividade administrativa e o relacionamento entre o Estado e o particular. Não se pode admitir que a contratação seja uma faculdade ou uma prerrogativa da Administração. Trata-se, também aqui, de um dever-poder, o que significa que tal decisão tem de submeter-se ao regime jurídico pertinente" (2002, p. 408). No mesmo sentido, José dos Santos Carvalho Filho (2008, p. 277-278).

8.4.6. Outros princípios

Outros princípios que merecem referência são: **princípio do sigilo das propostas** (as propostas devem estar lacradas, de modo que o seu conteúdo somente pode ser conhecido por todos em sessão pública previamente marcada), **princípio da fiscalização da licitação**, **princípio do procedimento formal**, entre outros.

Esquematicamente:

PRINCÍPIOS DAS LICITAÇÕES PÚBLICAS
PRINCÍPIOS GERAIS DA ADMINISTRAÇÃO: princípios da legalidade, da impessoalidade, da moralidade, da publicidade e da eficiência.
PRINCÍPIO DA ISONOMIA: consiste na vedação de a Administração estabelecer critérios não razoáveis que acarretam a preferência em favor de determinados licitantes.
PRINCÍPIO DA VINCULAÇÃO AO INSTRUMENTO CONVOCATÓRIO: as regras contidas no edital devem ser observadas durante todo o processo licitatório.
PRINCÍPIO DO JULGAMENTO OBJETIVO: o instrumento convocatório deve apontar elementos objetivos e concretos relacionados à valoração das propostas.
PRINCÍPIO DA ADJUDICAÇÃO COMPULSÓRIA: o objeto da licitação deve ser entregue ao vencedor do certame.
DEMAIS PRINCÍPIOS: princípio do sigilo das propostas, princípio da fiscalização da licitação, princípio do procedimento formal.

8.5. EXCEÇÕES AO DEVER DE LICITAR. HIPÓTESES DE CONTRATAÇÃO DIRETA

Vige em relação aos negócios administrativos o **princípio da obrigatoriedade da licitação prévia**. É o que estampa o art. 37, XXI, da CF. Ocorre que há **exceções** a essa regra, como indicado pelo mesmo dispositivo constitucional ("ressalvados os casos especificados na legislação"). São as hipóteses de **contratação direta**, sem licitação.

Três são as modalidades de contratação sem licitação trazidas pela Lei n. 8.666/93. É o que será visto a seguir, sob as denominações: licitação dispensada, inexigível e dispensável.

8.5.1. Licitação dispensada

Aplicável nas hipóteses de alienação de bens públicos. É o que prevê o art. 17 da Lei n. 8.666/93. Muito embora represente regra, a licitação não deve ser utilizada (ou seja, é dispensada, por força de lei) nas seguintes hipóteses:

a) em relação a bens imóveis, nos casos de dação em pagamento, venda a outra entidade da Administração Pública (de qualquer esfera de governo), investidura, entre outros;

b) no tocante a bens móveis, nos casos de doação, venda de ações em bolsa, venda de títulos, venda de bens produzidos ou comercializados por entidades da Administração Pública etc.

8.5.2. Licitação inexigível

Esta modalidade de contratação direta se verifica quando for inviável uma competição entre eventuais licitantes, pressuposto lógico de qualquer licitação. Ela envolve uma situação em que, como regra geral, existe apenas um objeto ou uma pessoa que atenda às necessidades administrativas. Portanto, uma licitação nessas condições é impossível, não podendo ser exigida (daí o nome que lhe é atribuído, "inexigível").

As hipóteses de inexigibilidade estão elencadas no art. 25 da Lei n. 8.666/93, que possui três incisos. Trata-se de um rol meramente **exemplificativo**, na medida em que qualquer circunstância em que seja inviável uma competição representa uma licitação inexigível.

8.5.2.1. Primeira hipótese de licitação inexigível: fornecedor exclusivo (art. 25, I)

A **exclusividade** representa a característica que afasta a possibilidade de licitação.

Exemplo: para a construção de uma unidade de saúde avançada, determinado Estado pretende adquirir um equipamento de tomografia computadorizada de alta tecnologia. No entanto, somente um fabricante fornece tal equipamento, o que afasta, por questão de ordem lógica, a licitação. Assim, o ente administrativo contrata diretamente a sua compra.

8.5.2.2. Segunda hipótese de licitação inexigível: serviço técnico profissional especializado (art. 25, II)

Para aplicar tal hipótese de inexigibilidade, três são os requisitos a serem observados.

O primeiro requisito se atém ao objeto contratado, que deve enquadrar-se na categoria de um **serviço técnico profissional especializado**, de acordo com o elenco do art. 13 da Lei de Licitações (estudos técnicos, perícias, patrocínio ou defesa de causas administrativas ou judiciais etc.). A doutrina tergiversa sobre o caráter taxativo ou exemplificativo do rol do art. 13. Prevalece o entendimento de que é taxativo (GASPARINI, 2008, p. 553; FERNANDES, 2009, p. 599).

O segundo requisito refere-se à natureza do serviço, que deve ser **singular**, isto é, complexo, relevante e que foge da rotina administrativa.

De acordo com o terceiro, a prestação do serviço deve-se dar por um **profissional notoriamente especializado**, obedecidos os parâmetros do § 1º do art. 25 (a indicação da notória especialização se evidencia pelos estudos, experiências, publicações, organização, aparelhamento do profissional, entre outros).

Em suma:

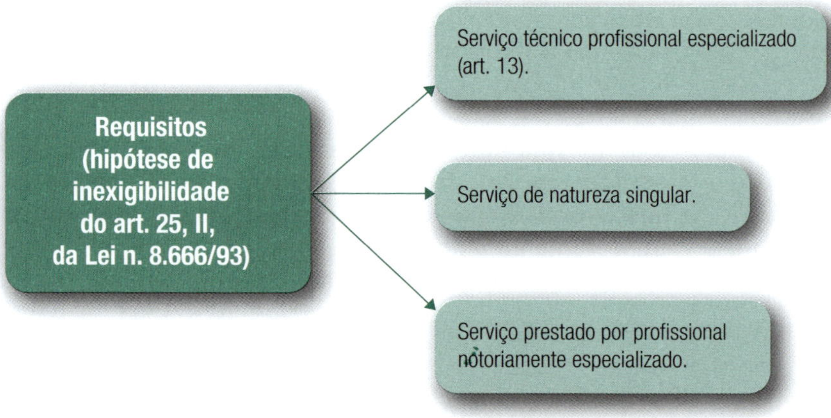

8.5.2.3. Terceira hipótese de licitação inexigível: contratação de artistas (art. 25, III)

A contratação de artistas, para caracterizar a categoria da inexigibilidade de licitação, deve satisfazer o requisito da **consagração, pela crítica ou pela opinião pública**.

8.5.3. Licitação dispensável

Na hipótese de licitação dispensável admite-se a concorrência entre vários interessados. Na medida em que cabível a competição, a licitação torna-se faticamente possível. Apesar disso, por uma questão de permissivo legal expresso, a Administração pode contratar diretamente.

Importa salientar tratar-se do exercício de uma competência **discricionária**, de tal sorte que o Poder Público pode optar entre realizar o certame licitatório ou dispensá-lo, celebrando a avença diretamente. Nesse sentido se justifica o vocábulo "dispensável" (pode ser dispensado).

As hipóteses de licitação dispensável encontram-se elencadas no art. 24 da Lei n. 8.666/93. O rol é **taxativo** (*numerus clausus*), sendo vedada a adoção de outras.

Muito explorados nos concursos públicos os vários aspectos que envolvem a licitação dispensável. Nesse sentido apresenta-se conveniente analisar brevemente as hipóteses discriminadas no art. 24:

• licitação dispensável em virtude do **pequeno valor** (incisos I e II). Em virtude dos custos gerados por uma licitação, perfeitamente razoável a permissão legislativa para a contratação direta nas hipóteses de pequeno valor.

Assim, obras e serviços de engenharia com custo inferior a R$ 15.000,00 (quinze mil reais), bem como compras e serviços gerais abaixo de R$ 8.000,00 (oito mil reais), podem ser contratados sem licitação.

Se a contratação for realizada por empresa pública, sociedade de economia mista, agências executivas ou consórcios públicos, deve ser considerado pequeno valor o dobro dos valores elencados acima (art. 24, parágrafo único).

Observe-se que tal hipótese de dispensa não se presta a burlar o princípio da obrigatoriedade da licitação. Assim, muito embora seja possível a divisão do seu objeto (justificada por motivos técnicos ou econômicos), para cada parcela a ser licitada deve-se tomar como parâmetro o valor total da contratação (cf. art. 23, §§ 1º e 2º);

• licitação dispensável em razão de **guerra** ou de **grave perturbação da ordem** (inciso III). Representam situações excepcionais que justificam a contratação direta;

• licitação dispensável em razão de **emergência** ou de **calamidade pública** (inciso IV). Também consistem em circunstâncias excepcionais que autorizam a dispensa de licitação. São observadas quando caracterizada urgência de atendimento de situação que possa ocasionar prejuízo ou comprometer a segurança de pessoas, obras, serviços, equipamentos ou outros bens. Exemplos: "epidemias; terremotos; maremotos; ciclones; greves de servidores, ou sua demissão coletiva e inesperada (afetando serviços importantes); enchentes, desabamentos de prédios, pontes, casas, edificações; necessidade emergente de redobrar serviços de segurança (o que é sempre temporário); contratação de serviços outros impostergáveis, com ameaça iminente a pessoas, serviços ou bens públicos" (RIGOLIN; BOTTINO, 2005, p. 314).

O prazo máximo da contratação direta é de **cento e oitenta dias** consecutivos e ininterruptos, contados da ocorrência da emergência ou da calamidade, vedada a sua prorrogação;

• **licitação deserta** (inciso V). É aquela em que não houve interessados em sua participação. Para que haja a contratação direta, a norma exige três requisitos (cf. DI PIETRO, 2009, p. 369): a) a inexistência de qualquer interessado (de modo que o comparecimento de um único interessado não configura licitação deserta, devendo prosseguir o procedimento); b) a realização de novo procedimento licitatório deve afigurar-se como prejudicial à Administração (sob o ponto de vista financeiro ou administrativo); c) devem ser mantidas as mesmas condições da licitação deserta (prazo, condições de execução, remuneração do contratado etc.).

Não se deve confundir a **licitação deserta** com a **licitação fracassada**. Esta representa o certame em que houve o comparecimento de interessados, mas todos foram excluídos durante o procedimento. Ocorre que a licitação fracassada, como regra, não representa hipótese de licitação dispensável. Na sua observância, a Administração deve realizar outro certame licitatório, ou, como faculta o art. 48, § 3º, fixar aos licitantes o prazo de oito dias úteis para a apresentação de nova documentação ou de outras propostas.

No entanto, existe uma hipótese de licitação fracassada que enseja a contratação direta (ver hipótese do inciso VII do art. 24);

• **intervenção no domínio econômico**, para regulação de preços ou normalização de abastecimento (inciso VI). Trata-se de hipótese somente aplicável à **União**. Observe-se que a finalidade da contratação direta é bem especificada pelo dispositivo: regulação de preços ou normalização de abastecimento. De acordo com Rigolin e Bottino, a Administração, no passado, se valeu de tal hipótese na compra de estoques de carne, com esta segunda finalidade (2005, p. 317);

• **licitação fracassada** nos casos de **preços inexequíveis** (inciso VII). Se as propostas apresentadas consignarem preços manifestamente superiores aos praticados no mercado, os licitantes devem ser desclassificados, caracterizando a situação de licitação fracassada. Após a aplicação do art. 48, § 3º, que permite a fixação de prazo para apresentação de propostas com preços exequíveis, e mantida a causa da desclassificação, cabível à Administração a contratação direta. "O dispositivo justifica-se, pois quer-se evitar, em prejuízo da Administração Pública licitante, conluio entre os participantes para impor-lhe preços excessivos" (GASPARINI, 2008, p. 531);

• aquisição, por pessoa jurídica de direito público, de **bens produzidos por entidade integrante da Administração Pública** (inciso VIII). Para ser legítima esta forma de contratação direta, a entidade integrante da Administração a ser contratada deve ter sido criada para este fim específico em data anterior à vigência da Lei n. 8.666/93;

• comprometimento da **segurança nacional** (inciso IX). Esta modalidade de contratação direta somente pode ser utilizada pela União, a quem compete a defesa nacional (art. 21, III, da CF). Para alguns, não se trata de licitação dispensável, mas de licitação proibida (cf. GASPARINI, 2008, p. 532);

• **compra ou locação de imóvel** cujas características de instalação e localização condicionem a sua escolha (inciso X). É possível que a Administração, objetivando a compra ou o aluguel de um imóvel, necessite que este preencha alguma característica. Exemplo: visando à aquisição de um imóvel que servirá como uma seção de arquivo geral de determinada Secretaria, o critério da localização (imóvel próximo à repartição) condiciona a escolha de determinado imóvel, que pode ser adquirido sem licitação. Alguns doutrinadores entendem, com razão, que esta hipótese é, na verdade, de inexigibilidade (GASPARINI, 2008, p. 533);

• contratação de **remanescente** de obra, serviço ou fornecimento, em virtude de **rescisão contratual** (inciso XI). Se determinado contrato for rescindido durante a sua execução, a Administração pode, a fim de dar continuidade ao objeto da avença extinta, contratar diretamente respectivo remanescente.

Dispõe a lei que os requisitos para tanto são (a) o atendimento da ordem de classificação da licitação anterior, bem como (b) a manutenção das condições do contrato rescindido, principalmente em relação ao valor da contratação;

• compras de **gêneros perecíveis** (frutas, verduras, pão etc.), no **tempo necessário para a realização de processo licitatório** (inciso XII);

• contratação de instituição brasileira dedicada **ao ensino, à pesquisa ou à recuperação social do preso** (inciso XIII). É o exemplo da contratação do Instituto de Pesquisas Tecnológicas de São Paulo (IPT) para a realização de pesquisa sobre a eficiência de certo equipamento eletrônico para uso da Administração (GASPARINI, 2008, p. 536).

Representa requisito a finalidade não lucrativa da entidade a ser contratada;

• aquisição de bens ou serviços relacionados a **acordo internacional** aprovado pelo Congresso Nacional (inciso XIV);

• aquisição ou restauração de **obra de arte e objetos históricos** (inciso XV);

• contratação de **entidades da Administração Pública** criadas para o fim de realizar **serviços de impressão ou de informática** (inciso XVI). Esta hipótese é assemelhada à do inciso VIII, acima vista.

É o que ocorre no Estado de São Paulo, por meio da Imprensa Oficial, que realiza serviço de impressão. Também podem ser citados, no Município de São Paulo, os serviços de informática prestados pela Companhia de Processamento de Dados (Prodam – sociedade de economia mista municipal) com o propósito específico de prestar serviços de informática àquele ente federativo;

• **aquisição de componentes ou peças** necessárias à manutenção de equipamento, dentro do período de **garantia técnica** (inciso XVII);

• compras relacionadas ao **abastecimento de navios, embarcações, unidades aéreas ou tropas**, quando em **estada eventual de curta duração** (inciso XVIII). O limite da contração é de R$ 80.000,00 (oitenta mil reais);

• compra de material pelas **Forças Armadas** (inciso XIX). Justificativa para a contratação direta é a necessidade de manter a padronização requerida pela estrutura de apoio logística dos meios navais, aéreos e terrestres;

• contratação de **associação de portadores de deficiência física** (inciso XX);

• aquisição de **bens e insumos** destinados exclusivamente à **pesquisa científica e tecnológica** (inciso XXI);

• contratação de fornecimento ou suprimento de **energia elétrica e gás natural** com concessionário, permissionário ou autorizado (inciso XXII);

• contratação entre **empresas estatais** (empresas públicas e sociedades de economia mista) **e suas subsidiárias** (inciso XXIII);

• contratação de serviços com **organizações sociais** (inciso XXIV);

• contratação realizada por **instituição científica e tecnológica** ou por **agência de fomento** para a transferência de tecnologia e para o licenciamento de direito de uso ou de exploração de criação protegida (inciso XXV, acrescentado pela Lei n. 10.973/2004);

• celebração de **contrato de programa** com ente federativo ou com entidade da Administração indireta, para a prestação de serviços públicos de forma associada nos termos do autorizado em contrato de **consórcio público** ou em **convênio de cooperação** (inciso XXVI, acrescentado pela Lei n. 11.107/2004);

• contratação da coleta, processamento e comercialização de **resíduos sólidos urbanos recicláveis ou reutilizáveis**, em áreas com sistema de coleta seletiva de lixo, efetuados por associações ou cooperativas formadas exclusivamente por pessoas físicas de baixa renda reconhecidas pelo Poder Público como **catadores de materiais recicláveis** (inciso XXVII, acrescentado pela Lei n. 11.445/2007);

• contratação para o fornecimento de bens e serviços, produzidos ou prestados no País, que envolvam, cumulativamente, **alta complexidade tecnológica** e **defesa nacional**, mediante parecer da comissão especialmente designada pela autoridade máxima do órgão (inciso XXVIII, acrescentado pela Lei n. 11.484/2007). Exemplos: "aquisição de peças de reposição de equipamentos utilizados no sistema de defesa da Amazônia; sistema de manutenção desse sistema de defesa" (GASPARINI, 2008, p. 547);

• na aquisição de bens e contratação de serviços para atender aos contingentes militares das Forças Singulares brasileiras empregadas em operações de paz no exterior, necessariamente justificadas quanto ao preço e à escolha do fornecedor ou executante e ratificadas pelo Comandante da Força (inciso XXIX, incluído pela Lei n. 11.783/2008);

• na contratação de instituição ou organização, pública ou privada, com ou sem fins lucrativos, para a prestação de serviços de assistência técnica e extensão rural no âmbito do Programa Nacional de Assistência Técnica e Extensão Rural na Agricultura Familiar e na Reforma Agrária, instituído por lei federal (inciso XXX, incluído pela Lei n. 12.188/2010).

• nas contratações visando ao cumprimento dos arts. 3º, 4º, 5º e 20 da Lei n. 10.973/2004, que dispõe sobre incentivos à inovação e à pesquisa científica e tecnológica no ambiente produtivo (inciso XXXI, incluído pela Lei n. 12.349/2010);

• na contratação em que houver transferência de tecnologia de produtos estratégicos para o Sistema Único de Saúde – SUS (inciso XXXII, incluído pela Lei n. 12.715/2012);

• na contratação de entidades privadas sem fins lucrativos, para a implementação de cisternas ou outras tecnologias sociais de acesso à água para consumo humano e produção de alimentos, para beneficiar as famílias rurais de baixa renda atingidas pela seca ou falta regular de água (inciso XXXIII, incluído pela Lei n. 12.873/2013).

Esquematicamente, sobre as modalidades de contratação direta:

MODALIDADES DE CONTRATAÇÃO DIRETA	CIRCUNSTÂNCIAS	ARTIGO DA LEI N. 8.666/93
DISPENSÁVEL	Viabilidade de licitação	Art. 24 (rol taxativo)
INEXIGÍVEL	Inviabilidade de licitação	Art. 25 (rol exemplificativo)
DISPENSADA	Alienação de bens públicos	Art. 17

8.6. FASES DA LICITAÇÃO

Toda licitação apresenta uma fase **interna** e outra **externa**. No âmbito da primeira, a Administração toma todas as providências que antecedem a divulgação pública do certame, abarcando a definição do objeto do contrato, estimativa de gastos, verificação de recursos orçamentários, averiguação de hipótese de contratação direta, decisão quanto à modalidade de licitação, entre outras. Ela se processa no seio do Poder Público, sem nenhum ato de exteriorização em relação a terceiros.

Já a fase externa constitui o processo da licitação propriamente dita, no qual se inicia a publicidade e o oferecimento de participação dos interessados. Serão vistas a seguir as fases sucessivas que a integram.

Convém salientar que o art. 39 impõe a realização de **audiência pública**, previamente à publicação do instrumento convocatório, sempre que o valor estimado para a licitação for superior a R$ 150.000.000,00 (cento e cinquenta milhões de reais).

8.6.1. Instrumento convocatório

É a **etapa de abertura** da fase externa de uma licitação. Representa o ato pelo qual o certame é divulgado, convocando a participação de eventuais interessados. Nele são estabelecidas as regras do processo, bem como fixadas as condições da futura contratação.

Em regra, o instrumento convocatório recebe a denominação de **edital**. Somente em relação à modalidade convite a terminologia é diversa: **carta-convite**.

A publicação exigida pela Lei n. 8.666/93 não é a da integralidade do edital, e sim a divulgação de seu resumo, por meio dos "avisos", em geral por meio do Diário Oficial ou de jornal de grande circulação (art. 21, *caput* e incisos). Obviamente, a íntegra do instrumento convocatório deve ficar à disposição dos interessados (art. 21, § 1º).

Tamanha a relevância desse ato que incide sobre ele o princípio da vinculação ao instrumento convocatório, nos termos do art. 41 da Lei n. 8.666/93.

Consequentemente, qualquer modificação de seu conteúdo exige a mesma publicidade que a conferida para a sua edição. Caso tal alteração afete a formulação das propostas, deve-se reabrir o prazo para a sua apresentação (art. 21, § 4º).

Sobre o controle a ser exercido sobre o instrumento convocatório, cabe proceder à sua impugnação. Podem fazê-lo os eventuais licitantes (até dois dias úteis da abertura dos primeiros envelopes, *ex vi* do art. 41, § 2º), assim como qualquer cidadão (até cinco dias úteis, nos termos do art. 41, § 1º).

8.6.2. Habilitação

Fase em que a Administração busca apurar as **condições pessoais** de cada licitante, por meio da análise da "documentação" apresentada.

Para tanto, diversos são os aspectos averiguados, de acordo com o art. 27 da Lei n. 8.666/93. Procede-se à **habilitação jurídica**, para verificação da regular constituição da pessoa, física ou jurídica. A **qualificação técnica** indica se o licitante possui aptidão para o desempenho da atividade objeto do futuro contrato (exemplos: comprovação de registro em entidade profissional competente, demonstração de experiência anterior, indicação de equipamentos e pessoal para a execução da avença etc.). A **regularidade fiscal** demonstra a conformidade em relação aos débitos tributários do interessado. Indiretamente, ela assegura a igualdade entre os licitantes, na medida em que o não cumprimento das obrigações fiscais gera, muitas vezes, um preço final menor. Já por meio da **qualificação econômica** verifica-se a idoneidade financeira do interessado. Entre as exigências formuladas pela lei, pode a Administração exigir a prestação de uma garantia para participação, limitada a 1% do valor estimado para o contrato (art. 31, III). É a denominada **garantia de proposta**. Trata-se de comando cuja constitucionalidade é contestada por alguns doutrinadores, no entanto é admitida pela jurisprudência (STJ, MS 5.418, *DJ* de 1º-6-1998). Ademais, deve o licitante comprovar o cumprimento do art. 7º, XXXIII, da CF (referente às **condições de trabalho dos menores de idade**).

Destaque-se recente inserção de novo requisito de habilitação, atinente à **regularidade trabalhista** do licitante (cf. art. 27, IV, da Lei n. 8.666/93, com redação dada pela Lei n. 12.440/2011). Para tanto, exige-se uma certidão negativa de débitos trabalhistas (art. 29, V).

No caso de o licitante não satisfazer os requisitos pessoais de participação, a Administração deve proceder à sua **inabilitação**.

Das decisões proferidas nesta fase, cabe a interposição de **recurso administrativo** (prazo de cinco dias úteis), que possui duplo efeito (suspensivo e devolutivo). É o que dispõe o art. 109, § 2º.

8.6.3. Classificação e julgamento

Fase em que se verifica se as **propostas** atendem aos requisitos do edital, classificando-as de acordo com o critério de julgamento do certame.

O não atendimento aos requisitos do edital leva à **desclassificação** do licitante. Trata-se de ato administrativo que exclui licitante cuja proposta não satisfaz as exigências do instrumento convocatório. Exemplo: pretendendo adquirir veículos automotores novos, a Administração fixa no edital que o bem deve ser bicombustível; no entanto, determinado licitante somente apresenta para a venda carros movidos a gasolina, o que representa motivo para a sua eliminação.

Também representa causa para desclassificação a apresentação de valor excessivo ou irrisório. Assim, na licitação exemplificada no parágrafo anterior, se o licitante oferecer em sua proposta um veículo padrão pelo valor de R$ 100,00 (cem reais) ou de R$ 1.000.000,00 (um milhão de reais), estará caracterizada causa para sua exclusão.

Observe-se que o julgamento deve ser procedido de acordo com o **tipo de licitação**, que representa o **critério de julgamento** para a classificação das propostas. Conforme a Lei n. 8.666/93, os tipos de licitação são quatro (art. 45, § 1º): 1) **menor preço** (é a regra das licitações); 2) **melhor técnica** (utilizada para contratação de serviços de natureza predominantemente intelectual, bem como de obras e serviços de grande vulto dependentes de tecnologia sofisticada); 3) **técnica e preço** (além das hipóteses citadas no tipo anterior, é utilizada para aquisição de bens e serviços de informática); 4) **maior lance ou oferta** (para alienação ou delegação de uso de bens públicos).

Da decisão que julga as propostas cabe **recurso administrativo** (prazo de 5 dias úteis), que detém duplo efeito (devolutivo e suspensivo).

Em caso de empate, aplicam-se sucessivamente os seguintes critérios para a consagração do vencedor (cf. art. 3º, § 2º c/c o art. 45, § 2º, da Lei n. 8.666/93): a) produzidos no País; b) produzidos ou prestados por empresas brasileiras; c) produzidos ou prestados por empresas que invistam em pesquisa e no desenvolvimento de tecnologia no País; d) sorteio.

8.6.4. Homologação

Etapa de controle em que é verificada a legalidade do processo licitatório. Constitui um ato vinculado, já que, inexistindo qualquer irregularidade, a autoridade competente é obrigada a homologar.

Em virtude de decisão proferida nesta fase, cabe **representação** (e não recurso administrativo), no prazo de cinco dias úteis, com efeito somente devolutivo. Saliente-se, porém, que a autoridade pode conceder efeito suspensivo, por razões de interesse público (art. 109, § 2°).

8.6.5. Adjudicação

A adjudicação, **etapa final** do procedimento, constitui o ato administrativo pelo qual a Administração atribui ao vencedor o objeto da licitação. A competência para tanto é a da mesma autoridade que homologa.

Releva esclarecer que não se confunde com a celebração do contrato, como já visto em tópico anterior (ver princípio da adjudicação compulsória – subitem 8.4.5).

Importa destacar os efeitos decorrentes da adjudicação. São eles:

a) Aquisição, pelo vencedor (adjudicatário), do direito de contratar, caso haja a celebração da avença. Com isso, é vedado ao Poder Público contratar com qualquer outra pessoa que não seja o licitante vitorioso. Trata-se de dever imposto à Administração.

b) Vinculação do adjudicatário aos encargos e às condições fixadas no instrumento convocatório, bem como aos termos estabelecidos em sua proposta. Representa um dever imposto ao licitante vencedor. Em caso de descumprimento, este fica sujeito às penalidades previstas no edital.

Observe-se que o prazo de validade da proposta apresentada pelo licitante é de sessenta dias da data de sua entrega, de tal forma que, se não houver convocação para contratação neste período, o licitante é liberado dos compromissos assumidos (art. 64, § 3º).

c) Liberação dos demais licitantes dos encargos da licitação.

Contra a decisão expedida nesta etapa, cabível **representação**, no prazo de cinco dias úteis, com efeito devolutivo. Contudo, o efeito suspensivo pode ser concedido, em virtude de interesse público.

Esquematicamente:

FASES DA LICITAÇÃO

Âmbito

a) Interno: medidas tomadas pela Administração antes da divulgação do certame.
b) Externo: processo licitatório propriamente dito.

1. Instrumento Convocatório

a) Conceito: etapa de abertura da fase externa de uma licitação.
b) Denominação
→Em regra: edital.
→Exceção: carta-convite (na modalidade convite).

2. Habilitação

a) Conceito: momento em que a Administração apura as condições pessoais dos licitantes mediante as documentações apresentadas.
b) Aspectos averiguados:
→habilitação jurídica;
→qualidade técnica;
→regularidade fiscal e trabalhista;
→qualidade econômica;
→condições de trabalho dos menores de idade (art. 7º, XXXIII, da CF).
c) Inabilitação: é a exclusão do licitante em caso de ausência dos requisitos pessoais de participação.
d) Recurso: cabimento de recurso administrativo, no prazo de cinco dias úteis, possuindo duplo efeito (devolutivo e suspensivo).

3. Classificação e julgamento

a) Conceito: fase em que se verifica se as propostas atendem aos requisitos do instrumento convocatório mediante critérios de julgamento neste estabelecimento, classificando-se de acordo com o tipo de licitação.
b) Desclassificação: exclusão do licitante do certame em razão de sua proposta não atender às exigências do instrumento convocatório.
c) Tipos de licitação:
→menor preço (em geral);
→melhor técnica;
→técnica e preço;
→maior lance ou oferta.
d) Recurso: cabível recurso administrativo, no prazo de cinco dias úteis, com duplo efeito (devolutivo e suspensivo).

4. Homologação

a) Conceito: etapa de controle em que é verificada a legalidade do processo licitatório.
b) Recurso: cabível representação, no prazo de cinco dias úteis, com efeito devolutivo.

5. Adjudicação

a) Conceito: etapa final da licitação, sendo o ato administrativo pelo qual é atribuído ao vencedor o objeto da licitação.
b) Efeitos:
→aquisição do adjudicatário do direito de contratar, se houver celebração da avença;
→vinculação do adjudicatário aos encargos e condições fixados no instrumento convocatório e aos termos estabelecidos em sua proposta;
→liberação dos demais licitantes dos encargos da licitação.
c) Recurso: cabível representação, no prazo de cinco dias úteis, com efeito devolutivo.

8.7. MODALIDADES

A Lei n. 8.666/93 prevê cinco modalidades de licitação: concorrência, tomada de preços, convite, concurso e leilão. Mais uma modalidade é disciplinada pela Lei n. 10.520/2002: o pregão.

O tópico referente às modalidades de licitação enquadra-se na matéria a ser disciplinada por norma geral, motivo pelo qual se insere no âmbito da competência da União (cf. art. 22, XXVII, da CF). Assim, incabível que as demais entidades federativas (Estados-membros, Distrito Federal e Municípios) legislem de modo diverso sobre o tema. É o que estipula expressamente o art. 22, § 8º, da Lei n. 8.666/93: "É vedada a criação de outras modalidades de licitação ou a combinação das referidas neste artigo". Evidentemente, a inexistência deste dispositivo não alteraria a proibição, que decorre das atribuições estabelecidas constitucionalmente.

Antes de se proceder à análise específica das modalidades aludidas, importa ressaltar que outra modalidade é referida pela legislação e pela doutrina. O tópico assume relevância nos concursos federais, como será visto. Trata-se da **consulta**, prevista inicialmente pelo art. 58 da Lei federal n. 9.472/97 (Lei Geral de Telecomunicações) e posteriormente estendida a **todas as agências reguladoras federais** pelo art. 37 da Lei n. 9.986/2000.

Tais normas são objeto de severa crítica por alguns doutrinadores (a exemplo de Celso Antônio Bandeira de Mello), sob o fundamento de sua plena inconstitucionalidade. Na medida em que a consulta é de aplicação restrita no âmbito das agências reguladoras federais, as leis aludidas enquadram-se na categoria das normas específicas (somente vinculam a União). Ocorre que, como visto no tópico da competência legislativa (subitem 8.3), somente normas gerais poderiam criar nova modalidade de licitação (*ex vi* do art. 22, XXVII, da CF), o que afasta a constitucionalidade das Leis n. 9.472/97 e 9.986/2000. Alega-se, ademais, que essas leis não traçam sequer os contornos gerais da consulta. A bem da verdade, a sua disciplina se deu incialmente pela aplicação da Resolução n. 5/98, da Anatel.

A despeito de tais críticas, que se acredita sejam totalmente pertinentes, o Supremo Tribunal Federal reconheceu a constitucionalidade de tal modalidade, no âmbito da ADI n. 1.668-5 (na qual foi requerida a declaração de inconstitucionalidade de diversos dispositivos da Lei n. 9.472/97, entre os quais o seu art. 58). Por conta disso é que **muitos concursos federais fazem alusão à modalidade consulta**, de tal sorte que são imprescindíveis algumas considerações sobre ela.

As Leis n. 9.472/97 e 9.986/2000 somente fazem alusão ao objeto da consulta: contratação de bens e serviços não comuns, excluídas as obras e serviços de engenharia. Nada mais. Como dito, a disciplina foi remetida inicialmente para a Resolução Anatel n. 5/98, posteriormente incorporada ou reproduzida por resoluções específicas das demais agências reguladoras. As principais características são as seguintes:

a) serão chamadas, para apresentação de propostas de bens ou serviços não comuns, ao menos cinco pessoas, físicas ou jurídicas, de alta qualificação. Como se pode notar, é seguido um procedimento semelhante ao do convite;

b) as propostas serão avaliadas e julgadas por um "júri", composto de pelo menos três pessoas, servidores ou não, da agência reguladora;

c) os critérios para a valoração das propostas "devem viabilizar a ponderação entre o custo e o benefício de cada proposta";

d) a aceitabilidade das propostas, em relação ao seu conteúdo e preço, será decidida por maioria de votos e a classificação será feita em função das notas que lhes forem atribuídas pelos jurados.

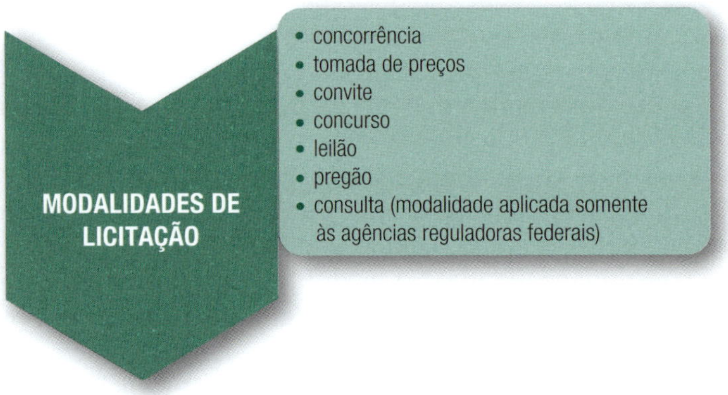

8.7.1. Concorrência

A própria Lei de Licitações define a concorrência (art. 22, § 1º) como "a modalidade de licitação entre quaisquer interessados que, na fase inicial de habilitação preliminar, comprovem possuir os requisitos mínimos de qualificação exigidos no edital para execução de seu objeto".

De acordo com tal conceito, pode-se extrair uma característica da concorrência. Trata-se de modalidade marcada pela **universalidade**, uma vez que facultada a participação a quaisquer interessados que preencham os requisitos de habilitação. Outrossim, essa habilitação é **preliminar**, ou seja, realizada no início do procedimento licitatório, após a fase de abertura (instrumento convocatório).

Atribui-se a esta modalidade a nota da **ampla publicidade**, já que a sua divulgação se dá de maneira lata.

A concorrência é modalidade obrigatória: a) nas contratações de grande vulto, entendidas como aquelas cujo valor estimado de contratação supere R$ 1.500.000,00 (um milhão e meio de reais) em caso de obras e serviços de engenharia e R$ 650.000,00 (seiscentos e cinquenta mil reais) para compras e serviços gerais (valores que podem ser objeto de atualização, nos termos do art. 120 da Lei de Licitações); b) na compra ou alienação de bens imóveis (nas hipóteses em que cabível o leilão, a Administração pode optar pelo leilão ou pela concorrência); c) nas concessões de direito real de uso; d) em regra, nas licitações internacionais (entendidas como aquelas que forem abertas a empresas não sediadas no Brasil).

A direção e o julgamento da concorrência são realizados por uma comissão, órgão colegiado composto de, no mínimo, três integrantes.

8.7.2. Tomada de preços

De acordo com a Lei n. 8.666/93 (art. 22, § 2º), "é a modalidade de licitação entre interessados devidamente cadastrados ou que atenderem a todas as condições exigidas para cadastramento até o terceiro dia anterior à data do recebimento das propostas, observada a necessária qualificação".

Observe-se a referência ao **registro cadastral**, consistente em um assentamento administrativo em que se procede à **habilitação prévia** de interessados que pretendam futuramente participar de uma licitação. Como se vê, trata-se de uma habilitação que ocorre antes do início de uma licitação. Tal forma de qualificação apresenta a evidente vantagem de dispensar a análise (muitas vezes demorada) de toda a documentação que se apresenta em cada licitação realizada pela Administração. Desse modo, o licitante previamente habilitado fica dispensado de apresentar a documentação referente à habilitação.

Assim, dois são os grupos de licitantes que podem participar da tomada de preços: a) os licitantes cadastrados (previamente habilitados); b) licitantes não cadastrados que apresentarem a documentação exigida para a habilitação até o terceiro dia anterior à data do recebimento das propostas. Como se pode perceber, a tomada de preços também se caracteriza pela **universalidade**.

Aliás, alguns autores, em comparação com a legislação pretérita (segundo a qual somente poderiam participar da tomada de preços os licitantes cadastrados), praticamente equiparam essa modalidade à concorrência. É o que salientam Maria Sylvia Zanella Di Pietro (2009, p. 382) e Carlos Ari Sundfeld (1995, p. 76).

A tomada de preços representa modalidade própria para: a) as contratações de vulto médio, entendidas como aquelas cujo valor estimado de contratação esteja entre R$ 150.000,00 (cento e cinquenta mil reais) e R$ 1.500.000,00 (um milhão e meio de reais) em caso de obras e serviços de engenharia, e entre R$ 80.000,00 (oitenta mil reais) e R$ 650.000,00 (seiscentos e cinquenta mil reais) para compras e serviços gerais (os valores podem ser objeto de atualização); b) as licitações internacionais que envolvam os valores acima, em caso de existência de cadastro internacional de fornecedores.

A direção e o julgamento da concorrência são realizados por uma comissão, órgão colegiado composto por, no mínimo, três integrantes.

8.7.3. Convite

Modalidade de licitação em que a Administração pode escolher e convidar, no mínimo, três interessados, a fim de que apresentem suas propostas. Também podem participar de um convite os licitantes que estiverem cadastrados, desde que manifestem interesse com antecedência de vinte e quatro horas da data de apresentação das propostas. Dessa forma, conclui-se que **inexiste universalidade** no âmbito do convite.

O convite representa modalidade obrigatória nas contratações de menor vulto, entendidas como aquelas cujo valor estimado de contratação seja de até R$ 150.000,00 (cento e cinquenta mil reais) em caso de obras e serviços de engenharia, e de até R$ 80.000,00 (oitenta mil reais) para compras e serviços gerais (esses valores podem ser objeto de atualização).

No convite, a **publicidade é relativa**, pois ela se dará de duas formas: pelo envio da carta-convite aos licitantes escolhidos pela Administração e pela sua afixação em local apropriado (p. ex., em um quadro de avisos da repartição pública) em que seja possível o fácil acesso a qualquer interessado.

Quando, por limitações de mercado ou manifesto desinteresse dos convidados, for impossível a obtenção de, no mínimo, três licitantes, essas circunstâncias deverão ser devidamente justificadas no processo. Caso contrário, o convite deve ser repetido (art. 22, § 7º).

A comissão permanente segue a regra, devendo ser composta de, no mínimo, três membros, sendo pelo menos dois deles servidores qualificados pertencentes aos quadros permanentes da Administração. No entanto, permite o art. 51, § 1º, que a comissão seja substituída por um servidor designado pela autoridade competente. Isso somente pode dar-se nas pequenas unidades administrativas, em face da exiguidade de pessoal disponível.

Observação relevante: de acordo com o § 4º do art. 23 da Lei n. 8.666/93, "**nos casos em que couber convite, a Administração poderá utilizar a tomada de preços e, em qualquer caso, a concorrência**". Esse dispositivo detém a sua lógica. Sempre que o valor estimado indicar determinada modalidade (concorrência, tomada de preços e convite), o Poder Público poderá valer-se de outra, desde que mais rigorosa e formal, em homenagem à maior garantia de participação dos particulares.

Esquematicamente, em relação a essas três modalidades:

MODALIDADES	CONCORRÊNCIA	TOMADA DE PREÇOS	CONVITE
Cabimento	• contratações de maior vulto; • compra ou alienação de bens imóveis; • concessão de direito real de uso; • licitações internacionais.	• contratações de médio vulto; • licitações internacionais em casos de existência de cadastro internacional de fornecedores.	Contratações de menor vulto.
Participação	Universalidade	Universalidade	Não há universalidade
Publicidade	Ampla	Ampla	Relativa
Julgamento	Comissão de Licitação, composta de, no mínimo, três integrantes.	Comissão de Licitação, composta de, no mínimo, três integrantes.	Comissão de Licitação, composta de três membros, no mínimo. Admite-se a substituição da Comissão por um servidor.

8.7.4. Concurso

De acordo com a definição legal, "é a modalidade de licitação entre quaisquer interessados para escolha de trabalho técnico, científico ou artístico, mediante a instituição de prêmios ou remuneração aos vencedores" (art. 22, § 4º).

Importa não confundir o concurso ora tratado, modalidade de licitação, com o instituto do concurso público, referente à acessibilidade para a função pública. O primeiro representa requisito procedimental prévio à celebração de contrato pela Administração; já o segundo, requisito de provimento para cargo ou emprego público.

O procedimento deve ser disciplinado em regulamento próprio, na medida em que a Lei n. 8.666/93 não o traça. O julgamento se dá por comissão especial, constituída por pessoas de reputação ilibada e de reconhecido conhecimento na área objeto da licitação (art. 51, § 5º). Tais pessoas podem ser servidores públicos ou não.

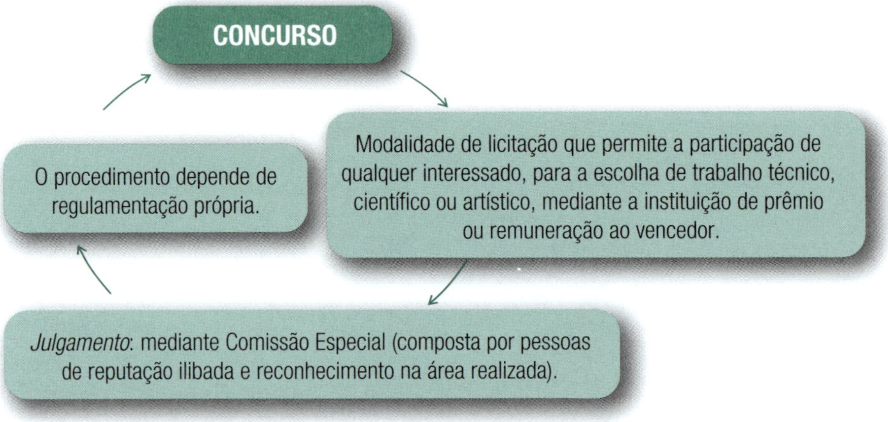

8.7.5. Leilão

Modalidade utilizada para a **alienação de bens públicos**.

No entanto, não é qualquer bem público que pode ser alienado por meio do leilão. Encontram-se nessa condição:

a) **bens móveis inservíveis**, entendidos como os que já não detêm condições de uso, constituindo verdadeira "sucata". Há, no entanto, entendimento segundo o qual basta, para se enquadrar em tal categoria de bens, não haver interesse em sua utilização pelo Poder Público;

b) **produtos legalmente apreendidos ou empenhados**. Exemplos: produtos contrabandeados objeto de apreensão pela Receita Federal, são, posteriormente, passíveis de alienação por leilão. Da mesma forma em relação aos bens dados em penhor perante a Caixa Econômica Federal, (CEF), em virtude de um empréstimo concedido a particular. Caso não haja o adimplemento da dívida, a CEF pode alienar o bem empenhado pela modalidade leilão;

c) **bens imóveis adquiridos via processo judicial** (p. ex.: por desapropriação, execução fiscal etc.) **ou por dação em pagamento**. No caso, a Administração pode optar entre utilizar o leilão ou a concorrência (cf. art. 19, III, da Lei n. 8.666/93).

O tipo desta modalidade, dada a sua finalidade, é o de **maior lance ou oferta** (adquire o bem quem oferecer o maior valor).

Esquematicamente:

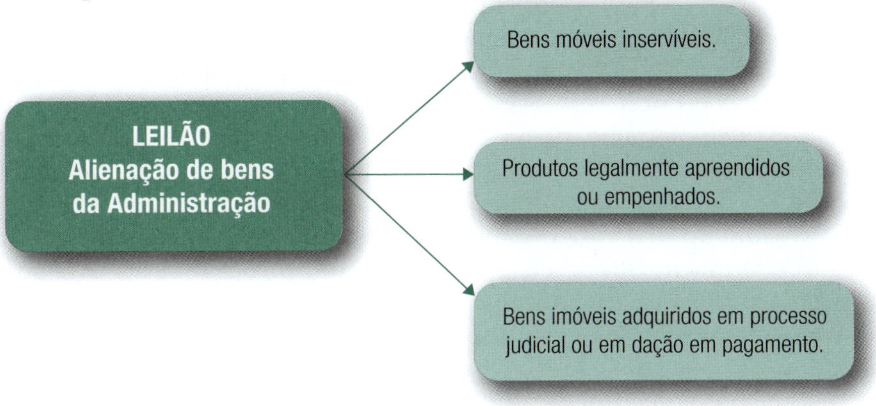

8.7.6. Pregão

8.7.6.1. Introdução

O pregão representa uma modalidade recente no ordenamento jurídico brasileiro. Diferentemente das demais, disciplinadas pela Lei n. 8.666/93, o pregão merece tratamento legislativo em apartado.

Inicialmente circunscrita à Anatel (Lei n. 9.472/97), e posteriormente às agências reguladoras (Lei n. 9.986/2000), tornou-se modalidade genérica com a edição das medidas provisórias a partir de novembro de 2000, muito embora tenha havido acirrada polêmica quanto à caracterização das medidas provisórias como normas nacionais ou federais. Posteriormente, com a Lei federal n. 10.520/2002, verdadeira norma geral, consolidou-se o quadro normativo referente ao pregão. Daí a constitucionalidade desta lei, com amplo âmbito de aplicação (federal, estadual, municipal e distrital).

O pregão tem sido exaltado como uma modalidade extremamente vantajosa, comparativamente com as demais modalidades, haja vista várias de suas características. De maneira geral, observa-se uma redução em relação ao custo final de contratação, o que gera uma economia considerável nos gastos públicos. Ademais, nota-se maior celeridade no âmbito do procedimento licitatório. Por conta disso, tem sido cada vez mais utilizada pelas diversas Administrações do País, em todos os níveis.

A seguir, serão analisadas as principais características do pregão, conforme disciplina a Lei n. 10.520/2002.

8.7.6.2. Objeto e tipo do pregão

Em primeiro lugar, o pregão presta-se à aquisição de **bens ou serviços comuns** (art. 1º, *caput*). A respeito de tal conceito, de alto grau de indeterminação, reina certo dissenso doutrinário.

A definição legal, estampada no art. 1º, parágrafo único, é tão imprecisa quanto a própria expressão. Dispõe esse dispositivo: "Consideram-se bens e serviços comuns, para os fins e efeitos deste artigo, aqueles cujos padrões de desempenho e qualidade possam ser objetivamente definidos pelo edital, por meio de especificações usuais no mercado".

No âmbito federal, o pregão é regulamentado pelo Decreto n. 3.555/2000, que trazia em seu anexo uma relação de bens e serviços enquadráveis na categoria de "comuns". Ocorre que tal elenco era tão extenso que igualmente não se prestou a precisar o significado da expressão. Consigne-se que esse anexo foi objeto de revogação em 2010.

O melhor entendimento que se deve extrair advém da doutrina. De acordo com Marçal Justen Filho, bens ou serviços comuns são os que apresentam a característica da disponibilidade no mercado próprio, entendida como os bens ou serviços que podem ser **localizados no mercado sem dificuldade alguma**.

Outrossim, convém esclarecer que o pregão pode ser utilizado **independentemente do valor estimado para a contratação**. Basta que o contrato se refira a um bem ou serviço comum para legitimar o seu manuseio. Como bem observa Carvalho Filho: "O art. 2º da MP 2.182-18/2001 consignava expressamente que o pregão podia ser adotado 'qualquer que seja o valor estimado da contratação'. Na lei n. 10.520, o art. 2º foi vetado. Não obstante, embora aquela norma esteja revogada, deve entender-se que não há restrição quanto ao valor, eis que todo o sistema do pregão foi calcado no critério da natureza dos bens e serviços, além de que não há qualquer restrição quanto ao valor da contratação" (2008, p. 287, nota 198).

Trata-se de modalidade que assume o **tipo menor preço** (art. 4º, X). Assim, incabível falar em pregão de melhor técnica ou de técnica e preço.

8.7.6.3. Inversão de fases

Relevante característica é a ocorrência procedimental de uma **inversão de fases**.

Diferentemente das demais modalidades, em que a habilitação representa etapa anterior à de classificação e julgamento, no bojo do pregão há inversão entre tais fases: **primeiro são julgadas as propostas, chegando-se a uma ordem de classificação; para, em seguida, proceder-se à habilitação do primeiro colocado**. Caso este preencha os requisitos da qualificação, torna-se o vencedor do certame. Caso contrário, na hipótese de ser inabilitado, o segundo colocado é submetido à mesma verificação, e assim por diante, até que um licitante classificado seja considerado habilitado.

Tal mecanismo adotado pela Lei do Pregão é, indubitavelmente, mais vantajoso à Administração, já que dispensa uma inútil análise da documentação de todos os licitantes. Assim, ganha-se em tempo (daí ser o pregão um processo mais célere), como também em economia (pois os custos administrativos para realizar uma licitação acabam sendo menores).

Mas não é só. Outras fases que se invertem no pregão são a adjudicação e a homologação, de modo que aquela antecede esta.

8.7.6.4. Existência de lances verbais. Procedimento

O pregão combina a apresentação de **propostas escritas** com **lances verbais**. Em relação às primeiras, não há novidade alguma, já que representa a forma tradicional de exposição das propostas.

A peculiaridade consiste na possibilidade de lances verbais feitos pelos licitantes, de tal forma que as propostas inicialmente apresentadas por escrito podem ser alteradas, até que se sagre vencedor o que oferecer o lance mais baixo.

Isso representa uma **exceção ao princípio da imutabilidade das propostas**, preceito consagrado pelas legislações até então. Ademais, houve a adoção do **princípio da oralidade** no âmbito de uma licitação.

De maneira específica, adota-se o seguinte procedimento:

- os envelopes dos licitantes são entregues e abertos na sessão pública;
- o pregoeiro verificará a conformidade das propostas com os requisitos estabelecidos no edital;
- é feita a seleção do autor da oferta de valor mais baixo e dos autores das ofertas com preços até 10% superiores àquela (não havendo pelo menos três ofertas em tais condições, serão selecionados os autores das melhores propostas, até o máximo de três);
- os licitantes assim selecionados poderão fazer novos lances, verbais e sucessivos, até a proclamação do vencedor;
- encerrada esta fase competitiva, o pregoeiro procederá à abertura do envelope contendo os documentos de habilitação do licitante vencedor;
- se o licitante não atender às exigências habilitatórias, o pregoeiro examinará os licitantes subsequentes, na ordem de classificação, até a apuração de um licitante que atenda ao edital;
- em qualquer caso, o pregoeiro poderá negociar diretamente com o proponente para que seja obtido melhor preço.

8.7.6.5. Fase recursal

Ao final da sessão pública, declarado o vencedor, qualquer licitante poderá manifestar imediata e motivadamente a intenção de recorrer, quando lhe será concedido o prazo de três dias para a apresentação das razões de recurso.

Verifique-se que, no pregão, a **fase recursal é única**, diferentemente do que ocorre nas demais modalidades, em que, ao final de cada fase, abre-se prazo para a interposição de impugnação (recurso administrativo ou impugnação).

8.7.6.6. Espécies de pregão

Duas são as espécies de pregão:

a) **pregão comum** (ou **pregão presencial**), em que existe a realização de uma sessão pública, com a presença física dos licitantes. É a forma clássica de realização de uma licitação;

b) **pregão eletrônico** (ou **pregão virtual**), em que a fase competitiva ocorre em um ambiente virtual, com a utilização da tecnologia da informação (*internet*). Assim, não se verifica a realização de uma sessão pública, por meio da participação física dos interessados.

8.7.6.7. Vedações

O art. 5º dispõe sobre três vedações relacionadas ao pregão.

Em primeiro lugar, é proibida a exigência de **garantia de proposta** (ou seja, a Administração não pode condicionar a participação na licitação ao oferecimento de garantia pelo licitante).

Em segundo lugar, é vedada a exigência de **aquisição do edital** pelos licitantes, como condição para participação no certame.

Em terceiro lugar, incabível a estipulação de **pagamento de taxas e emolumentos**, salvo os referentes a fornecimento de edital, que não serão superiores ao custo de sua reprodução gráfica e aos custos de utilização de recursos de tecnologia da informação.

Esquematicamente:

PREGÃO	
OBJETO	Bens ou serviços comuns (aqueles facilmente encontrados no mercado).
VALOR	Independe do valor da contratação.
TIPO	▸ Menor preço

PROCEDIMENTO	INVERSÃO DE FASES: Classificação e julgamento ➧ Habilitação Adjudicação ➧ Homologação
SESSÃO PÚBLICA	Propostas escritas + lances verbais
FASE RECURSAL	Única (ao final de sessão pública)
ESPÉCIES	➧ pregão comum ou presencial ➧ pregão virtual ou eletrônico
VEDAÇÕES	➧ garantia de proposta ➧ aquisição de edital ➧ pagamento de taxas e emolumentos

8.8. LICITAÇÕES E PEQUENAS EMPRESAS (MICROEMPRESAS E EMPRESAS DE PEQUENO PORTE)

Com arrimo em preceitos constitucionais que impõem favorecimento às pequenas empresas (arts. 170, IX, e 179), a Lei Complementar federal n. 123/2006 (Estatuto Nacional da Microempresa e Empresa de Pequeno Porte) confere benefícios a tais pessoas jurídicas no âmbito de licitações públicas (essa lei foi objeto de algumas alterações pela LC n. 147/2014).

Destaquem-se dois benefícios incidentes em qualquer certame.

O primeiro refere-se à vantagem atinente à regularidade fiscal, tal qual disciplinado nos arts. 42 e 43 da LC n. 123/2006. Trata-se da possibilidade de regularização *a posteriori*. Caso uma pequena empresa, na qualidade de licitante, apresente alguma irregularidade fiscal, não ocorrerá a sua inabilitação, mas uma oportunidade de regularização no prazo de cinco dias úteis, prorrogável por igual período, a contar do momento em que for declarada vencedora.

Já o segundo constitui benefício a se implementar na fase de classificação e julgamento (arts. 44 e 45), na ocorrência de empate, que pode ser real ou ficto. Este representa o empate resultante da situação em que há propostas de pequenas empresas na faixa de, regra geral, até dez por cento superiores à proposta mais bem classificada.

Em caso de empate, há uma faculdade para a pequena empresa no sentido de alterar a sua proposta, reduzindo o seu valor para montante inferior àquela melhor classificada. Nesse contexto, admite-se a mutabilidade da proposta da pequena empresa, que passa a deter a melhor classificação, sagrando-se vencedora da licitação.

Ademais, a LC n. 123/2006 (cf. redação dada pela LC n. 147/2014) impõe às entidades da Administração direta e indireta de qualquer esfera federativa a concessão de tratamento diferenciado e simplificado para as microempresas e empresas de pequeno porte. Deverá, por exemplo, ser realizado processo licitatório destinado exclusivamente à participação de microempresas e empresas de pequeno porte nos itens de contratação cujo valor seja de até R$ 80.000,00 (oitenta mil reais).

8.9. REGIME DIFERENCIADO DE CONTRATAÇÃO

Para fins de agilização de determinados eventos e empreendimentos considerados prioritários, foi instituído pela Lei federal n. 12.462/2011 o Regime Diferenciado de Contratações Públicas (RDC).

A disciplina jurídica do RDC apresenta pontos polêmicos, com questionamentos, inclusive, quanto à constitucionalidade de alguns dispositivos.

Trata-se de regime aplicável às seguintes situações (art. 1º): a) licitações e contratos necessários à realização da Copa do Mundo (2014), da Copa das Confederações (2013), bem como dos Jogos Olímpicos e Paraolímpicos (2016); b) obras de infraestrutura e contratação de serviços para os aeroportos das capitais dos Estados da Federação distantes até 350 km das cidades sedes dos eventos referidos no item anterior; c) das ações integrantes do Programa de Aceleração do Crescimento (PAC); d) das obras e serviços de engenharia no âmbito do Sistema Único de Saúde (SUS); e) licitações e contratos necessários à realização de obras e serviços de engenharia no âmbito dos sistemas públicos de ensino; e f) das obras e serviços de engenharia para construção, ampliação e reforma de estabelecimentos penais e unidades de atendimento socioeducativo. As quatro últimas hipóteses ("c" a "f") foram incluídas, respectivamente, pelas Leis n. 12.688/2012, 12.745/2012, 12.722/2012 e 12.980/2014.

De um lado, o RDC apresenta características semelhantes àquelas aplicáveis no pregão, destacando-se a inversão de fases (art. 12), a utilização da forma eletrônica (art. 13), a existência de fase recursal única (art. 27), a admissibilidade de lances públicos e sucessivos (art. 17) etc.

De outro lado, indigitado regime apresenta outros aspectos, tão pioneiros quanto controversos, destacando-se os seguintes:

a) **contratação integrada** (art. 9º): admite-se que a empresa contratada atue em todas as etapas da obra ou do serviço, incluindo a elaboração do projeto básico, circunstância não admitida no regime geral da Lei n. 8.666/93.

b) **sigilo do orçamento** (art. 6º, *caput*): o orçamento previamente estimado para a contratação será tornado público apenas após o encerramento da licitação. A despeito disso, haverá plena disponibilização dos dados orçamentários aos órgãos de controle interno e externo (Ministério Público, Tribunal de Contas etc.).

c) **remuneração variável** do contratado (art. 10): na contratação de obras e serviços, poderá ser estabelecida remuneração variável vinculada ao desempenho da contratada, com base em metas, padrões de qualidade, critérios de sustentabilidade ambiental, entre outros fatores.

Questões

1. **(Magistratura do Estado de São Paulo – 2002 – 174º concurso) Segundo a Lei n. 8.666, de 1993, as licitações destinam-se a garantir:**
   a) o princípio da moralidade administrativa e a seleção da proposta economicamente mais barata para a Administração.
   b) o princípio da publicidade dos atos administrativos e a seleção da proposta financeiramente mais econômica.
   c) o princípio da eficiência administrativa e a seleção preferencial de bens e serviços produzidos no País.
   d) o princípio da isonomia e a seleção da proposta mais vantajosa para a Administração.

2. **(Defensor Público da União – CESPE – 2005) No que diz respeito às licitações, julgue o item a seguir:**
   O chamado fracionamento de licitação é prática ilícita que consiste em dividir o objeto da contratação em parcelas que permitam a dispensa de licitação ou a realização desta em modalidade mais simples do que a aplicável ao valor total do objeto. Em consequência, a legislação em vigor proscreve por completo qualquer espécie de fracionamento em licitações.

3. **(Ministério Público do Trabalho – 2006) *Não* se trata de hipótese em que é dispensável a licitação:**
   a) para a celebração de contratos de prestação de serviços com as organizações sociais, qualificadas no âmbito das respectivas esferas de governo, para atividades contempladas no contrato de gestão.
   b) para a celebração de contrato de prestação de serviço de fiscalização, supervisão ou gerenciamento de obras ou serviços, de natureza singular, com empresa de notória especialização.
   c) para a aquisição ou restauração de obras de arte e objetos históricos, de autenticidade certificada, desde que compatíveis ou inerentes às finalidades do órgão ou entidade.

d) quando a União tiver que intervir no domínio econômico para regular preços ou normalizar o abastecimento.
e) não respondida.

4. (Magistratura do Estado de Minas Gerais – 2007) *Não* constitui modalidade de licitação:

a) concurso.
b) proposta.
c) convite.
d) leilão.

5. (Analista Processual do MPU – ESAF – 2004) Não se inclui no rol legal de hipóteses de dispensa de licitação a seguinte situação:

a) aquisição de bens ou serviços nos termos de acordo internacional específico aprovado pelo Poder Executivo, quando as condições ofertadas forem manifestamente vantajosas para o Poder Público.
b) compras de hortifrutigranjeiros, pão e outros gêneros perecíveis, no tempo necessário para a realização dos processos licitatórios correspondentes, realizadas diretamente com base no preço do dia.
c) quando houver possibilidade de comprometimento da segurança nacional, nos casos estabelecidos em decreto do presidente da República, ouvido o Conselho de Defesa Nacional.
d) quando não acudirem interessados à licitação anterior e essa, justificadamente, não puder ser repetida sem prejuízo para a Administração, mantidas, nesse caso, todas as condições preestabelecidas.
e) aquisição ou restauração de obras de arte e objetos históricos, de autenticidade certificada, desde que compatíveis ou inerentes às finalidades do órgão ou entidade.

6. (Procurador do Estado de Sergipe – 2005) Considere as seguintes hipóteses de contratações por parte da Administração Pública:

I. contratação de empresa com notória especialização, para prestação de serviços técnicos de divulgação, no valor de R$ 50.000,00, apontando a Administração a singularidade do serviço;

II. contratação de obra, no valor de R$ 25.000,00, por sociedade de economia mista;

III. contratação, pela União, com o objetivo de intervir na economia para regular preços ou normalizar o abastecimento.

Estas são, respectivamente, em relação à licitação, hipóteses típicas de:

a) convite, dispensa e dispensa.

b) inexigibilidade, convite e inexigibilidade.
c) inexigibilidade, dispensa e inexigibilidade.
d) dispensa, convite e dispensa.
e) convite, convite e dispensa.

7. (Ministério Público do Estado de Minas Gerais – 2007) O ato final do procedimento licitatório, pelo qual se atribui ao vencedor o objeto licitado, denomina-se:

a) adjudicação.
b) contratação.
c) julgamento final.
d) classificação.
e) habilitação.

8. (Procurador da Fazenda Nacional – ESAF – 2004) Entre as opções a seguir, marque aquela apta a justificar o reconhecimento de inexigibilidade de licitação:

a) Casos de aquisição de bens junto a representante comercial exclusivo, caracterizando inviabilidade de competição.
b) Casos de contratação em ocasiões de grave perturbação da ordem.
c) Casos em que caracterizada a urgência de atendimento de situação que possa ocasionar prejuízo ou comprometer a segurança de pessoas.
d) Casos de contratação de remanescente de serviço, em consequência de rescisão contratual, atendida a ordem de classificação da licitação anterior e aceitas as mesmas condições oferecidas pelo licitante vencedor.
e) Casos de contratação de prestação de serviços com organizações sociais, qualificadas no âmbito das respectivas esferas de governo, para atividades contempladas no contrato de gestão.

9. (Analista do Tribunal Regional Eleitoral – 2006) Objetivando adquirir material destinado à construção civil, o Tribunal Regional de São Paulo, por meio do órgão responsável, instaurou regular procedimento licitatório. Entretanto, nenhum interessado apresentou-se, o que provocou a frustração da disputa. Assim, diante da constatação de que o interesse público sofreria prejuízos irreparáveis ante novo procedimento, a licitação será, em tese:

a) revogada, em virtude da verificação de vício quanto ao sujeito.
b) declarada inexigível, hipótese em que o Tribunal contratará diretamente com qualquer fornecedor.
c) dispensável, mantidas todas as condições preestabelecidas no instrumento convocatório.

d) dispensada, oportunidade em que o Tribunal fixará prazo de 8 (oito) dias para a apresentação de novas propostas.
e) anulada por motivos de conveniência e oportunidade.

10. (Procurador da Fazenda Nacional – ESAF – 2004) Sobre as modalidades de licitação, assinale a opção correta:

a) O Pregão, por ser modalidade que não está inserida entre as previstas na Lei n. 8.666, de 1993 (que estabelece normas gerais sobre licitações e contratos administrativos no âmbito da União, dos Estados, do Distrito Federal e Municípios), somente pode ser utilizado, na sistemática atual, pela União.
b) Nos casos em que couber a Concorrência, a Administração sempre poderá utilizar a Tomada de Preços; a recíproca, contudo, não é verdadeira.
c) A Lei n. 8.666, de 1993, ao disciplinar a modalidade Concurso, estabelece normas gerais a serem observadas nos concursos públicos para a seleção de candidatos à ocupação de cargos e empregos públicos.
d) O Convite é modalidade de licitação da qual somente podem participar licitantes previamente cadastrados pela Administração.
e) A Lei n. 8.666, de 1993, veda a criação de outras modalidades de licitação ou a combinação das modalidades nela referidas.

11. (Procurador da Fazenda Nacional – ESAF – 2004) Especificamente quanto à modalidade de licitação denominada Pregão, assinale a opção incorreta:

a) Tal modalidade somente é cabível para aquisição de bens ou contratação de serviços considerados comuns.
b) É possível, em tal modalidade, a realização de licitação por meio eletrônico, conforme regulamentação específica.
c) Em tal modalidade de licitação, é possível a apresentação não apenas de propostas escritas, mas também de lances verbais.
d) Em tal modalidade de licitação, primeiro se promove o exame dos requisitos de habilitação dos licitantes, para somente após passar à fase de avaliação das propostas de preços.
e) Aplicam-se apenas subsidiariamente, para a modalidade Pregão, as normas da Lei n. 8.666, de 1993.

12. (Analista Processual do MPU – ESAF – 2004) A legislação das agências reguladoras estabeleceu a possibilidade de se utilizar, para a aquisição de bens e contratação de serviços por essas entidades, uma modalidade especial de licitação, prevista tão somente para essa categoria organizacional. Tal modalidade denomina-se:

a) pregão.
b) consulta.

c) convite.
d) credenciamento.
e) registro de preços.

13. **(Analista do TRT – 24ª Região/Campo Grande – 2006) O pregão é a modalidade de licitação:**

a) destinada à venda de produtos legalmente apreendidos, a quem oferecer o maior lance.
b) em que a habilitação do vencedor ocorre após a classificação das propostas.
c) entre quaisquer interessados para a escolha de trabalho técnico, mediante a instituição de prêmios aos vencedores.
d) realizada entre interessados previamente cadastrados e convocados mediante carta-convite.
e) reservada à compra de bens de pequeno valor e alienação de produtos legalmente apreendidos ou penhorados.

14. **(Magistratura do Estado de Alagoas – 2007) É elemento estranho ao regime jurídico geral da modalidade de licitação dita pregão, nos termos da Lei n. 10.520/2002, a:**

a) possibilidade de os licitantes alterarem suas propostas comerciais após abertos os respectivos envelopes.
b) procedência da fase de classificação em relação à fase de habilitação;
c) aplicação dos critérios de julgamento de menor preço, de melhor técnica ou de técnica e preço.
d) vedação da exigência de garantia de proposta.
e) vedação da exigência de aquisição do edital pelos licitantes como condição para participação no certame.

15. **(Juiz – TRF/ 5ª Região – CESPE – 2011) Conforme o disposto no art. 3º da Lei n. 8.666/1993, a licitação destina-se a garantir a observância do princípio constitucional da isonomia e a selecionar a proposta mais vantajosa para a administração. Com relação ao dever constitucional de licitar e à possibilidade excepcional de não fazê-lo, assinale a opção correta:**

a) É dispensável a licitação para a aquisição de bem fornecido por uma única empresa.
b) É inexigível a licitação para a contratação de obra de pequeno valor.
c) Dispensa-se a licitação quando houver situação de emergência, de modo que a realização do procedimento licitatório for incompatível com a urgência na execução do contrato.

d) Nos casos de inexigibilidade de licitação, há possibilidade de competição entre particulares.

16. (Promotor – Ministério Público/SP – 2011) Para a escolha de trabalho técnico, científico ou artístico, mediante a instituição de prêmios ou remuneração aos vencedores, condicionada à obtenção dos direitos patrimoniais sobre a obra:

a) é dispensável o processo licitatório.
b) deverá ser realizada a licitação, na modalidade convite.
c) é inexigível a licitação.
d) deverá ser realizado o processo licitatório, na modalidade concorrência.
e) é exigível a licitação, na modalidade concurso.

17. (Procurador – CREFITO/ 3ª Região – Vunesp – 2012) O que diferencia o Pregão das demais modalidades licitatórias é:

a) a possibilidade de o licitante que se considerar prejudicado apresentar recurso contra a decisão do agente público responsável pela licitação.
b) a possibilidade de aplicação de sanções contra o licitante vencedor que se recusar a assinar o contrato.
c) a utilização do critério de menor preço para julgamento das propostas.
d) a possibilidade de os licitantes apresentarem, verbal e sucessivamente, propostas melhores do que a originalmente apresentada.
e) a possibilidade de anulação do procedimento por ilegalidade.

Gabarito

1. D*
2. Errado
3. B
4. B
5. A
6. A
7. A
8. A
9. C
10. E
11. D
12. B
13. B
14. C
15. C
16. E
17. D

* D (resposta compatível com a legislação vigente à época – ano 2002; relevante considerar que, atualmente, há mais um objetivo das licitações: a promoção do desenvolvimento nacional sustentável).

9

CONTRATOS ADMINISTRATIVOS

9.1. DEFINIÇÃO

Inexiste unanimidade quanto à definição de contrato administrativo. Muito pelo contrário, as posições doutrinárias são até mesmo antagônicas. Basta verificar a existência, de um lado, de autores que simplesmente negam a existência dos contratos administrativos, sob o argumento de que a figura contratual é típica de direito privado (cf. Celso Antônio Bandeira de Mello), e, de outro lado, de juristas que inserem na categoria dos contratos administrativos todas as avenças celebradas pela Administração, uma vez que, em maior ou menor grau, incidirão normas de direito público (cf. Lúcia Valle Figueiredo).

Adota-se o conceito de Maria Sylvia Zanella Di Pietro, para quem contratos administrativos são "ajustes que a Administração, nessa qualidade, celebra com pessoas físicas ou jurídicas, públicas ou privadas, para a consecução de fins públicos, segundo regime jurídico de direito público" (2009, p. 251). Trata-se de uma posição intermediária em relação àquelas mencionadas no parágrafo anterior e, como ressalta Di Pietro, a que prevalece no cenário jurídico brasileiro.

Com base neste entendimento, os autores procedem a uma distinção entre **contratos da Administração regidos pelo direito público** (como visto, são os **contratos administrativos**) e os **contratos regidos pelo direito privado**. Ambos pertencem à categoria de **contratos da Administração**.

Esquematicamente:

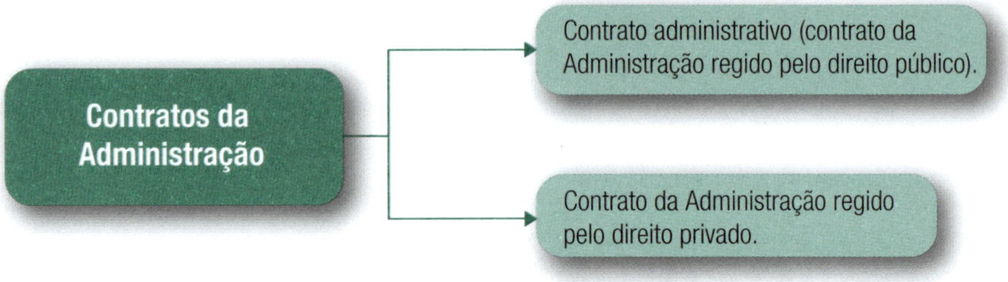

Uma observação importante. A distinção dos contratos da Administração regidos pelo direito privado, em contraposição com os contratos administrativos (regidos pelo direito público), não implica a inaplicabilidade de normas públicas àqueles. Vale dizer, muito embora recebam tal denominação, os contratos da Administração regidos pelo direito privado submetem-se, mesmo que parcialmente, ao regime jurídico administrativo. Não se esqueça da metáfora sugerida por Carlos Ari Sundfeld: "O Estado, como um Midas, publiciza tudo o que toca"(2003b, p. 77). Todo contrato celebrado pela Administração submete-se, em maior ou menor grau, ao regime jurídico administrativo. Assim, incabível desconhecer que tais acordos devem ser precedidos de licitação, obedecem às formalidades previstas legalmente, devem ser celebrados pelas autoridades competentes, sofrem fiscalização pelo Tribunal de Contas etc. Como se pode perceber, de maneira geral as sujeições administrativas são aplicáveis a eles (sujeições procedimentais, de forma, de competência, de finalidade, entre outras).

Como regra, a verdadeira distinção entre tais figuras é a inexistência, nos contratos da Administração regidos pelo direito privado, das chamadas "cláusulas exorbitantes", representativas das prerrogativas contratuais do Poder Público. Nos contratos privados da Administração a posição do ente público nivela-se com a do particular, no sentido da inexistência de privilégios ao ente estatal.

É verdade que o art. 62, § 3º, I, da Lei n. 8.666/93 cria uma dificuldade para esta diferenciação, ao estabelecer que o disposto no art. 58 (referente às cláusulas exorbitantes) aplica-se aos contratos regidos por normas de direito privado. De toda sorte, apesar de ainda remanescer polêmica, interpreta-se que a publicização dos contratos da Administração, nos termos do dispositivo mencionado, somente se dá no que for compatível com as regras de direito privado (DI PIETRO, 2009, p. 260). É nesse sentido que se justifica a utilização das expressões "no que couber" e "predominantemente" no art. 62, § 3º e inciso I, respectivamente.

9.2. DIREITO POSITIVO

A matéria de contratos administrativos segue, de maneira geral, a mesma disciplina jurídica referente às licitações.

Assim, no âmbito constitucional, prevê o art. 22, XXVII, que a União tem competência para editar normas gerais sobre contratações públicas (ver capítulo 8 – Licitação).

Já em relação às normas infraconstitucionais, destaque seja dado à Lei n. 8.666/93, que, a par das licitações, dispõe sobre os contratos da Administração Pública, notadamente em seu Capítulo III (arts. 54 a 80).

Outras leis a que se podem conferir relevo são: Lei n. 8.987/95 (Lei Geral de Concessões e Permissões de Serviço Público), Lei n. 11.079/2004 (Lei de Parcerias Público-Privadas) e Lei n. 11.107/2005 (Lei dos Consórcios Públicos).

9.3. FORMALIDADES

Os contratos administrativos devem ser constituídos de acordo com a forma prescrita em lei.

Em regra, o contrato deve assumir a **forma escrita**. Nos termos do art. 60, parágrafo único, da Lei n. 8.666/93, é nulo e de nenhum efeito o contrato verbal. Exceção estipulada por esse mesmo dispositivo são os contratos de pequenas compras (valor inferior a R$ 4.000,00) com pronto pagamento (pagamento a vista).

Deve a Administração conferir **publicidade** ao contrato, como estipula o art. 61, parágrafo único. Na verdade, é exigida a publicação resumida da avença (o que se denomina "extrato do contrato"). O prazo para tanto é de até vinte dias, contados do quinto dia útil do mês seguinte ao da assinatura da avença.

Releva notar que a publicação não constitui condição de validade do contrato. Ela representa, isto sim, **condição de eficácia**, de tal forma que a falta de publicidade dentro do prazo legal implica a suspensão dos efeitos do acordo.

9.4. PRAZO DETERMINADO

É vedada a celebração de contrato administrativo com prazo indeterminado. É o que expressamente dispõe o art. 57, § 3º, da Lei n. 8.666/93.

A duração da vigência de uma avença deve ser objetivamente definida, já que, entre outros motivos, impõe-se à Administração um planejamento dos negócios públicos, sobretudo em relação ao aspecto orçamentário-financeiro.

Por conta disso, o prazo máximo está adstrito à **vigência do respectivo crédito orçamentário**, que decorre de uma autorização contida na lei de gastos públicos, relacionada com o exercício financeiro da constituição da despesa. Como o exercício financeiro equivale ao **ano civil** (art. 34 da Lei n. 4.320/64), este representa, ao final das contas, o prazo de um contrato administrativo.

Assim, um contrato celebrado em junho de 2009 deve conter o prazo máximo de sete meses (ou seja, vigência até 31-12-2009).

No entanto, existem algumas exceções, a saber:

a) contratos que não acarretem despesas ao erário não estão adstritos ao prazo do art. 57, *caput*, da Lei n. 8.666/93. Exemplo é o contrato de concessão comum de serviço público, em que a remuneração do concessionário se dá por meio de tarifa paga pelo usuário;

b) os contratos celebrados no último quadrimestre do ano têm a sua vigência adstrita ao crédito orçamentário do exercício financeiro subsequente, vale dizer, o ano seguinte. Assim, um contrato celebrado em novembro de 2009 deve conter o prazo máximo de catorze meses (até 31-12-2010);

c) contratos que envolvam projetos contemplados no plano plurianual (lei que prevê os gastos públicos de longo prazo, superiores a um ano);

d) os contratos que envolvam a prestação de serviços de forma contínua (serviços de vigilância, manutenção, limpeza etc.) podem ter o prazo máximo de setenta e dois meses, desde que se comprove a vantagem da maior duração;

e) os contratos de aluguel de equipamentos e utilização de programas de informática detêm o prazo máximo de quarenta e oito meses.

A exigência de prazo determinado não afasta a ampliação da vigência dos contratos administrativos. Trata-se da **prorrogação** dos acordos, que deve ser compreendida como uma exceção, somente admitida nas hipóteses do art. 57, § 1º, da Lei n. 8.666/93 (rol taxativo).

Os casos que autorizam a prorrogação podem decorrer de fatos provocados pela Administração (como a alteração do projeto, a interrupção ou diminuição do ritmo de trabalho por ordem do Poder Público, omissão ou atraso de providências a cargo da Administração) ou de fatos estranhos à vontade das partes (caso fortuito ou força maior).

Como será visto adiante, a prorrogação está intimamente ligada à mutabilidade dos contratos administrativos. Esquematicamente:

9.5. CLÁUSULAS EXORBITANTES

Trata-se de uma das características mais relevantes dos contratos administrativos. Cláusulas exorbitantes são as que conferem prerrogativas contratuais à Administração Pública, evidenciando a sua posição de superioridade em face do particular contratado.

Entre as cláusulas exorbitantes, destacam-se as seguintes:

9.5.1. Exigência de garantia

A Administração pode exigir do contratado a prestação de garantia como condição para a execução da avença. É o que prevê o art. 56 da Lei n. 8.666/93.

Não se deve confundir a garantia para a execução do contrato com a garantia de participação em uma licitação (também conhecida como garantia de proposta), antecedente àquela.

Durante a execução do contrato, no caso de a garantia oferecida ser consumida, tornando-se menor, cabe à Administração exigir a sua complementação, sob pena de rescisão contratual. Após a execução do contrato, deve a garantia ser restituída ao particular.

As principais características de tal cláusula exorbitante são:

a) a exigência da garantia é uma **faculdade** da Administração, constituindo, logo, uma competência discricionária;

b) as modalidades de garantia são aquelas **previstas legalmente**: caução em dinheiro ou títulos da dívida pública, seguro-garantia ou fiança bancária;

c) cabe ao **contratado** a escolha da garantia a ser prestada;

d) o valor da garantia não pode, em regra, exceder a 5% do valor da contratação, admitindo-se que tal percentual seja de até 10% em casos específicos (contratos de vulto, complexidade e riscos financeiros consideráveis).

9.5.2. Alteração unilateral

A Administração pode impor à parte contratada mudanças em determinadas cláusulas contratuais. Observe-se que tais alterações são unilaterais e imperativas, ou seja, independem da concordância do particular.

Duas considerações devem ser ressaltadas.

Em primeiro lugar, nem todos os tipos de cláusulas podem ser objeto de alteração direta pela Administração. Entre as duas modalidades de cláusulas de um contrato administrativo – de um lado, as **regulamentares ou de serviço** (que tratam do objeto contratual e da forma de sua execução), de outro, as **econômico-financeiras** (relacionadas à remuneração do contratado) –, somente as primeiras podem ser modificadas unilateralmente pelo Poder Público.

Em segundo lugar, à prerrogativa detida pela Administração de alterar unilateralmente os contratos administrativos corresponde o direito de o contratado ver mantido o **equilíbrio econômico-financeiro**. Este representa a relação de correspondência que deve haver entre os custos para a execução do acordo e a remuneração do contratado. Assim, se a alteração implicar, por exemplo, a construção de mais um andar de uma edificação (contrato de obra pública), a remuneração do contratado deve sofrer um incremento, na medida do aumento dos custos.

Observe-se bem. A modificação das cláusulas econômico-financeiras é uma decorrência da alteração unilateral das cláusulas regulamentares. A modificação da remuneração é, portanto, **indireta**, sendo vedada a sua alteração direta.

Visando à limitação de tal cláusula exorbitante, a Lei n. 8.666/93 estipulou percentagem máxima relacionada à alteração quantitativa do contrato (art. 65, § 1º):

1) alteração (acréscimo ou supressão) de até 25% do valor inicial, no caso de obras, serviços ou compras. Esta a regra geral;

2) alteração (somente acréscimo) de até 50% do valor inicial, no caso de reformas de edifício ou equipamento.

Além da alteração unilateral, é possível a mudança a título **bilateral**. Nesse caso, evidentemente, não se estará diante de uma cláusula exorbitante. O art. 65, II, elenca as hipóteses em que admitida a alteração consensual (substituição da garantia, mudança da forma de pagamento, modificação do regime de execução técnica, necessidade de manutenção do equilíbrio econômico-financeiro diante de áleas extraordinárias).

9.5.3. Fiscalização

De acordo com o art. 67 da Lei n. 8.666/93, a execução do contrato deve ser acompanhada e fiscalizada pela Administração, que poderá contratar terceiros para tal finalidade.

9.5.4. Aplicação de penalidades

A inexecução, total ou parcial, da avença pelo contratado acarreta a aplicação de penalidades administrativas. É o que sinaliza o art. 87 da Lei n. 8.666/93.

As modalidades de sanções estão definidas legalmente, em rol taxativo, no mesmo art. 87 (incisos I a IV). São elas:

a) **Advertência**

Representa a reprimenda dirigida ao contratado em virtude da prática de faltas menores.

b) **Multa**

Sanção de natureza pecuniária aplicada pela Administração.

É cabível a cumulação da multa com qualquer uma das outras penalidades, nos termos do art. 87, § 2º. Observe-se, aliás, que esta representa a única espécie sancionatória que admite a aplicação conjunta. Em relação à combinação das demais, verifica-se uma implícita vedação.

A cobrança da multa pode ser feita por três maneiras. A que constitui uma regra é a cobrança judicial, por meio de uma ação de execução fiscal movida pela Administração. No entanto, a Lei n. 8.666/93 prevê hipóteses que prescindem de intervenção do Judiciário, o que representa casos excepcionais de cobranças dotadas do atributo da autoexecutoriedade. Assim, a Administração pode proceder à retenção da garantia oferecida pelo contratado, como dispõe o art. 86, § 2º. Cabível, igualmente, o desconto do valor da multa em relação aos créditos do contratado (art. 86, § 3º).

c) **Suspensão temporária**

A pena de suspensão temporária impede que o particular participe de licitações e contratações futuras. O prazo dessa sanção é de, no máximo, dois anos.

Quanto à amplitude da penalidade, reina polêmica em sede doutrinária. Existem três entendimentos: 1º) o impedimento se restringe ao órgão que aplicou a sanção (ex.: Ministério da Saúde); 2º) a pena se aplica a toda a entidade administrativa (ex.: União); 3º) a sanção assume ampla eficácia, abarcando todos os entes federativos (União, Estados-membros, DF e Municípios).

A jurisprudência do STJ vem adotando a terceira posição, como se pode verificar da seguinte decisão:

"ADMINISTRATIVO. SUSPENSÃO DE PARTICIPAÇÃO EM LICITAÇÕES. MANDADO DE SEGURANÇA. ENTES OU ÓRGÃOS DIVERSOS. EXTENSÃO DA PUNIÇÃO PARA TODA A ADMINISTRAÇÃO.

A punição prevista no inciso III do artigo 87 da Lei n. 8.666/93 não produz efeitos somente em relação ao órgão ou ente federado que determinou a punição, mas a toda a Administração Pública, pois, caso contrário, permitir-se-ia que empresa suspensa contratasse novamente durante o período de suspensão, tirando desta a eficácia necessária" (REsp 174.274/SP, rel. Min. Castro Meira, julgado em 19-10-2004, *DJ* de 22-11-2004, p. 294).

d) **Declaração de inidoneidade**

Possui efeito semelhante ao da suspensão temporária, ou seja, veda a participação do contratado em licitações e contratações futuras. Vem prevalecendo, em sede doutrinária e jurisprudencial, a amplitude máxima da pena, que irradia efeitos sobre as licitações e os contratos de todas as entidades federativas (União, Estados-membros, DF e Municípios).

Possui a duração mínima de dois anos. Quanto ao prazo máximo, inexiste previsão de tempo determinado, dispondo a lei que a sanção perdura até que seja promovida a reabilitação perante a Administração (art. 87, IV). Referida reabilitação constitui o ressarcimento dos prejuízos causados.

9.5.5. Restrição ao uso da "exceção do contrato não cumprido"

No âmbito do direito privado, prevalece a aplicação da chamada "exceção do contrato não cumprido" (*exceptio non adimpleti contractus*). Significa que, se uma parte contratual descumpre com alguma obrigação, o outro contratante pode descumprir a sua. Representa uma defesa que legitima o inadimplemento de uma parte, em virtude de um descumprimento prévio pela outra. Daí o nome: exceção (que significa defesa) do contrato não cumprido (pela outra parte).

No direito público, a utilização de tal defesa sofre certa restrição, de tal sorte que, **se o inadimplemento é da Administração Pública, o contratado não pode interromper a execução do contrato**. Justificativa para essa prerrogativa contratual é o princípio da supremacia do interesse público sobre o privado e, de maneira específica, o princípio da continuidade do serviço público. Na medida em que o contrato administrativo está atrelado a uma finalidade pública, incabível que o interesse do particular contratado se sobreponha ao interesse da coletividade, motivo pelo qual se veda a suspensão da avença.

Vale ressaltar, como salienta Di Pietro (2009, p. 275), que a doutrina e a jurisprudência vêm mitigando essa cláusula exorbitante, de tal forma que em alguns casos é admitida a paralisação do contrato pelo particular.

Em primeiro lugar, quando o objeto contratual não estiver relacionado com serviço público ou com atividade administrativa relevante. Assim, no âmbito de um contrato de fornecimento de medicamentos, o descumprimento de uma cláusula pela Administração não confere ao contratado o direito de suspender a avença. Já em um contrato de fornecimento de material de escritório (ex.: clipes), haja vista a desvinculação direta com o interesse público, cabível a sua interrupção pelo particular.

Em segundo lugar, possível a suspensão do acordo pelo contratado quando o inadimplemento causar a ele um ônus insuportável e extraordinário.

Por fim, destaque-se que a Lei n. 8.666/93 prevê expressamente uma exceção a tal cláusula exorbitante, ao permitir a suspensão do cumprimento das obrigações pelo contratado na hipótese de atraso do pagamento, pela Administração, por prazo superior a noventa dias (art. 78, XV). Esquematicamente:

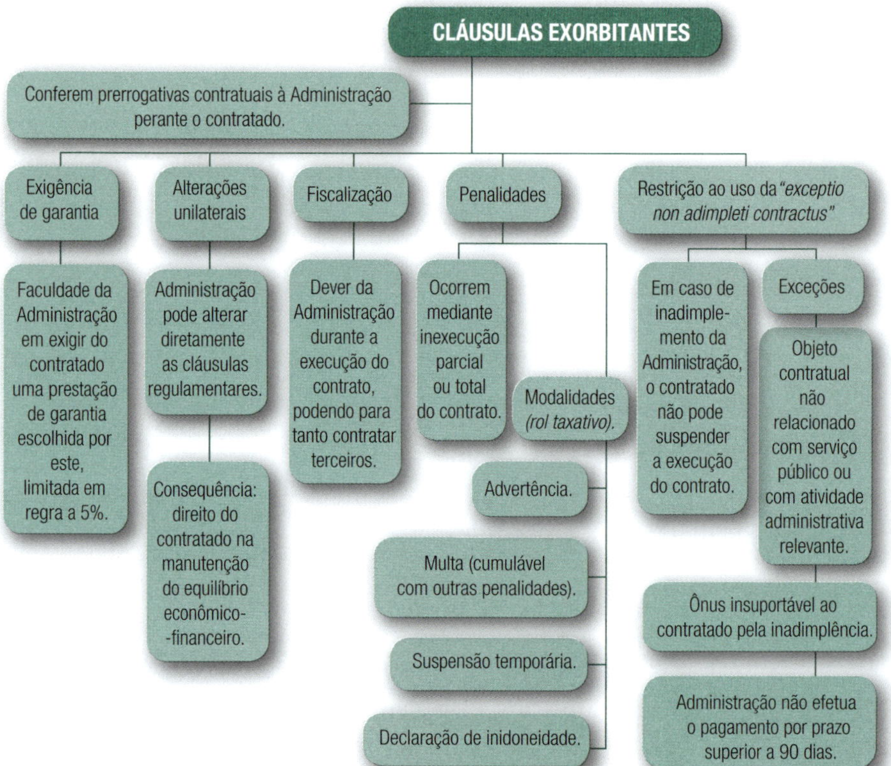

9.6. MUTABILIDADE (TEORIA DA IMPREVISÃO)

Outra característica dos contratos administrativos é a **mutabilidade** (DI PIETRO, 2009, p. 275), pela qual a ocorrência de determinados fatos previstos legalmente provoca a modificação da situação fática relacionada ao contrato, o que impõe a mudança de suas cláusulas contratuais (revisão do contrato) ou mesmo a rescisão da avença (extinção). Decorre da tradicional cláusula *rebus sic stantibus*, prestigiada expressamente pelo Código Civil (art. 478), por meio da qual se busca a manutenção do equilíbrio contratual inicialmente pactuado. Trata-se de situação em que se aplica a **teoria da imprevisão.**

Os casos que ensejam a mutabilidade representam as denominadas **áleas extraordinárias**, sofrendo tratamento normativo, principalmente, no art. 65, II, *d*, da Lei n. 8.666/93. Entre elas, destacam-se:

a) **Caso fortuito ou força maior** – a despeito da polêmica que cerca tais expressões, adota-se o ensinamento de Hely Lopes Meirelles (2001, p. 227). Caso fortuito representa o evento da natureza, imprevisível e inevitável, que cria ao contratado um ônus em relação à execução do contrato. Já a força maior é o evento humano de que decorre igual consequência. Em ambos os casos, em função da imprevisibilidade e da inevitabilidade, impõe-se ou a revisão do contrato ou a sua rescisão.

b) **Fato do príncipe** – compreende uma medida de ordem geral, não relacionada diretamente com o contrato, a qual, porém, nele repercute, provocando desequilíbrio econômico-financeiro em detrimento do contratado (DI PIETRO, 2009, p. 277). Convém observar que a repercussão se faz de maneira **indireta**, reflexa. Exemplos: aumento de tributo incidente sobre matéria-prima necessária ao cumprimento do contrato; proibição de importação de determinado produto.

c) **Fato da Administração** – consiste em "qualquer conduta ou comportamento da Administração que, como parte contratual, torne impossível a execução do contrato ou provoque seu desequilíbrio econômico" (DI PIETRO, 2009, p. 277). A repercussão, nesse caso, é **direta**. É a hipótese do atraso da Administração na entrega do terreno para a construção de uma obra pública; da falta de pagamento das prestações da avença.

d) **Interferência imprevista** – na definição de Hely Lopes Meirelles, "são ocorrências materiais não cogitadas pelas partes na celebração do contrato mas que surgem na sua execução de modo surpreendente e excepcional, dificultando e onerando extraordinariamente o prosseguimento e a conclusão dos trabalhos" (2001, p. 230). Cumpre notar que as interferências imprevistas não apresentam, como as modalidades anteriores, a característica da superveniência, já que os óbices naturais que as embasam preexistem à celebração do contrato. Exemplo: durante a escavação de um túnel pela empresa contratada pela Administração, descobre-se que o terreno é constituído por material rochoso, ao invés de arenoso, como inicialmente se pensava (exemplo dado por MEIRELLES, 2001, p. 230).

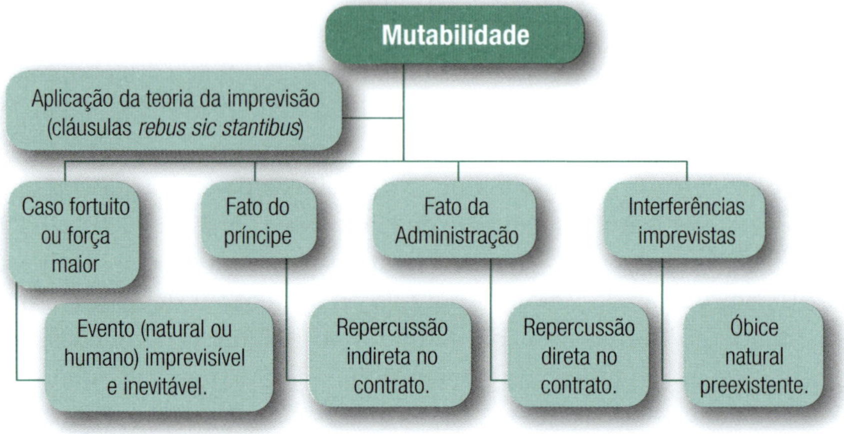

9.7. FORMAS DE EXTINÇÃO DOS CONTRATOS ADMINISTRATIVOS

A extinção dos contratos administrativos pode dar-se por diversas formas.

De um lado, observa-se a possibilidade de sua **extinção normal**, verificada na situação em que é concretizada a vontade das partes. Ocorre na hipótese de conclusão do objeto contratual (p. ex.: construção de uma ponte) ou do cumprimento do prazo previsto (p. ex.: fornecimento de material por doze meses).

De outro lado, há as **formas anormais**, descompassadas com a pretensão inicial das partes contratantes. Pelo enfoque conferido nos concursos públicos, serão tratadas a seguir, de maneira específica.

9.7.1. Rescisão

A doutrina costuma apontar três formas de rescisão do contrato administrativo.

Em primeiro lugar, a **rescisão amigável ou consensual**, também denominada distrato.

Em segundo lugar, a **rescisão judicial**, promovida, em regra, pelo particular contratado, nos casos de inadimplemento pela Administração.

Em terceiro lugar, a **rescisão administrativa**, promovida unilateralmente pelo Poder Público, de acordo com disposição expressa da Lei n. 8.666/93 (art. 58, II). Como se pode perceber, representa verdadeira cláusula exorbitante, uma prerrogativa que evidencia a posição de superioridade contratual detida pela Administração.

As hipóteses que autorizam a rescisão administrativa encontram-se elencadas no art. 78. São os casos de inadimplemento de obrigações pelo contratado (cumprimento irregular, lentidão nos trabalhos, não cumprimento de determinações etc.) ou de desaparecimento do sujeito (falência da empresa contratada). Em ambos, incabível qualquer indenização ao particular.

Outra hipótese que merece destaque é a rescisão por razões de interesse público. Neste caso, na medida em que o contratado não deu causa à extinção da avença, legítimo o pagamento de indenização a ele.

Também pode ensejar a rescisão a ocorrência de caso fortuito ou de força maior. De acordo com a lei (art. 79, § 2º), tal hipótese enseja ampla indenização ao contratado. Maria Sylvia Zanella Di Pietro critica esse dispositivo, sob o argumento de que "não tem qualquer sentido a Administração indenizar o particular por um prejuízo a que não deu causa" (2009, p. 271).

9.7.2. Anulação

Representa a extinção de um contrato em virtude de sua ilegalidade.

A anulação opera de forma retroativa (*ex tunc*), impedindo os efeitos jurídicos que ele deveria produzir, além de desconstituir os já produzidos (art. 59, *caput*, da Lei n. 8.666/93). Apesar disso, o contrato anulado produz efeitos em relação aos terceiros de boa-fé. Ademais, se houve a execução do contrato pelo particular, que necessariamente deve estar de boa-fé, impõe-se o pagamento de indenização (cf. art. 59, parágrafo único). A indenização abrange o que o contratado houver executado até a data em que a nulidade for declarada, bem como outros prejuízos regularmente comprovados.

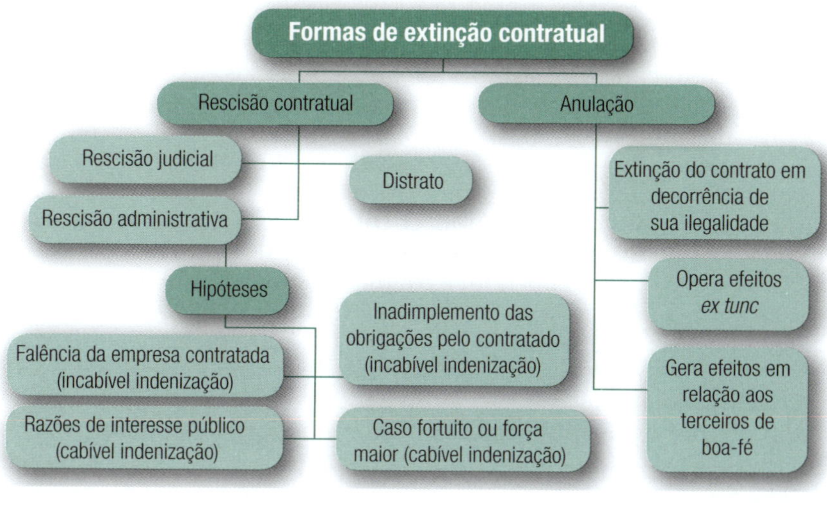

9.8. RESPONSABILIDADE DA ADMINISTRAÇÃO EM RELAÇÃO AOS ATOS DO CONTRATADO

Quanto à responsabilidade da Administração referente à conduta do contratado, duas situações devem ser diferenciadas.

Em primeiro lugar, no tocante aos **danos causados pelo contratado**. Nessa hipótese, dispõe o art. 70 da Lei n. 8.666/93:

"O contratado é responsável pelos danos causados diretamente à Administração ou a terceiros, decorrentes de sua culpa ou dolo na execução do contrato, não excluindo ou reduzindo essa responsabilidade a fiscalização ou o acompanhamento pelo órgão interessado".

De acordo com esse dispositivo, a "atividade de fiscalização desenvolvida pela Administração Pública não transfere a ela a responsabilidade pelos danos provocados pela conduta do particular" (JUSTEN FILHO, 2002, p. 512). No entanto, não se pode excluir em qualquer caso a responsabilidade do Poder Público. Assim, "o defeito na fiscalização pode tornar a Administração solidariamente responsável perante terceiros" (JUSTEN FILHO, 2002, p. 512).

Em segundo lugar, em relação aos **encargos jurídicos do contratado** decorrentes das relações jurídicas mantidas com terceiros, reza o art. 71:

"O contratado é responsável pelos encargos trabalhistas, previdenciários, fiscais e comerciais resultantes da execução do contrato.

§ 1º A inadimplência do contratado, com referência aos encargos trabalhistas, fiscais e comerciais não transfere à Administração Pública a responsabilidade por seu pagamento, nem poderá onerar o objeto do contrato ou restringir a regularização e o uso das obras e edificações, inclusive perante o registro de imóveis.

§ 2º A Administração Pública responde solidariamente com o contratado pelos encargos previdenciários resultantes da execução do contrato, nos termos do art. 31 da Lei n. 8.212, de 24 de julho de 1991".

A norma é expressa no sentido de excluir a responsabilidade da Administração referente aos encargos trabalhistas, fiscais e comerciais do contratado. Contudo, o Poder Público responde solidariamente pelos seus ônus previdenciários.

Apesar da clara dicção deste dispositivo, a Justiça do Trabalho vinha enquadrando a Administração como subsidiariamente responsável pelos encargos trabalhistas do contratado. O Tribunal Superior do Trabalho consolidara tal entendimento por meio da Súmula 331, item IV.

Diante da tal imbróglio, houve o ajuizamento, perante o Supremo Tribunal Federal, da Ação Declaratória de Constitucionalidade n. 16, na qual se pleiteou o reconhecimento da constitucionalidade do art. 71, § 1º, da Lei n. 8.666/93, com o consequente afastamento da Súmula n. 331, IV, do TST.

O STF, após apreciação do mérito da ADC n. 16, declarou a constitucionalidade do dispositivo referido, de modo que restou reconhecida, como regra geral, a impossibilidade de responsabilização da Administração pelos ônus trabalhistas do contratado. Ou seja, a mera inadimplência do contratado não poderia transferir à Administração Pública a responsabilidade pelo pagamento de tais ônus. No entanto, caso comprovada uma omissão do Poder Público, seja na escolha do contratado (culpa *in eligendo*), seja na sua fiscalização (culpa *in vigilando*), remanesce a responsabilidade subsidiária da Administração.

Em virtude dessa decisão do STF, a redação da Súmula n. 331 foi objeto de alteração pelo TST (cf. Resolução n. 174/2011), de modo que foi alterado o item IV, bem assim inserido o item V, nos seguintes termos:

"IV – O inadimplemento das obrigações trabalhistas, por parte do empregador, implica a responsabilidade subsidiária do tomador de serviços quanto àquelas obrigações, desde que haja participado da relação processual e conste também do título executivo judicial.

V – Os entes integrantes da Administração Pública direta e indireta respondem subsidiariamente, nas mesmas condições do item IV, caso evidenciada a sua conduta culposa no cumprimento das obrigações da Lei n. 8.666, de 21-6-1993, especialmente na fiscalização do cumprimento das obrigações contratuais e legais da prestadora de serviço como empregadora. A aludida responsabilidade não decorre de mero inadimplemento das obrigações trabalhistas assumidas pela empresa regularmente contratada".

Esta a posição atual sobre a questão.

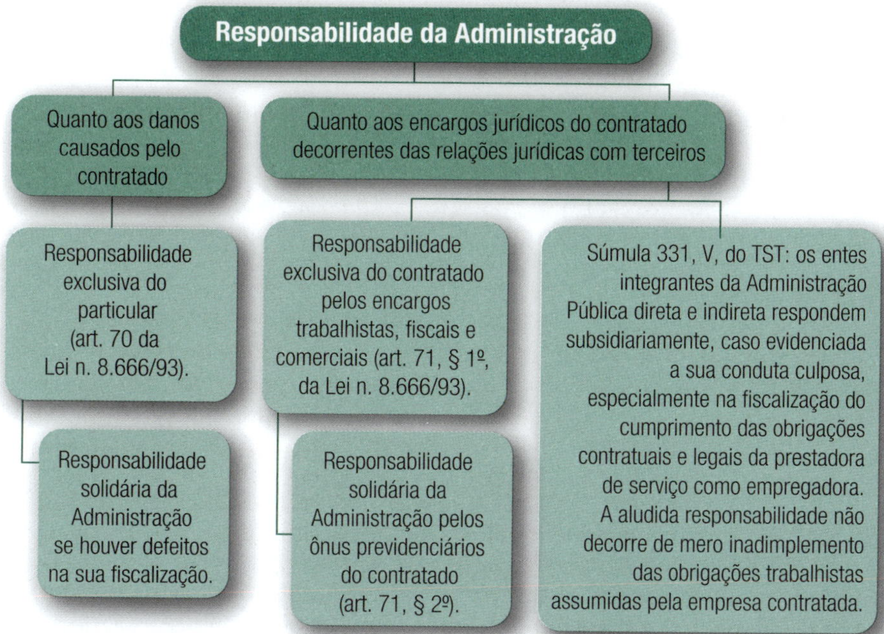

9.9. CONTRATOS EM ESPÉCIE

9.9.1. Contrato de gestão

Trata-se de modalidade contratual pela qual a Administração estabelece um plano de ações e metas a serem atingidas por determinados órgãos ou entidades, na mesma medida em que lhes são atribuídas, a título de contrapartida, determinadas prerrogativas.

De maneira sintética, representa um instrumento que impõe **metas**, em troca da concessão de determinados **benefícios**.

A figura do contrato de gestão surgiu no âmbito da chamada reforma administrativa, muito ligada à ideia de aumento de **eficiência** da atuação estatal.

Cumpre notar que o princípio da eficiência foi inserido no *caput* do art. 37 com a Emenda Constitucional n. 19/98, um dos marcos normativos de referida reforma. Por meio dessa emenda, igualmente foi acrescido o § 8º ao art. 37. Sua redação é a seguinte:

"§ 8º A autonomia gerencial, orçamentária e financeira dos órgãos e entidades da administração direta e indireta poderá ser ampliada mediante contrato, a ser firmado entre seus administradores e o poder público, que tenha por objeto a fixação de metas de desempenho para o órgão ou entidade, cabendo à lei dispor sobre:

I – o prazo de duração do contrato;

II – os controles e critérios de avaliação de desempenho, direitos, obrigações e responsabilidade dos dirigentes;

III – a remuneração do pessoal".

Muito embora não haja menção expressa à figura do contrato de gestão, a ideia básica que encerra tal figura (estipulação de metas e concessão de benefícios) encontra-se expressa no dispositivo. Assim entende a doutrina nacional.

Costuma-se salientar que o contrato de gestão pode ser celebrado com órgãos públicos, com entidades da Administração indireta e também com particulares.

Em relação aos órgãos públicos, a doutrina critica tal possibilidade, sob o argumento de que órgãos públicos, por não possuírem personalidade jurídica própria, não são capazes de assumir obrigações (cf. Celso Antônio Bandeira de Mello).

Já no tocante às entidades da Administração indireta, apesar de alguns autores contestarem a natureza contratual de um ajuste entre entes estatais (segundo Di Pietro, representam verdadeiros convênios), pode-se afirmar que as **agências executivas** constituem exemplo de tal categoria. Como visto em capítulo precedente, tais agências são autarquias ou fundações (entes da Administração indireta, portanto) que, após firmarem contrato de gestão com a Administração direta, qualificam-se como agências executivas, passando a deter determinados benefícios.

Finalmente, a celebração de contratos de gestão com entidades privadas insere-se no tópico das **organizações sociais**, ente integrante do Terceiro Setor, como igualmente visto no capítulo 4, referente à estrutura da Administração.

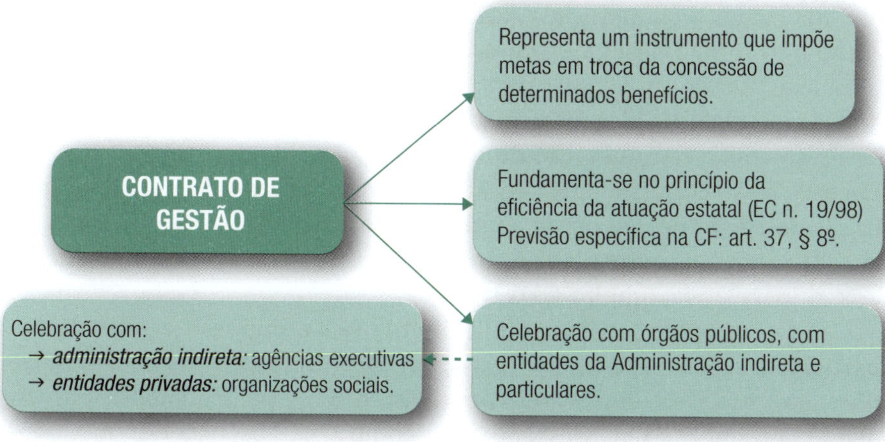

9.9.2. Convênio

Define-se convênio como "forma de ajuste entre o Poder Público e entidades públicas ou privadas para a realização de objetivos de interesse comum, mediante mútua colaboração" (DI PIETRO, 2009, p. 336).

As lições doutrinárias não são uniformes em relação à natureza jurídica dos convênios. Para uns, trata-se de modalidade contratual, uma vez que, entre outros argumentos, a própria lei lhes confere tal natureza (art. 116, *caput*, da Lei n. 8.666/93). É o pensamento de Odete Medauar (2004, p. 272). Outros autores dissociam tais categorias, assinalando diferenças de regime entre os convênios e os contratos. São as lições de Di Pietro, que elenca as seguintes distinções (2009, p. 336-337):

a) No contrato, os interesses dos contraentes são **opostos**, **contraditórios** (em uma compra e venda, enquanto uma das partes deseja adquirir algo, pagando o menor preço, a outra pretende aliená-lo pelo maior valor possível); no convênio, os interesses são **recíprocos**, de modo que os conveniados desejam a mesma coisa (convênio entre um Município e uma entidade privada, para a criação de uma creche). Daí se afirmar que, no âmbito dos convênios, os objetivos institucionais dos entes conveniados são comuns, de modo que o ajuste objetiva a consecução de um mesmo resultado.

b) Observa-se nos convênios uma **mútua colaboração** para o atendimento dos resultados comuns, peculiaridade não observada na figura contratual.

c) O contrato é constituído por **partes**; já nos convênios existem **partícipes** (MEIRELLES, 2001, p. 377). Como se vê, trata-se de uma distinção meramente terminológica.

d) O valor repassado pela Administração à parte contratada transfere-se ao patrimônio desta, que passa a deter **plena liberdade** de disposição sobre ele, "sendo irrelevante para o repassador a utilização que será feita do mesmo" (DI PIETRO, 2009, p. 337). Assim, afirma-se que referida quantia representa a **remuneração ou o preço** decorrente do contrato firmado. Em relação ao convênio, pelo contrário, **o valor repassado pela Administração ao partícipe não perde a natureza de dinheiro público**, de tal sorte que tal quantia fica **vinculada à finalidade traçada no ajuste**. Logo, inexiste remuneração no âmbito do convênio.

e) No convênio, existe **ampla liberdade de ingresso e retirada dos partícipes**, aspecto este não observado nos contratos, em regra. Isso se explica, assinala Hely Lopes Meirelles (2001, p. 377), pela igualdade jurídica dos integrantes de um convênio, bem como pela ausência de vinculação contratual. A denominação que se dá para a retirada de um convênio é **denúncia**.

Os convênios podem ser celebrados pelas entidades administrativas entre si (p. ex., convênio entre Estado e Município para a execução de serviços relacionados à segurança pública), assim também por entidades públicas e privadas (seria o caso de um ajuste entre um Município e associação civil da área educacional, objetivando a implementação de uma creche).

Um tópico que tem gerado controvérsia é a necessidade de lei autorizativa como condição para o firmamento de convênios. Hely Lopes Meirelles, por exemplo, entende ser necessária autorização legal, porquanto o convênio representa ato gravoso que extravasa dos poderes normais da Administração (2001, p. 378). Di Pietro, ao contrário, salienta que tal exigência se apresenta, em regra, como inconstitucional, "por implicar o controle do Legislativo sobre atos administrativos do Poder Executivo, em hipótese não prevista na Constituição" (2009, p. 343).

O Supremo Tribunal Federal, manifestando-se sobre o tema, entendeu, por diversas vezes, que se trata de exigência inconstitucional: "A norma que subordina a celebração de convênios, pelo Executivo, à aprovação do Legislativo fere o princípio da independência dos Poderes" (*RDA* 140/63).

Por fim, outro tema que suscita polêmica é a obrigatoriedade de licitação em relação aos convênios. Di Pietro entende ser incabível a licitação, "pois neles não há viabilidade de competição; esta não pode existir quando se trata de mútua colaboração, sob variadas formas, como repasse de verbas, uso de equipamentos, recursos humanos, imóveis" (2009, p. 339). Odete Medauar salienta, contudo, que, "se a Administração pretende realizar convênio para resultado e finalidade que poderão ser alcançados por muitos, deverá ser realizada licitação ou se abrir a possibilidade de conveniar sem limitação" (2004, p. 273).

	CONTRATO	CONVÊNIO
INTERESSES	Opostos	Recíprocos
COLABORAÇÃO	Não há	Há
INTERESSADOS	Partes	Partícipes
VALOR REPASSADO	Remuneração (livre disposição pelo contratado)	Dinheiro público (vinculado à finalidade do ajuste)
LICITAÇÃO	Obrigatoriedade	Desnecessidade (posição polêmica)

9.9.3. Consórcios públicos

A disciplina jurídica dos consórcios públicos sofreu radical alteração com a Lei n. 11.107/2005. Antes dessa norma, a figura dos consórcios assemelhava-se à dos convênios, apenas diferindo quanto às entidades que poderiam constituir cada qual (os consórcios eram formados por entidades de mesmo nível federativo; já os convênios, por entes de esferas distintas).

Essa normatização representa a efetivação do quanto disciplinado no art. 241 da CF, que prevê a figura dos consórcios públicos. Ela se baseia na ideia da conjugação de esforços para a realização de objetivos de interesse comum, notadamente a gestão associada de serviços públicos. É o que a doutrina denomina **federalismo cooperativo**. Exemplo: Municípios adjacentes, interessados em dar solução ao problema do lixo urbano, podem constituir um consórcio público com vistas à criação de um aterro sanitário para receber os resíduos sólidos gerados pela população de ambas as cidades.

De acordo com o art. 1º da lei, **somente podem constituir tal figura as entidades federativas**, ou seja, a União, os Estados-membros, o Distrito Federal e os Municípios.

Sobre esse aspecto subjetivo dos consórcios, duas observações merecem destaque. Em primeiro lugar, os entes federativos podem consorciar-se em **qualquer nível federativo**, distinto ou não. Assim, cabível o consórcio entre dois Municípios, entre Município e Estado etc. Em segundo lugar, a União somente poderá participar de consórcios públicos de que também façam parte todos os Estados em cujos territórios estejam situados os Municípios consorciados (art. 1º, § 2º).

A constituição do consórcio público será instrumentalizada pela celebração de um **contrato** entre os entes federativos consorciados. A Lei n. 11.107/2005 disciplinou o procedimento que deve anteceder este instrumento. Inicialmente, imprescindível a prévia **subscrição de um protocolo de intenções** (art. 3º). Em seguida, tal protocolo deverá ser **ratificado por lei** (art. 5º). Segundo Di Pietro, deve-se proceder a essa autorização legislativa no âmbito de cada uma das entidades políticas (2009, p. 478). Dessa forma, para haver um consórcio entre dois Municípios e um Estado, tanto a Câmara dos Vereadores de cada um dos entes municipais como a Assembleia Legislativa do respectivo Estado devem ratificar o protocolo de intenções firmado.

Protocolo de intenções → **Ratificação por lei** → **Celebração do contrato**

Releva destacar que o consórcio público assumirá **personalidade jurídica própria** (art. 6º). De acordo com a lei, a pessoa assim constituída pode ser:

a) de **direito privado** (art. 6º, II) – No caso, deve haver o atendimento dos requisitos da legislação civil.

Apesar de assumir personalidade privada, cabe assinalar que o regime jurídico do consórcio será **híbrido**, ou seja, haverá a incidência de normas de direito público. Isso decorre da própria estrutura do consórcio, integrado por entes públicos. Aplica-se o mesmo raciocínio traçado em relação às empresas governamentais (empresas públicas e sociedades de economia mista), igualmente pessoas de direito privado (ver capítulo 4, referente à estrutura da Administração).

É o que prevê expressamente o art. 6º, § 2º: "No caso de se revestir de personalidade jurídica de direito privado, o consórcio público observará as normas de direito público no que concerne à realização de licitação, celebração de contratos, prestação de contas e admissão de pessoal, que será regido pela Consolidação das Leis do Trabalho – CLT";

b) de **direito público** (art. 6º, I) – Nessa hipótese, o consórcio constituirá uma **associação pública**, que integra **a Administração indireta** de todos os entes da Federação consorciados (art. 6º, § 1º).

Muito embora a lei não tenha inserido expressamente os consórcios de direito privado como integrantes da Administração indireta, a doutrina vem salientando que é impossível afastar tal caracterização (DI PIETRO, 2009, p. 477; GASPARINI, 2008, p. 349). Assim, qualquer consórcio público, independentemente da personalidade jurídica, faz parte da Administração indireta.

Consórcio público	
	Personalidade jurídica de direito privado
	Personalidade jurídica de direito público = associação pública

O representante legal do consórcio deve ser o Chefe do Poder Executivo de qualquer entidade federativa consorciada. O protocolo de intenções disciplinará a forma de eleição de tal representante, bem como a duração do seu mandato (art. 4º, VIII).

Com a celebração do consórcio, as entidades que o constituem poderão ceder-lhe servidores (art. 4º, § 4º). Ademais, cabível a entrega de recursos públicos. Nesse caso, imprescindível a formalização por meio do **contrato de rateio** (art. 8º).

De acordo com o art. 9º, parágrafo único, o consórcio público está sujeito à fiscalização pelo Tribunal de Contas competente para apreciar as contas do Chefe do Poder Executivo representante legal do consórcio. Contudo, a doutrina vem considerando tal limitação como inconstitucional, na medida em que referido dispositivo "não pode ter o condão de afastar o controle efetuado pelo Tribunal de Contas competente para apreciar as contas dos demais entes federativos partícipes do consórcio, sob pena de infringência às normas constitucionais sobre fiscalização pelo Poder Legislativo, com o auxílio do Tribunal de Contas" (DI PIETRO, 2009, p. 477).

Quanto à responsabilidade, é o próprio consórcio quem deve assumir a obrigação de ressarcir os danos causados a terceiros. Aplicável *in casu* a teoria da responsabilidade objetiva, nos termos do art. 37, § 6º, da CF. Os entes consorciados respondem a título subsidiário, ou seja, somente após esgotado o patrimônio do consórcio.

Esquematicamente:

Questões

1. **(Magistratura do Trabalho – 2ª Região/SP – 2005) Se durante sua execução um contrato administrativo tornar-se prejudicial ao interesse público:**

   a) somente poderá ser rescindido por consenso entre a Administração Pública e o particular.

b) somente poderá ser rescindido pela Administração Pública por meio do Poder Judiciário.
c) poderá ser rescindido de maneira unilateral pela Administração Pública com o pagamento da justa indenização ao particular.
d) poderá ser rescindido de maneira unilateral pela Administração Pública sem qualquer indenização ao particular em virtude do interesse público.
e) o contrato não poderá ser rescindido em virtude do princípio da obrigatoriedade das convenções.

2. **(Magistratura do Estado de Minas Gerais – 2008) A autonomia gerencial, orçamentária e financeira dos órgãos e entidades da administração direta e indireta poderá ser ampliada mediante contrato, a ser firmado entre seus administradores e o Poder Público, que tenha por objeto a fixação de metas de desempenho para o órgão ou entidade, cabendo à lei dispor sobre:**
I. o prazo de duração do contrato;
II. os controles e critérios de avaliação de desempenho, direitos, obrigações e responsabilidade dos dirigentes;
III. a remuneração do pessoal.

O texto acima (§ 8º do art. 37 da CF) descreve a hipótese da celebração de um contrato de:
a) gerência.
b) controle.
c) gestão.
d) autonomia.

3. **(Procurador da Fazenda Nacional – ESAF – 2004) O regime jurídico dos contratos administrativos confere à Administração, em relação a eles, diversas prerrogativas, entre as quais não se inclui:**
a) fiscalizar-lhes a execução.
b) aplicar sanções motivadas pela inexecução total ou parcial do ajuste.
c) rescindi-los, unilateralmente, nos casos especificados em lei.
d) alterar, unilateralmente, as cláusulas econômico-financeiras e monetárias dos contratos administrativos.
e) modificá-los, unilateralmente, para melhor adequação às finalidades de interesse público, respeitados os direitos do contratado.

4. **(Procurador da Fazenda Nacional – ESAF – 2004) No que tange às características peculiares dos contratos administrativos, é correto afirmar que:**
   a) a Lei n. 8.666, de 1993, veda expressamente que o contratado subcontrate partes da obra, serviço ou fornecimento, pois tal significaria burla ao princípio da licitação.
   b) ao gestor público não é possível dispensar a exigência de garantias contratuais dos contratados, em vista da necessidade do resguardo do interesse público.
   c) os princípios da teoria geral dos contratos têm aplicação apenas supletiva aos contratos administrativos.
   d) somente por acordo entre as partes pode a Administração alterar o contrato, quando houver modificação do projeto ou das especificações, para melhor adequação técnica de seus objetivos.
   e) a publicação resumida do instrumento de contrato na Imprensa Oficial é condição indispensável para sua validade.

5. **(Analista do Tribunal Regional Eleitoral – 2006) Uma empresa de equipamentos eletrônicos foi contratada pelo Tribunal Regional Eleitoral para fornecer acessórios a determinadas repartições eleitorais. Após dar início ao pactuado, foi supreendida com o aumento exarcebado, imprevisto e imprevisível, do imposto sobre importação de produtos estrangeiros incidente sobre um dos componentes de informática, de origem japonesa, essencial ao cumprimento do ajuste. Tal fato, que onerou extraordinariamente os encargos do particular, dificultando sobremaneira a execução do contrato, implica:**
   a) rescisão do contrato em virtude da constatação do fato da administração.
   b) aditamento do ajuste em razão da constatação da interferência imprevista.
   c) rescisão unilateral do contrato pelo particular.
   d) alteração unilateral do ajuste pelo particular, ante a ocorrência de força maior.
   e) revisão do contrato em virtude da ocorrência do fato do príncipe.

6. **(Analista do Tribunal Regional do Trabalho da 24ª Região – Campo Grande/MS – 2006) Observe as seguintes proposições referentes às características dos contratos administrativos:**

I. O contratado poderá arguir a exceção do contrato não cumprido quando a Administração atrasar, por mais de 30 dias, o pagamento estipulado no ajuste.
II. A Administração poderá rescindir unilateralmente o contrato quando o particular atrasar injustificadamente o início da obra.
III. As cláusulas econômico-financeiras dos contratos administrativos poderão ser alteradas unilateralmente pela Administração.
IV. Todos os contratos para os quais a lei exige licitação são firmados "intuitu personae".

Está correto o que se afirma *apenas* em:

a) II e IV.
b) II e III.
c) I e IV.
d) I, II e III.
e) I, II e IV.

7. (Procurador do Estado do Maranhão – 2003) Com relação às garantias do contrato administrativo, é correto afirmar que são:
a) sempre exigíveis, na forma determinada pela Administração.
b) sempre exigíveis, cabendo ao particular optar pela forma de sua prestação dentre aquelas previstas pela lei.
c) exigíveis apenas quando determinado pela Administração, a quem compete também definir sua forma.
d) exigíveis apenas quando determinado pela Administração, que as escolherá de comum acordo com o particular.
e) exigíveis apenas quando determinado pela Administração, cabendo ao particular optar pela forma de sua prestação dentre aquelas previstas pela lei.

8. (Magistratura do Estado de Alagoas – 2007) Suponha que um contrato administrativo, já em execução, venha a ser anulado judicialmente, por vício não imputável ao contratado. Nessa situação, nos termos da Lei n. 8.666/93, o contratado:
a) não tem direito a ser indenizado pela Administração, devendo ainda restituir os valores porventura recebidos por força do contrato, sem prejuízo de pleitear indenização da pessoa que tenha dado causa à nulidade.

b) não tem direito a ser indenizado pela Administração, exclusivamente pelo que houver executado até a data em que for declarada a nulidade.
c) tem direito a ser indenizado pela Administração, exclusivamente pelo que houver executado até a data em que for declarada a nulidade.
d) tem direito a ser indenizado pela Administração, pelo que houver executado até a data em que for declarada a nulidade e por outros prejuízos regularmente comprovados.
e) tem direito a ser indenizado pela Administração, recebendo as parcelas vincendas do contrato, previstas para o exercício orçamentário em curso na data da declaração da nulidade.

9. **(Procurador do Município de São Paulo – 2004) "Declaração de inidoneidade", relativa aos contratos administrativos não cumpridos pelo contratado, representa sanção de natureza administrativa imposta ao inadimplente, objetivando:**
a) suspensão definitiva de participação em licitação ou em contratos com a Administração Pública.
b) dar publicidade às Administrações Públicas do inadimplemento contratual do contratante, como medida preventiva para futuras contratações.
c) propiciar a responsabilização civil do inadimplente, relativa ao dano causado ao Erário com o inadimplemento contratual.
d) permitir que a Administração contratante substitua o contratado inadimplente, em face de sua inidoneidade, dando continuidade ao contrato firmado.
e) impedir o inadimplente de contratar com a Administração Pública, enquanto permanecerem vigentes os motivos da sanção.

10. **(Procurador do Banco Central do Brasil – 2006) Medidas de ordem legal, não relacionadas diretamente com o contrato, mas que nele repercutem, provocando desequilíbrio econômico-financeiro em detrimento do contratado. Tal conceito refere-se à hipótese de:**
a) fato da Administração, não ensejando o reequilíbrio econômico-financeiro de um contrato administrativo.
b) teoria da imprevisão, não ensejando o reequilíbrio econômico-financeiro de um contrato administrativo.
c) força maior, a ensejar o reequilíbrio econômico-financeiro de um contrato administrativo.

d) caso fortuito, não ensejando o reequilíbrio econômico-financeiro de um contrato administrativo.
e) fato do príncipe, a ensejar o reequilíbrio econômico-financeiro de um contrato administrativo.

11. (Analista do Ministério Público da União – 2007) Em tema de contratos administrativos, considere as assertivas:

I. O contrato administrativo ilegal pode ser extinto por anulação unilateral da Administração, mas sempre com oportunidade de defesa para o contratado, em cujo expediente se demonstre a ilegalidade do ajuste.

II. As chamadas cláusulas exorbitantes, porque visam estabelecer prerrogativas em favor de uma das partes, ainda que sob o fundamento do resguardo ao interesse público, desigualam as partes contratantes e são consideradas nulas de pleno direito se presentes nos contratos administrativos.

III. O reajustamento contratual de preços e de tarifas é medida convencionada entre as partes contratantes para evitar que, em razão das elevações do mercado, da desvalorização da moeda ou do aumento geral de salários no período de execução do contrato administrativo, venha a romper-se o equilíbrio financeiro do ajuste.

IV. O particular que contrata com a Administração Pública, face a natureza pública do ajuste, adquire direito à imutabilidade do contrato ou à sua execução integral, bem como as suas vantagens em espécie.

Estão corretas *somente*:

a) I e III.
b) I e IV.
c) II e III.
d) I, II e IV.
e) II, III e IV.

12. (Procurador do Município de São Paulo – 2004) Entende-se por convênio administrativo o:

a) contrato administrativo de que se utiliza a Administração Pública para a realização de obras públicas com a Administração indireta.
b) contrato firmado entre o Poder Público e entidades públicas ou privadas para realização de obras públicas de interesse dos partícipes.

c) ajuste firmado entre o Poder Público e entidades públicas ou privadas, para a realização de objetivos de interesse comum.
d) contrato firmado em autarquias e empresas públicas, para realização de objetivos de interesse comum.
e) ajuste firmado entre o Poder Público e entidades privadas, para a realização de obras públicas com a Administração indireta.

13. (Magistratura do Estado de São Paulo – 170º concurso) Em relação aos contratos administrativos, é correto afirmar que:

a) não admitem a inclusão de cláusulas exorbitantes.
b) deles, a Administração participa com supremacia de poder.
c) em regra não se submetem à exigência de prévia licitação.
d) não admitem alteração unilateral.

14. (Ministério Público do Estado de São Paulo – 81º concurso) Qual das proposições consubstancia poderes ou prerrogativas que a Lei de Licitações (Lei n. 8.666/93) não outorga à Administração Pública como próprios do regime jurídico dos contratos administrativos?

a) modificação unilateral do avençado, para melhor adequação às finalidades de interesse público, respeitados os direitos do contratado.
b) fiscalização e acompanhamento da execução do objeto e aplicação das sanções fundadas em inexecução total ou parcial do ajuste.
c) rescisão unilateral do pacto, independentemente de sentença judicial.
d) alteração unilateral das cláusulas econômico-financeiras.
e) ocupação provisória de bens imóveis vinculados ao objeto do contrato, com vistas a acautelar a apuração administrativa das faltas contratuais.

15. (Magistratura do Estado do Paraná – 2002) O princípio da continuidade do serviço público, em decorrência do qual o serviço público não pode parar, tem aplicação especialmente com relação aos contratos administrativos e ao exercício da função pública, assim como consequência:

a) a imposição de prazos rigorosos ao contratante.
b) a inaplicabilidade de *exceptio non adimpleti contractus* contra a Administração.
c) a inobservância da teoria da imprevisão, para recompor o equilíbrio financeiro do contrato e permitir a continuação do serviço.
d) o não reconhecimento de privilégio para a Administração e para o administrado, como o da encampação, o do uso compulsório de recursos humanos e materiais da empresa contratada.

16. **(Procurador do Município de São Paulo – 2008) É correto afirmar a respeito dos convênios:**

a) podem ser empregados para delegação de serviços públicos a empresas privadas.

b) são formados mediante associação pública entre as entidades signatárias, procedida da subscrição de protocolo das intenções firmadas.

c) deverão prever a remuneração destinada ao partícipe, quando tenham por objeto o fornecimento de equipamentos ou mão de obra, podendo invocar o reequilíbrio econômico-financeiro da avença.

d) têm como principal finalidade a eficiência na gestão, ficando a cargo de apenas um dos partícipes a fixação de metas a serem cumpridas.

e) o valor repassado ao conveniado fica vinculado à utilização prevista no ajuste, não perdendo a natureza de dinheiro público.

17. **(Procurador da Fazenda Nacional – 2000) Correlacione as duas colunas e indique a ordem correta, nas seguintes hipóteses de causas justificadoras da inexecução do contrato administrativo.**

1. Fato do Príncipe
2. Teoria da Imprevisão
3. Força Maior
4. Fato da Administração

( ) Evento humano, imprevisível e inevitável, não provocado por qualquer das partes contratantes.

( ) Ação ou omissão do Poder Público que incide diretamente sobre o contrato.

( ) Reconhecimento da ocorrência de eventos novos, imprevistos e imprevisíveis pelas partes, que alteram o equilíbrio econômico-financeiro do contrato.

( ) Ação ou omissão do Poder Público, de natureza geral, não prevista e imprevisível, que incide indiretamente sobre o contrato, onerando sua execução.

a) 4/1/2/3.

b) 3/2/4/1.

c) 1/3/2/4.

d) 4/1/3/2.

e) 3/4/2/1.

18. (Procurador do Município de Sorocaba – Vunesp – 2011) Peculiariedade dos contratos administrativos é a presença das cláusulas exorbitantes, por meio das quais a Administração, em determinadas hipóteses, pode:

a) celebrar contratos por prazo indeterminado.

b) antecipar pagamento, mesmo sem a correspondente contraprestação do particular.

c) alterar o contrato unilateralmente.

d) aplicar sanções imotivadas.

e) punir o contratado, mesmo sem previsão legal.

Gabarito

1. C
2. C
3. D
4. C
5. E
6. A
7. E
8. D
9. E
10. E
11. A
12. C
13. B
14. D
15. B
16. E
17. E
18. C

10 SERVIÇOS PÚBLICOS

10.1. CONCEITO

Inexiste unanimidade na definição de serviço público. Os autores valem-se de critérios diversos, o que dá ensejo a múltiplos conceitos e enfoques acerca desse instituto.

De maneira geral, os critérios adotados são os seguintes: **critério subjetivo ou orgânico**, pelo qual serviço público é aquele prestado pelo próprio Estado; o **material**, que compreende o serviço público como uma atividade de satisfação às necessidades coletivas; e o **critério formal**, que insere o serviço público no âmbito do regime jurídico público, exorbitante do direito comum.

Ocorre que a utilização isolada de tais critérios leva a imprecisões e críticas, como bem observou José dos Santos Carvalho Filho (2008, p. 303-4). Por conta disso, **as definições que têm prevalecido no âmbito da doutrina nacional levam em consideração os três critérios acima vislumbrados**.

De acordo com Di Pietro, serviço público representa "toda atividade material que a lei atribui ao Estado para que a exerça diretamente ou por meio de seus delegados, com o objetivo de satisfazer concretamente às necessidades coletivas, sob regime jurídico total ou parcialmente público" (2009, p. 102).

Constitucionalmente, confira-se relevo ao art. 175, *caput*, que assim preconiza: "Incumbe ao Poder Público, na forma da lei, diretamente ou sob regime de concessão ou permissão, sempre através de licitação, a prestação de serviços públicos".

Por fim, ainda sobre uma adequada compreensão moderna do conceito de serviço público, dois aspectos merecem ser destacados.

Em primeiro lugar, incabível uma indicação genérica acerca das atividades que representam serviços públicos. Reputá-las como essenciais e vitais à coletividade é ignorar que existem aqueles serviços de caráter plenamente dispensável pela sociedade. Exemplo é a loteria, federal e esportiva, que constitui serviço público (cf. MEIRELLES, 2001, p. 311).

Em segundo lugar, ainda de acordo com as lições de Hely Lopes Meirelles, "não é a atividade em si que tipifica o serviço público, visto que algumas tanto podem ser exercidas pelo Estado quanto pelos cidadãos, como objeto da iniciativa privada, independentemente de delegação estatal, a exemplo do ensino, que, ao lado do oficial, existe o particular, sendo aquele um serviço público e este, não" (2001, p. 312).

10.2. CLASSIFICAÇÃO

Diversas as classificações propostas doutrinariamente. Serão enfatizadas as que têm maior incidência em concursos públicos.

10.2.1. De acordo com a essencialidade

Trata-se de uma classificação elencada por Hely Lopes Meirelles.

De um lado, postam-se os **serviços públicos propriamente ditos**, também denominados **serviços pró-comunidade**, prestados pela Administração, "por reconhecer sua essencialidade e necessidade para a sobrevivência do grupo social e do próprio Estado" (2001, p. 312). É o caso dos serviços de defesa nacional, de polícia, serviços judiciários etc. Por conta disso, somente podem ser prestados privativamente pelo Poder Público, sendo incabível a delegação a terceiros.

De outro, encontram-se os **serviços de utilidade pública**, ou **serviços pró-cidadão**, reconhecidos pelo Estado como de conveniência para os membros da sociedade, a exemplo do "transporte coletivo, energia elétrica, gás, telefone". Consequentemente, podem ser delegados a terceiros, por meio da concessão ou permissão.

Observe-se, contudo, que tal classificação é objeto de crítica por alguns doutrinadores. De acordo com José dos Santos Carvalho Filho, a imprecisão das categorias encontra-se na sua heterogeneidade, uma vez que "sujeitos à alteração dependendo do tempo e lugar. Como é sabido, o que é essencial para uns poderá não o ser para outros; daí ser subjetiva essa valoração" (2008, p. 308).

Trata-se de crítica que se julga pertinente. Basta verificar que o serviço de transporte coletivo, tido como de utilidade pública por parte da doutrina, é considerado de "caráter essencial" pela própria Constituição (art. 30, V). No entanto, tal fato não impede que seja delegado a terceiros.

Para Carvalho Filho, preferível a classificação entre serviços delegáveis e indelegáveis. É o que será visto a seguir.

10.2.2. De acordo com a possibilidade de delegação

Este critério leva à distinção entre os serviços **delegáveis** e os **indelegáveis**.

Os primeiros são "aqueles que, por sua natureza ou pelo fato de assim dispor o ordenamento jurídico, comportam ser executados pelo Estado ou por particulares colaboradores. Como exemplo, os serviços de transporte coletivo, energia elétrica, sistema de telefonia etc." (CARVALHO FILHO, 2008, p. 307).

Os segundos são "aqueles que só podem ser prestados pelo Estado diretamente, ou seja, por seus próprios órgãos ou agentes. Exemplifica-se com os serviços de defesa nacional, segurança interna, fiscalização de atividades, serviços assistenciais etc." (CARVALHO FILHO, 2008, p. 307).

Algumas normas, de maneira expressa, vedam a delegação de alguns serviços. A Lei n. 11.079/2004 (lei federal das parcerias público-privadas) dispõe como diretriz na contratação a "**indelegabilidade** das funções de regulação, jurisdicional, do exercício do poder de polícia e de outras atividades exclusivas do Estado" (art. 4º, III).

10.2.3. De acordo com os destinatários

Esta classificação é **aceita pela maioria dos doutrinadores**.

Os **serviços gerais** (também denominados **coletivos**, **indivisíveis** ou ***uti universi***) são os que "atendem toda a população administrada, sem objetivar utentes determinados" (GASPARINI, 2008, p. 298). Detêm natureza indivisível, já que inviável medir a sua utilização. São exemplos os serviços de segurança pública, iluminação pública, calçamento etc.

Sobre os serviços gerais, cabem duas relevantes observações.

De acordo com Hely Lopes Meirelles, os serviços gerais "satisfazem indiscriminadamente a população, sem que se erijam em direito subjetivo de qualquer administrado à sua obtenção para seu domicílio, para sua rua ou para seu bairro" (2001, p. 314). O mesmo entendimento é compartilhado por José dos Santos Carvalho Filho (2008, p. 308).

Ademais, por serem indivisíveis, "**devem ser mantidos por imposto** (tributo geral), e não por taxa ou tarifa, que é remuneração mensurável e proporcional ao uso individual do serviço" (MEIRELLES, 2001, p. 314). É o entendimento que prevalece na doutrina e jurisprudência. Merece menção decisão proferida no âmbito do Supremo Tribunal Federal, que reconheceu a inconstitucionalidade de lei municipal que instituiu a cobrança de taxa como contraprestação do serviço público de limpeza urbana (varrição e lavagem de vias públicas). Restou consignado na decisão que "serviço inespecífico, não mensurável, indivisível e insuscetível de ser referido a determinado contribuinte" não pode ser custeado "senão por meio do produto da arrecadação dos impostos gerais" (RE 204.827, rel. Min. Ilmar Galvão, *DJ* de 24-4-1997). Igualmente merece destaque a Súmula 670 do STF, com o seguinte teor: "O serviço de iluminação pública não pode ser remunerado mediante taxa". Advirta-se que a Emenda Constitucional n. 39/2002 alterou o regime de custeio do serviço de iluminação pública, de modo que foi instituída, para tanto, uma contribuição de competência municipal ou distrital (art. 149-A da CF).

Os **serviços individuais** (ou **serviços singulares**, **divisíveis** ou ***uti singuli***) são aqueles prestados a particulares determinados, certos. A sua utilização dá-se de maneira individual, motivo pelo qual são mensuráveis. Exemplos: serviços de telefonia, distribuição de água, energia elétrica, entre outros.

Comparativamente aos serviços gerais, os individuais seguem um regime diferenciado.

Assim, "geram direito subjetivo à sua obtenção para todos os administrados que se encontrem na área de sua prestação ou fornecimento e satisfaçam as exigências regulamentares" (MEIRELLES, 2001, p. 314).

Ademais, a remuneração pela sua utilização é feita por **taxa** (espécie tributária) ou **tarifa** (preço público), afastada a incidência de imposto.

10.2.4. De acordo com a obrigatoriedade

De um lado, apresentam-se os **serviços compulsórios**, de fruição obrigatória pelo particular, de acordo com as condições legais. Exemplos: serviço de coleta de lixo, de esgoto, vacinação obrigatória.

De outro, os **serviços facultativos**, que "são os colocados à disposição dos usuários sem lhes impor a utilização, a exemplo do serviço de transporte coletivo" (GASPARINI, 2008, p. 298).

A distinção em comento serve de critério para estabelecer se a remuneração dos serviços individuais se faz por taxa ou tarifa. Desse modo, a contraprestação dos serviços obrigatórios deve dar-se necessariamente pela **taxa**, espécie tributária, como ocorre com o serviço de coleta de lixo domiciliar. Já em relação aos serviços facultativos, impõe-se remuneração mediante **tarifa** (**preço público**).

Este o entendimento que vem prevalecendo atualmente na doutrina e na jurisprudência, muito embora ainda se verifiquem algumas posições dissonantes. Esquematicamente:

CLASSIFICAÇÃO DOS SERVIÇOS PÚBLICOS

QUANTO À ESSENCIALIDADE
Propriamente ditos (ou pró-comunidade): são serviços necessários e essenciais para a sobrevivência social e do próprio Estado.
Utilidade pública (pró-cidadão): são convenientes para os membros da sociedade.

QUANTO À DELEGAÇÃO
Delegáveis: são aqueles que por sua natureza fática e jurídica podem ser executados pelo Estado ou por particulares colaboradores.
Indelegáveis: são os serviços que somente podem ser prestados pelo Estado.

QUANTO AOS DESTINATÁRIOS
Serviços gerais (ou coletivos, indivisíveis, *uti universi*): são serviços voltados para particulares indeterminados, remunerados mediante a cobrança de impostos (ante o seu caráter indivisível).
Serviços individuais (divisíveis, singulares, *uti singuli*): são serviços prestados para particulares determinados, remunerados mediante a cobrança de taxa ou tarifa (preço público).

QUANTO À OBRIGATORIEDADE
Serviços compulsórios: são aqueles em que a sua fruição é obrigatória pelos particulares, sendo remunerados mediante taxa.
Serviços facultativos: são aqueles colocados à disposição dos usuários, sem imposições de sua utilização; são remunerado s mediante tarifa (preço público).

10.3. PRINCÍPIOS

10.3.1. Princípio da mutabilidade do regime jurídico

Significa que a "Administração Pública competente está autorizada a promover mudanças no regime de prestação do serviço público, visando conformá-lo ao interesse da coletividade" (GASPARINI, 2008, p. 299). Inexiste, portanto, qualquer direito subjetivo à sua manutenção, não podendo haver oposição às alterações feitas. O princípio dirige-se aos usuários do serviço, aos servidores públicos envolvidos, bem como aos contratados pela Administração.

Igualmente acolhe tal princípio Maria Sylvia Zanella Di Pietro (2009, p. 108).

10.3.2. Princípio da continuidade do serviço público (ou da permanência)

De acordo com o princípio, **o serviço público deve ser prestado de maneira contínua**, sem nenhuma interrupção.

Na medida em que o serviço público envolve a satisfação das necessidades coletivas, incabível o seu desatendimento, sob pena de grave ofensa ao interesse público. "Os serviços públicos não podem parar, porque não param os anseios da coletividade. Os desejos dos administrados são contínuos. Daí dizer que a atividade da Administração Pública é ininterrupta" (GASPARINI, 2008, p. 17).

Observe-se, contudo, que a Lei Geral de Concessões (Lei n. 8.987/95) prevê algumas hipóteses em que se admite a suspensão do fornecimento do serviço público. Dispõe o seu art. 6º, § 3º:

"Art. 6º (...)

§ 3º Não se caracteriza como descontinuidade do serviço a sua interrupção em situação de emergência ou após prévio aviso, quando:

I – motivada por razões de ordem técnica ou de segurança das instalações; e,

II – por inadimplemento do usuário, considerado o interesse da coletividade".

Como se nota, o dispositivo prevê três hipóteses que autorizam a interrupção do serviço público: 1) em **situação de emergência**, o que dispensa o aviso prévio ao utente do serviço; 2) por **motivos de ordem técnica ou**

de segurança das instalações, precedida de aviso aos usuários; 3) em razão do **inadimplemento do usuário**, igualmente antecedida de notificação.

Acerca dessa última hipótese, ainda remanesce polêmica sobre a sua constitucionalidade. Apesar disso, prevalece, principalmente de acordo com a jurisprudência do Superior Tribunal de Justiça, a legitimidade da suspensão do serviço público em caso de inadimplemento do usuário (cf. AgRg nos EDcl no REsp 107.8096, rel. Min. Humberto Martins, maio/2009).

No entanto, cumpre frisar que o próprio STJ entende não ser possível, em caráter excepcional, a interrupção do serviço público nas seguintes situações:

"A suspensão do serviço de energia elétrica, por empresa concessionária, em razão de inadimplemento de unidades públicas essenciais – hospitais; pronto-socorros; escolas; creches; fontes de abastecimento d'água e iluminação pública; e serviços de segurança pública –, despreza o interesse da coletividade. Deveras, não se concebe a aplicação da legislação infraconstitucional sem o crivo dos princípios constitucionais, dentre os quais sobressai o da dignidade da pessoa humana" (EREsp 845.982, 1ª Seção, rel. Min. Luiz Fux, agosto/2009).

"Esta Corte possui entendimento consolidado no sentido de que há ilegalidade na interrupção no fornecimento de serviços essenciais (água e eletricidade) nos casos de dívida contestada em Juízo e decorrente de débitos pretéritos" (AgRg no AREsp 27.099, rel. Min. Mauro Campbell, abril/2011).

10.3.3. Princípio da generalidade

Significa que os serviços devem ser prestados de igual maneira a todos. Fácil notar a presença do princípio da isonomia e da impessoalidade (art. 37 da CF), que exigem da Administração uma atuação baseada na igualdade.

Outro aspecto de tal princípio é a necessidade de torná-lo acessível ao maior número possível de pessoas (CARVALHO FILHO, 2008, p. 312).

10.3.4. Princípio da modicidade

A contraprestação pela prestação do serviço público deve assumir valores módicos e razoáveis, de modo que o Poder Público fica obrigado a "avaliar o poder aquisitivo do usuário para que, por dificuldades financeiras, não seja ele alijado do universo de beneficiários do serviço" (CARVALHO FILHO, 2008, p. 317). Esquematicamente:

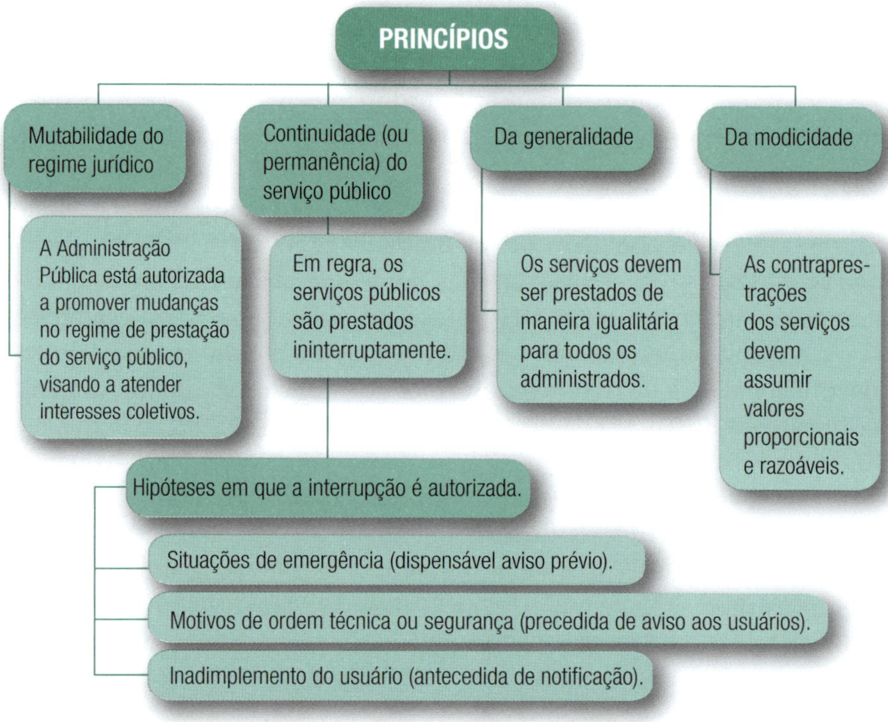

10.4. COMPETÊNCIAS

A competência referente à prestação dos serviços públicos é traçada pela Constituição Federal.

Dessa forma, as atribuições da União são **indicadas de maneira específica** em seu art. 21. Compete-lhe prestar o serviço de correios (inciso X), telecomunicações (inciso XI), energia elétrica (inciso XII, *b*), navegação aérea (inciso XII, *c*), transporte rodoviário internacional ou interestadual (inciso XII, *e*), entre outros.

Em relação aos Municípios, a competência se dá por meio de uma cláusula geral. É de atribuição dessas entidades a prestação dos serviços públicos de **interesse local** (art. 30, V). Entre eles, a Constituição expressamente indica o de transporte coletivo (o que inclui os aspectos de circulação, locais de estacionamento, pontos de parada, determinação de horários e de itinerários etc.). Exemplos de serviços prestados pelos entes municipais: iluminação pública, limpeza urbana, coleta de lixo, serviço funerário etc.

A doutrina que se refere ao tema ensina que o interesse local não representa um interesse exclusivo do Município, "porque não há interesse municipal que o não seja, reflexamente, do Estado-membro e da União" (MEIRELLES, 2001, p. 321). Deve ser considerada a **predominância do interesse**, o que é feito no caso concreto, influindo aspectos de lugar e natureza do serviço.

Já os Estados-membros detêm **competência remanescente**, nos termos do art. 25, *caput*, da Carta Magna. Ou seja, o serviço que não for expressamente atribuído à União, ou não se inserir na categoria de interesse local, afastando o Município, é de competência dos Estados-membros. Costuma-se salientar que a atribuição dos Estados envolve os serviços relacionados a interesses regionais. Exemplo: transporte rodoviário intermunicipal, restrito a um mesmo Estado.

Importa notar que, de modo expresso, é apontado o serviço de gás canalizado como de titularidade dos Estados (art. 25, § 2º), "que afasta inclusive a competência do Município para sua distribuição local" (MEIRELLES, 2001, p. 320).

Ressalte-se que alguns serviços representam **competência comum** a todos os entes federativos, como os serviços de saúde e assistência social. É o que sinaliza o art. 23 da Constituição.

Por fim, no que tange ao Distrito Federal, este ente concentra as atribuições municipais e estaduais, *ex vi* do art. 32, § 1º, da CF.

Esquematicamente:

REPARTIÇÃO DE COMPETÊNCIA DO SERVIÇO PÚBLICO		
UNIÃO	**ESTADOS-MEMBROS**	**MUNICÍPIOS**
Serviços atribuídos pelo art. 21 da CF/88.	Serviços remanescentes (art. 25 da CF/88).	Serviços de interesse local (predominância de interesses pelo Município – cf. Hely Lopes Meirelles), art. 30, V, da CF/88.

Exemplos → serviço postal e correio aéreo (X); → telecomunicações (XI); → radiodifusão sonora e de sons e imagens (XII, *a*); → energia elétrica (XII, *b*); → navegação aérea (XII, *c*); → transporte interestadual ou internacional (XII, *e*).	Exemplos → distribuição de gás canalizado (art. 25, § 2º, da CF/88); → transporte rodoviário intermunicipal; → segurança pública.	Exemplos → transporte urbano; → iluminação pública; → varrição das vias públicas; → coleta de lixo; → serviço funerário.
DISTRITO FEDERAL Concentra atribuições estaduais e municipais (art. 32, § 1º, da CF/88).		
COMPETÊNCIA COMUM A TODOS OS ENTES FEDERATIVOS → Serviço público de saúde, assistência social, entre outros (art. 23 da CF/88).		

10.5. REGIME DE CONCESSÃO DE SERVIÇOS PÚBLICOS

10.5.1. Introdução

Como visto em capítulo precedente, a distribuição das competências públicas pode ser feita por meio da descentralização, consistente no repasse de referidas atribuições a terceiros (ver capítulo 4, referente à estrutura administrativa).

Entre as formas de descentralização, foi vista aquela denominada **descentralização por colaboração**, pela qual a transferência é feita a terceiros que não integram a Administração titular do serviço (cf. Di Pietro). É o que se dá no âmbito das concessões de serviços públicos. Determinado Município, pretendendo descentralizar o serviço de transporte coletivo, pode celebrar contrato de concessão desse serviço com uma empresa (previamente selecionada em procedimento licitatório), que passaria a executá-lo.

Duas são as vantagens de referida descentralização. A primeira delas é de natureza financeira, de sorte que a Administração não necessita utilizar recursos públicos para a prestação do serviço. Em regra, o prestador vale-se da tarifa paga pelo usuário. É o que ocorre, por exemplo, na mencionada prestação do serviço de transporte coletivo urbano, em que as empresas de ônibus auferem sua remuneração por meio dos valores cobrados dos usuários do serviço (os passageiros).

A segunda delas relaciona-se com o próprio regime envolvido na prestação do serviço. Na medida em que é realizada por pessoas privadas, verifica-se a submissão a um regime preponderantemente privado, sem as típicas amarras do regime jurídico-administrativo. Isso confere maior agilidade na atuação do concessionário. Evidentemente, não se pode afastar a incidência, mesmo que parcial, de normas de direito público, na exata medida em que a prestação do serviço, por envolver interesse público relevante, não pode ficar imune totalmente a um regramento publicístico (ver, adiante, subitem referente ao regime dos concessionários).

Não se pode confundir a **titularidade** do serviço público com a sua **execução**. Ou, como salienta Celso Antônio Bandeira de Mello, a titularidade do serviço com a titularidade da prestação (2008, p. 651).

O entendimento pacificado é o de que a delegação a concessionários e permissionários de serviços públicos não representa o trespasse da sua titularidade, mas tão somente da execução do serviço.

Esquematicamente:

REGIME DE CONCESSÃO DE SERVIÇOS PÚBLICOS	
DESCENTRALIZAÇÃO POR COLABORAÇÃO	
CONCEITO	É a transferência da execução de serviço público para terceiros que não integram a Administração titular do serviço.
VANTAGENS	→ Natureza econômico-financeira (a Administração não realiza gastos). → Agilidade na prestação do serviço público pelo concessionário, submetido a um regime predominantemente privado.
TITULARIDADE DO SERVIÇO	A delegação refere-se apenas ao trespasse da execução do serviço público. A sua titularidade é sempre da Administração.

A propósito do tema da titularidade do serviço público e sua transferência, cabe uma advertência. Existe relevante divergência doutrinária referente ao cabimento da transferência da titularidade do serviço às entidades da **Administração indireta**. A questão é saber: a criação, pelo Estado, de uma autarquia ou de uma empresa pública encarregada da prestação de determinado serviço público significa que a sua titularidade foi transferida a tais entes?

Há defensores da tese segundo a qual a titularidade sempre pertence às entidades federativas, sendo incabível a sua transferência, até mesmo para os entes da Administração indireta (autarquias, fundações, sociedades de economia mista e empresas públicas). É o que entende José dos Santos Carvalho Filho (2008, p. 323).

Outros compreendem, a exemplo de Maria Sylvia Zanella Di Pietro (2009, p. 412), que a própria titularidade do serviço público pode ser outorgada aos entes que compõem a Administração indireta. Um entendimento mais restrito somente admite essa possibilidade aos entes que detenham personalidade jurídica pública (autarquias e fundações governamentais), como expõe Diogenes Gasparini (2008, p. 314).

10.5.2. Definição

A concessão de serviço público é definida como o contrato administrativo pelo qual a Administração delega a outrem a execução de determinado serviço, para que o execute em seu próprio nome, e por sua conta e risco, assegurando-lhe a remuneração por meio, em geral, de tarifas pagas pelo usuário.

Existe uma definição legal da "concessão de serviço público: a delegação de sua prestação, feita pelo poder concedente, mediante licitação, na modalidade de concorrência, à pessoa jurídica ou consórcio de empresas que demonstre capacidade para seu desempenho, por sua conta e risco e por prazo determinado" (art. 2º, II, da Lei n. 8.987/95).

Perceba-se da primeira definição que a concessão de serviços públicos assume a natureza contratual, como, aliás, expressamente indica a Constituição, em seu art. 175, parágrafo único, inciso I, bem como a Lei n. 8.987/95, art. 1º, *caput*, e arts. 23 e seguintes. Esta, portanto, a sua natureza jurídica.

Ressalte-se que a natureza da concessão de serviço público não é unânime na doutrina, como aponta Di Pietro (2009, p. 289). Há teorias, por exemplo, que pregam a sua inserção na categoria dos atos unilaterais. De qualquer forma, prevalece o entendimento exposto, que acentua o seu caráter contratual.

Destaque-se também que, pelas definições apresentadas, a delegação restringe-se à execução do serviço público, de tal maneira que a sua titularidade permanece com a Administração.

10.5.3. Direito positivo

A concessão de serviço público mereceu tratamento constitucional específico, como se depreende da redação do aludido art. 175, que assim dispõe:

"Art. 175. Incumbe ao Poder Público, na forma da lei, diretamente ou sob regime de concessão ou permissão, sempre através de licitação, a prestação de serviços públicos.

Parágrafo único. A lei disporá sobre:

I – o regime das empresas concessionárias e permissionárias de serviços públicos, o caráter especial de seu contrato e de sua prorrogação, bem como as condições de caducidade, fiscalização e rescisão da concessão ou permissão;

II – os direitos dos usuários;

III – política tarifária;

IV – a obrigação de manter serviço adequado".

No âmbito infraconstitucional, a matéria é tratada, sobretudo, pelas seguintes normas:

1) Lei federal n. 8.987/95, que disciplina as concessões comuns, bem como as permissões de serviços públicos. Nessa lei são regulados os diversos aspectos do contrato de concessão, assim como da licitação que o precede, os contornos da política tarifária etc.

2) Lei federal n. 11.079/2004: conhecida como Lei das Parcerias Público-Privadas (PPP), introduziu relevantes alterações no instituto das concessões, ao criar a figura das concessões especiais (a denominação é de CARVALHO FILHO, 2008, p. 345), que possuem duas modalidades: a concessão patrocinada e a administrativa (ver item 10.6, referente à parceria público-privada).

10.5.4. Poder concedente

Representa a entidade da Administração direta titular do serviço público, a qual, ao descentralizá-lo, repassa o seu exercício a terceiro.

De acordo com a Lei n. 8.987/95, que traz uma definição de poder concedente, é "a União, o Estado, o Distrito Federal ou o Município, em cuja competência se encontre o serviço público, precedido ou não da execução de obra pública, objeto de concessão ou permissão" (art. 2º, I).

Alguns doutrinadores incluem as entidades autárquicas, integrantes da Administração indireta, na condição de poder concedente. Isto porque diversas autarquias, sobretudo as agências reguladoras (exemplos: Aneel, Anatel, Anac), têm competência para realizar as licitações e celebrar os contratos de concessão com as pessoas privadas, bem como possuem a atribuição de regular e controlar tais delegações, admitindo-se até a definição da política tarifária.

Saliente-se que, por assumir a natureza de contrato administrativo, incide o princípio da supremacia do interesse público sobre o privado, do que decorrem, na seara contratual, as cláusulas exorbitantes. "A Administração Pública, no contrato de concessão, como em todos os contratos administrativos, dispõe de determinados poderes que a colocam em situação de supremacia em relação ao contratado" (DI PIETRO, 2002, p. 82).

Entre os poderes da Administração concedente destacam-se:

1) Poder de direção e controle, dentro do qual se encontram os poderes de alteração unilateral do contrato, de fiscalizar a atuação do concessionário, de obter acesso às obras e equipamentos relacionados à prestação do serviço.

Observa Di Pietro que o exercício de tal poder "constitui um poder-dever da Administração, ao qual ela não pode furtar-se, sob pena de responsabilidade por omissão" (2002, p. 84). Tanto assim que o art. 29, que disciplina tais prerrogativas da Administração, integra o capítulo intitulado "Dos encargos do poder concedente".

2) Poder sancionatório, decorrente do poder disciplinar (ver capítulo 3 – Poderes da Administração).

3) Poder de intervenção, que, advirta-se, não possui caráter punitivo. Trata-se da "substituição temporária da concessionária pelo próprio poder concedente, com o objetivo de apurar irregularidades, assegurar a continuidade do serviço e propor, a final, as medidas mais convenientes a serem adotadas" (DI PIETRO, 2002, p. 86).

Este poder é disciplinado nos arts. 32 a 34 da Lei n. 8.987/95. A declaração de intervenção se faz por meio de decreto do poder concedente. Após essa medida, no prazo máximo de trinta dias, deve ser instaurado o procedimento administrativo, que, por sua vez, detém o prazo de cento e oitenta dias para ser concluído.

10.5.5. Concessionário

É a pessoa para quem é delegada a execução do serviço público, que passa a geri-la por sua conta e risco.

Observe-se que, de acordo com o art. 2º, II e III, somente pode assumir a condição de concessionário "pessoa jurídica ou consórcio de empresas". Assim, **pessoas físicas não podem celebrar contrato de concessão de serviço público com a Administração.**

Outra peculiaridade digna de menção é o fato de que o concessionário pode ser tanto uma **empresa privada** quanto uma **empresa governamental** (empresa pública ou sociedade de economia mista). A propósito desta última hipótese, salienta a doutrina predominante que somente é legítima a concessão se a empresa governamental for vinculada a ente federativo diverso do poder concedente. É o que ocorre entre a União e a Eletropaulo, sociedade de economia mista do Estado de São Paulo, no tocante à concessão de energia elétrica. Admitir o contrário – ou seja, a concessão a empresa governamental da mesma esfera federativa – seria distorcer o sistema de descentralização traçado legalmente. "Se a empresa é estatal, tendo resultado de processo de delegação legal [descentralização técnica ou por serviços], a própria lei já definiria seu perfil institucional, bem como a tarefa que deveria desempenhar, desnecessário, desse modo, falar-se em concessão" (CARVALHO FILHO, 2008, p. 354).

Como bem observa Maria Sylvia Zanella Di Pietro, o contrato de concessão de serviço público envolve duas ideias opostas, quais sejam: 1) a prestação do serviço público deve atender ao interesse público; e 2) o serviço é prestado por uma empresa capitalista, cujo objetivo é auferir o máximo de proveito possível. Por conta disso, a autora extrai a submissão da empresa concessionária a um **regime híbrido**. "Como empresa privada, ela atua, em regra, segundo normas de direito privado, no que diz respeito a sua organização, a sua estrutura, a suas relações com terceiros (v. art. 25, § 1º, da Lei 8.987), ao regime de trabalho de seus empregados, submetidos à CLT; como prestadora de um serviço público, sua relação com a Administração concedente se rege inteiramente pelo direito público, já que a concessão é um contrato tipicamente administrativo" (2002, p. 77).

Observe-se que a empresa concessionária privada atua, muitas vezes, nos moldes de uma empresa privada, motivo pelo qual não realiza licitação nem concurso público, não sofre controle pelo Tribunal de Contas etc.

Por outro lado, algumas prerrogativas são atribuídas às empresas concessionárias, o que se justifica pela atividade de interesse público que exercem. Citam-se as seguintes:

a) Os **bens da concessionária afetados à prestação do serviço público** têm **natureza pública**, motivo pelo qual não seguem o regime dos bens privados. "Esses bens estão submetidos a regime jurídico de direito público, da mesma forma que os bens de uso comum do povo e os bens de uso especial (...); trata-se de característica inerente ao princípio da continuidade do serviço público" (DI PIETRO, 2002, p. 91).

Observe-se que a própria lei faz alusão a tal categoria de bens, ao prescrever no art. 7º, VI, que é obrigação do usuário "contribuir para a permanência das boas condições dos **bens públicos** através dos quais lhes são prestados os serviços".

b) Os concessionários podem exercer o poder de polícia referente aos bens vinculados à prestação do serviço (cf. DI PIETRO, 2002, p. 78).

c) Podem os concessionários promover desapropriações e constituir servidões autorizadas pelo poder concedente, conforme previsto no edital e no contrato (art. 31, VI, da Lei n. 8.987/95).

Por fim, em relação ao regime de responsabilidade, o concessionário responde por todos os prejuízos causados aos usuários do serviço, a terceiros e ao próprio poder concedente (art. 25, *caput*, Lei n. 8.987/95). Trata-se de uma decorrência do regime da concessão, pelo qual o particular executa o serviço em seu próprio nome, por sua conta e risco. Duas observações.

O regime de responsabilidade segue a teoria objetiva, na medida em que o concessionário constitui uma pessoa jurídica de direito privado prestadora de serviço público, subsumindo-se ao art. 37, § 6º, da CF.

Reitere-se que, de acordo com a atual jurisprudência do Supremo Tribunal Federal (RE 591.874, j. em 26-8-2009), a teoria objetiva se aplica tanto para os **usuários** do serviço público **quanto para os não usuários.**

O poder concedente responde de forma subsidiária (ou seja, esgotadas as forças do concessionário) em relação aos danos provocados aos usuários do serviço público.

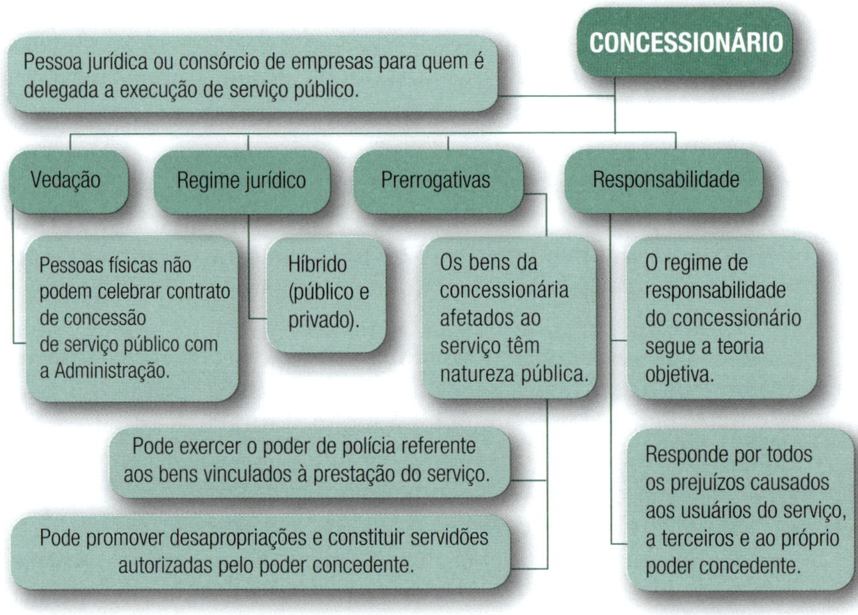

10.5.6. Necessidade de autorização legislativa

A Lei n. 9.074/95, que complementa as disposições da Lei n. 8.987/95, dispõe em seu art. 2º, *caput*, o seguinte:

"É vedado à União, aos Estados, ao Distrito Federal e aos Municípios executarem obras e serviços públicos por meio de concessão e permissão de serviço público, **sem lei que lhes autorize e fixe os termos** (...)".

Perceba-se que foi criado um requisito para que a Administração proceda a uma concessão (ou permissão) de serviço público: a autorização legislativa. Assim, como bem vislumbra Carvalho Filho, "duas serão as vontades necessárias à instituição da concessão ou da permissão: a primeira, do administrador que, com vistas à prestação de serviço delegado, proporá a promulgação de lei autorizativa, e a segunda do legislador, que, aceitando a proposta, consignará a sua autorização" (2008, p. 365).

Importa notar que alguns autores pregam a inconstitucionalidade de referido dispositivo. De acordo com Maria Sylvia Zanella Di Pietro (2002, p. 73), "a autorização legislativa para que o Executivo pratique atos ou celebre contratos que se inserem dentro das funções tipicamente administrativas constitui ato de controle (prévio) de um Poder sobre o outro e, por isso mesmo, exceção ao princípio da separação entre os poderes, somente cabível nos casos expressos na Constituição Federal, na estadual ou na lei orgânica municipal". E, de acordo com a doutrinadora, entre as hipóteses previstas na Carta Magna inexiste a autorização legislativa para concessão ou permissão de serviço público.

Por outro lado, Marçal Justen Filho entende que a obrigatoriedade de autorização legislativa decorre não da Lei n. 9.074/95 (lei ordinária, aliás, não poderia legislar sobre tal matéria, sob pena de inconstitucionalidade), mas da própria Constituição Federal, nomeadamente do art. 175, *caput*. E assinala: "A decisão de transferir a gestão do serviço público para particulares envolve, portanto, interesses muito relevantes e de natureza transcendente. Não se trata de decisão inserida na órbita de competência do Poder Executivo. Depende do exame, aprovação e regulamentação do Poder Legislativo, por meio de cuja manifestação retrata-se a concordância do povo à alternativa adotada" (2005, p. 175).

10.5.7. Licitação

A concessão de serviço público efetiva-se "sempre através de licitação". É o que preconiza o art. 175 da CF.

A modalidade obrigatória é a **concorrência**, nos termos do art. 175 da CF e do art. 2º, II e III, da Lei n. 8.987/95. Isso evidencia a preocupação do legislador de conferir ao procedimento licitatório para delegação de serviço público maiores garantias e condições de participação. Excepcionalmente, pode ser utilizado o leilão, na hipótese de privatização de pessoas jurídicas sob controle acionário da União (Lei n. 9.074/95, art. 27, I). Nesse caso, a transferência das quotas e das ações seguirá o critério do maior lance oferecido para a sua aquisição.

Os tipos de licitação (leia-se: critérios de julgamento) previstos na Lei n. 8.987/95 são ligeiramente diversos daqueles disciplinados pela Lei n. 8.666/93 (que são, vale reiterar, o menor preço, a melhor técnica, o tipo misto e o maior lance ou oferta). São sete os critérios previstos, conforme dispõe o art. 15.

O primeiro é o **menor valor da tarifa** do serviço público a ser prestado. Como a remuneração do concessionário se dá por meio de tarifa paga pelo usuário do serviço, perceba-se que esse critério visa a favorecer os particulares, promovendo a diminuição do valor da remuneração do prestador. Trata-se de um mecanismo fomentador do princípio da modicidade das tarifas.

O segundo critério é o de **maior oferta**, referente ao valor a ser pago pelo concessionário ao poder concedente, em virtude da outorga da concessão.

O terceiro alude à **melhor proposta técnica**, hipótese em que o preço é fixado no edital.

Os outros critérios representam uma **combinação dos anteriores**, permitindo que a Administração opte, discricionariamente, por aquele mais adequado para o objeto a ser licitado.

Outra peculiaridade da Lei n. 8.987/95 é a possibilidade de **inversão da ordem das fases de habilitação e julgamento**, à semelhança do que ocorre no pregão. É o que dispõe o seu art. 18-A, acrescentado pela Lei n. 11.196/2005. Como visto em capítulo precedente (capítulo 8, subitem 8.7.6.3), tal inversão é extremamente vantajosa, pois diminui os custos administrativos de proceder a uma licitação, ao mesmo tempo que dinamiza o seu processamento. Aliás, foi a observação de tais benefícios no âmbito do pregão que justificou a sua utilização nas concessões para delegação de serviços públicos.

Um alerta! A disciplina da Lei n. 8.666/93 não admite a inversão das fases, de modo que tal procedimento não representa uma regra em nosso ordenamento. As exceções são observadas no pregão (Lei n. 10.520/2002) e na concorrência para delegação de serviços públicos, tanto na modalidade de concessão comum (Lei n. 8.987/95, alterada pela Lei n. 11.196/2005) quanto na de concessão especial (conhecida como parcerias público-privadas – cf. Lei n. 11.079/2004 – ver item 10.6).

Em relação aos outros aspectos, não há diferenças significativas quanto aos ditames da Lei n. 8.666/93. Observe-se que os princípios aplicáveis às licitações incidem no procedimento em comento (ver capítulo 8 – Licitação).

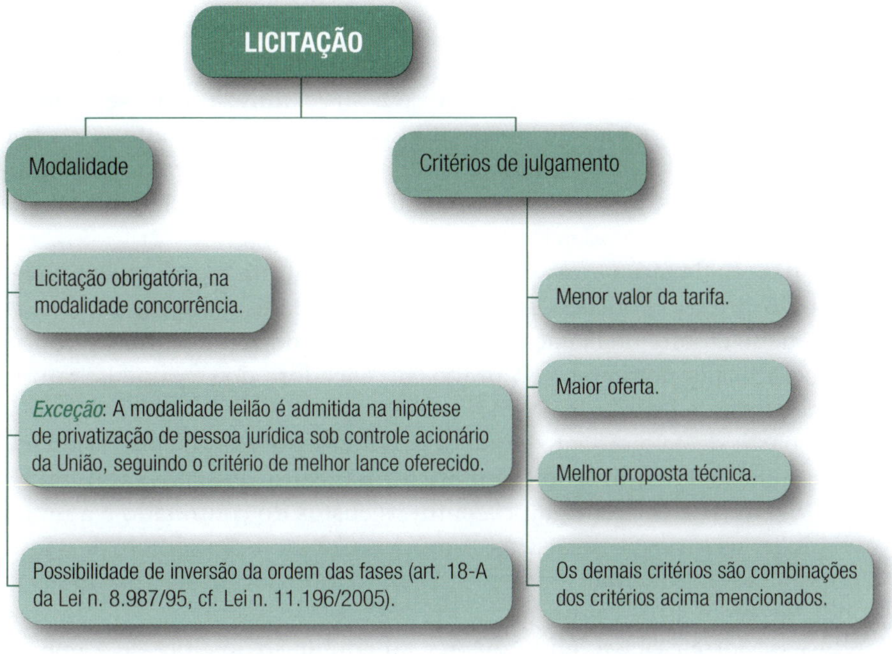

10.5.8. Regime de exclusividade

Representa o regime que admite somente um concessionário na prestação de determinado serviço público. Nesse caso, ao poder concedente fica vedada a delegação do mesmo objeto a outra empresa.

Fácil perceber que tal regime é anticoncorrencial por excelência, o que, indiretamente, representa um fator que desestimula a prestação de um serviço eficiente e a preços módicos. Por conta disso, **é proibida a exclusividade**, *ex vi* do art. 16 da Lei n. 8.987/95.

No entanto, o próprio dispositivo faz uma ressalva. Em caso de **inviabilidade técnica ou econômica** admite-se que a concessão seja delegada a título exclusivo.

10.5.9. Política tarifária

Aspecto relevante das concessões de serviço público diz respeito à política tarifária. Tanto assim que a Constituição a elencou como uma das matérias a serem disciplinadas pela lei (art. 175, parágrafo único, III).

Representa a política tarifária o modo pelo qual são instituídas, cobradas, mantidas e alteradas as tarifas que envolvem a prestação de serviço público por uma concessionária.

Uma primeira observação refere-se à sua natureza. **Não se trata de espécie tributária**, e sim de **preço público**. Afastado, portanto, o regime das taxas de serviço. Consequentemente, as limitações ao poder de tributar previstas constitucionalmente (legalidade, anterioridade etc.) não se aplicam às tarifas cobradas pelos concessionários.

A fixação da tarifa toma por parâmetro inicial, em regra, o valor oferecido pelo próprio concessionário, na oportunidade de apresentação da proposta no âmbito da licitação. Ou seja, a tarifa do serviço público concedido será fixada pelo preço da proposta vencedora do certame licitatório (art. 9º, *caput*, da Lei n. 8.987/95).

A partir deste momento é que deve ser assegurada ao concessionário a **manutenção do equilíbrio econômico-financeiro**, que corresponde à relação de equivalência obrigatória entre os custos do contratado e a remuneração pelos serviços prestados. A própria Constituição confere destaque a tal aspecto, ao salientar, em seu art. 37, XXI, que devem ser "mantidas as condições efetivas da proposta".

Dessa forma, objetivando manter tal equilíbrio, justifica-se a revisão do contrato de concessão, até mesmo de suas tarifas. Isso se aplica tanto em relação à alteração unilateral do contrato pelo poder concedente quanto pela ocorrência de fatos que ensejam a mudança das cláusulas contratuais (aplicação da teoria da imprevisão). Como se vê, o regime é similar ao da Lei n. 8.666/93 (ver capítulo 9 – Contratos administrativos). Assim dispõe o art. 9º, §§ 2º a 4º, da Lei n. 8.987/95.

Reitere-se: a manutenção do equilíbrio econômico-financeiro representa um direito subjetivo do concessionário, motivo pelo qual, em caso de seu rompimento, cabe o apelo ao Judiciário para recompô-la.

Além da tarifa paga pelo usuário, cabível que a remuneração do contratado se dê por receitas outras (alternativas, complementares ou acessórias), como admite o art. 11 da Lei n. 8.987/95. O propósito é favorecer o princípio da modicidade das tarifas. Exemplos: a receita decorrente da cobrança de pedágio em uma rodovia pode ser substituída pela exploração de projetos associados (como postos de combustíveis, motéis etc.); exploração de publicidade interna ou externa nos ônibus de uma concessionária de transporte público (cf. GASPARINI, 2008, p. 381).

Evidentemente, a receita obtida por tal meio será obrigatoriamente considerada para a aferição do equilíbrio econômico-financeiro (art. 11, parágrafo único).

Outrossim, preconiza a lei que as "tarifas poderão ser diferenciadas em função das características técnicas e dos custos específicos provenientes do atendimento aos distintos segmentos de usuários" (art. 13 da Lei n. 8.987/95). Ou seja, a despeito de a unicidade da tarifa representar uma regra, admite-se a cobrança desigual de preços públicos.

O que, aparentemente, poderia violar o princípio da isonomia (cobrança desigual de tarifas), representa, a bem da verdade, um mecanismo razoável, desde que estejam presentes critérios de diferenciação pertinentes. No mesmo sentido o STJ, que editou a Súmula 407, com o seguinte teor: "É legítima a cobrança da tarifa de água, fixada de acordo com as categorias de usuários e as faixas de consumo". A respeito, esclarece Carvalho Filho:

"Para a licitude da tarifa diferenciada é indispensável que concedente e concessionário demonstrem claramente que o sistema de progressividade na cobrança atende a critérios de política pública e visa, em última instância, ao interesse coletivo. É o caso da utilização do serviço de abastecimento de água. Sendo esta um bem público limitado e essencial à própria sobrevivência da humanidade, como hoje consideram os especialistas, não pode ser alvo de desperdício, ou uso indefinido ou desnecessário, sendo, pois, cabível a cobrança de tarifa diferenciada para faixas de maior ou menor dispêndio pelos usuários" (2008, p. 360).

Por fim, consigne-se que a jurisprudência vem acatando o estabelecimento de **tarifas básicas**, ou tarifas mínimas, em relação à prestação de determinados serviços públicos, da mesma forma que se dá com o regime das taxas (em que é possível a cobrança pela mera disponibilização do serviço, *ex vi* do art. 145, II, da CF). Assim, mesmo que o usuário não se utilize efetivamente de um serviço (p. ex., de telefonia), é legítima a cobrança de uma tarifa básica (comumente denominada pagamento de "assinatura"). O Superior Tribunal de Justiça já apreciou a legalidade de tal cobrança, como se pode perceber no seguinte julgado: REsp 911.802, rel. Min. José Delgado, j. em 24-10-2007. A propósito, trata-se de matéria objeto da Súmula 356 do STJ, que assim dispõe: "É legítima a cobrança de tarifa básica pelo uso dos serviços de telefonia fixa".

Alguns doutrinadores, com acerto, repudiam essa solução alçada pelo Judiciário. De acordo com Carvalho Filho, "o fato reflete inegável distorção no sistema de prestação de serviços públicos de natureza facultativa, serviços esses que só deveriam merecer remuneração na medida em que o usuário efetivamente se beneficiasse deles, com o consequente realce da característica contratual que rege a relação entre o prestador e o usuário do serviço" (2008, p. 364).

10.5.10. Prazo

A Lei n. 8.987/95 não define o limite de prazo para as concessões de serviço público. Somente dispõe que **o prazo deve ser determinado** (art. 2º, II, da Lei n. 8.987/95).

Assim sendo, prevalece o entendimento de que a "fixação deste prazo ficará a critério da pessoa federativa concedente do serviço" (CARVALHO FILHO, 2008, p. 375).

Afasta esse autor a aplicação do prazo de cinco anos previsto no art. 57, II, da Lei n. 8.666/93, referente à prestação de serviços de forma contínua. "A norma somente se aplica aos contratos de serviço prestados diretamente à Administração [exemplo: serviço de limpeza], mas não incide sobre as concessões, em cujo estatuto, dotado de caráter especial, não há fixação de prazo máximo" (CARVALHO FILHO, 2008, p. 375).

Em relação à prorrogação, a Lei n. 8.987/95 expressamente a admite, uma vez que inserida como cláusula essencial (art. 23, XII). Comumente, a prorrogação se verifica quando não houver a amortização dos bens reversíveis. "A prorrogação neste caso há de ser por tempo suficiente a que essa amortização aconteça por completo" (GASPARINI, 2008, p. 366).

10.5.11. Extinção

A Lei n. 8.987/95 prevê diversas formas de extinção do contrato de concessão. São elas:

a) **Termo contratual** (art. 35, I)

Representa a extinção natural do contrato de concessão, decorrente da fluência do prazo contratual, que, como visto, é sempre determinado. A extinção dá-se de maneira automática, sem a necessidade de nenhum ato prévio por parte da Administração.

Possui efeito *ex nunc*, ou seja, não retroage. Os efeitos produzidos até o momento da extinção prevalecem.

Questiona-se: cabe indenização ao concessionário?

A própria lei oferece a resposta. De acordo com o seu art. 36:

"A reversão no advento do termo contratual far-se-á com a indenização das parcelas dos investimentos vinculados a bens reversíveis, ainda não amortizados ou depreciados, que tenham sido realizados com o objetivo de garantir a continuidade e atualidade do serviço concedido".

Explica-se. Espera-se que o concessionário, ao longo da concessão, faça investimentos visando à conservação, à melhoria e à modernização dos equipamentos relacionados à prestação do serviço. Assim, compete a uma empresa concessionária de transportes urbanos a realização da conservação da frota de ônibus, bem como a sua renovação e adequação às novas tecnologias. Ora, os investimentos assim feitos somente são compensados (ou "amortizados") ao longo do tempo, com a contínua remuneração da empresa pelo usuário do serviço. Desse modo, não garantir tal indenização representaria desestimular o concessionário a proceder a tais investimentos, o que acabaria por acarretar a progressiva deterioração da prestação do serviço público. Daí a obrigatoriedade de indenização.

b) **Encampação** (art. 35, II)

A encampação, também conhecida como **resgate**, representa a extinção promovida unilateralmente pelo poder concedente, durante a vigência do contrato, por razões de interesse público (art. 37 da Lei n. 8.987/95).

Requisito importante para se proceder à encampação consiste em **lei autorizativa** (art. 37). O objetivo foi o de conferir maiores garantias ao concessionário.

Possui efeito *ex nunc* (não retroage), na medida em que o contrato se apresenta válido até o momento da extinção.

Cabe indenização ao concessionário, tanto pelos investimentos não amortizados (*ex vi* do art. 36 c/c o art. 35, § 4º, da Lei n. 8.987/95) quanto pelos lucros cessantes e outros prejuízos (cf. Diogenes Gasparini). Observe-se que a indenização deve ser **prévia** à extinção, como assinala expressamente a lei (art. 37).

c) **Caducidade** (art. 35, III)

Também denominada **decadência** ou **decaimento**, constitui a extinção promovida unilateralmente pelo poder concedente, durante a vigência do contrato, por descumprimento de cláusula contratual pelo concessionário.

Em homenagem ao princípio do devido processo legal, a norma disciplina o procedimento que deve anteceder a extinção. Em primeiro lugar, deve ser dada ciência do inadimplemento ao concessionário, bem como ser concedido prazo para a correção das irregularidades (art. 38, § 3º). Em segundo lugar, será instaurado processo administrativo, assegurando-se ao contratado o direito de ampla defesa (art. 38, § 2º). Constatado o inadimplemento, a Administração procederá à declaração da caducidade, por meio de decreto (art. 38, § 4º).

Em regra, incabível indenização. Com efeito, na medida em que o concessionário inadimplente possui culpa pela extinção do contrato, afasta-se a possibilidade de ressarcimento. Representa princípio geral de direito que alguém não pode ser beneficiado em virtude da própria torpeza.

No entanto, excepciona essa regra a necessidade de indenização quanto aos investimentos vinculados aos bens reversíveis não amortizados ou depreciados, nos termos do art. 38, § 5º, da Lei n. 8.987/95.

Observe-se que tal indenização não é prévia, bem como devem ser deduzidas de seu montante as multas aplicadas ao concessionário, assim também os danos causados.

d) **Rescisão** (art. 35, IV)

A rescisão detém significado próprio em relação à extinção das concessões de serviço público. Compreende a extinção promovida pelo concessionário, em virtude de descumprimento de obrigação pelo poder concedente.

Somente pode ser feita pela via judicial. Ademais, o serviço público não pode ser interrompido pela concessionária até a decisão judicial transitada em julgado.

Quanto à indenização, muito embora a lei seja silente, ela é cabível.

e) **Anulação** (art. 35, V)

É a extinção promovida pelo poder concedente em razão da invalidade do contrato. Possui efeito *ex tunc* (retroage).

Se a causa do vício não foi imputável ao concessionário, ele terá direito a indenização pelas perdas e danos, lucros cessantes, bem assim pelos investimentos não amortizados. O ressarcimento deve ser prévio à extinção.

f) **Falência ou extinção do concessionário** (art. 35, VI)

Com o desaparecimento do concessionário, impossível a continuidade da concessão, "pois não há como manter-se em vigor esse contrato sem uma das partes, o concessionário" (GASPARINI, 2008, p. 397).

O efeito dessa forma de extinção é *ex nunc* (não retroage). Em relação à indenização, somente é cabível no caso dos investimentos não amortizados.

Esquematicamente, em relação às formas de extinção do contrato de concessão:

	MOTIVO	PECULIARIDADES
TERMO	Fluência do prazo (via natural de extinção).	• indenização (investimentos não amortizados).
ENCAMPAÇÃO	Promovida pela Administração, em virtude de **interesse público.**	• indenização **prévia** (danos emergentes, lucros cessantes, investimentos não amortizados, entre outros). • **lei autorizativa.**

CADUCIDADE	Promovida pela Administração, em virtude de **inadimplemento do concessionário.**	• indenização (somente pelos investimentos não amortizados). • necessidade de prévio processo administrativo.
RESCISÃO	Promovida pela concessionária, em virtude de **inadimplemento da Administração** (poder concedente).	• somente pela via judicial. • os serviços apenas podem ser interrompidos após trânsito em julgado da decisão judicial.
ANULAÇÃO	Invalidade do contrato.	• na hipótese de não haver culpa do concessionário: direito a perdas e danos, lucros cessantes e investimentos não amortizados. • o ressarcimento é prévio à extinção.
FALÊNCIA OU EXTINÇÃO DA CONCESSIONÁRIA	O concessionário deixa de existir.	• efeito *ex nunc*. • cabível a indenização somente no caso de investimentos não amortizados.

10.5.12. Reversão

Consiste no retorno ao poder concedente, após a extinção do contrato, da execução do serviço público, assim também dos bens e equipamentos vinculados ao serviço público.

Cumpre advertir que a reversão não representa uma espécie de extinção do contrato de concessão, mas a sua consequência. É o que se extrai do art. 35, §§ 1º e 2º, da Lei n. 8.987/95:

"§ 1º Extinta a concessão, retornam ao poder concedente todos os bens reversíveis (...)

§ 2º Extinta a concessão, haverá a imediata assunção do serviço pelo poder concedente (...)".

O seu fundamento é o princípio da continuidade do serviço público. Por conta disso, somente revertem à Administração os bens efetivamente vinculados à prestação do serviço. Os demais continuam no domínio do concessionário.

A reversão pode ser gratuita, sem ônus para a Administração; ou onerosa, de que decorre o pagamento de indenização referente aos investimentos não amortizados.

10.5.13. Arbitragem

A Lei n. 11.196/2005 acresceu o art. 23-A à Lei n. 8.987/95, permitindo a utilização de **mecanismos privados de solução de controvérsia**, entre eles a **arbitragem** (disciplinada pela Lei federal n. 9.307/96).

Embora alguns autores apregoem a inconstitucionalidade da arbitragem em sede de contrato administrativo (cf. Celso Antônio Bandeira de Mello), vem prevalecendo o entendimento de que ela se apresenta como legítima, inexistindo ofensa aos princípios da legalidade e da indisponibilidade dos bens públicos (CARVALHO FILHO, 2008, p. 202).

10.5.14. Permissão de serviço público

A permissão de serviço público sofre previsão na Lei n. 8.987/95 (arts. 2º, IV, e 40).

No âmbito doutrinário, a lição tradicional confere à permissão a natureza de ato administrativo unilateral e precário pelo qual o Poder Público transfere a terceiro a execução de serviço público.

No entanto, o direito positivo trata da permissão de serviço público como verdadeiro contrato. É o que dispõe o art. 40 da Lei n. 8.987/95: "A permissão de serviço público será formalizada mediante contrato de adesão, que observará os termos desta Lei (...)". A própria Constituição aponta nesse sentido, ao preconizar, no art. 175, parágrafo único, I, que lei específica disporá sobre "o regime das empresas concessionárias e permissionárias de serviços públicos, o caráter especial de seu contrato e de sua prorrogação (...)".

Com base nesse cenário jurídico-positivo da permissão, Carvalho Filho entende que se trata de verdadeiro contrato (2008, p. 388-9). Cita jurisprudência do Supremo Tribunal Federal, pela qual foi equiparada a natureza jurídica das permissões e concessões de serviço público. Ambas representam contrato (ADIn 1.491, Pleno, rel. Min. Carlos Velloso, m.v., j. em 1º-7-1998, *Informativo STF* n. 117, jul. 1998).

Apesar da mesma natureza contratual, a Lei n. 8.987/95 aponta algumas diferenças entre a permissão e a concessão. Esquematicamente:

	CONCESSÃO	PERMISSÃO
CONTRATADO	Pessoa jurídica ou consórcio de empresas	Pessoa física ou jurídica
LICITAÇÃO	Concorrência	Qualquer modalidade
PRAZO	Com prazo (não precária)	Sem prazo (precária)
INDENIZAÇÃO (em caso de revogação)	Cabível	Incabível

10.6. PARCERIA PÚBLICO-PRIVADA (PPP)

10.6.1. Introdução

O regime da Lei Geral de Concessões (Lei n. 8.987/95) mostrou-se, muitas vezes, insuficiente para a implementação de programas governamentais, haja vista o desinteresse dos empreendedores privados em celebrar tais contratos com a Administração.

No entanto, ao mesmo tempo, o desenvolvimento desses programas pela própria Administração – seja de modo centralizado (por meio da Administração direta), seja de maneira descentralizada (por meio da Administração indireta) – igualmente se apresentava como indesejável, em virtude dos grandes investimentos exigidos.

Tal cenário provocou a alteração do regime jurídico referente aos contratos de concessão, justificando a edição da Lei n. 11.079/2004, que institui normas gerais para licitação e contratação de parceria público-privada (PPP) no âmbito da Administração Pública. O escopo foi o de permitir a captação de recursos privados para o desenvolvimento de atividades em que a atuação isolada do Estado se revela insuficiente.

10.6.2. O que é parceria público-privada?

De acordo com o art. 2º da Lei n. 11.079/2004, "**parceria público-privada** é o contrato administrativo de concessão, na modalidade patrocinada ou administrativa".

Sobre o conteúdo de tais modalidades de concessão, a mesma lei fornece a definição.

Concessão patrocinada é a concessão de serviços públicos ou de obras públicas, quando envolver, adicionalmente à tarifa cobrada dos usuários, contraprestação pecuniária do parceiro público ao parceiro privado (art. 2º, § 1º).

Já a **concessão administrativa** representa o contrato de prestação de serviços de que a Administração seja a usuária direta ou indireta, ainda que envolva execução de obra ou fornecimento e instalação de bens. A forma de remuneração é fundamentalmente a contraprestação paga pela Administração (DI PIETRO, 2009, p. 312).

Como se pode notar, a característica principal de tais concessões é a **existência de contraprestação a ser dada ao concessionário (parceiro pri-**

vado) pela Administração contratante (parceiro público). As formas que ela pode assumir estão dispostas no art. 6º da lei: ordem bancária, cessão de créditos não tributários, outorga de direitos em face da Administração, outorga de direitos sobre bens públicos dominicais, além de outros meios admitidos em lei.

Dispõe o art. 7º da Lei n. 11.079/94 que a contraprestação do Poder Público será obrigatoriamente precedida da disponibilização do serviço objeto do contrato de concessão.

Logo, a norma criou duas hipóteses de contrato de concessão, além daquela prevista na Lei n. 8.987/95, denominada **concessão comum** (art. 2º, § 3º, da Lei n. 11.079/2004). Assim, o cenário atual sobre os contratos de concessão permite elencar as seguintes modalidades:

Contrato de concessão	Concessão **comum** (Lei n. 8.987/95)	
	Concessão **patrocinada** (Lei n. 11.079/2004)	PPP
	Concessão **administrativa** (Lei n. 11.079/2004)	PPP

10.6.3. Prazo

Como visto no tópico referente à disciplina geral das concessões (subitem 10.5.10), a Lei n. 8.987/95 não fixou prazo algum para o contrato de concessão comum.

O mesmo não se verifica com a Lei n. 11.079/2004, que estabeleceu expressamente o prazo de vigência contratual. De acordo com o seu art. 5º, o **prazo mínimo** foi delimitado em **cinco anos**, e o **prazo máximo**, incluindo eventual prorrogação, em **trinta e cinco anos**.

10.6.4. Licitação

A Lei n. 11.079/2004 disciplina de maneira específica a licitação em relação às parcerias público-privadas (PPP). Aplicam-se, de maneira subsidiária, as disposições da Lei n. 8.666/93 e da Lei n. 8.987/95.

A modalidade obrigatória é a **concorrência** (art. 10), da mesma forma que se exige nas concessões comuns.

A abertura do processo licitatório está condicionada, entre várias exigências, a uma prévia consulta pública (art. 10, VI). Assim, a Administração deve informar, mediante ampla publicidade (publicação na imprensa oficial, em jornais de grande circulação e por meio eletrônico), a justificativa para a contratação, a identificação do objeto, o prazo de duração do contrato e o seu valor estimado. O objetivo é fomentar a participação popular na tomada das decisões administrativas.

O art. 13 da Lei n. 11.079/2004 admite a **inversão da ordem das fases de habilitação e julgamento**, à semelhança do que ocorre no pregão e, mais recentemente, na concorrência para as concessões comuns (art. 18-A da Lei n. 8.987/95). Assim, permite-se que a fase de julgamento anteceda a de habilitação. Já o art. 12, III, *b*, permite que haja uma **fase de lances verbais**, posteriormente à divulgação das propostas escritas, da mesma forma que se dá no pregão.

Também pode ser mencionada a possibilidade de que o edital preveja o **saneamento de falhas**, a **complementação de insuficiências** ou ainda a **correção de caráter formal** no curso do procedimento licitatório, desde que o licitante possa satisfazer as exigências dentro do prazo fixado no instrumento convocatório (art. 12, IV). Trata-se de novidade disciplinada pela lei, representando uma "medida salutar, que certamente evitará muitas das controvérsias suscitadas por licitantes inabilitados ou desclassificados no curso do procedimento" (DI PIETRO, 2009, p. 321).

As medidas descritas acima (inversão das fases, existência de lances verbais, possibilidade de saneamento) são de implementação facultativa, exercendo a Administração verdadeira **discricionariedade**.

Os critérios de julgamento são os mesmos do art. 15 da Lei n. 8.987/95. A Lei n. 11.079/2004 somente acresce outros dois: menor valor da contraprestação a ser paga pela Administração; melhor proposta em razão da combinação do critério anterior com o de melhor técnica.

10.6.5. Arbitragem

Cabe a utilização de **mecanismos privados de solução de controvérsia**, entre eles a **arbitragem** (disciplinada pela Lei federal n. 9.307/96), como expressamente prevê o art. 11, III.

10.6.6. Garantias previstas pela Lei n. 11.079/2004

Entre as garantias previstas pela Lei n. 11.079/2004, destaca-se aquela prestada pela Administração (parceiro público) ao concessionário (parceiro privado), em virtude das obrigações pecuniárias assumidas pela primeira (art. 8º). Cumpre notar que o escopo das parcerias público-privadas é o de resguardar o interesse do particular contratado, evitando que este "sofra prejuízos e corra riscos diante de eventual inadimplemento do poder concedente ou até mesmo em virtude de fatos imprevisíveis" (CARVALHO FILHO, 2008, p. 406).

As modalidades de garantia estão elencadas no art. 8º, sem exclusão de outros mecanismos admitidos em outras leis (inciso VI). São elas:

• **vinculação de receitas de impostos**, com observância do disposto no art. 167, IV, da CF (inciso I do art. 8º). Esse dispositivo constitucional, ao dispor genericamente sobre a vedação da vinculação de receitas de impostos, faz referência a hipóteses excepcionais, quais sejam a prestação de garantia às operações de crédito por antecipação de receita, bem como para o pagamento de débito com a União. Gira na órbita dessa modalidade de garantia acirrada polêmica. Celso Antônio Bandeira de Mello defende a sua inconstitucionalidade, com base no entendimento de Kioshi Harada, na medida em que inaplicáveis as exceções constitucionais. Assim, "receita pública jamais pode ser vinculada a garantia de créditos, sob pena de escandalosa inconstitucionalidade" (2008, p. 748). Em sentido contrário, pela legitimidade da garantia, José dos Santos Carvalho Filho (2008, p. 407);

• contratação de **seguro-garantia** com as companhias seguradoras que não sejam controladas pelo Poder Público;

• garantia prestada por **organismos internacionais** ou **instituições financeiras** que não sejam controladas pelo Poder Público;

• garantia prestada por **fundo garantidor** ou **empresa estatal** criada para essa finalidade.

O fundo garantidor de parceria público-privada (FGP) encontra disciplina específica nos arts. 16 a 21 da Lei n. 11.079/2004. Ele deve assumir a natureza privada e possuir patrimônio próprio, separado do da entidade que o criou. Cumpre destacar que, nos termos do art. 18, § 7º, em caso de inadimplemento da Administração, os bens e os direitos do fundo poderão ser objeto de constrição judicial e alienação para satisfazer as obrigações garantidas.

Incidem sobre tais modalidades de garantia acirradas críticas, todas propugnando a sua inconstitucionalidade. Assinala Di Pietro que, "se os bens da União, autarquias e fundações públicas são públicos e, portanto, impenhoráveis, por força do artigo 100 da Constituição, não perdem essa natureza pelo fato de ficarem vinculados a um Fundo. Se isso fosse possível, estar-se-ia, pela via indireta, alcançando objetivo que a constituinte quis coibir com a regra do referido dispositivo constitucional" (2009, p. 323). No mesmo sentido encontra-se Celso Antônio Bandeira de Mello (2008, p. 748-50).

10.6.7. Repartição objetiva de riscos

Relevante diretriz assinalada pela Lei n. 11.079/2004 é a **repartição objetiva de riscos entre o parceiro público e o parceiro privado** (art. 4º, VI).

Significa que o concessionário privado não deve assumir de maneira exclusiva os prejuízos que poderão advir do contrato de concessão. Impõe-se o compartilhamento de tais riscos com a Administração Pública, mesmo aqueles referentes a caso fortuito, força maior, fato do príncipe e álea econômica extraordinária (art. 5º, III).

PARCERIAS PÚBLICO-PRIVADAS	
CONCEITO	É o contrato administrativo de concessão na modalidade **patrocinada** ou **administrativa**.
CARACTERÍSTICAS	A principal delas é a existência de uma contraprestação a ser dada pela Administração ao concessionário.
MODALIDADES	→ PATROCINADA: tem por objeto obras e serviços; a remuneração se dá pelas tarifas pegas pelos usuários e pela contraprestação da Administração; → ADMINISTRATIVA: tem por objeto serviços, em que a Administração é usuária direta ou indireta; a remuneração se dá pela contraprestação financeira da Administração.
PRAZOS	→ Mínimo de **cinco anos** e máximo de **trinta e cinco anos**, incluindo eventual prorrogação.
LICITAÇÃO	→ obrigatória na modalidade **concorrência;** → admitida a inversão da ordem das fases de habilitação e julgamento; → admitida uma fase de lances verbais; → edital poderá apontar saneamento de falhas, complementação de insuficiência e correções de caráter formal.

ARBITRAGEM	Admitida
GARANTIAS	Previstas no art. 8º da Lei n. 11.074/2004, sem exclusão da utilização de outros mecanismos previstos em outras leis: • vinculação de receita de impostos; • contratação de seguro-garantia; • garantia prestada por organismos internacionais ou instituições que não sejam contratadas pelo Poder Público; • prestada por organismos internacionais ou instituições financeiras; • prestada por fundo garantidor ou empresa estatal criada para essa finalidade.
REPARTIÇÃO OBJETIVA DE RISCOS	O concessionário privado não deve assumir de maneira exclusiva os prejuízos que poderão advir de um contrato de concessão.

Questões

1. **(Ministério Público do Estado de Pernambuco – 2002 – alterada) Em sede de serviços públicos, considere as proposições abaixo:**
   - **I. Os serviços públicos que atendem toda a população administrada, sem objetivar usuários determinados, denominam-se gerais e também divisíveis.**
   - **II. A extinção do contrato, antes de concluído o prazo da concessão, em decorrência de interesse público, caracteriza a encampação.**
   - **III. O princípio que obriga a Administração Pública a oferecer aos usuários de seus serviços um bom tratamento, exigindo-se de quem presta esse serviço a urbanidade, sem o desdém daquele que o oferece, é conhecido por modicidade.**
   - **IV. A incorporação dos bens da concessionária ao patrimônio do concedente, ao cabo da concessão, seja qual for a hipótese de extinção, diz respeito à reversão.**

Diante disso, *apenas* são corretos os itens:

a) I, II e III.

b) II, III e IV.

c) I e III.

d) II e IV.
e) I e IV.

2. (Delegação de Notas e de Registro do Estado de São Paulo – 2006) Os serviços públicos *uti universis*, ao contrário dos *uti singuli*:

a) são divisíveis, e a Administração presta-os a usuários indeterminados, mantendo-os por taxa.
b) são indivisíveis, e a Administração presta-os a usuários determinados, mantendo-os por impostos.
c) são indivisíveis, e a Administração presta-os sem ter usuários indeterminados, mantendo-os por tarifa.
d) são indivisíveis, e a Administração presta-os a usuários indeterminados, mantendo-os por impostos.

3. (Ministério Público do Trabalho – 2005) Assinale a alternativa *correta*:

a) o serviço público de saúde não pode ser prestado por terceiros.
b) os serviços públicos *uti universi* podem ser objeto da cobrança de taxa.
c) a lei federal sobre normas gerais relativas às concessões e permissões de serviços públicos indica, de forma expressa, os casos excepcionais de dispensa de licitação.
d) a lei federal sobre normas gerais relativas às concessões e permissões de serviços públicos define que a permissão de serviço público será formalizada mediante contrato de adesão.

4. (Magistratura do Estado de Minas Gerais – 2006) A parceria público-privada:

a) é um contrato de concessão cujo prazo de vigência não pode ser inferior a 3 (três) anos.
b) pode não envolver prestação do parceiro público ao particular.
c) pode envolver apenas a mão de obra necessária à execução do projeto contratado.
d) é um contrato administrativo de concessão, na modalidade patrocinada ou administrativa.

5. (Magistratura do Estado de Minas – 2008) Segundo a Lei n. 8.987, de 13 de fevereiro de 1995 (Estatuto da Concessão e Permissão de Serviços e Obras Públicas), o corte, pela concessionária, do fornecimento de energia elétrica para o usuário pessoa física, inadimplente:

a) pode ser realizado após aviso prévio, considerado o interesse da coletividade.
b) não pode ser realizado.
c) caracteriza descontinuidade do serviço.
d) só pode ser realizado em situações de emergência.

6. **(Procurador da Fazenda Nacional – ESAF – 2004) Em face da inexecução parcial de um determinado contrato de concessão de serviço público, a Administração concedente, observadas as formalidades legais, declarou extinta a concessão, mediante decreto. É correto dizer que a extinção da concessão, em tal caso, se deu por declaração de:**

a) encampação, com direito a indenização prévia ao concessionário.
b) encampação, com direito a indenização posterior ao concessionário.
c) caducidade, com direito a indenização prévia ao concessionário.
d) caducidade, com direito a indenização posterior ao concessionário.
e) rescisão, sem que o concessionário tenha direito a qualquer indenização.

7. **(Auditor do Tribunal de Contas do Estado de Alagoas – 2008) Com relação a formas de delegação de serviços públicos, é correto afirmar:**

a) Os chamados consórcios públicos ou administrativos consistem em acordos firmados entre pessoas jurídicas políticas ou entre pessoa jurídica política e entidade privada, com vistas ao fomento de atividade privada caracterizada como serviço público.
b) Dos convênios decorre, por força de lei, a constituição de nova pessoa jurídica, responsável pela execução do serviço público, podendo revestir-se de personalidade jurídica de direito público ou de direito privado.
c) A transferência da execução de um serviço público a uma entidade ministerial para uma autarquia constitui mera redistribuição interna de funções entre os vários órgãos da Administração direta e não uma forma de delegação de serviço público.
d) Nas concessões de serviço público (concessões comuns), a modalidade licitatória adequada é a concorrência.
e) Considera-se caducidade a retomada do serviço pelo poder concedente durante o prazo de concessão, por motivo de interesse público, mediante lei autorizativa específica e após prévio pagamento da indenização.

8. **(Defensor Público da União – 2005) No que diz respeito à concessão de serviço público, julgue o item a seguir:**

O contrato de concessão de serviço público pode ser extinto ainda durante o prazo inicial de sua duração e sem que o concessionário tenha dado causa à extinção; é o que ocorre, por exemplo, na encampação.

9. (Delegado do Estado do Maranhão – 2006) O Governo do Estado do Maranhão, conforme disposto na Lei n. 8.987/95, delegou a um particular a execução de um serviço público que, entretanto, foi retomada pelo poder concedente, durante o prazo da concessão, por motivos de interesse público e mediante lei autorizativa específica. Nesse caso, a extinção da concessão configura a:

a) reintegração de serviço público, tendo o concessionário direito ao prévio pagamento de indenização.
b) caducidade, situação esta que desonera o concedente do ressarcimento de prejuízos sofridos pelo particular ante a supremacia do interesse público.
c) encampação, hipótese em que o particular fará jus ao prévio ressarcimento dos prejuízos regularmente comprovados.
d) rescisão, situação em que não resulta para o contratante qualquer espécie de responsabilidade em relação aos encargos da concessionária;
e) reversão, hipótese em que o concessionário terá direito ao ressarcimento de quaisquer prejuízos suportados.

10. (Procurador do Município de Salvador/junho de 2006) A respeito da extinção do contrato de concessão de serviço público, é correto afirmar que:

a) somente quando decorrente de encampação ou declaração de caducidade, importa a reversão, ao poder concedente, dos bens vinculados à concessão.
b) somente quando decorrente de encampação, pressupõe lei autorizativa específica e indenização prévia das parcelas dos investimentos vinculados a bens reversíveis, ainda não amortizados ou depreciados.
c) quando decorrente de declaração de caducidade afasta o direito do concessionário de indenização pelos investimentos vinculados a bens reversíveis, ainda não amortizados ou depreciados.
d) poderá ocorrer também por prerrogativa do concessionário, exercida na esfera administrativa, no caso de descumprimento das normas contratuais pelo poder concedente.
e) quando fundada em encampação ou declaração de caducidade, depende de lei autorizativa específica, exigindo-se, no caso de encampação, também o pagamento de indenização prévia das parcelas dos investimentos vinculados a bens reversíveis, ainda não amortizados ou depreciados.

11. (Defensoria Pública – SP/2012 – FCC) Nos termos da legislação em vigor sobre parcerias público-privadas, a modalidade de concessão de serviços públicos ou obras públicas, que envolver, adicionalmente à tarifa cobrada dos usuários, contraprestação pecuniária do parceiro público ao parceiro privado, é denominada concessão:

a) comum.
b) administrativa.
c) ordinária.
d) tradicional.
e) patrocinada.

12. (Promotor de Justiça – MP/MS – 2013) É correto afirmar que a parceria público-privada (PPP), é um contrato de concessão firmado entre empresa privada e o governo federal, por valor não inferior a:

a) R$ 5 milhões.
b) R$ 10 milhões.
c) R$ 20 milhões.
d) R$ 30 milhões.
e) R$ 40 milhões.

13. (Promotor de Justiça – MP/MS – 2013) O serviço público pode ser coativamente retomado pelo poder concedente por motivo de interesse público, tratando-se de direito de:

a) retrocessão.
b) rescisão.
c) reversão.
d) encampação.
e) reintegração.

Gabarito

1. D
2. D
3. D
4. D
5. A
6. D
7. D
8. Correto
9. C
10. B
11. E
12. C
13. D

11

AGENTES PÚBLICOS

11.1. DEFINIÇÃO

Existem várias definições para a expressão "agente público"; umas mais latas, outras mais restritas. Adota-se a seguinte: agentes públicos são todas as pessoas físicas incumbidas, de maneira definitiva ou transitória, do exercício de alguma função estatal (cf. MEIRELLES, 2001, p. 69).

Cumpre notar que algumas leis fazem amplo enquadramento da categoria dos agentes públicos. Destaque à Lei n. 8.429/92 (lei da improbidade administrativa), cujo conceito legal de agente público é amplo. Assim, são considerados agentes públicos, para fins de improbidade administrativa, os agentes que exercem atividade junto à Administração direta e indireta, bem como os que não possuem vínculo direto com o Poder Público, bastando exercer atividade junto a entidade que receba subvenção, benefício ou incentivo fiscal de órgão público.

11.2. CLASSIFICAÇÃO

Igualmente diversas são as categorias de agentes públicos.

De acordo com a classificação que vem prevalecendo em sede doutrinária, os agentes podem ser:

a) **Agentes políticos**

São os que exercem atividades tipicamente governamentais, por meio do exercício, em regra, de um mandato para o qual são eleitos. São os Chefes do Executivo (Presidente, Governadores e Prefeitos) e seus respectivos vices, seus auxiliares (Ministros e Secretários) e os membros do Legislativo (Senadores, Deputados federais e estaduais e Vereadores). Este o conceito restrito de agentes políticos.

Existe certa divergência quanto à inclusão de determinados agentes na categoria ora analisada. O dissenso se dá em relação aos membros do Poder Judiciário, do Ministério Público e dos Tribunais de Contas, bem como aos representantes diplomáticos. Hely Lopes Meirelles, adotando uma definição mais ampla de agente político (membro de poder estatal, no exercício de atribuições constitucionais, com plena liberdade funcional), insere tais agentes nessa classe. Outros autores afastam tal ampliação (cf. Celso Antônio Bandeira de Mello, Diogenes Gasparini, Maria Sylvia Zanella Di Pietro e José dos Santos Carvalho Filho).

b) **Servidores públicos**

Tal categoria "abarca todos aqueles que entretêm com o Estado e suas entidades da Administração indireta, independentemente de sua natureza pública ou privada (autarquias, fundações, empresas públicas e sociedades de economia mista), relação de trabalho de natureza profissional e caráter não eventual sob vínculo de dependência" (BANDEIRA DE MELLO, 2003, p. 230).

Os servidores estatais abrangem três espécies de situações.

Em primeiro lugar, os **servidores estatutários**, submetidos ao regime estatutário e titulares de cargos públicos.

O regime estatutário caracteriza-se pela submissão a uma lei que rege especificamente as relações funcionais. Tal lei é genericamente denominada estatuto. Cada entidade federativa detém competência para expedir o próprio estatuto, disciplinando os direitos e os deveres dos seus servidores. Daí se falar na existência de uma pluralidade normativa (cf. CARVALHO FILHO, 2008, p. 563). Ademais, as normas estatutárias podem ser alteradas unilateralmente pela Administração.

Em segundo lugar, os **empregados públicos**, contratados pelo regime trabalhista e ocupantes de emprego público.

A norma que rege a relação desses servidores é a Consolidação das Leis do Trabalho (CLT). Observe-se que, qualquer que seja o ente federativo que adote tal regime, é aplicável unicamente a CLT. Assim, diferentemente do regime estatutário, o regime celetista apresenta a característica da unicidade normativa. Outrossim, o vínculo celetista não pode ser alterado unilateralmente pela Administração. Qualquer mudança para o regime estatutário deve resultar de uma escolha do agente público (CARVALHO FILHO, 2008, p. 565).

Em terceiro lugar, os **servidores temporários**, contratados por tempo determinado para atender a necessidade temporária de excepcional interesse público, nos termos do art. 37, IX, da CF.

c) **Particulares em colaboração com o Estado**

Representam as "pessoas físicas que prestam serviços ao Estado, sem vínculo empregatício, com ou sem remuneração" (DI PIETRO, 2009, p. 516).

Tal colaboração se dá por meio de uma delegação realizada pela Administração (a exemplo dos titulares de serviços notariais e de registro, dos empregados das empresas concessionárias de serviço público, dos leiloeiros e tradutores públicos), de requisição (é o caso dos jurados, dos convocados para o serviço militar ou eleitoral), entre outras formas.

11.3. REGIME JURÍDICO FUNCIONAL

A Constituição Federal, no momento de sua promulgação em 1988, contemplava o **regime jurídico único** (art. 39, *caput*). Tal regime, como o próprio nome sugere, impunha a adoção de um regime exclusivo, aplicável a toda a Administração. A cada entidade federativa (União, Estados, Municípios e DF) competia, na estruturação de seu corpo funcional, o estabelecimento de uma única disciplina normativa. Incabível, portanto, a coexistência entre regimes.

Dessa forma, a União, por exemplo, adotou o regime estatutário, o que se deu pela Lei n. 8.112/90, sendo vedada a utilização do regime celetista.

Posteriormente, sobreveio relevante alteração constitucional. Com a Emenda Constitucional n. 19/98 (emenda da Reforma Administrativa), houve a **abolição do regime jurídico único**. Cabível, a partir de então, a concomitância entre regimes no âmbito de uma mesma entidade federativa. Na União, ao lado da disciplina estatutária (Lei n. 8.112/90), poderia haver agentes submetidos à Consolidação das Leis do Trabalho (conforme passou a permitir a Lei n. 9.962/2000).

No entanto, foi interposta ação direta de inconstitucionalidade perante o Supremo Tribunal Federal (ADIn 2.135-4), questionando, entre outros aspectos, a validade do processo legislativo de que decorreu a referida Emenda Constitucional n. 19/98 (inconstitucionalidade por vício formal, uma vez que não houve aprovação por maioria qualificada, como exige o art. 60, § 2º, da CF). Ocorre que, em virtude dessa ação, em agosto de 2007 o Supremo Tribunal Federal suspendeu liminarmente a redação conferida pela aludida emenda constitucional ao art. 39, *caput*, da CF. Com isso, foi restabelecido o dispositivo anterior, que preconizava o regime jurídico único. Uma advertência: tal decisão foi dada em sede liminar, de modo que o mérito da ação direta de inconstitucionalidade ainda será apreciado pelo Supremo Tribunal Federal.

Conclusão: atualmente, por conta da decisão liminar proferida no âmbito da ADIn 2.135-4, vige no Brasil o regime jurídico único.

11.4. EMPREGO PÚBLICO

A relação jurídica trabalhista é **contratual**, da mesma forma que observado no setor privado. Trata-se de contrato celebrado com prazo indeterminado.

Após a supressão do regime jurídico único, com a Emenda Constitucional n. 19/98, a União editou a Lei n. 9.962/2000, que traça os contornos do regime de emprego público do pessoal da Administração, autárquica e fundacional, somente na esfera federal. Relevante notar que esta norma dispõe ser aplicável a Consolidação das Leis do Trabalho, "naquilo que a lei não dispuser em contrário" (art. 1º, *caput*). A legitimidade de tal disciplina encontra-se na competência privativa da União para legislar sobre Direito do Trabalho (art. 22, I, da CF), de maneira que "ela pode derrogar, por lei específica para os servidores federais, a legislação trabalhista" (DI PIETRO, 2009, p. 513). Vale ressaltar que, na esfera estadual e municipal, os servidores serão regidos pela Consolidação das Leis do Trabalho, com as derrogações previstas somente na Constituição. "Sendo da União a competência privativa para legislar sobre direito do trabalho, não é possível a promulgação de leis estaduais e municipais que derroguem total ou parcialmente as normas da CLT para os servidores públicos" (DI PIETRO, 2009, p. 513).

Entre os dispositivos da Lei n. 9.962/2000, o que merece destaque é o que cria certo grau de estabilidade para os empregados públicos, afastando a resilição unilateral (ou dispensa imotivada, prevista no art. 479 da CLT) pelo Estado-empregador. Assim, as hipóteses de rescisão contratual são: I – prática de falta grave, entre as enumeradas no art. 482 da CLT; II – acumulação ilegal de cargos, empregos ou funções públicas; III – necessidade de redução de quadro de pessoal, por excesso de despesa; IV – insuficiência de desempenho, apurada em procedimento administrativo (art. 3º).

11.5. A FIGURA DO SERVIDOR TEMPORÁRIO (ART. 37, IX, DA CF)

O servidor temporário representa agente público de caráter peculiar, com previsão constitucional. Dispõe o art. 37, IX, da CF:

"IX – a lei estabelecerá os casos de contratação por tempo determinado para atender a necessidade temporária de excepcional interesse público".

A lei referida pelo art. 37, IX, da CF consiste, no âmbito federal, na Lei n. 8.745/93. Observe-se que cada entidade federativa detém competência para legislar sobre os servidores temporários (ex.: no Estado de São Paulo, aplicável atualmente a Lei Complementar Estadual n. 1.093/2009).

De acordo com a norma constitucional, dois são os requisitos para a contratação.

Em primeiro lugar, a **necessidade temporária**, de modo a evidenciar uma contratação provisória, não permanente. Diogenes Gasparini cita como exemplos "a restauração do sistema viário e dos serviços de comunicações destruídos por uma inundação; a continuidade dos serviços de magistério em razão do afastamento súbito e prolongado do professor titular; a vacinação emergencial da população em razão de um surto epidêmico imprevisível; o recenseamento e outros levantamentos estatísticos; a melhoria do serviço público tornado de baixa qualidade pela falta de servidores e a sua continuidade em razão de greve" (2008, p. 161).

Em segundo lugar, o **excepcional interesse público**. "Este não há de ser relevantíssimo, mas tão só revelador de uma situação de exceção, de excepcionalidade, que pode ou não estar ligada à imperiosidade de um atendimento urgente" (cf. GASPARINI, 2008, p. 161).

A contratação do agente temporário prescinde de concurso público, representando uma exceção à exigência estampada no art. 37, II, da CF. A Lei n. 8.745/93, aplicável no âmbito federal, somente exige a realização de um processo seletivo simplificado, dispensável nos casos de necessidade de contratação urgente, como na hipótese de calamidade pública.

Verifica-se certa polêmica sobre a natureza da relação entre o Estado e o servidor temporário. Alguns entendem que o vínculo é de mera função, na medida em que inexiste vinculação a cargo ou emprego público (DI PIETRO, 2009, p. 513). Outros afirmam que o vínculo que celebram com a Administração é o celetista (GASPARINI, 2008, p. 159).

A despeito da celeuma doutrinária, o Superior Tribunal de Justiça consolidou entendimento de que o servidor temporário federal, regido pela Lei n. 8.745/93, não detém vínculo celetista, motivo pelo qual foi fixada a competência da Justiça comum para a resolução das controvérsias decorrentes de tal relação:

"Destarte, inequívoca a vinculação do contrato temporário de trabalho ao regime estatutário, excluindo, assim, a competência da Justiça do Trabalho" (CComp 37.254, 3ª Seção, rel. Min. Laurita Vaz, *DJ* de 4-8-2003).

Advirta-se que os Tribunais Superiores entendiam ser da competência da Justiça do Trabalho as contratações inicialmente caracterizadas como temporárias, mas posteriormente descaracterizadas como tal, em virtude de prorrogações sucessivas (ST, CComp 78.695, 3ª Seção, rel. Min. Carlos Fernando Mathias, *DJ* de 1º-10-2007).

Atualmente, porém, esse entendimento encontra-se superado. Em qualquer hipótese, havendo ou não prorrogação do contrato de trabalho temporário, a Justiça competente é a **comum**. É o posicionamento atual do Superior Tribunal de Justiça (CComp 104.835, rel. Min. Jorge Mussi, *DJe* de 30-9-2009) e do Supremo Tribunal Federal. De acordo com o STF (AgRg em Recl. 7.028, rel. Min. Ellen Gracie, *DJe* de 16-10-2009):

"CONTRATAÇÃO TEMPORÁRIA PARA O EXERCÍCIO DE FUNÇÃO PÚBLICA – REGIME JURÍDICO-ADMINISTRATIVO – INCOMPETÊNCIA DA JUSTIÇA DO TRABALHO PARA EXAMINAR EVENTUAL NULIDADE DA CONTRATAÇÃO – COMPETÊNCIA DA JUSTIÇA COMUM ESTADUAL.

1. A Justiça do Trabalho não detém competência para processar e julgar causas que envolvam o Poder Público e servidores a ele vinculados, mesmo que por contrato temporário com prazo excedido, por se tratar de relação jurídico-administrativa.

2. Ainda que possa ter ocorrido desvirtuamento da contratação temporária para o exercício de função pública, não cabe à Justiça do Trabalho analisar a nulidade desse contrato.

3. Existência de precedentes desta Corte nesse sentido".

Esquematicamente:

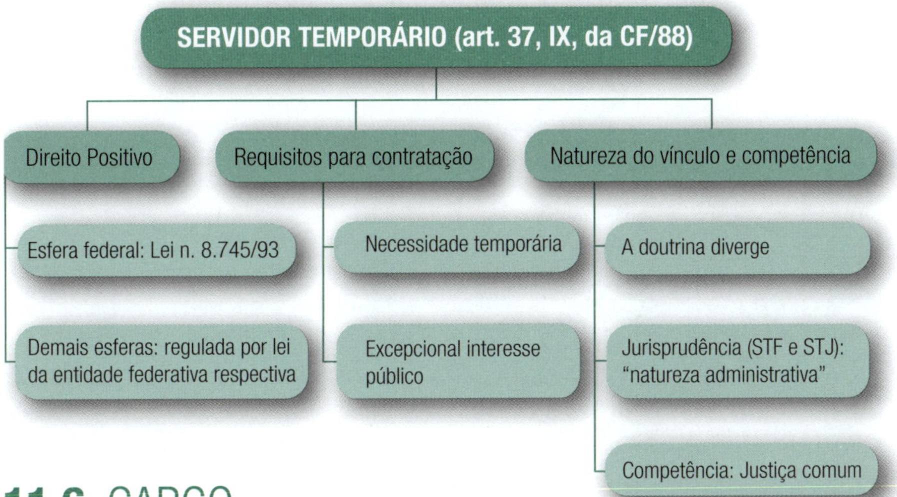

11.6. CARGO

11.6.1. Introdução

O cargo representa a menor unidade de atribuições integrante da Administração Pública, com regime jurídico previsto no respectivo estatuto, que corresponde a uma lei especial disciplinadora das relações funcionais do agente. Daí se afirmar que o regime é o estatutário.

Assim, no âmbito da União, aplica-se a Lei n. 8.112/90 (Estatuto do Funcionalismo Civil). Em relação aos demais entes federativos, cada qual detém estatuto próprio.

A criação de um cargo somente pode ser feita por meio de lei (art. 48, X, da CF), cuja iniciativa pertence ao Chefe do Executivo. Os cargos do Judiciário também são criados por lei (art. 96, II, *b*, da CF). Exceção se encontra nos arts. 51, IV, e 52, XIII, da CF, referentes ao Legislativo, que pode, por **resolução**, proceder à criação de cargos para a Câmara dos Deputados e para o Senado Federal.

A extinção do cargo também se dá por lei (aplicação do princípio do paralelismo das formas). Hipóteses excepcionais encontram-se: 1) na extinção de cargos do Legislativo, que se dá por resolução; 2) no art. 84, VI, *b*, da CF: cabível a extinção de **cargos vagos** por decreto; e 3) no art. 84, XXV, da CF: cabível a extinção de cargos por decreto, **na forma da lei** editada pelo Congresso Nacional. Sobre este último caso, "deve existir uma lei que, regulando abstratamente a extinção de cargo público, autorize se, como e quando o Executivo, por ato administrativo, pode extinguir qualquer cargo público" (cf. GASPARINI, 2008, p. 290).

Esquematicamente, em relação à criação e extinção de cargos, temos:

	CRIAÇÃO	EXTINÇÃO
EXECUTIVO	Por lei (art. 48, X), de iniciativa do Chefe do Executivo (art. 61, II, *a*)	• Por *lei*, de iniciativa do Executivo. • Por *decreto*, na hipótese de cargo vago (art. 84, VI, *b*). • Por *decreto*, nos termos de lei regulando a matéria (art. 84, XXV).
LEGISLATIVO	Por *resolução* do Senado (art. 52, XIII) ou da Câmara (art. 51, IV)	Por *resolução* do Senado ou da Câmara.
JUDICIÁRIO	Por *lei*, de iniciativa do Poder Judiciário (art. 96, II, *b*)	Por *lei*, de iniciativa do Poder Judiciário.

Advirta-se que a relação jurídica estatutária **não tem natureza contratual**, tratando-se de um regime tipicamente de direito público.

As demandas decorrentes das relações que envolvem os servidores estatutários são de **competência da Justiça comum** (Federal e Estadual), e não da Justiça do Trabalho. Esta competência se manteve mesmo após a alteração do art. 114 da Constituição (pela EC n. 45/2004, conhecida como a emenda da Reforma do Judiciário).

11.6.2. Classificação

Diversos são os critérios para classificação dos cargos públicos, dos quais exploraremos dois.

11.6.2.1. Critério da segurança

Em primeiro lugar, de acordo com a segurança detida pelo agente titular, os cargos podem ser:

a) **Cargo em comissão**

É aquele que confere grau mínimo de segurança ao agente que o titulariza. Isso porque o provimento do cargo em comissão não confere o direito de nele permanecer indefinidamente, já que se trata de **ocupação eminentemente transitória**. Como assinala a Constituição, trata-se de cargo de "livre nomeação e exoneração" (art. 37, II). Assim, é livre a nomeação, no sentido de que não exige concurso público. Igualmente é livre a exoneração, que dispensa motivo para justificar o desligamento do agente (daí se falar em exonoração *ad nutum*).

Relevante observar, como advertiu Régis de Oliveira, que "transitória, portanto, é a permanência do servidor escolhido, não o cargo, que é criado por lei" (2004, p. 17).

Os ocupantes de cargo em comissão "são nomeados em função da relação de confiança que existe entre eles e a autoridade nomeante", motivo pelo qual "alguns os denominam de cargos de confiança" (CARVALHO FILHO, 2008, p. 576).

O cargo em comissão destina-se apenas às **atribuições de direção, chefia e assessoramento**. Pode ser ocupado por pessoas não integrantes da Administração, muito embora a Constituição estabeleça a ressalva de que lei pode prever os casos, condições e percentuais mínimos de seu preenchimento por servidores de carreira (de acordo com o art. 37, V, da CF).

Outras características do cargo em comissão são:

1ª) Os titulares de cargo em comissão têm direito a férias, adicionais e licenças, exceto a licença para tratamento de interesses particulares, "porque incompatível com a precariedade do provimento" (OLIVEIRA, 2004, p. 26).

2ª) O tempo de serviço é contado para todos os efeitos (art. 100, da Lei n. 8.112/90), inclusive para aposentadoria (cf. OLIVEIRA, 2004, p. 26).

3ª) O titular do cargo em comissão "não terá direito aos benefícios do Plano de Seguridade Social, com exceção da assistência à saúde" (art. 183, § 1º, Lei n. 8.112/90). Aliás, é o que dispõe a própria Constituição, em seu art. 40, § 13: "Ao servidor ocupante, exclusivamente, de cargo em comissão declarado em lei de livre nomeação e exoneração (...) aplica-se o regime geral da previdência social" (ou seja, o regime do INSS). Assim, não aplicável a tais cargos, como regra, o regime **especial** de previdência.

4ª) A competência para julgar os litígios decorrentes do cargo comissionado é a da **Justiça comum**. É o que se depreende da Súmula 218 do STJ: "Compete à Justiça dos Estados processar e julgar ação de servidor estadual decorrente de direitos e vantagens estatutárias no exercício de cargo em comissão".

Não se deve confundir o **cargo em comissão** com a **função de confiança**. Ambas as figuras estão previstas no art. 37, V.

"Função de confiança distingue-se de cargo em comissão pelo fato de aquela não titularizar cargo público" (OLIVEIRA, 2004, p. 31). No mesmo sentido aponta Di Pietro (2009, p. 519).

Funções de confiança são aquelas de natureza permanente, correspondentes a chefia, direção e assessoramento, e somente podem ser exercidas por servidores ocupantes de cargo efetivo.

b) **Cargo efetivo**

Cargo de provimento efetivo é o que importa em maior segurança ao seu ocupante, haja vista deter caráter permanente. Isso porque, preenchidos determinados requisitos, o seu titular passa a deter garantia à **estabilidade**.

A estabilidade representa noção fundamental do funcionalismo público. É definida como a **garantia constitucional de permanência no serviço público**. Sobre tal definição, adverte Hely Lopes Meirelles que a estabilidade "não é no cargo, mas no serviço público, em qualquer cargo equivalente ao da nomeação efetiva", de sorte que o "servidor estável pode ser removido ou transferido pela Administração, segundo as conveniências do serviço" (2001, p. 415). Ou seja, o servidor estável não é inamovível.

A estabilidade representa uma garantia ao ocupante, na medida em que as hipóteses de extinção do vínculo são bem delimitadas pela Constituição. São elas:

1) sentença judicial transitada em julgado (art. 41, § 1º, I);

2) processo administrativo disciplinar, em que seja assegurada ao agente ampla defesa (art. 41, § 1º, II);

3) exoneração em virtude de procedimento de avaliação periódica de desempenho (art. 41, § 1º, III). A figura foi criada pela Emenda Constitucional n. 19/98, objetivando a implementação da eficiência no serviço público. No entanto, na medida em que essa hipótese depende da edição de uma lei complementar, ela não é autoaplicável;

4) exoneração para redução de despesas com pessoal (art. 169, § 4º), nos termos da Lei Complementar n. 101/2000 (Lei de Responsabilidade Fiscal) e da Lei n. 9.801/99 (que disciplina a perda de cargo público por excesso de despesa).

Visto isso, relevante verificar os requisitos necessários à aquisição da estabilidade, estampados no art. 41 da CF.

Em primeiro lugar, a **aprovação em concurso público**. Em segundo lugar, a **nomeação para cargo de provimento efetivo**. Em terceiro lugar, o

estágio probatório de três anos, "período de exercício do servidor durante o qual é observada e apurada pela Administração a conveniência ou não de sua permanência no serviço público, mediante a verificação dos requisitos estabelecidos em lei para a aquisição da estabilidade (idoneidade moral, aptidão, disciplina, assiduidade, dedicação ao serviço, eficiência etc.)" (MEIRELLES, 2001 p. 413). Em quarto lugar, representando inovação trazida pela EC n. 19/98, a **avaliação especial de desempenho**, por comissão instituída para essa finalidade (cf. art. 41, § 4º).

No caso de não preenchimento de tais requisitos, caberá a **exoneração de ofício** do agente público. Importa notar que não se trata de punição aplicada ao servidor. Daí não se poder falar em demissão, que detém caráter sancionatório. Segundo Hely Lopes Meirelles, "é simples dispensa do servidor, por não convir à Administração sua permanência, uma vez que seu desempenho funcional não foi satisfatório nessa fase experimental" (2001, p. 414). Apesar disso, deve ser assegurado ao agente o direito à ampla defesa, como estampado pela Súmula 21 do STF: "funcionário em estágio probatório não pode ser exonerado nem demitido sem inquérito ou sem as formalidades legais de apuração de sua capacidade".

Ainda sobre a estabilidade, convém tecer algumas outras considerações.

Além dos requisitos acima traçados, existe uma **hipótese excepcional de aquisição da estabilidade**, prevista pelo art. 19 do ADCT (Ato das Disposições Constitucionais Transitórias). De acordo com tal dispositivo, foram estabilizados os servidores que, apesar de não nomeados por concurso público, encontravam-se em exercício, na data da promulgação da Constituição (outubro de 1988), há pelo menos cinco anos continuados. São beneficiários desse artigo os servidores estatutários e trabalhistas da Administração direta, das autarquias e das fundações públicas, integrantes da União, Estados, Distrito Federal e dos Municípios. Estão expressamente excluídos os ocupantes de cargos, funções e empregos de confiança ou em comissão (art. 19, § 2º).

Não se pode confundir o instituto da **estabilidade** com o da **efetividade**. A estabilidade, como visto, representa a garantia de permanência no serviço do agente que preencher os requisitos carreados pela Constituição. Já a efetividade constitui a "situação jurídica que qualifica a titularização de cargos efetivos, para distinguir-se da que é relativa aos ocupantes de cargos em comissão (...) Se um servidor ocupa um cargo efetivo, tem efetividade; se ocupa um cargo em comissão, não a tem" (CARVALHO FILHO, 2008, p. 625). Assim, o servidor que ainda se encontra no período de estágio probatório detém efetividade (já que ocupa um cargo efetivo), mas não possui estabilidade (na medida em que não preencheu os requisitos para tanto).

c) **Cargo vitalício**

O cargo vitalício confere maior segurança ao seu ocupante, na medida em que dá ensejo à **vitaliciedade**. Afirma-se que o grau de segurança é maior, pois o vínculo somente pode ser extinto por **decisão judicial transitada em julgado**.

Adverte Régis de Oliveira que a "vitaliciedade não significa 'para durar toda a vida'. Perdura o direito ao exercício do cargo até completar o tempo da aposentadoria compulsória. Assim dispõe a Súmula n. 36 do Supremo Tribunal Federal: 'Servidor vitalício está sujeito à aposentadoria compulsória, em razão da idade'" (2004, p. 16).

Os titulares de cargos vitalícios são indicados na Constituição Federal: magistrados (art. 95, I), membros do Ministério Público (art. 128, § 5º, I, *a*), membros dos Tribunais de Contas (art. 73, § 3º). Alguns autores ainda elencam os oficiais militares, nos termos do art. 142, VI (cf. GASPARINI, 2008, p. 274).

Os requisitos para a aquisição da vitaliciedade são, em regra, os seguintes: 1) aprovação em concurso público; 2) nomeação para cargo vitalício; e 3) estágio probatório de dois anos (e não de três, como aplicável em relação à estabilidade).

Cumpre advertir, no entanto, que algumas hipóteses de cargos vitalícios prescindem do estágio probatório. É o caso dos membros dos Tribunais de Contas e dos magistrados investidos nos órgãos de segundo grau que não detinham vitalicieidade (p. ex.: advogado que ingressa em Tribunal pelo quinto constitucional). Em relação a esses cargos, a vitaliciedade se dá no momento da posse.

11.6.2.2. Critério da posição funcional

Outra classificação do cargo público leva em consideração a sua posição no âmbito do quadro funcional. Com base em tal critério, o cargo pode ser:

a) **Cargo de carreira**

O cargo de carreira está inserido em uma estrutura que admite a ascensão do agente no quadro funcional. Isso se dá pelo mecanismo de promoção, modalidade de provimento derivado.

Nesse tipo de organização administrativa, existem as chamadas classes (agrupamento de cargos de mesma denominação e com iguais atribuições e responsabilidades) e carreiras (conjunto de classes da mesma natureza de trabalho).

Tome-se um exemplo: o cargo de Procurador da República representa um cargo de carreira. Quando alguém ingressa no Ministério Público Federal, para exercer tal cargo, inicia as suas funções na "classe" dos Procuradores em estágio probatório. Ao longo do tempo, o agente sofre promoções que o alçam a uma classe cuja complexidade e remuneração são maiores. A este conjunto de classes se aplica a denominação "carreira".

b) **Cargo isolado**

É aquele em que inexiste carreira, já que há somente uma classe. Por conta disso, incabível a promoção. Representa exemplo o cargo de Ministro de Estado (cf. GASPARINI, 2008, p. 276).

O conjunto dos cargos de carreira e dos cargos isolados representa o **quadro de pessoal** de determinada Administração.

CLASSIFICAÇÃO DOS CARGOS PÚBLICOS	
I – CARGO EM COMISSÃO • A) **Conceito**: trata-se de ocupação eminentemente transitória, de livre nomeação e exoneração. • B) **Características**: • destinados às atribuições de direção, chefia e assessoramento; • a competência para processamento e julgamento é da Justiça comum (Súmula 218 do STJ).	I – CARGO DE CARREIRA • A. **Conceito**: admite a ascensão do agente no quadro funcional mediante promoção por provimento derivado. • B. **Organização**: • classes; • carreiras.
II – CARGO EFETIVO • A) **Conceito**: ocupação de caráter permanente, que admite a garantia constitucional da estabilidade (garantia de permanência no serviço). • B) **Hipóteses de extinção do vínculo**: • mediante processo judicial, após sentença transitada em julgado; • processo administrativo disciplinar, assegurada ao agente ampla defesa; • exoneração mediante avaliação periódica de desempenho (na dependência de lei complementar); • exoneração para redução de despesas com pessoal. • C) **Requisitos para a aquisição da estabilidade**: • aprovação em concurso público; • nomeação para cargo de provimento efetivo; • estágio probatório de três anos; • avaliação especial de desempenho. • D) **Efetividade**: situação jurídica que qualifica a titularização de cargos efetivos.	II – CARGO ISOLADO • A) **Conceito**: inexiste carreira, sendo incabível a promoção.

III – CARGO VITALÍCIO • A) **Conceito**: ocupação permanente que admite a garantia constitucional da vitaliciedade (garantia de permanência no cargo). • B) **Hipótese de extinção do vínculo**: somente poderá ser extinto mediante decisão judicial transitada em julgado. • B) **Requisitos para aquisição da vitaliciedade**: • aprovação em concurso público; • nomeação para cargo vitalício; • estágio probatório de dois anos.	Obs.: QUADRO DE PESSOAL • É o conjunto dos cargos de carreira e dos cargos isolados de determinada Administração.

11.7. PROVIMENTO

Provimento representa a **forma de preenchimento de um cargo, emprego ou função**. Em outras palavras, constitui o ato pelo qual determinada posição na Administração Pública é ocupada por um agente. O provimento classifica-se em **originário** e **derivado**, segundo o critério de vinculação anterior do agente com a Administração.

11.7.1. Provimento originário

É a primeira forma de vinculação do agente com a Administração.

Ela se dá pelo ato de **nomeação**, no caso de preenchimento de cargo, ou de **contratação**, na hipótese de ocupação de emprego ou de função (cf. DI PIETRO, 2009, p. 600).

Vale salientar que ao ato de nomeação segue-se o ato de **posse**, também denominado **investidura** (art. 7º da Lei n. 8.112/90). A posse representa a "aceitação do cargo e o compromisso de bem desempenhar as respectivas funções" (GASPARINI, 2008, p. 277). O nomeado detém o **prazo de trinta dias**, improrrogáveis, para tomar posse (nos termos do art. 13, § 1º, da Lei n. 8.112/90). Na fluência de tal prazo, caso não seja investido, basta à Administração tornar sem efeito o ato de provimento (art. 13, § 6º), nomeando-se, se for o caso, o candidato subsequentemente aprovado. Isso porque, até o momento da posse, inexiste relação entre a Administração e o indivíduo nomeado.

É no momento da posse – ato de aceitação do cargo, emprego ou função – que se forma a relação jurídico-funcional. A partir de então aplicam-se todos os direitos e deveres funcionais, bem assim todas as restrições, impedimentos e incompatibilidades.

Mas não é só.

A posse é sucedida pela **entrada em exercício**, que constitui "o efetivo desempenho das atribuições" decorrentes do cargo (art. 15, da Lei n. 8.112/90). A entrada em exercício confere ao servidor o direito à retribuição pecuniária. O prazo para tanto é de **quinze dias**, improrrogáveis, contados da data da posse (art. 15, § 1º). Na hipótese de o servidor empossado não entrar em exercício, deve ser exonerado do cargo (art. 15, § 3º).

Assim, de maneira esquemática, em relação ao provimento originário (nos termos da Lei n. 8.112/90):

NOMEAÇÃO (provimento)	30 dias →	**POSSE** (investidura)	15 dias →	**EXERCÍCIO**

11.7.2. Provimento derivado

Provimento derivado é o que "depende de um vínculo anterior do servidor com a Administração" (DI PIETRO, 2009, p. 600).

As formas de provimento derivado são: a promoção, a readaptação e o reingresso.

11.7.2.1. Promoção

Promoção é a forma de provimento pela qual "o servidor sai de seu cargo e ingressa em outro situado em classe mais elevada" (CARVALHO FILHO, 2008, p. 580). Trata-se de um **provimento vertical** em que **o servidor ascende na carreira**, passando a ocupar um cargo de maior responsabilidade e complexidade, com uma remuneração consequentemente maior.

Uma advertência. De acordo com algumas legislações, a promoção recebe outra denominação: **acesso** (cf. o Estatuto dos Funcionários do Estado de São Paulo, em seu art. 33).

Em regra, a promoção dá-se por critérios de antiguidade e merecimento, de acordo com a legislação que rege a matéria.

11.7.2.2. Readaptação

Forma de provimento derivado em que **o servidor é investido em outro cargo cujo exercício é mais compatível com a superveniente limitação física ou mental do agente**. Exemplo: em virtude de um acidente, que lhe causou a perda do braço, um motorista é readaptado para a função de vigilante escolar (cf. GASPARINI, 2008, p. 279).

"É provimento horizontal, pois o servidor não ascende nem é rebaixado" (GASPARINI, 2008, p. 279).

11.7.2.3. Reingresso

Constitui o **retorno do servidor que se havia desligado da Administração**.

Existem quatro formas de reingresso. São elas:

a) **Reintegração**

É o **retorno do servidor à Administração em virtude da invalidação de sua demissão** (art. 28 da Lei n. 8.112/90; art. 41, § 2º, da CF).

A anulação do ato de demissão pode dar-se no âmbito administrativo ou judicial.

Com a reintegração, o agente retorna para o mesmo cargo, com todas as vantagens anteriormente recebidas. Igualmente tem o direito ao ressarcimento dos prejuízos sofridos, notadamente a remuneração que deixou de perceber.

b) **Recondução**

Representa o **retorno do servidor estável ao cargo anteriormente ocupado em virtude da reintegração do anterior ocupante** (art. 29, II, da Lei n. 8.112/90; art. 41, § 2º, da CF). Como se vê, constitui uma consequência da reintegração. Válido destacar ser incabível indenização. Se o cargo já não existir, o agente deve ser aproveitado em outro cargo ou ser posto em disponibilidade (com remuneração proporcional ao tempo de serviço).

Vale notar que a Lei n. 8.112 prevê outro sentido para a recondução. Ela também significa o **retorno do servidor em virtude de inabilitação em estágio probatório relativo a outro cargo** (art. 29, I). Exemplo: um agente estável, que ocupava o cargo de fiscal da Receita Federal, é aprovado em concurso de agente da Polícia Federal. Ocorre que, após a investidura nesse novo cargo, durante o estágio probatório, o servidor é considerado inábil para a função, de maneira que é exonerado. Nessa hipótese, ele tem o direito de ser reconduzido ao cargo de origem, de fiscal da Receita Federal.

c) **Aproveitamento**

É o **retorno obrigatório do servidor colocado em disponibilidade**, para o exercício de cargo de atribuições e vencimentos compatíveis com o anteriormente ocupado (art. 30, da Lei 8.112/90; art. 41, §§ 2º e 3º, da CF).

Por sua vez, a disponibilidade representa a colocação do servidor estável em **inatividade remunerada** (a remuneração não é integral, mas **proporcional ao tempo de serviço**), em virtude (i) da extinção do cargo ou de declaração de sua desnecessidade (art. 41, § 3º, da CF), ou (ii) da impossibilidade de recondução ou aproveitamento (art. 41, § 2º, da CF).

De acordo com a Súmula 39 do STF, na falta de lei o servidor em disponibilidade não pode exigir judicialmente o seu aproveitamento, que fica subordinado ao critério de conveniência da Administração.

d) **Reversão**

Representa o **retorno do servidor aposentado**, em decorrência da **invalidação da aposentadoria** ou da **declaração de insubsistência dos motivos** que a ensejaram (ou seja, o desaparecimento dos motivos determinantes da aposentadoria).

Esquematicamente:

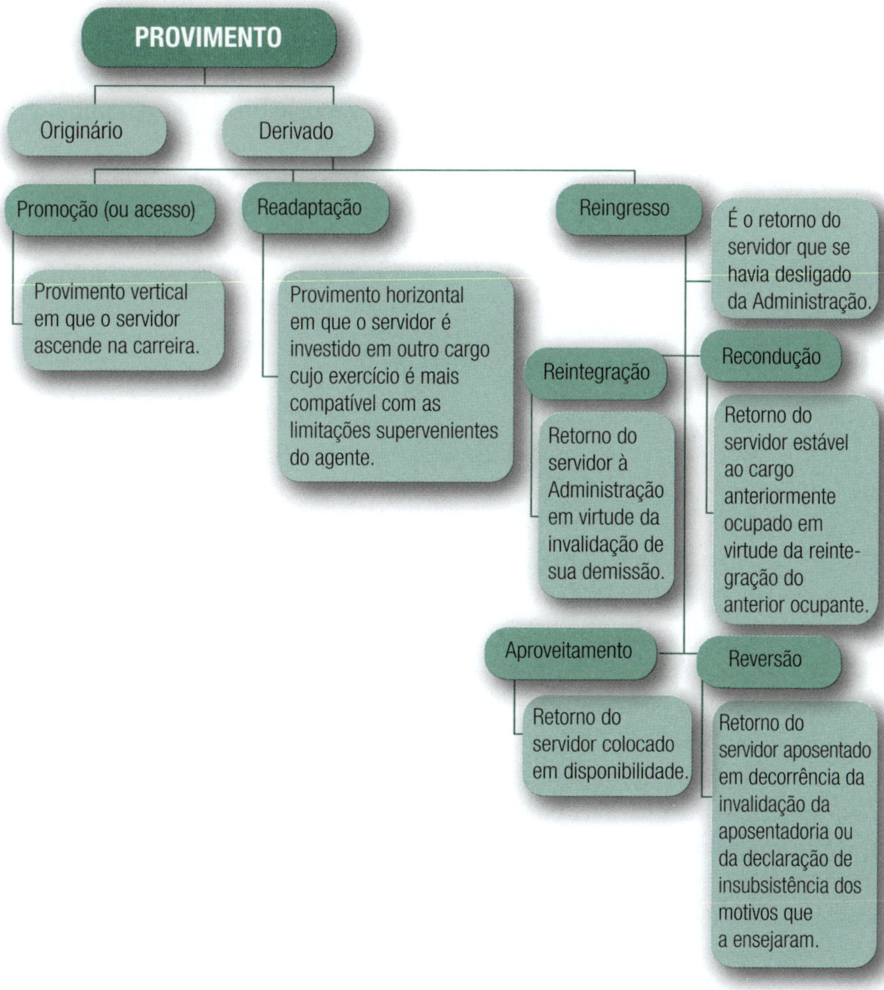

11.8. VACÂNCIA

Constitui "o ato administrativo pelo qual o servidor é destituído do cargo, emprego ou função" (DI PIETRO, 2003, p. 491).

Estatui o art. 33 da Lei n. 8.112/90 serem formas de vacância a exoneração, a demissão, a promoção, a readaptação, a aposentadoria, a posse em outro cargo inacumulável e o falecimento. De acordo com Rigolin, trata-se de rol taxativo, não comportando outras hipóteses (2007, p. 105).

A **exoneração** representa o **desligamento sem caráter punitivo**. Ela pode dar-se de duas formas: a) a pedido do próprio servidor, já que o cargo público é renunciável a qualquer tempo (RIGOLIN, 2007, p. 107); b) de ofício (*ex officio*), ou seja, por parte da Administração. Nesta última hipótese, a exoneração pode decorrer de três maneiras: 1ª) em relação aos cargos em comissão; 2ª) quando o servidor, tendo tomado posse, não entra em exercício; 3ª) quando não satisfeitas as condições do estágio probatório. Esta inabilitação em estágio probatório "não pode ser havida como punição, pois reprovação em concurso ou reprovação em estágio probatório são fatos inteiramente distintos de qualquer penalização; atestam apenas que o servidor foi insuficientemente hábil para o desempenho das atribuições do seu cargo, sem com isso envolver alguma culpabilidade do servidor" (2007, p. 107-8).

Exoneração
- **A pedido**
- **De ofício**
  - Cargo em comissão
  - Servidor empossado que não entra em exercício
  - Inabilitação em estágio probatório

Demissão é o **desligamento com caráter punitivo** (arts. 127, III, e 132 e s. da Lei n. 8.112/90). É aplicada nos seguintes casos (cf. art. 132): crime contra a Administração Pública; abandono de cargo; inassiduidade habitual; improbidade administrativa; incontinência pública e conduta escandalosa, na repartição; insubordinação grave em serviço; ofensa física, em serviço, a servidor ou a particular, salvo em legítima defesa própria ou de outrem; revelação de segredo do qual se apropriou em razão do cargo; lesão aos cofres públicos e dilapidação do patrimônio nacional; corrupção; acumulação ilegal de cargos, empregos ou funções públicas; transgressão dos incisos IX a XVI do art. 117 da Lei n. 8.112/90.

A **promoção** já mereceu análise acima. Uma advertência: observe-se que tal ato representa, concomitantemente, uma forma de provimento e de vacância. Com efeito, quando ocorre a promoção, ao mesmo tempo que o servidor passa a ocupar um cargo mais elevado (provimento), ele se desliga do cargo anterior (vacância).

A **readaptação** também mereceu abordagem específica no tópico referente às formas de provimento derivado.

A **aposentadoria** constitui a "garantia vitalícia de inatividade remunerada ao servidor que preencheu alguma das condições necessárias à sua concessão" (RIGOLIN, 2008, p. 106).

A **posse em outro cargo inacumulável** igualmente representa forma de vacância, "na medida em que pela nova posse acontece a vaga no cargo anteriormente ocupado, pois significa a renúncia do cargo precedente" (GASPARINI, 2008, p. 288).

Por fim, o **falecimento**, hipótese evidente de vacância.

Como bem observado por Diogenes Gasparini (2008, p. 286), a vacância pode dar-se **com a extinção do vínculo** (*v.g.*, exoneração, demissão, morte e aposentadoria) ou **sem a extinção do vínculo** (*v.g.*, promoção e readaptação).

11.9. CONCURSO PÚBLICO

O acesso ao funcionalismo público dá-se por meio de aprovação em concurso público. É o que dispõe o art. 37, II, da CF, que assim preconiza:

"II – a investidura em cargo ou emprego público depende de aprovação prévia em concurso público de provas ou de provas e títulos, de acordo com a natureza e a complexidade do cargo ou emprego, na forma prevista em lei, ressalvadas as nomeações para cargo em comissão declarado em lei de livre nomeação e exoneração".

O concurso público representa o "procedimento administrativo que tem por fim aferir as aptidões pessoais e selecionar os melhores candidatos ao provimento de cargos e funções públicas" (CARVALHO FILHO, 2008, p. 587).

Vale relembrar que a obrigatoriedade de concurso atinge todas as entidades da Administração, seja a direta, seja a indireta, mesmo aquelas detentoras de personalidade jurídica de direito privado (empresas públicas e sociedades de economia mista). Irrelevante, aliás, o âmbito de atuação de tais empresas governamentais, se prestadoras de serviço público ou se exploradoras de atividade econômica. Para ambas incide a imposição do art. 37, II, da CF.

Dessa forma, são inconstitucionais as formas de provimento que caracterizam a burla à obrigatoriedade de concurso público. É o entendimento do Supremo Tribunal Federal, inclusive sumulado. De acordo com a Súmula 685: "É inconstitucional toda modalidade de provimento que propicie ao servidor investir-se, sem prévia aprovação em concurso público destinado ao seu provimento, em cargo que não integra a carreira na qual anteriormente investido".

O prazo de validade do concurso será de **até dois anos, prorrogável uma vez, por igual período** (cf. art. 37, III, da CF). Muito embora a Constituição silencie sobre o termo inicial deste prazo, alguns estatutos o definem como a data da homologação do certame (como o estatuto dos servidores do Município de São Paulo, em seu art. 14). Em sentido contrário, Diogenes Gasparini, para quem "esse prazo conta-se da data da abertura do certame" (2008, p. 180).

Outrossim, a prorrogação do prazo do concurso representa o exercício de uma competência discricionária, verdadeira faculdade da Administração (cf. GASPARINI, 2008, p. 181).

De acordo com a Lei n. 8.112/90, incabível a abertura de novo concurso enquanto houver candidato aprovado em concurso anterior com prazo de validade não expirado (art. 12, § 2º).

Questionamento relevante sobre o instituto do concurso público é o seguinte: a aprovação confere direito ao provimento?

O entendimento clássico afirma que a aprovação em concurso público gera tão somente uma expectativa de direito. Expõe Hely Lopes Meirelles que "a aprovação no concurso não gera direito absoluto à nomeação ou à admissão, pois que continua o aprovado com simples expectativa de direito à investidura no cargo ou emprego disputado" (2001, p. 405).

A expectativa de direito somente se converte em direito subjetivo na hipótese em que a ordem de classificação do concurso é preterida. Trata-se de entendimento consolidado no âmbito da Súmula n. 15 do STF: "Dentro do prazo de validade do concurso, o candidato aprovado tem o direito à nomeação, quando o cargo for preenchido sem observância da classificação".

No entanto, tem-se observado uma tendência na doutrina e jurisprudência, no sentido de afastar aquele posicionamento tradicional. Segundo Carvalho Filho, "se o edital do concurso previu determinado número de vagas, a Administração fica vinculada a seu provimento, em virtude da presumida necessidade para o desempenho das respectivas funções. Assim, deve assegurar-se a todos os aprovados dentro do referido número de vagas direito subjetivo à nomeação" (2008, p. 594).

No âmbito jurisprudencial, verificam-se decisões que reconhecem verdadeiro direito subjetivo ao provimento. De acordo com o Superior Tribunal de Justiça (MS 10.381, 3ª Seção, *DJ* de 24-4-2009):

"Servidor público. Concurso para o cargo de fonoaudiólogo da Universidade Federal da Paraíba. Edital com previsão de apenas uma vaga. Candidata aprovada em primeiro lugar. Direito líquido e certo à nomeação e à posse.

1. O concurso representa uma promessa do Estado, mas promessa que o obriga – o Estado se obriga ao aproveitamento de acordo com o número de vagas.

2. O candidato aprovado em concurso público, dentro do número de vagas previstas em edital, como na hipótese, possui não simples expectativa, e sim direito mesmo e completo, a saber, direito à nomeação e à posse. Precedentes".

No mesmo sentido vem se posicionando o Supremo Tribunal Federal, como se pode verificar pela decisão abaixo:

"DIREITO À NOMEAÇÃO. CANDIDATO APROVADO DENTRO DO NÚMERO DE VAGAS PREVISTAS NO EDITAL. Dentro do prazo de validade do concurso, a Administração poderá escolher o momento no qual se realizará a nomeação, mas não poderá dispor sobre a própria nomeação, a qual, de acordo com o edital, passa a constituir um direito do concursando aprovado e, dessa forma, um dever imposto ao poder público" (RE 598.099, Pleno, rel. Min. Gilmar Mendes, *DJe* de 30-9-2011).

Importante salientar que o STF, no mesmo julgado (RE 598.099), fez a seguinte ressalva: "Quando se afirma que a Administração Pública tem a obrigação de nomear os aprovados dentro do número de vagas previsto no edital, deve-se levar em consideração a possibilidade de situações excepcionalíssimas que justifiquem soluções diferenciadas, devidamente motivadas de acordo com o interesse público. Não se pode ignorar que determinadas situações excepcionais podem exigir a recusa da Administração Pública de nomear novos servidores".

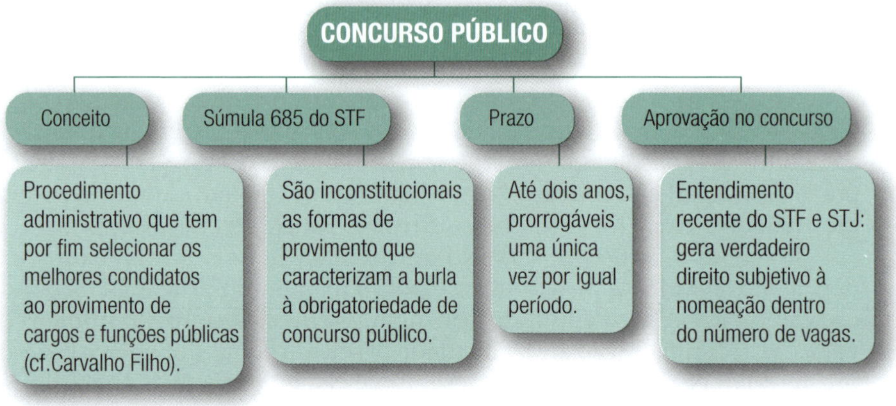

11.10. SISTEMA REMUNERATÓRIO

O exercício da função pública pelo servidor gera, evidentemente, o direito de perceber uma remuneração. A Lei n. 8.112/90 é expressa nesse sentido, ao proibir "a prestação de serviços gratuitos" (art. 4º). "Este artigo veda que a Administração se locuplete dos serviços não remunerados que qualquer cidadão poderia prestar-lhe" (RIGOLIN, 2007, p. 25).

Esse mesmo artigo excepciona os casos previstos em lei, que representam as hipóteses de serviços gratuitos. Exemplos: o jurado, o recruta, o mesário eleitoral. "O traço comum entre os serviços gratuitos que o cidadão pode (e às vezes precisa) prestar à União é exatamente o da sua ocasionalidade, excepcionalidade, eventualidade, que em tudo escape à rotina, à vinculação permanente, ao regime jurídico, à profissionalidade" (RIGOLIN, 2007, p. 26).

Dois são os regimes remuneratórios a que o agente público pode submeter-se: o **regime de remuneração (ou de vencimentos)** e o **regime de subsídio**.

11.10.1. Regime de remuneração

No regime de remuneração, a retribuição percebida pelo agente compreende duas partes: a) uma **parte fixa** (também denominada **vencimento**), que representa o padrão remuneratório a que faz jus o servidor; e b) uma **parte variável** (denominada **vantagens**), que abrange as indenizações, as gratificações e os adicionais.

A doutrina costuma diferenciar "vencimento" (no singular) de "vencimentos" (no plural), assinalando que este termo representa o total da remuneração auferida (parte fixa, acrescida da variável); enquanto aquele constitui apenas a parte fixa (cf. GASPARINI, 2008, p. 189).

Remuneração (vencimentos) = Parte fixa (vencimento) + Parte variável (vantagens)

A respeito da parte variável, ou vantagens pecuniárias, são cabíveis três observações.

Em primeiro lugar, conforme a Lei n. 8.112/90, as vantagens pecuniárias constituem as indenizações, as gratificações e os adicionais (art. 49).

No entanto, não se pode admitir a inserção das indenizações como integrantes da remuneração, como bem observa Carvalho Filho, para quem as "indenizações, como o próprio nome informa, têm caráter indenizatório e não representam efetivamente uma remuneração" (2008, p. 681).

Reforça tal entendimento o art. 37, § 11, da CF, que não considera, para efeito do teto remuneratório constitucional (art. 37, XI), as parcelas de caráter indenizatório (sobre o teto constitucional, ver subitem 11.10.4).

Em segundo lugar, alguns autores apontam diferenças entre os adicionais e as gratificações. Por todos, cite-se Hely Lopes Meirelles, que aparta tais noções da seguinte forma: "O adicional relaciona-se com o tempo ou com a função; a gratificação relaciona-se com o serviço ou com o servidor. O adicional, em princípio, adere ao vencimento e, por isso, tem caráter permanente; a gratificação é autônoma e contingente" (2001, p. 452).

No entanto, acata-se a ponderação formulada por Carvalho Filho, que não vislumbra nas diversas legislações sobre a matéria a diferenciação realizada pela doutrina. "A despeito da distinção, a verdade é que, na prática, não tem sido ela adotada nos infinitos diplomas que tratam da matéria" (2008, p. 681). No mesmo sentido acena Maria Sylvia Zanella Di Pietro: "Embora a classificação citada seja útil, até para fins didáticos, o critério distintivo – incorporação dos adicionais aos vencimentos e não incorporação das gratificações – nem sempre é o que decorre da lei" (2009, p. 607).

Em terceiro lugar, "os acréscimos pecuniários percebidos por servidor público não serão computados nem acumulados para fins de concessão de acréscimos ulteriores" (art. 37, XIV). A intenção de tal dispositivo é evitar o chamado "efeito-repicão" (MORAES, 2001, p. 56), pelo qual o valor de determinada vantagem pecuniária era computado em relação a outra vantagem posterior percebida pelo agente. Assim, o parâmetro para o recebimento das vantagens é tão somente o valor da parte fixa (ou seja, do vencimento-padrão).

11.10.2. Regime de subsídio

Subsídio constitui a retribuição percebida em **parcela única**. Assim, vedado o acréscimo de vantagens pecuniárias, como gratificação, adicional, abono, prêmio, verba de representação etc. (art. 39, § 4º).

De acordo com a Constituição, os agentes que se submetem a tal regime são:

• chefes do Executivo (Presidente, Governadores e Prefeitos) e respectivos Vices;

• auxiliares do chefe do Executivo (Ministros e Secretários estaduais e municipais);

• membros do Legislativo (Senadores, Deputados Federais, Deputados Estaduais e Distritais e Vereadores);

• membros do Judiciário (Ministros dos Tribunais Superiores, Desembargadores e juízes);

• membros do Ministério Público e dos Tribunais de Contas;

• advogados da União, Defensores Públicos, Procuradores do Estado e do Distrito Federal (observe-se que a Constituição não inclui os Procuradores Municipais, motivo pelo qual tais agentes recebem remuneração, como bem observa Diogenes Gasparini);

• servidores públicos policiais (integrantes da polícia federal, da polícia rodoviária federal, da polícia ferroviária federal, das polícias civis e das polícias militares e corpos de bombeiros militares);

• servidores organizados em carreira que adotem tal regime (nesta hipótese, existe uma faculdade na adoção do regime de subsídio).

Esquematicamente:

11.10.3. Agentes públicos e direitos sociais (art. 7º da CF)

Dispõe o art. 39, § 3º, da CF que se aplicam aos servidores ocupantes de cargos públicos alguns dos direitos sociais estampados no art. 7º da mesma Carta. São eles:

- salário mínimo (art. 7º, IV e VIII). A garantia do salário mínimo encontra uma única exceção, objeto da Súmula Vinculante 6: "Não viola a Constituição o estabelecimento de remuneração inferior ao salário mínimo para as praças prestadoras de serviço militar inicial";
- décimo terceiro salário (art. 7º, VIII);
- remuneração do trabalho noturno superior à do diurno (art. 7º, IX);
- salário-família, em relação aos dependentes (art. 7º, XII);
- duração do trabalho normal não superior a oito horas diárias e quarenta e quatro semanais (art. 7º, XIII);
- repouso semanal remunerado (art. 7º, XV);
- remuneração do serviço extraordinário (horas extras) superior, no mínimo, em cinquenta por cento à do normal (art. 7º, XVI);
- direito a férias anuais, remuneradas com, pelo menos, um terço a mais do que o salário normal (art. 7º, XVII);
- licença à gestante, sem prejuízo do emprego e do salário, com a duração de cento e vinte dias (art. 7º, XVIII);
- licença-paternidade (art. 7º, XIX);
- proteção do mercado de trabalho da mulher (art. 7º, XX);
- redução dos riscos inerentes ao trabalho, por meio de normas de saúde, higiene e segurança (art. 7º, XXII);
- proibição de diferença de salários, de exercício de funções e de critério de admissão por motivo de sexo, idade, cor ou estado civil (art. 7º, XXX).

Cumpre observar que diversas hipóteses previstas no art. 7º não estão elencadas no art. 37, § 3º. Destaque-se para aquela do inciso XXIII, referente ao adicional de insalubridade, periculosidade ou atividades penosas. Contudo, isto não impede que os estatutos disciplinem de maneira específica sobre tal adicional, como faz, por exemplo, a Lei n. 8.112/90, que prevê expressamente tais vantagens (arts. 68 a 72).

DIREITOS SOCIAIS APLICÁVEIS AOS SERVIDORES DE CARGOS PÚBLICOS
• salário mínimo • décimo terceiro salário • remuneração do trabalho noturno superior à do diurno • salário-família • jornada de trabalho de até 8 horas diárias e 44 horas semanais

• repouso semanal remunerado
• hora extra com valor no mínimo superior a 50% da remuneração
• férias remuneradas com acréscimo de 1/3 sobre a remuneração normal
• licença à gestante de 120 dias
• licença-paternidade
• proteção do mercado de trabalho da mulher
• redução dos riscos inerentes ao trabalho
• proibição de diferença de salários, de exercícios de funções e de critério de admissão discriminatórios

11.10.4. Teto remuneratório

A Constituição fixa um teto remuneratório aos agentes públicos. Com a promulgação da Carta Magna em 1988, houve o estabelecimento de tetos diferenciados, conforme a entidade política considerada. Tal situação perdurou até a Emenda Constitucional n. 19/98, em que se deu a fixação de um limite único, consistente no subsídio mensal dos Ministros do Supremo Tribunal Federal. Nova alteração foi implementada com a Emenda Constitucional n. 41/2003, que estipulou duas modalidades de limites:

• **Teto nacional** (teto geral), correspondente ao subsídio dos Ministros do Supremo Tribunal Federal.

• **Subtetos** (ou tetos específicos), aplicáveis para o Executivo, Legislativo e Judiciário no âmbito dos Estados, do Distrito Federal e dos Municípios. Em relação aos **Municípios**, o teto equivale ao subsídio do Prefeito. No tocante aos **Estados** e ao **Distrito Federal**, o teto é diferenciado para os agentes de cada um dos Poderes, equivalendo: para o Executivo, aos subsídios dos Governadores; para o Legislativo, aos subsídios dos Deputados (estaduais e distritais); para o Judiciário, aos subsídios dos Desembargadores (incluem-se nesse teto os membros do Ministério Público, os Procuradores e Defensores Públicos). Consigne-se que a Emenda Constitucional n. 47/2005 acrescentou o § 12 ao art. 37, que permite aos Estados e ao Distrito Federal estabelecer, por emenda à Constituição Estadual ou Lei Orgânica Distrital, um teto único, equivalente ao subsídio dos Desembargadores do respectivo Tribunal de Justiça (limitado a 90,25% do subsídio dos Ministros do STF), excluídos os Deputados estaduais e distritais, bem como os Vereadores.

Os limites acima são aplicados aos agentes ocupantes de cargos, empregos ou funções. Indiferente o sistema remuneratório ao qual o agente se encontra vinculado, pois tanto o regime de remuneração quanto o de subsídio são abarcados pelo art. 37, XI.

Em relação às entidades da Administração, submetem-se aos limites fixados todos os entes da Administração direta (União, Estados, Distrito Federal e Municípios) e da Administração indireta (autarquias, fundações governamentais, empresas públicas, sociedades de economia mista e associações públicas). Uma advertência: em relação às empresas públicas e às sociedades de economia mista, bem como às suas subsidiárias, somente se aplica o limite constitucional se referidas entidades receberem recursos da União, dos Estados, do Distrito Federal e dos Municípios para pagamento de despesas de pessoal ou de custeio em geral (art. 37, § 9º).

Estão submetidas ao teto constitucional as vantagens pecuniárias (art. 37, XI, da CF).

Contudo, **as verbas indenizatórias não são computadas para efeito de tal limite**, como expressamente dispõe o art. 37, § 11 (acrescido pela EC n. 47/2005). Assumem caráter indenizatório, de acordo com a Lei n. 8.112/90, a ajuda de custo, as diárias, o vale-transporte e o auxílio-moradia (art. 51).

Igualmente estão excluídas as **verbas decorrentes dos direitos sociais** do art. 7º, aplicáveis aos servidores em virtude do art. 37, § 3º, dispositivo já analisado. Dessa forma, os valores decorrentes, por exemplo, do décimo terceiro salário, do terço de férias e do trabalho extraordinário não estão abarcados no limite constitucional do art. 37, XI (cf. GASPARINI, 2008, p. 192; no mesmo sentido, CARVALHO FILHO, 2008, p. 691).

11.10.5. Outras características

Além das características acima, outras merecem consideração:

• A fixação do valor da remuneração se dá mediante **lei** (art. 37, X), considerando a iniciativa própria de cada Poder (Executivo, Legislativo e Judiciário).

• Garante o mesmo art. 37, X, a **revisão geral anual**, sempre na mesma data e sem distinção de índices. "Essa revisão constitui direito dos servidores", salienta Di Pietro (2009, p. 538). Evidentemente, a esse direito de revisão corresponde o dever do Estado de efetivá-lo. "A ausência de lei disciplinadora da revisão estampa **inconstitucionalidade por omissão**, que suscita a possibilidade de o Judiciário declará-la e de dar ciência aos órgãos omissos sobre a falta de cumprimento do dever constitucional" (CARVALHO FILHO, 2008, p. 685). Trata-se de entendimento consolidado no âmbito do Supremo Tribunal Federal.

• A Constituição **proibiu a vinculação ou a equiparação de vencimentos** para efeito de remuneração de pessoal do serviço público (art. 37, XIII). A vedação pretende evitar os chamados aumentos em cascata, por meio dos quais, "aumentada a retribuição de uma classe de servidores, outras classes se beneficiam, por estarem atreladas àquela" (CARVALHO FILHO, 2008, p. 689). Com base nisso, o STF declarou a inconstitucionalidade de dispositivo da Constituição do Estado de Rondônia que assegurava aos delegados da polícia civil os mesmos vencimentos e reajustes concedidos aos membros do Ministério Público (cf. ADIn 791-2, Pleno, rel. Min. Ilmar Galvão, agosto de 1996, *Informativo do STF*, n. 40).

• A **irredutibilidade** da remuneração representa garantia assegurada constitucionalmente (art. 37, XV). Este mesmo dispositivo elenca as hipóteses em que a irredutibilidade não se aplica, como a redução necessária à adequação com o teto constitucional (art. 37, XI), bem como a minoração decorrente da incidência de imposto de renda (art. 153, III).

11.11. PROIBIÇÃO DE ACUMULAÇÃO REMUNERADA DE CARGOS, EMPREGOS E FUNÇÕES

De acordo com a Constituição, **é vedada a acumulação remunerada de cargos, empregos e funções públicas**. Essa proibição abrange as entidades da Administração direta e indireta, bem como as subsidiárias das empresas governamentais e as sociedades controladas, direta ou indiretamente, pelo Poder Público (art. 37, XVI e XVII, da CF). Perceba-se, portanto, que o impedimento constitucional não abrange apenas as entidades da Administração direita e indireta; ele vai além, atingindo as sociedades cuja estrutura seja integrada por alguma daquelas entidades administrativas. A vedação é ampla, portanto.

O escopo é evitar que, ocupando mais de uma função remunerada, o servidor não as exerça de maneira satisfatória (cf. GASPARINI, 2008, p. 184).

Observe-se que a proibição é referente à acumulação **remunerada**, de tal maneira que ela é permitida se apenas em uma das relações funcionais houver ganho de remuneração.

Há exceções, contudo. O art. 37, XVI, permite a acumulação, se houver compatibilidade de horários entre as seguintes funções: a) dois cargos de professor; b) um cargo de professor com outro, técnico ou científico; c) dois cargos ou empregos privativos de profissionais da saúde (médicos, enfermeiros, fisioterapeutas, odontólogos etc.). Essas funções são, portanto, acumuláveis.

Também pode ser mencionada a possibilidade de acumulação de um cargo de magistrado com a função pública de magistério (art. 95, parágrafo único, I), bem como de um cargo de membro do Ministério Público com a função de magistério (art. 128, § 5º, II, *d*).

Mas não é só.

A vedação também atinge os inativos. Isso porque é proibida a acumulação de proventos de aposentadoria com a remuneração de cargo, emprego ou função (art. 37, § 10). As exceções referem-se aos cargos acumuláveis (ver acima), aos cargos eletivos e aos cargos em comissão.

Ademais, é vedada a acumulação de mais de uma aposentadoria, exceto em relação aos cargos acumuláveis (art. 40, § 6º).

11.12. DIREITO DE GREVE E ASSOCIAÇÃO SINDICAL

Dispõe o art. 37, VII, da CF: "o direito de greve será exercido nos termos e nos limites definidos em lei específica".

A remissão a uma lei específica insere tal dispositivo na categoria das normas de eficácia limitada, de acordo com entendimento prevalecente, inclusive do Supremo Tribunal Federal (cf. MI 20, rel. Min. Celso de Mello).

"Como a matéria de servidor público não é privativa da União, entende-se que cada esfera de Governo deverá disciplinar o direito de greve por lei própria" (DI PIETRO, 2009, p. 544). Em sentido contrário, Diogenes Gasparini entende que tal "lei específica" é federal, de modo que, "uma vez editada, será aplicável a todos os entes federados (União, Estados, Distrito Federal e Municípios)" (2008, p. 197). Neste mesmo sentido coloca-se Carvalho Filho (2008, p. 697).

Diante da inexistência de tal lei, o aludido Tribunal vinha apenas reconhecendo a omissão inconstitucional do Legislativo, decretando a mora do poder omisso.

Ocorre que a Corte Maior reverteu esse entendimento. Em julgamento realizado em outubro de 2007 (MI 670, 708 e 712), determinou, em relação à disciplina do direito de greve pelos agentes públicos, a **aplicação, no que couber, da lei de greve vigente do setor privado (Lei n. 7.783/89)**. De acordo com os constitucionalistas, tal decisão indica que o Supremo Tribunal Federal passou a consagrar, quanto aos efeitos da decisão em mandado de injunção, a teoria concretista geral, por meio da qual "o STF legisla no caso concreto, produzindo a decisão efeitos *erga omnes* até que sobrevenha norma integrativa pelo Legislativo" (cf. LENZA, 2008, p. 654).

Igualmente é assegurado o direito à livre associação sindical (art. 37, VI).

Releva consignar que, apesar do reconhecimento desse direito, é incabível o estabelecimento de negociação coletiva referente a questões remuneratórias. Isso porque a matéria sobre vencimentos dos agentes públicos somente pode ser tratada mediante lei (cf. DI PIETRO, 2009, p. 546; CARVALHO FILHO, 2008, p. 695). Esse o entendimento do Supremo Tribunal Federal, como indica a Súmula 679: "A fixação de vencimentos dos servidores públicos não pode ser objeto de convenção coletiva".

Por fim, consigne-se que a Constituição Federal veda a sindicalização e a greve dos servidores militares (art. 142, IV). "Tais proibições são necessárias à ordem e à hierarquia da instituição, porque só assim a defesa da nação e da ordem pública podem acontecer efetivamente" (GASPARINI, 2008, p. 258).

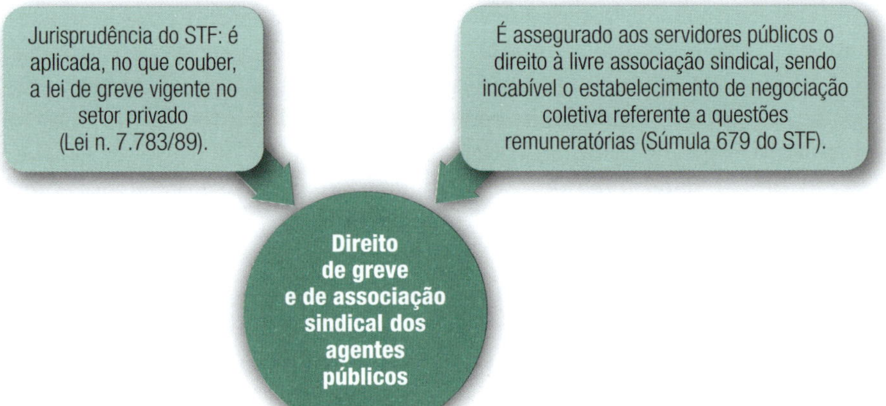

11.13. APOSENTADORIA

Aposentadoria consiste no "**direito à inatividade remunerada**, assegurado ao servidor público em caso de invalidez, idade ou requisitos conjugados de tempo de exercício no serviço público e no cargo, idade mínima e tempo de contribuição" (DI PIETRO, 2009, p. 551). Nessa condição, o agente aposentado passa a receber remuneração, denominada **proventos**.

O tema da aposentadoria está inserido no tópico referente ao regime previdenciário do agente público. Dois são os regimes a que se pode submeter o agente:

a) **regime geral de previdência** (arts. 201 e 202, da CF), "em tudo igual ao do trabalhador privado" (DI PIETRO, 2009, p. 551). Submetem-se a tal regime os **empregados públicos**, os **servidores temporários** (regidos pelo art. 37, IX, da CF) e **aqueles que ocupam tão somente cargo em comissão**. É o que dispõe o art. 40, § 13 (acrescido pela EC n. 20/98);

b) **regime especial de previdência**, de acordo com o art. 40 da CF. Encontram-se submetidos a ele os **servidores estatutários e efetivos** (cf. CARVALHO FILHO, 2008, p. 634).

Este regime assume **caráter contributivo e solidário**, de acordo com a dicção do art. 40, *caput*, da CF.

A **contributividade** significa que "os servidores, como futuros beneficiários, devem ter o encargo de pagar contribuições paulatinas e sucessivas no curso de sua relação de trabalho" (CARVALHO FILHO, 2008, p. 636). A **solidariedade**, por sua vez, denota que "a contribuição previdenciária não se destina apenas a assegurar benefício ao contribuinte e à sua família, mas, ao contrário, assume objetivo também de caráter social, exigindo-se que pessoas já beneficiadas pelo regime continuem tendo a obrigação de pagar a contribuição previdenciária" (CARVALHO FILHO, 2008, p. 636).

Assim, estabelece o art. 40, *caput*, da CF, que a obrigação de pagar a contribuição previdenciária abrange os **servidores ativos** e **inativos**, os **pensionistas**, bem como o próprio **ente público** (a evidenciar o caráter amplo da solidariedade).

A seguir, serão abordados os aspectos da aposentadoria relativos ao regime especial.

Existem três modalidades de aposentadoria, nos termos do art. 40, 1º:

a) **Aposentadoria por invalidez**

A aposentadoria por invalidez resulta da **incapacidade permanente** do agente para o exercício da função pública.

Os proventos podem ser integrais ou proporcionais ao tempo de contribuição.

A regra é o recebimento de **proventos proporcionais** ao tempo de contribuição. Somente se admitem **proventos integrais** se a invalidez decorrer de acidente em serviço, moléstia profissional ou doença grave, contagiosa ou incurável.

Observe-se que as duas primeiras hipóteses (acidente em serviço e moléstia profissional) estão relacionadas com o exercício da função. Já na terceira (doença grave, contagiosa ou incurável) inexiste tal relação.

Aposentadoria por invalidez	Proventos **integrais**	Acidente em serviço Moléstia profissional Doença grave, contagiosa ou incurável
	Proventos **proporcionais** (ao tempo de contribuição): demais hipóteses → por exclusão	

b) **Aposentadoria compulsória**

O critério de tal aposentadoria é a idade. Aos **70 anos** o agente público deve, compulsoriamente, ser colocado em inatividade remunerada. Como ressalta Di Pietro, "a idade de 70 anos cria uma presunção *juris et de jure* de incapacidade para o serviço público" (2009, p. 561).

Os proventos serão **proporcionais ao tempo de contribuição**.

c) **Aposentadoria voluntária**

É a que decorre da manifestação de vontade do servidor, se houver o preenchimento de determinadas condições. De acordo com o art. 40, III, da CF, quatro são os requisitos:

1) tempo mínimo de **dez anos** de **efetivo exercício no serviço público**;

2) tempo mínimo de **cinco anos** no **cargo efetivo em que se dará a aposentadoria**;

3) idade mínima de **60 anos**, se **homem**; e **55 anos**, se **mulher**;

4) tempo de contribuição de **trinta e cinco anos**, se **homem**; e **trinta anos**, se **mulher**.

Nesse caso, os **proventos serão integrais**.

Ocorre que o servidor pode pleitear o recebimento de **proventos proporcionais ao tempo de contribuição**. Nesse caso, os requisitos 1) e 2) mantêm-se. A alteração refere-se à idade mínima: **65 anos**, se **homem**; e **60 anos**, se **mulher**.

Tais requisitos aplicam-se aos servidores ingressantes após a Emenda Constitucional n. 41/2003. Em relação aos demais agentes, aplicam-se regras de transição estipuladas, sobretudo, pela EC n. 41/2003.

Quanto aos proventos a serem percebidos, cumpre assinalar que foi fixado um **teto** referente ao seu valor, independentemente da modalidade de aposentadoria (cf. art. 40, § 3º, c/c o art. 5º da EC n. 41/2003). Alterou-se, portanto, o regime anterior, pelo qual o servidor recebia, a título de benefício previdenciário, a mesma quantia auferida pelo agente quando em atividade. Como se vê, a Constituição "adotou, para os servidores públicos, o mesmo sistema já adotado para os trabalhadores do setor privado vinculados ao regime geral de previdência social" (CARVALHO FILHO, 2008, p. 653).

Esquematicamente:

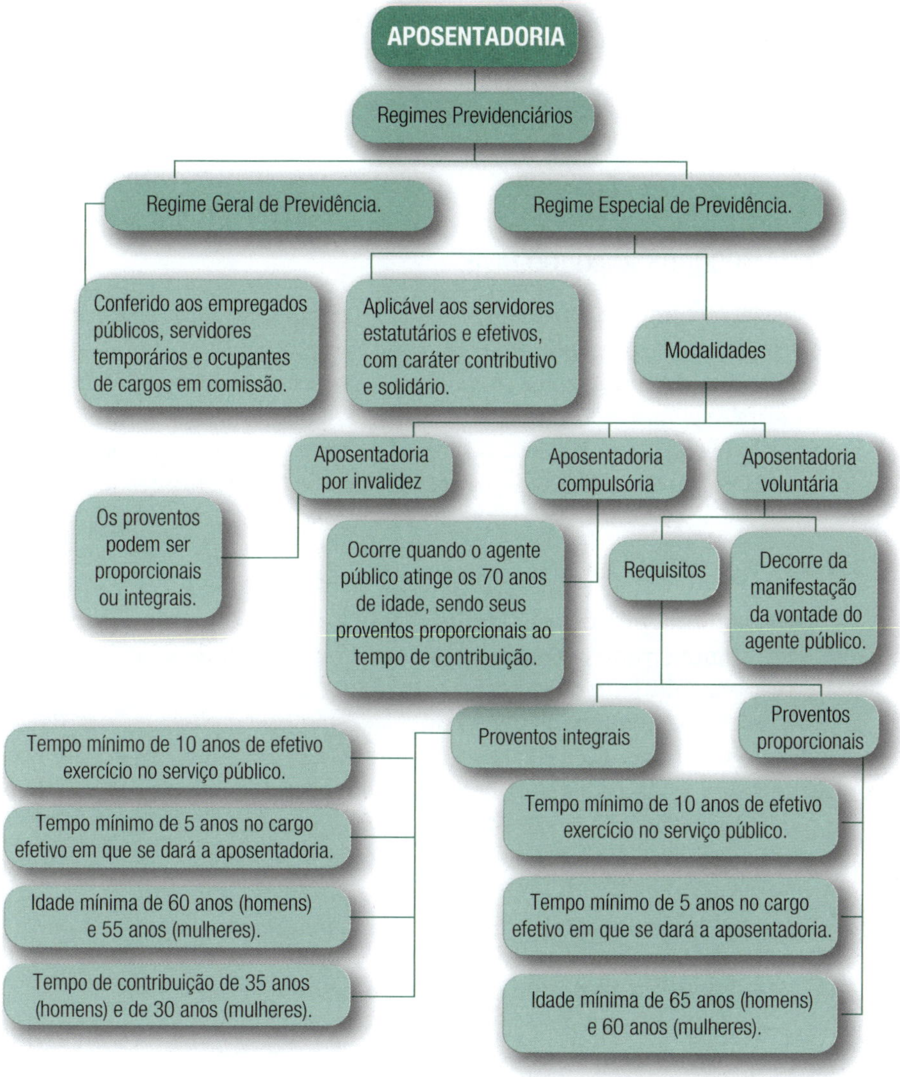

11.14. RESPONSABILIDADE DOS AGENTES PÚBLICOS

O agente público responde pelos atos que pratica. A responsabilidade incide em diversos planos: **civil**, **penal**, **administrativo**. É o que preconiza o art. 121 da Lei n. 8.112/90, *in verbis*:

"O servidor responde civil, penal e administrativamente pelo exercício irregular de suas atribuições".

Importa observar que cada instância é independente em relação às outras, motivo pelo qual se torna plenamente cabível a cumulação de sanções, sem que fique caracterizado *bis in idem*. De acordo com o art. 125 do Estatuto do Funcionalismo da União (Lei n. 8.112/90), "as sanções civis, penais e administrativas poderão cumular-se, sendo independentes entre si" .

11.14.1. Responsabilidade civil

Consiste na obrigação legal de ressarcir os danos causados à Administração ou a terceiros. Representa uma responsabilidade de caráter patrimonial, porque o agente responde pelos prejuízos provocados com o seu patrimônio.

Cumpre relevar que a responsabilidade do agente somente se caracteriza na modalidade **subjetiva**, ou seja, no caso de efetiva comprovação de dolo ou culpa. Incabível imputar-lhe a responsabilidade objetiva, aplicável ao Estado.

11.14.2. Responsabilidade penal

Pelo cometimento de um delito, responde penalmente o servidor. Deve ficar demonstrado dolo ou culpa, "sem possibilidade de haver hipótese de responsabilidade objetiva" (DI PIETRO, 2009, p. 611).

Os crimes relacionados à função pública estão tipificados nos arts. 312 e seguintes do CP (Capítulo I – Dos crimes praticados por funcionário público contra a Administração em geral), bem como em outras legislações específicas.

11.14.3. Responsabilidade administrativa

A prática de ilícito administrativo dá ensejo à responsabilidade administrativa do agente. Tais infrações são previstas nas legislações que disciplinam a respectiva relação funcional do agente. Sua configuração exige a presença de dolo ou culpa.

A propósito, assinala Maria Sylvia Zanella Di Pietro que inexiste, "com relação ao ilícito administrativo, a mesma tipicidade que caracteriza o ilícito penal. A maior parte das infrações não é definida com precisão, limitando-se a lei, em regra, a falar em falta de cumprimento dos deveres, falta de exação no cumprimento do dever, insubordinação grave, procedimento irregular, incontinência pública: poucas são as infrações definidas, como o abandono de cargo ou os ilícitos que correspondem a crimes ou contravenções" (2009, p. 610).

O cometimento da infração acarreta a aplicação de sanção disciplinar. Decorre do poder disciplinar inerente à Administração Pública. O Estatuto do Funcionalismo Federal (Lei n. 8.112/90) prevê as seguintes penalidades disciplinares (art. 127):

- **advertência** (ou repreensão, como disciplinada em outros estatutos);
- **suspensão**, pelo prazo máximo de noventa dias. Observe-se que o período de suspensão não é computado como tempo de serviço. Além disso, durante o prazo da pena, o agente não recebe remuneração. A lei permite a conversão da suspensão na penalidade de **multa**, na base de 50% por dia de vencimento, ficando o servidor obrigado a permanecer em serviço (art. 130, § 2º). Cumpre notar que a multa não representa penalidade disciplinar autônoma, e sim subsidiária à sanção de suspensão;
- **demissão**;
- **cassação de aposentadoria ou de disponibilidade**;
- **destituição de cargo em comissão ou de função comissionada**.

Quanto ao prazo prescricional para o exercício do poder disciplinar, prescreve a Lei n. 8.112/90 os seguintes prazos:

INFRAÇÃO ADMINISTRATIVA	PRAZO PRESCRICIONAL
Advertência	180 dias
Suspensão	2 anos
Demissão, Cassação e Destituição	5 anos
Infração tipificada pela lei penal	Prazo da lei penal
Termo inicial do prazo: data em que o fato se torna conhecido	

Esquematicamente:

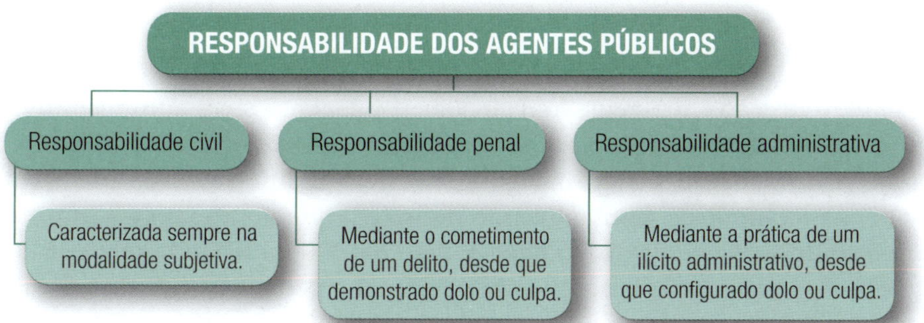

11.14.4. Comunicabilidade entre as instâncias de responsabilidade

De maneira geral, predomina a **incomunicabilidade das instâncias**, o que decorre da independência das esferas civil, penal e administrativa. No entanto, em algumas situações verifica-se a repercussão da instância penal nas esferas civil e administrativa.

11.14.4.1. Repercussão entre instâncias penal e civil

No tocante à repercussão da instância penal na esfera civil, verifica-se que a condenação penal enseja a responsabilização civil, caso tenha sido causado dano a outrem.

Já a absolvição pode influir na esfera civil, a depender do caso concreto. Assim, "se houve o dano, por exemplo, em razão de conduta culposa, a decisão absolutória no crime (que exige sempre o dolo) não influirá na esfera civil da Administração, significando que, constatada sua imprudência, imperícia ou negligência, o servidor terá responsabilidade civil perante a Administração, mesmo tendo sido absolvido no crime" (CARVALHO FILHO, 2008, p. 705).

Aplicável o art. 935 do CC, que assim dispõe: "A responsabilidade civil é independente da criminal, não se podendo questionar mais sobre a existência do fato, ou sobre quem seja o seu autor, quando estas questões se acharem decididas no juízo criminal".

Outros dispositivos que merecem destaque são o art. 65 do CPP ("Faz coisa julgada no cível a sentença penal que reconhecer ter sido o ato praticado em estado de necessidade, em legítima defesa, em estrito cumprimento de dever legal ou no exercício regular de direito") e o art. 66, também do CPP ("Não obstante a sentença absolutória no juízo criminal, a ação civil poderá ser proposta quando não tiver sido, categoricamente, reconhecida a inexistência material do fato").

11.14.4.2. Repercussão entre instâncias penal e administrativa

Em relação à repercussão da instância penal na esfera administrativa, igualmente devem ser analisadas as hipóteses de condenação e absolvição.

A condenação penal repercute na esfera administrativa, "uma vez que, nessa hipótese, houve decisão definitiva quanto ao fato e à autoria, aplicando-se o art. 935 do Código Civil de 2002" (DI PIETRO, 2009, p. 613). Ressalte-se que, se aplicada no âmbito penal a pena privativa de liberdade por tempo igual ou superior a um ano, nos crimes praticados com abuso de poder ou violação de dever para com a Administração, o agente perderá o cargo, emprego ou função (cf. art. 92, I, *a*, do CP).

A repercussão na hipótese de absolvição penal, por sua vez, dependerá do seu motivo (ver quadro abaixo).

INSTÂNCIA PENAL	INSTÂNCIA ADMINISTRATIVA
CONDENAÇÃO	REPERCUTE
ABSOLVIÇÃO por negativa de autoria	REPERCUTE
ABSOLVIÇÃO por inexistência do fato	REPERCUTE
ABSOLVIÇÃO por excludente de ilicitude	REPERCUTE
ABSOLVIÇÃO por falta de provas	NÃO REPERCUTE (INDEPENDÊNCIA)
ABSOLVIÇÃO por descorrespondência entre fato e crime	NÃO REPERCUTE (INDEPENDÊNCIA)

Assim, caso o agente seja absolvido na esfera penal sob o fundamento, por exemplo, da negativa de autoria, ele não poderá ser responsabilizado na instância administrativa. Caso já tenha sido demitido administrativamente, o agente deverá ser reintegrado ao cargo, com direito à indenização.

Outro exemplo: na hipótese de absolvição penal por falta de provas, o servidor poderá ser responsabilizado na esfera administrativa, pois nesse caso existe independência entre as instâncias.

Os casos acima vistos aplicam-se nas hipóteses em que o ilícito praticado constitui, concomitantemente, delito penal e infração administrativa. Ocorre que o servidor pode praticar uma infração que somente represente um delito penal. Nesse caso, em virtude da independência entre as instâncias, a condenação penal não acarreta nenhuma consequência na esfera administrativo-disciplinar. Evidentemente, "se a privação da liberdade for por tempo inferior a quatro anos, o servidor ficará afastado de seu cargo ou função, prevendo o estatuto federal nesse caso o benefício do auxílio-reclusão, pago à sua família (art. 229)" (CARVALHO FILHO, 2008, p. 707).

No entanto, se o agente for condenado à pena de privação da liberdade por um período superior a quatro anos, aplicável o art. 92, I, *b*, do CP, que impõe a perda do cargo, função pública ou mandato eletivo.

11.15. IMPROBIDADE ADMINISTRATIVA

11.15.1. Introdução

A Constituição Federal, desde a sua promulgação em 1988, carreia dispositivo que prevê as sanções decorrentes da prática de atos de improbidade administrativa. Assim dispõe o art. 37, § 4º:

"Os atos de improbidade administrativa importarão a suspensão dos direitos políticos, a perda da função pública, a indisponibilidade dos bens e o ressarcimento ao erário, na forma e gradação previstas em lei, sem prejuízo da ação penal cabível".

A lei referida por esse dispositivo foi editada em 1992. Trata-se da Lei n. 8.429, de 2-6-1992, conhecida como a Lei da Improbidade Administrativa.

O objetivo de tal disciplina é assegurar o princípio da moralidade, punindo as condutas desonestas, eivadas de má-fé, praticadas pelos agentes públicos.

Moralidade e probidade serão tomadas como expressões equivalentes, como salienta Maria Sylvia Zanella Di Pietro: "Não é fácil estabelecer distinção entre moralidade administrativa e probidade administrativa. A rigor, pode-se dizer que são expressões que significam a mesma coisa, tendo em vista que ambas se relacionam com a ideia de **honestidade** na Administração Pública" (2009, p. 803).

11.15.2. Natureza jurídica

As condutas que importam em improbidade não devem ser confundidas com a responsabilização penal ou administrativa do agente. Observa-se plena autonomia entre as instâncias de responsabilidade.

Predomina na doutrina a caracterização da improbidade como de **natureza político-civil**. Isso em virtude das características das sanções cominadas: a suspensão dos direitos políticos detém evidente caráter político; o ressarcimento ao erário e a indisponibilidade dos bens assumem natureza civil; já a perda da função pública detém caráter político-penal (cf. CARVALHO FILHO, 2008, p. 988).

A assunção de tal natureza evidencia que a competência legislativa sobre a matéria pertence à União, motivo pelo qual a Lei n. 8.429/92 representa uma norma nacional, de observância obrigatória para todas as esferas federativas (federal, estadual, municipal e distrital). No entanto, adverte Carvalho Filho que essa norma veicula dispositivos com conteúdo administrativo, a exemplo do art. 13 (referente à obrigatoriedade de declaração de bens pelos agentes públicos) e do art. 20, parágrafo único (referente ao afastamento cautelar do agente). "Nesses pontos, será ela lei federal, aquela cujas normas se direcionam apenas à própria União" (2008, p. 989).

11.15.3. Sujeitos envolvidos no ato de improbidade

A análise dos atos de improbidade deve partir do pressuposto de que diversos são os sujeitos envolvidos.

De um lado, encontra-se o **sujeito passivo** da improbidade, que representa a entidade no âmbito da qual foi praticado o ato ímprobo. De acordo com o art. 1º, *caput*, são:

- entidades da Administração direta;
- entidades da Administração indireta;
- empresa incorporada ao patrimônio público;
- entidade para cuja criação ou custeio o erário haja concorrido ou concorra com mais de 50% do patrimônio ou da receita anual.

Já o parágrafo único do mesmo art. 1º discrimina os seguintes entes, também na condição de sujeitos passivos:

- entidades que recebam subvenção, benefício ou incentivo, fiscal ou creditício, de órgão público;
- entidades para cuja criação ou custeio o erário haja concorrido ou concorra com menos de 50% do patrimônio ou da receita anual.

A distinção entre as entidades do *caput* (denominadas **sujeitos passivos principais**) e do parágrafo único (**sujeitos passivos secundários**) refere-se, em relação a estes últimos, à limitação da sanção patrimonial à repercussão do ilícito sobre a contribuição dos cofres públicos (ou seja, no limite do benefício ou da percentagem percebida pela entidade).

De outro lado, apresenta-se o **sujeito ativo** da improbidade, ou seja, os indivíduos que praticaram as condutas ímprobas. Corresponde aos:

• agentes públicos (art. 2º); situação que corresponde ao ato de improbidade **próprio**;

• indivíduos que, mesmo não sendo agentes públicos, induzam ou concorram para a prática do ato ou dele se beneficiem sob qualquer de suas formas (art. 3º); trata-se do ato de improbidade **impróprio**.

Cumpre observar que agentes públicos, para os efeitos da lei de improbidade administrativa, são considerados de **maneira ampla**, abrangendo todo aquele que exerce, permanente ou transitoriamente, com ou sem remuneração, por eleição, nomeação, designação, contratação ou outra forma de investidura ou vínculo, mandato, cargo, emprego ou função nas entidades referidas no art. 1º (sujeitos passivos).

O Superior Tribunal de Justiça, ao interpretar o art. 2º da Lei n. 8.429/92, inseriu na categoria dos agentes públicos os médicos conveniados ao SUS. No âmbito do acórdão restou decidido: "A Lei Federal n. 8.429/92 dedicou científica atenção na atribuição da sujeição do dever de probidade administrativa ao agente público, que se reflete internamente na relação estabelecida entre ele e a Administração Pública, superando a noção de servidor, com uma visão mais dilatada do que o conceito do funcionário público contido no Código Penal (art. 327). Hospitais e médicos conveniados ao SUS que além de exercerem função pública delegada administram verbas públicas são sujeitos ativos dos atos de improbidade administrativa" (REsp 495.933, rel. Min. Luiz Fux, 1ª Turma, *DJ* de 19-4-2004).

Questão relevante envolve a possibilidade de **aplicação da lei de improbidade aos agentes políticos**. Na medida em que estes podem ser responsabilizados por crime de responsabilidade (infração de natureza político-administrativa), questiona-se sobre a possibilidade de cumulação com as sanções decorrentes da improbidade administrativa.

Quanto ao tema, verifica-se acirrada polêmica. O Supremo Tribunal Federal fixou o entendimento de que a Constituição não admite a concorrência entre dois regimes de responsabilidade político-administrativa para os agentes políticos: o previsto no art. 37, § 4º, atinente à improbidade administrativa; e o regime fixado no art. 102, I, *c*, e disciplinado pela Lei n. 1.079/50, consistente no crime de responsabilidade. "Se a competência para processar e julgar a ação de improbidade (CF, art. 37, § 4º) pudesse abranger também atos praticados pelos agentes políticos, submetidos a regime de responsabilidade especial, ter-se-ia uma interpretação ab-rogante do disposto no art. 102, I, *c*, da Constituição" (Recl 2.138, Pleno, rel. Min. Nelson Jobim, m.v., j. em 13-6-2007).

O entendimento do Supremo Tribunal Federal merece a crítica de alguns autores. De acordo com Maria Sylvia Zanella Di Pietro, "essa não é a melhor interpretação dos dispositivos constitucionais, até porque contrária ao próprio art. 37, § 4º, da Constituição, que, ao indicar as sanções cabíveis por ato de improbidade administrativa, deixa expresso que as mesmas serão previstas em lei, 'sem prejuízo da ação penal cabível'. A improbidade administrativa e o crime de responsabilidade são apurados em instâncias diversas e atendem a objetivos também diversos. Todos os agentes públicos que praticam infrações estão sujeitos a responder nas esferas penal, civil, administrativa e político-administrativa" (2009, p. 819).

11.15.4. Atos de improbidade administrativa

A Lei n. 8.429/92 elenca três modalidades de atos que configuram improbidade administrativa. Elas se encontram nos arts. 9º, 10 e 11. Cada um deles apresenta diversos incisos, indicando as situações específicas que se enquadram no tipo estampado no *caput*. Di Pietro observa que esse rol dos atos de improbidade não representa uma enumeração taxativa, "mas meramente exemplificativa" (2009, p. 820). É o mesmo entendimento de Carvalho Filho (2008, p. 996).

a) **Atos que importam enriquecimento ilícito** (art. 9º)

A conduta genérica descrita é a seguinte: "Constitui ato de improbidade administrativa importando enriquecimento ilícito auferir qualquer tipo de vantagem patrimonial indevida em razão do exercício do cargo, mandato, função, emprego ou atividade nas entidades mencionadas no art. 1º desta Lei [sujeitos passivos]" (art. 9º, *caput*).

O objetivo é punir o agente ou terceiro que se locuplete ilicitamente em virtude do exercício de função pública. O tipo está relacionado, de maneira muito evidente, com a corrupção no âmbito da Administração.

Para caracterizar a improbidade, exige-se a prática **dolosa** do ato. Assim, "a culpa não se compadece com a fisionomia do tipo" (CARVALHO FILHO, 2008, p. 996).

b) **Atos que causam prejuízo ao erário** (art. 10)

Assinala o art. 10, *caput*: "Constitui ato de improbidade administrativa que causa lesão ao erário qualquer ação ou omissão, dolosa ou culposa, que enseje perda patrimonial, desvio, apropriação, malbaratamento ou dilapidação dos bens ou haveres das entidades referidas no art. 1º desta Lei".

A tutela do erário é o objetivo da norma. Deve-se considerar o erário em seu sentido amplo, abarcando o patrimônio público em suas várias acepções, não se restringindo ao aspecto econômico-financeiro (cf. CARVALHO FILHO, 2008, p. 997).

O elemento subjetivo, como expresso na norma, é **o dolo ou a culpa**. Verifica-se, assim, uma distinção entre este e os outros dois tipos, que não trazem de maneira expressa o elemento culpa. Nessa seara reina polêmica, defendendo alguns autores a necessidade de má-fé para a caracterização de qualquer ato de improbidade. Para Maria Sylvia Zanella Di Pietro, "sem um mínimo de má-fé, não se pode cogitar da aplicação de penalidades tão severas como a suspensão dos direitos políticos e a perda da função pública" (2009, p. 823). No entanto, vem prevalecendo a tese oposta, de admissibilidade da culpa na hipótese do art. 10. Trata-se de posição pacificada no Superior Tribunal de Justiça. É o que se verifica dos seguintes acórdãos:

"2. Os tipos da Lei de Improbidade estão divididos em três categorias: a) art. 9º (atos que importam em enriquecimento ilícito); b) art. 10 (atos que causam prejuízo ao erário) e c) art. 11 (atos que atentam contra os princípios da Administração).

3. Os atos de improbidade só são punidos a título de dolo, indagando-se da boa ou má fé do agente, nas hipóteses dos artigos 9º e 11 da Lei 8.429/92.

4. Embora mereçam acirradas críticas da doutrina, **os atos de improbidade do art. 10, como está no próprio *caput*, são também punidos a título de culpa**, mas deve estar presente na configuração do tipo a prova inequívoca do prejuízo ao erário" (REsp 842.428, 2ª Turma, rel. Min. Eliana Calmon, *DJ* de 21-5-2007).

"As condutas típicas que configuram improbidade administrativa estão descritas nos arts. 9º, 10 e 11 da Lei 8.429/92, sendo que **apenas para as do art. 10 a lei prevê a forma culposa**. Considerando que, em atenção ao princípio da culpabilidade e ao da responsabilidade subjetiva, não se tolera responsabilização objetiva e nem, salvo quando houver lei expressa, a penalização por condutas meramente culposas, conclui-se **que o silêncio da Lei tem o sentido eloquente de desqualificar as condutas culposas nos tipos previstos nos arts. 9º e 11**" (REsp 940.629, 1ª Turma, rel. Min. Teori Albino Zavascki, *DJ* de 4-9-2008).

c) **Atos que atentam contra os princípios da Administração Pública** (art. 11)

Dispõe o art. 11, *caput*: "Constitui ato de improbidade administrativa que atenta contra os princípios da administração pública qualquer ação ou omissão que viole os deveres de honestidade, imparcialidade, legalidade e lealdade às instituições".

Verifica-se que a configuração de tais atos de improbidade independe da existência de enriquecimento ilícito ou de dano ao erário. Trata-se, logo, de modalidade autônoma em relação às anteriores, o que representa grande avanço na disciplina jurídica sobre a matéria.

O elemento subjetivo, da mesma forma que ocorre com a modalidade do art. 9º, é o **dolo**.

11.15.5. Sanções

As sanções decorrentes da prática de ato de improbidade estão previstas no art. 12, I a III, da Lei n. 8.429/92. Cada inciso está relacionado com as três modalidades de ato administrativo vistas no tópico anterior. De maneira geral, as penalidades são as mesmas, diferindo quanto ao grau de incidência.

As penalidades são as seguintes:

- perda dos bens ou valores acrescidos ilicitamente ao patrimônio;
- ressarcimento integral do dano;
- perda da função pública;
- suspensão dos direitos políticos;
- pagamento de multa civil;
- proibição de contratar com o Poder Público ou de receber benefícios ou incentivos fiscais ou creditícios.

Importa observar que, além das consequências estampadas no art. 37, § 4º, da CF, a Lei de Improbidade criou outras. Tem-se entendido que tal acréscimo não ofende a Constituição. "Essa ampliação das medidas cabíveis não constitui infringência à norma constitucional. Essa estabeleceu algumas medidas possíveis, mas não limitou a competência do legislador para estabelecer outras" (DI PIETRO, 2009, p. 825). No mesmo sentido, Carvalho Filho (2008, p. 1002).

Na cominação das sanções, deve o aplicador valer-se do princípio da proporcionalidade, "exigindo-se a correlação entre a natureza da conduta de improbidade e a penalidade a ser imposta ao autor" (CARVALHO FILHO, 2008, p. 1002).

Questiona-se acerca da necessária aplicação concomitante das sanções elencadas no art. 12. Em outras palavras, o julgador deve aplicar as seis sanções vistas acima, ou detém discricionariedade para cominar algumas e excluir outras, a depender da gravidade da conduta?

A despeito do dissenso envolvido, o Superior Tribunal de Justiça assentou entendimento de que "não é imperiosa a aplicação de todas as sanções descritas no art. 12 da Lei de Improbidade, podendo o magistrado dosá-las segundo a natureza e extensão da infração" (AgRg REsp 479.812, 2ª Turma, rel. Min. Humberto Martins, *DJ* de 14-8-2007). No mesmo sentido: REsp 513.576, rel. Min. Francisco Falcão, rel. p/ acórdão Min. Teori Albino Zavascki, *DJ* de 6-3-2006.

Posteriormente, essa posição foi incorporada na Lei n. 8.429/92, mediante alteração da redação do art. 12 pela Lei n. 12.120/2009. Esta a redação atual: "Art. 12. Independentemente das sanções penais, civis e administrativas previstas na legislação específica, está o responsável pelo ato de improbidade sujeito às seguintes cominações, **que podem ser aplicadas isolada ou cumulativamente**, de acordo com a gravidade do fato".

11.15.6. Aspectos processuais

A Lei de Improbidade disciplina aspectos do processo administrativo e do processo judicial. Uma advertência: as sanções decorrentes de atos de improbidade somente podem ser aplicadas pelo **Judiciário**, restando afastada a sua cominação no âmbito administrativo.

Em regra, o processo administrativo visa à apuração da prática de ato ímprobo.

Por conta disso, serão destacados os aspectos referentes ao procedimento judicial.

a) Alguns autores consideram referida ação inserida na categoria da ação civil pública, "sendo-lhe cabível, no que não contrariar disposições específicas da Lei de Improbidade, a Lei n. 7.347, de 27-7-85 [Lei da Ação Civil Pública]. É sob essa forma que o Ministério Público tem proposto as ações de improbidade administrativa, com aceitação pela jurisprudência" (DI PIETRO, 2009, p. 827).

Apesar disso, concorda-se com Carvalho Filho, que prefere enquadrá-la como mera "ação de improbidade" ou "ação civil de improbidade", sob a justificativa de que se trata de procedimentos diversos (2008, p. 1012).

b) A Lei de Improbidade prevê medidas judiciais de natureza cautelar. São elas: 1) a **indisponibilidade dos bens**, aplicável quando o ato de improbidade causar lesão ao patrimônio público ou ensejar enriquecimento ilícito (art. 7º); 2) o **sequestro** de bens específicos, no caso de verificação de fundados indícios de responsabilidade pela prática de improbidade (art. 16); 3) a **investigação, o exame e o bloqueio** de bens, contas bancárias e aplicações financeiras mantidas no **exterior** (art. 16, § 2º); 4) **afastamento temporário do agente** do exercício do cargo, emprego ou função, quando necessário à instrução processual (essa medida pode dar-se no âmbito judicial e administrativo).

c) A legitimidade ativa cabe ao **Ministério Público** ou à **pessoa jurídica interessada**, que representa o sujeito passivo do ato (cf. art. 1º).

Nos termos do art. 17, § 3º, se a ação for proposta pelo Ministério Público, aplicável o quanto disciplinado pelo § 3º do art. 6º da Lei da Ação Popular, ou seja, "a pessoa jurídica interessada tem as alternativas de abster-se de contestar o pedido ou de atuar ao lado do autor, como litisconsorte, 'desde que isso se afigure útil ao interesse público, a juízo do respectivo representante legal ou dirigente'" (DI PIETRO, 2009, p. 828-9).

Por outro lado, se a lide for movida pela pessoa jurídica interessada, o Ministério atuará como fiscal da lei, sob pena de nulidade (art. 17, § 4º).

d) É vedada a transação, acordo ou conciliação nas ações de improbidade (art. 17, § 1º). "A norma se justifica pela relevância do patrimônio público, seja econômico, seja moral, protegido pela ação de improbidade. Trata-se de aplicação do princípio da indisponibilidade do interesse público" (DI PIETRO, 2009, p. 828).

e) A competência para julgar ação de improbidade é do **juízo de primeiro grau de jurisdição**, conforme jurisprudência assentada (consigne-se que o STF declarou a inconstitucionalidade do art. 84, § 2º, do CPP, acrescido pela Lei n. 10.628/2002, que estabelecera foro especial por prerrogativa de função – cf. ADIn 2.797, rel. Min. Sepúlveda Pertence, *DJ* de 19-12-2006).

f) A ação de improbidade segue um procedimento especial. Estando a inicial em devida forma, o juiz ordenará a **notificação** do requerido, para oferecer manifestação por escrito, no prazo de quinze dias (art. 17, § 7º). Recebida tal manifestação, o magistrado poderá **extinguir a lide** ou **receber a inicial, devendo então ordenar a citação do réu** para apresentação de contestação (art. 17, §§ 8º e 9º).

g) De acordo com o art. 18, na hipótese de a sentença julgar procedente a ação de improbidade, com condenação à reparação do dano ou à decretação da perda de bens havidos ilicitamente, o pagamento ou a reversão se dará **em favor da pessoa jurídica prejudicada pelo ilícito**. Não há a figura do fundo de reconstituição dos bens lesados, como se verifica no âmbito da ação civil pública (art. 13 da Lei n. 7.347/85), como bem observa Di Pietro (2009, p. 829).

h) A perda da função pública e a suspensão dos direitos políticos só se efetivam com o **trânsito em julgado** da decisão judicial condenatória (art. 20).

i) Quanto à **prescrição**, há disciplina específica no art. 23 da Lei n. 8.429/92. É o que se verifica pelo esquema a seguir:

VÍNCULO	PRESCRIÇÃO
Titular de mandato, cargo em comissão e função de confiança	5 (cinco) anos, após o término do exercício.
Titular de cargo efetivo ou emprego público	Prazo prescricional da pena de demissão → Observação: na esfera federal, 5 (cinco) anos.

Importa verificar que a lei não disciplina o prazo aplicável ao terceiro que compactuou com o agente. Na hipótese, acirrada polêmica divide a doutrina, como salienta Carvalho Filho (2008, p. 1015). Para alguns, aplica-se o mesmo prazo do art. 23, I, ou seja, cinco anos; para outros, incide o prazo geral da legislação civil, que é de dez anos (art. 205 do CC).

IMPROBIDADE ADMINISTRATIVA (Lei n. 8.429/92)	
CONSEQUÊNCIAS (art. 37, § 4º, da CF)	• suspensão dos direitos políticos. • perda da função pública. • indisponibilidade dos bens. • ressarcimento ao erário.
SUJEITOS	PASSIVOS: • entidades da Administração direta. • entidades da Administração indireta. • empresa incorporada ao patrimônio público. • entidade para cuja criação ou custeio o erário haja concorrido ou concorra com mais de 50% do patrimônio ou da receita anual. • entidades que recebam subvenção, benefício ou incentivo, fiscal ou creditício, de órgão público. • entidades para cujo custeio ou criação o erário haja concorrido ou concorra com menos de 50% do patrimônio da receita anual. ATIVOS: • agentes públicos. • indivíduos que induzam ou concorram para a prática do ato ou dele se beneficiem sob qualquer de suas formas.
NATUREZA JURÍDICA	Político-civil.
AGENTES PÚBLICOS PARA FINS DE IMPROBIDADE ADMINISTRATIVA	Abrangem aqueles que exercem, permanente ou transitoriamente, com ou sem remuneração, por eleição, nomeação, designação, contratação ou outra forma de investidura, cargo, emprego ou função nas entidades consideradas sujeitos passivos (acepção ampla). ↓ Entendimento do STF: agentes políticos não respondem por atos de improbidade administrativa.
ATOS DE IMPROBIDADE ADMINISTRATIVA	→ ATOS QUE IMPORTAM EM ENRIQUECIMENTO ILÍCITO (art. 9º): a conduta deve ser praticada dolosamente pelo agente. → ATOS QUE IMPORTAM EM PREJUÍZO AO ERÁRIO (art. 10): a conduta deve ser praticada dolosa ou culposamente pelo agente (STJ admite a modalidade culposa). → ATOS QUE ATENTAM CONTRA OS PRINCÍPIOS DA ADMINISTRAÇÃO PÚBLICA (art. 11): a conduta deve ser praticada dolosamente pelo agente.

SANÇÕES	• perda dos bens ou valores acrescidos ilicitamente ao patrimônio. • ressarcimento integral do dano. • perda da função pública. • suspensão dos direitos políticos. • pagamento de multa civil. • proibição de contratar com o Poder Público ou de receber benefícios ou incentivos fiscais ou creditícios. → na cominação das sanções, deve o aplicador valer-se do princípio da proporcionalidade. → desnecessidade de aplicar concomitantemente tais sanções, podendo o magistrado dosá-las segundo a natureza e extensão da infração.
ASPECTOS PROCESSUAIS	• possibilidade de medidas cautelares. • legitimidade ativa: Ministério Público ou pessoa jurídica interessada. • vedação de transação, acordo ou conciliação. • competência: juízo de primeiro grau em caso de condenação, o sujeito ativo fará o pagamento em favor da pessoa jurídica prejudicada pelo ilícito. • a perda da função pública, bem como a suspensão dos direitos políticos, somente ocorre após sentença condenatória transitada em julgado. → Procedimento: ↓ Petição inicial → notificação do requerido para manifestar-se por escrito no prazo de 15 dias → magistrado poderá: • extinguir a lide. • receber a inicial, citando o réu para apresentar sua contestação.

11.16. JURISPRUDÊNCIA DESTACADA DOS TRIBUNAIS SUPERIORES

11.16.1. Súmulas Vinculantes do Supremo Tribunal Federal

• 4: "Salvo nos casos previstos na Constituição, o salário mínimo não pode ser usado como indexador de base de cálculo de vantagem de servidor público ou de empregado, nem ser substituído por decisão judicial".

• 6: "Não viola a Constituição o estabelecimento de remuneração inferior ao salário mínimo para as praças prestadoras de serviço militar inicial".

• 16: "Os artigos 7º, IV, e 39, § 3º (redação da EC 19/98), da Constituição, referem-se ao total da remuneração percebida pelo servidor público".

11.16.2. Súmulas do Supremo Tribunal Federal

• 16: "Funcionário nomeado por concurso tem direito à posse".

• 21: "Funcionário em estágio probatório não pode ser exonerado nem demitido sem inquérito ou sem as formalidades legais de apuração de sua capacidade".

• 22: "O estágio probatório não protege o funcionário contra a extinção do cargo".

• 36: "Servidor vitalício está sujeito à aposentadoria compulsória, em razão da idade".

• 339: "Não cabe ao Poder Judiciário, que não tem função legislativa, aumentar vencimentos de servidores públicos sob fundamento de isonomia".

• 679: "A fixação de vencimentos dos servidores públicos não pode ser objeto de convenção coletiva".

• 685: "É inconstitucional toda modalidade de provimento que propicie ao servidor investir-se, sem prévia aprovação em concurso público destinado ao seu provimento, em cargo que não integra a carreira na qual anteriormente investido".

• 686: "Só por lei se pode sujeitar a exame psicotécnico a habilitação de candidato a cargo público".

11.16.3. Súmulas do Superior Tribunal de Justiça

• 137: "Compete à Justiça Comum Estadual processar e julgar ação de servidor público municipal, pleiteando direitos relativos ao vínculo estatutário".

• 266: "O diploma ou habilitação legal para o exercício do cargo deve ser exigido na posse e não na inscrição para o concurso público".

• 378: "Reconhecido o desvio de função, o servidor faz jus às diferenças salariais decorrentes".

11.16.4. Nepotismo e Súmula Vinculante n. 13

O conteúdo da Súmula Vinculante n. 13 é o seguinte:

Súmula Vinculante n. 13: "A nomeação de cônjuge, companheiro ou parente em linha reta, colateral ou por afinidade, **até o terceiro grau**, inclusive, da autoridade nomeante ou de servidor da mesma pessoa jurídica investido em cargo de direção, chefia ou assessoramento, para o exercício de **cargo em comissão ou de confiança** ou, ainda, de função gratificada na administração pública direta e indireta em qualquer dos Poderes da União, dos Estados, do Distrito Federal e dos Municípios, compreendido o ajuste mediante designações recíprocas, viola a Constituição Federal".

Essa súmula vinculante trata da **vedação ao nepotismo** no âmbito da Administração Pública. Ou seja, proíbe-se a nomeação de cônjuge, companheiro ou parente (em linha reta, colateral ou por afinidade, até o terceiro grau) para cargo em comissão ou função de confiança. A proibição atinge os três Poderes, no âmbito federal, estadual, municipal e distrital, abarcando a Administração direta e indireta. A vedação decorre da aplicação dos princípios constitucionais da impessoalidade e da moralidade administrativa.

Saliente-se que, muito embora a súmula vinculante não seja expressa nesse sentido, o Supremo Tribunal Federal vem interpretando que a vedação ao nepotismo **não atinge**, regra geral, a nomeação para **cargos políticos**, como Ministros de Estado e Secretários, estaduais e municipais. É o que se verifica pelo Acórdão abaixo (Rcl 6.650-MC-AgR, Pleno, rel. Min. Ellen Gracie, j. em 16-10-2008):

"NOMEAÇÃO DE IRMÃO DE GOVERNADOR DE ESTADO – CARGO DE SECRETÁRIO DE ESTADO – NEPOTISMO – SÚMULA VINCULANTE N. 13 – INAPLICABILIDADE AO CASO – CARGO DE NATUREZA POLÍTICA – AGENTE POLÍTICO – ENTENDIMENTO FIRMADO NO JULGAMENTO DO RECURSO EXTRAORDINÁRIO 579.951/RN.

Impossibilidade de submissão do reclamante, Secretário Estadual de Transporte, agente público, às hipóteses expressamente elencadas na Súmula Vinculante n. 13, por se tratar de cargo de natureza política".

Questões

1. **(Advogado da União – CESPE – 2002) Julgue o item a seguir:**

No Direito Administrativo, o conceito de agente público é amplo e abrange até pessoas sem vínculo jurídico permanente com a Administração, como é o caso dos componentes de mesas receptoras de votos nas eleições, pessoas delegadas de serviços públicos, como permissionários e concessionários de serviços públicos, e pessoas detentoras de mandato eletivo, como os membros de câmaras municipais e o presidente da República.

2. (Técnico do TRF da 3ª Região – SP/MS – 2007) Os servidores nomeados para cargo de provimento efetivo em virtude de concurso público serão submetidos à avaliação especial de desempenho por comissão instituída para essa finalidade e somente serão estáveis após:

a) 1 ano de efetivo exercício.
b) 2 anos de efetivo exercício.
c) 3 anos de efetivo exercício.
d) 4 anos de efetivo exercício.
e) 5 anos de efetivo exercício.

3. (Procurador do Estado de São Paulo – 2005) O regime estatutário aplicável aos servidores públicos:

a) é definido por contrato, sem possibilidade de alteração unilateral e respeitados, em qualquer condição, os direitos adquiridos.
b) é definido por contrato, podendo ser modificado unilateralmente, respeitados os direitos adquiridos.
c) é definido em lei, podendo ser modificado unilateralmente, respeitados os direitos já adquiridos pelo servidor.
d) é definido em lei, não podendo ser modificado unilateralmente.
e) tem natureza mista, com aspectos definidos em lei e aspectos contratuais, podendo ser modificado unilateralmente, desde que respeitados os direitos adquiridos.

4. (Magistratura do Trabalho – 15ª Região/Campinas – 2008) Após a aprovação em concurso público, determinado servidor da Administração direta federal foi nomeado para o cargo de provimento efetivo. É *incorreto* afirmar que:

a) será estável após 3 (três) anos de efetivo exercício.
b) atingida a estabilidade, poderá perder o seu cargo mediante procedimento de avaliação periódica de desempenho, na forma da lei complementar, assegurada a ampla defesa.
c) caso haja compatibilidade de horário, poderá acumular o seu cargo técnico com um emprego público de professor universitário, sendo que a totalidade da sua remuneração não poderá exceder a subsídio mensal dos Ministros do STF.
d) por exercer cargo de provimento efetivo, não poderá ser cedido para ocupar cargo em comissão em outro órgão da Administração Pública federal, estadual ou municipal.

e) implementados os requisitos da Lei n. 8.112/90, poderá usufruir de licença por motivo de doença em pessoa da família, por motivo de afastamento do cônjuge ou companheira, para o serviço militar, para atividade política e inclusive de licença para tratar de interesses particulares.

5. **(Analista do TRT da 2ª Região/SP – 2004) Paulo, servidor público estável, é ocupante de um cargo cuja desnecessidade acaba de ser declarada em reforma administrativa. Nesse caso, ele:**
   a) ficará em disponibilidade, com remuneração proporcional ao tempo de contribuição, até sua readaptação ou reintegração.
   b) permanecerá em seu cargo, que só poderá ser extinto quando se vagar, por qualquer uma das modalidades previstas em lei.
   c) ficará em disponibilidade, com remuneração proporcional ao tempo de serviço, até seu adequado aproveitamento em outro cargo.
   d) aposentar-se-á, com proventos proporcionais ao tempo de serviço, salvo se manifestar interesse em ser readaptado em outro cargo.
   e) optará entre permanecer em disponibilidade até sua reintegração e aposentar-se, em ambos os casos com remuneração proporcional ao tempo de contribuição.

6. **(Analista do TRT da 2ª Região/SP – 2004) Considere:**
   I. São estáveis após três anos de exercício todos os servidores nomeados para cargo ou função pública.
   II. O servidor público estável pode perder o cargo mediante processo administrativo em que lhe seja assegurada ampla defesa.
   III. O servidor público estável pode perder o cargo mediante procedimento de avaliação periódica de desempenho, na forma da lei complementar, assegurada ampla defesa.
   IV. Não tem efeito suspensivo a sentença judicial que decreta a perda do cargo de servidor estável, sendo aplicável imediatamente, desde que assegurada ampla defesa.

   Quanto à estabilidade do servidor público, *apenas* estão corretos:
   a) I e II.
   b) I e III.
   c) II e III.
   d) II e IV.
   e) III e IV.

7. **(Analista do TRT da 20ª Região-SE) Três servidores públicos federais são réus em processos penais, acusados da prática de atos que configuram, ao mesmo tempo, ilícitos penais e administrativos. Os três acabam absolvidos em seus processos penais, sendo o primeiro servidor por falta de provas, o segundo servidor, por negativa de autoria e o terceiro servidor, por negativa do fato. Nesse caso, nos respectivos processos administrativos:**
   a) os três servidores deverão ser absolvidos.
   b) o terceiro servidor poderá ser condenado, mas o primeiro e o segundo servidores deverão ser absolvidos.
   c) o primeiro servidor poderá ser condenado, mas o segundo e o terceiro servidores deverão ser absolvidos.
   d) o segundo servidor poderá ser condenado, mas o primeiro e o terceiro servidores deverão ser absolvidos.
   e) os três servidores ainda assim poderão ser condenados.

8. **(Ministério Público do Trabalho) Leia com atenção as assertivas abaixo:**
   I. É obrigatória a presença de advogado em todas as fases do processo administrativo disciplinar.
   II. A pena de suspensão, aplicada ao servidor público, poderá ser convertida em multa, desde que haja interesse da Administração Pública, quando então o servidor permanecerá em serviço com o desconto de 50% nos seus vencimentos, pelos dias correspondentes ao cumprimento da pena originariamente imposta.
   III. A responsabilidade administrativa do servidor será afastada no caso de absolvição criminal que negue a existência do fato ou sua autoria.

   Assinale a alternativa CORRETA:
   a) apenas as assertivas I e a III estão corretas.
   b) apenas as assertivas I e II estão corretas.
   c) apenas a assertiva I está correta.
   d) apenas as assertivas II e III estão corretas.

9. **(Ministério Público do Trabalho – 2008) Leia com atenção as assertivas abaixo:**
   I. a Constituição Federal assegura a livre associação sindical dos servidores públicos civis e militares.

II. segundo entendimento jurisprudencial dominante no STF, servidores públicos estatutários não podem celebrar acordos ou convenções coletivas de trabalho.

III. o STF reviu entendimento anterior no sentido de que é vedado ao servidor público o exercício do direito de greve, em face da ausência de lei regulamentadora, passando, a partir de decisão recente de seu órgão plenário, a entender viável o movimento paredista pelos servidores públicos, os quais deverão observar, no que couber, a lei aplicável aos trabalhadores da iniciativa privada.

IV. segundo entendimento jurisprudencial dominante no STF, aos servidores públicos contratados pelo regime da CLT aplicam-se as mesmas restrições de extensão de direitos sociais previstas para os demais servidores públicos.

De acordo com as assertivas acima, pode-se afirmar que:

a) todas as assertivas estão corretas.
b) apenas uma assertiva está correta.
c) apenas duas assertivas estão corretas.
d) apenas três assertivas estão corretas.

10. (Ministério Público do Estado de São Paulo – 2003) Ao reingresso no serviço público do funcionário em disponibilidade dá-se o nome de:

a) readmissão.
b) aproveitamento.
c) reversão.
d) readaptação.
e) reintegração.

11. (Delegação de Notas e de Registro do Estado de São Paulo – 2006) A estabilidade no serviço público é garantia constitucional de permanência no serviço público:

a) que admite a exoneração *ad nutum*, apenas após o estágio probatório;
b) que excepciona o poder disciplinar da Administração.
c) após o estágio probatório.
d) que prescreve o estágio probatório após a efetiva aquisição da estabilidade.

12. (Magistratura do Estado de Alagoas – 2007) Leia o seguinte trecho, com o qual o Ministro Eros Grau, do Supremo Tribunal Federal, encerra seu voto, como relator do Mandado de Injunção n. 712:

"53. Isto posto, a norma, na amplitude que a ela deve ser conferida no âmbito do presente mandado de injunção, compreende conjunto integrado pelos artigos 1º ao 9º, 14, 15 e 17 da Lei n. 7.783/89, com as alterações necessárias ao atendimento das peculiaridades da greve nos serviços públicos, que introduzo no artigo 3º e seu parágrafo único, no artigo 4º, parágrafo único do artigo 7º, no artigo 9º e seu parágrafo único e no artigo 14. Este, pois, é o conjunto normativo reclamado, no quanto diverso do texto dos preceitos mencionados da Lei n. 7.783/89: [...]

54. Em face de tudo, conheço do presente mandado de injunção, para, reconhecendo a falta de norma regulamentadora do direito de greve no serviço público, remover o obstáculo criado por essa omissão e, supletivamente, tornar viável o exercício do direito consagrado no artigo 37, VII, da Constituição do Brasil, nos termos do conjunto normativo enunciado neste voto".

Com efeito, em matéria do direito de greve dos servidores públicos, justifica-se a impetração do mandado de injunção, pois:

a) a Constituição Federal é omissa quanto ao tema.

b) ainda não foi editada a lei específica a que a Constituição Federal se refere.

c) a Constituição Federal afasta a incidência desse direito, o qual, todavia, decorre dos princípios gerais do Direito.

d) a lei que trata do tema foi julgada inconstitucional face à Constituição Federal.

e) faltam regulamentos administrativos para que se dê efetividade ao direito.

13. **(Procurador do Município de São Paulo – 2004) Infere-se da independência das instâncias administrativa, civil e criminal a:**

a) absolvição criminal não afasta a responsabilização administrativa, mesmo se forem comprovadas a inexistência do fato e a não autoria imputada ao funcionário.

b) absolvição criminal por insuficiência de provas tem repercussão direta no processo administrativo.

c) punição do funcionário poderá ocorrer em qualquer das instâncias, não tendo qualquer influência o resultado de uma esfera em outra.

d) absolvição criminal por inexistência de provas somente terá repercussão na esfera civil.

e) absolvição criminal afasta a responsabilização administrativa quando ficar comprovada a inexistência do fato ou não autoria imputada ao funcionário.

14. (Procurador do Estado de Pernambuco – 2004) Um funcionário público aposentado por tempo de serviço com proventos integrais é posteriormente nomeado para exercício de cargo efetivo dentro da mesma pessoa política à qual estava subordinado, para desempenho das mesmas atividades. Nesta situação, de acordo com entendimento do Supremo Tribunal Federal, a acumulação dos proventos da inatividade com os vencimentos da atividade:

a) não é possível, porque os cargos não eram acumuláveis na ativa e, portanto, não podem sê-lo na inatividade.
b) é possível, vez que a proibição constitucional refere-se à acumulação de cargos, nada dispondo sobre acumulação de remuneração.
c) é possível, posto que a vedação constitucional refere-se apenas à acumulação de cargo com emprego ou função.
d) não é possível, porque a aposentadoria não se deu com base nos vencimentos proporcionais e sim integrais.
e) é possível, pois a vedação de acumulação de cargos efetivos restringe-se à ativa, devendo apenas ser respeitado o teto máximo salarial em vigor para a categoria.

15. (Auditor do Tribunal de Contas do Estado de Alagoas – 2008) Constituem modalidades de sanções previstas na Lei federal n. 8.429/92 (Lei de Improbidade Administrativa):

a) a suspensão temporária da função pública e a privação da liberdade.
b) a suspensão temporária da função pública e a proibição de contratar com o Poder Público.
c) a suspensão temporária dos direitos políticos e a perda de bens e valores acrescidos ilicitamente ao patrimônio.
d) a cassação dos direitos políticos e o ressarcimento integral do dano.
e) a cassação dos direitos políticos e a perda da função pública.

16. (Ministério Público Federal – 2003) Assinale a alternativa correta:

a) o servidor público, nomeado para cargo de provimento efetivo em razão de concurso público, adquire estabilidade após dois anos de exercício efetivo.
b) o membro do Ministério Público federal, após adquirir estabilidade, só poderá perder o cargo mediante processo administrativo em que lhe seja assegurada ampla defesa.
c) o procedimento de avaliação periódica de desempenho, instituído pela Emenda Constitucional n. 19/98, pode levar o membro do Ministério Público federal a perda do cargo.
d) nenhuma das alternativas está correta.

17. (Defensor Público da União – CESPE – 2005) Julgue o seguinte item:

Se um servidor público for aposentado por invalidez e, posteriormente, junta médica oficial descobrir que insubsistem as razões da aposentadoria, o retorno do servidor à atividade, nesses casos, denomina-se aproveitamento.

18. (Técnico do TRF da 3ª Região – SP/MS – 2007) Mário, servidor público federal estável, teve invalidada a sua demissão por decisão judicial, fazendo jus a ser reinvestido no cargo que anteriormente ocupava. Encontrando-se provido o cargo, o seu eventual ocupante será:

a) readaptado ao cargo de origem, com direito à indenização, ou aproveitado em outro cargo, ou, ainda, posto em disponibilidade.
b) reconduzido ao cargo de origem, com direito à indenização, ou aproveitado em outro cargo, ou, ainda, posto em disponibilidade.
c) obrigatoriamente posto em disponibilidade, não sendo permitida sua reversão ao cargo de origem, por expressa vedação legal.
d) reconduzido ao cargo de origem, sem direito à indenização, ou aproveitado em outro cargo, ou, ainda, posto em disponibilidade.
e) revertido ao cargo de origem, com direito à indenização, ou aproveitado em outro cargo, ou, ainda, posto em disponibilidade.

19. (Técnico do TRF da 3ª Região – SP/MS – 2007) Considere as seguintes hipóteses:

I. Mário, servidor público federal estável, foi promovido.
II. Joana, servidora pública federal estável, tomou posse em outro cargo inacumulável.
III. Dora foi nomeada para o cargo de técnico judiciário do Tribunal Regional Federal da 3ª Região.
IV. João, servidor público federal estável, foi compulsoriamente aposentado.

De acordo com a Lei n. 8.112/90, ocorrerá a vacância de cargo público *apenas* nas hipóteses indicadas em:

a) I, II e IV.
b) I, II e III.
c) II, III e IV.
d) I e III.
e) II e IV.

20. (Ministério Público – Paraná – 2008) – A respeito do tema *agentes públicos*, assinale a alternativa *incorreta:*

a) Os cargos, empregos e funções públicas são acessíveis aos brasileiros que preencham os requisitos estabelecidos em lei, assim como aos estrangeiros, na forma da lei.
b) As funções de confiança devem ser exercidas, exclusivamente, por servidores ocupantes de cargos efetivos.
c) É vedada a acumulação de proventos de aposentadoria decorrente do exercício de atividade pública com a remuneração de cargos públicos, ainda que em comissão.
d) Compete privativamente ao Chefe do Poder Executivo a iniciativa de lei que disponha sobre criação de cargos, funções ou empregos públicos na Administração direta.
e) O Supremo Tribunal Federal entendeu que, enquanto não disciplinado em lei o direito de greve do servidor público civil, aplica-se, no que couber, a Lei n. 7.783/89, que dispõe sobre o exercício do direito de greve na iniciativa privada.

21. (Ministério Público – Pernambuco – 2008) No que diz respeito aos servidores públicos é *incorreto* afirmar, tecnicamente, que os:

a) empregados públicos da Administração direta e indireta, regidos pela Consolidação das Leis do Trabalho, titulares de emprego público, recebem salário como remuneração.
b) detentores de mandato eletivo e os chefes do Executivo recebem subsídio, constituído de parcela única, a título de remuneração.
c) servidores, pelo exercício de cargo público, recebem vencimentos, como espécie de remuneração, e correspondem à soma do vencimento e das vantagens pecuniárias.
d) agentes políticos, a exemplo dos membros do Ministério Público e dos Juízes de Direito, recebem vencimentos a título de retribuição pecuniária.
e) Conselheiros dos Tribunais de Contas recebem subsídio, visto como uma modalidade do sistema remuneratório constitucional.

22. (Procurador da Fazenda Nacional – ESAF – 2006) Em 1981, João passou a ocupar, sem prévia aprovação em concurso público, um cargo efetivo de auxiliar administrativo, em Administração direta municipal. Em 1985, seu irmão, Tomás, passou a ocupar

cargo efetivo de fiscal, em autarquia vinculada ao Ministério da Fazenda, também sem prévia aprovação em concurso público. Levando em conta que a lei não declara tais cargos como de livre exoneração, que ambos permanecem em exercício desde a data de suas posses, bem assim as disposições de nossa Constituição Federal sobre a matéria, é correto afirmar que, na atualidade:

a) João e Tomás são servidores estáveis.
b) João é servidor estável; Tomás, não.
c) Tomás é servidor estável; João, não.
d) por terem ingressado no serviço público sem prévia aprovação em concurso, nenhum dos dois detém estabilidade nos cargos que ocupam.
e) não há informações suficientes, no comando desta questão, para saber se João e Tomás são servidores estáveis.

23. **(Defensor Público do Estado de Sergipe – 2005) Julgue o item a seguir:**

Um servidor público federal foi demitido, por meio de processo administrativo disciplinar, por ter praticado crime de peculato e por ter exercido o cargo em proveito pessoal, em detrimento da dignidade da função pública. No entanto, na esfera penal, foi absolvido por falta de provas. Nessa situação, o servidor deve ser reintegrado no seu cargo público, já que a decisão na esfera penal estende os seus efeitos à decisão administrativa.

24. **(Procurador do Banco Central do Brasil – 2006) Caso um ato praticado por agente público configure, ao mesmo tempo, ilícito penal, civil, administrativo e ainda ato de improbidade administrativa, o agente poderá, em tese, sofrer:**

a) apenas as penalidades criminal e por improbidade administrativa, que absorvem as demais.
b) a penalidade criminal e apenas uma dentre a civil, a administrativa e a por improbidade administrativa.
c) penalidades em todas essas quatro esferas.
d) apenas a penalidade criminal, que absorve todas as demais.
e) as penalidades criminal, civil e apenas uma dentre a administrativa e a por improbidade administrativa.

25. **(Procurador do Estado de Pernambuco – 2004) A prática de ato, por funcionário público, que configure ilícito penal e infração**

administrativa punível com demissão enseja processo administrativo disciplinar:

a) que somente pode ser instaurado após recebimento da denúncia no processo criminal.
b) que é imediatamente arquivado caso ocorra a prescrição da pretensão punitiva na esfera criminal.
c) que tramita em separado da ação penal, esta que influi na esfera administrativa em determinados casos, como na hipótese de negativa da autoria do fato que também tenha configurado infração administrativa.
d) instaurado em apartado do inquérito e ação penal correspondente, com trâmite regular até edição do relatório, ficando somente a decisão daquele condicionada à solução proferida na esfera criminal.
e) instaurado nos mesmos autos com o inquérito para apuração do ilícito penal, razão pela qual aquele processo adere ao rigoroso formalismo do processo judicial criminal.

26. (Procurador do Estado de Sergipe – 2005) É elemento característico do regime da ação de improbidade administrativa estabelecido pela Lei n. 8.429/92:

a) a competência privativa do Ministério Público para seu ajuizamento.
b) a possibilidade de resultar na aplicação de pena privativa de liberdade, desde que o mesmo fato já não tenha gerado condenação em processo legal.
c) a extensão de sua tutela a atos praticados por qualquer agente público, servidor ou não.
d) a possibilidade de resultar na aplicação de pena de perda de direitos políticos.
e) a transmissão das cominações da Lei ao sucessor *causa mortis* do réu, independentemente do valor da herança.

27. (Procurador do Estado de Roraima – 2006) A prática de ato de improbidade administrativa pode gerar:

a) o dever de ressarcimento ao Poder Público pelos prejuízos causados, desde que não tenha sido cometido ilícito penal, pois este, pela gravidade, absorve o ilícito civil.
b) a suspensão dos direitos políticos e indisponibilidade dos bens, garantindo ao titular do mandato eletivo em curso que o conclua, somente após o que poderá ser iniciado o processo para apuração das infrações.

c) a responsabilidade do titular de mandato eletivo pelos atos praticados por seus subordinados, na esteira da responsabilidade do empregador por ato de seus empregados.
d) sanção independente nas instâncias administrativa, civil e criminal, sem prejuízo da sanção específica pela prática do ato.
e) o dever de ressarcir o erário pelos danos cometidos, desde que não se trate de servidor público, este que somente poderá ser processado por ilícito penal e administrativo.

28. (Procurador do Município de São Paulo – 2008) Os atos de improbidade administrativa:

a) poderão corresponder a crimes na legislação penal, hipótese em que a tramitação do processo administrativo disciplinar será sobrestada até o desfecho da ação penal.
b) estão configurados na hipótese de atentado contra os princípios da Administração Pública, ainda que não ocorra prejuízo ao erário.
c) são praticados exclusivamente por agentes públicos, assim considerados os servidores públicos, agentes políticos e os particulares em colaboração com o Poder Público.
d) estarão configurados na hipótese de prejuízo ao erário ou atentado contra os princípios da Administração Pública, independentemente de dolo ou culpa do agente.
e) poderão acarretar pena de perda dos direitos políticos, aplicada em sede de processo administrativo, no qual será garantido direito a ampla defesa.

29. (Promotor de Justiça – MP/MS – 2013) A ação civil de improbidade administrativa por infringência aos artigos 9º, 10 e 11, da Lei n. 8.429/92, prescreve em:

a) três anos, após o término de mandato, de cargo em comissão, ou de função de confiança.
b) cinco anos, após o término de mandato, de cargo em comissão, ou de função de confiança.
c) oito anos, após o término de mandato, de contrato, de cargo em comissão, ou de função de confiança.
d) dez anos, após o término de mandato, de cargo efetivo ou comissão, ou de função temporária de confiança.
e) vinte anos, após o término de mandatos, exercício de cargos ou funções públicas.

Gabarito

1. Correto
2. C
3. C
4. D
5. C
6. C
7. C
8. D
9. B
10. B
11. C
12. B
13. E
14. A
15. C
16. D
17. Errado
18. D
19. A
20. C
21. D
22. B
23. Errado
24. C
25. C
26. C
27. D
28. B
29. B

12

BENS PÚBLICOS

12.1. CONCEITO

Da mesma forma como foi visto em relação à definição de diversos institutos do Direito Administrativo (atos administrativos, contratos administrativos, serviços públicos), pende controvérsia acerca da conceituação de bens públicos. De maneira geral, três definições se apresentam. São elas:

a) Existe uma **definição legal** de bens públicos, estampada no art. 98 do CC, que assim dispõe:

"São públicos os bens do domínio nacional pertencentes às pessoas jurídicas de direito público interno; todos os outros são particulares, seja qual for a pessoa a que pertencerem".

Tal definição leva em conta a natureza jurídica da pessoa jurídica a que se encontra vinculado o bem. Se a entidade detém personalidade de direito público, o bem enquadra-se na categoria de bem público.

Dessa forma, são bens públicos aqueles pertencentes à União, aos Estados-membros, ao Distrito Federal e aos Municípios (entidades da Administração direta, todas elas pessoas de direito público), bem como as coisas pertencentes às autarquias, fundações governamentais públicas e associações públicas (integrantes da Administração indireta). Restam excluídos dessa definição os bens das demais entidades da Administração indireta (empresas públicas e sociedades de economia mista, que são pessoas privadas), os consórcios públicos de natureza privada, bem como os bens das empresas concessionárias e permissionárias de serviços públicos. Adotam tal definição, por exemplo, Lúcia Valle Figueiredo e José dos Santos Carvalho Filho.

b) Outros autores ampliam a acepção de bens públicos. Vale consignar que acatam a definição legal, considerando que as coisas pertencentes às pessoas públicas se enquadram em referida categoria.

A diferença é a ampliação do conceito aos bens que, a despeito de não pertencerem a pessoas públicas, estejam **afetados à prestação de um serviço público**. O fundamento para tanto é dado por Celso Antônio Bandeira de Mello, em passagem esclarecedora (2003, p. 780):

"A noção de bem público, tal como qualquer outra noção em Direito, só interessa se for correlata a um dado regime jurídico. Assim, todos os bens que estiverem sujeitos ao mesmo regime público deverão ser havidos como bens públicos. Ora, bens particulares quando afetados a uma atividade pública (enquanto o estiverem) ficam submissos ao mesmo regime jurídico dos bens de propriedade pública. Logo, têm que estar incluídos no conceito de bem público".

No mesmo sentido posicionam-se Diogenes Gasparini e Maria Sylvia Zanella Di Pietro.

c) Por fim, saliente-se o conceito adotado por Hely Lopes Meirelles, para quem bens públicos, "em sentido amplo, são todas as coisas, corpóreas ou incorpóreas, imóveis, móveis e semoventes, créditos, direitos e ações, que pertençam, a qualquer título, às entidades estatais, autárquicas, fundacionais e empresas governamentais" (2001, p. 479).

Cumpre notar que tal definição inclui os bens das empresas governamentais (empresas públicas e sociedades de economia mista) na categoria de bens públicos, independentemente da atividade exercida (serviço público ou atividade econômica).

Odete Medauar acata tal definição, esclarecendo que o "ordenamento jurídico inclina-se à publicização do regime dos bens pertencentes a empresas públicas, sociedades de economia mista e entidades controladas pelo poder público" (2004, p. 282).

A disparidade observada no âmbito doutrinário reflete-se na jurisprudência dos Tribunais Superiores. Apesar de tal realidade, pode-se afirmar que vem prevalecendo o entendimento segundo o qual os bens das entidades privadas prestadoras de serviços públicos submetem-se ao regime jurídico dos bens públicos (ver item 12.9, referente à jurisprudência dos Tribunais Superiores).

Esquematicamente:

12.2. CLASSIFICAÇÃO

Diversos são os critérios para a classificação dos bens públicos.

Entre eles, destaca-se o critério utilizado pelo Código Civil, referente à **destinação pública de tais bens**, classificação maciçamente explorada em concursos públicos. De acordo com o art. 99 do CC, os bens podem ser:

a) **Bens de uso comum do povo** (art. 99, I)

São as coisas (móveis e imóveis) que podem ser utilizadas indiscriminadamente por qualquer pessoa. Ou seja, são os bens destinados a uso público.

O próprio Código Civil exemplifica: rios, mares, estradas, ruas, praças. Outros que poderiam ser citados: passeio público (calçadas), praias etc.

Muito embora seu uso seja, em geral, gratuito, **admite-se a remuneração**. É o que dispõe expressamente o art. 103 do CC: "O uso comum dos bens públicos pode ser gratuito ou retribuído, conforme for estabelecido legalmente pela entidade a cuja administração pertencerem". Exemplo: possibilidade de cobrança em virtude de se estacionar veículo em via pública.

b) **Bens de uso especial** (art. 99, II)

São todas as coisas "utilizadas pela Administração Pública para realização de suas atividades e consecução de seus fins" (DI PIETRO, 2009, p. 671). Exemplos: imóveis em que funcionam as repartições públicas, bens móveis utilizados pelo Poder Público (computadores, materiais de escritório, veículos oficiais etc.), escolas públicas, museus, bibliotecas, aeroportos, mercados municipais.

c) **Bens dominicais** (art. 99, III)

Representam as coisas destituídas de qualquer destinação pública. Eles constituem o patrimônio disponível da Administração, exercendo o Poder Público os poderes típicos de proprietário. São exemplos os imóveis não utilizados pela Administração, os móveis inservíveis, as terras devolutas, a dívida ativa etc.

Como bem observa Carvalho Filho, "a noção é residual, porque nessa categoria se situam todos os bens que não se caracterizem como de uso comum do povo ou de uso especial" (2008, p. 1055).

Dispõe o parágrafo único do art. 99 do CC, referente aos bens dominicais:

"Não dispondo a lei em contrário, consideram-se dominicais os bens pertencentes às pessoas jurídicas de direito público a que se tenha dado estrutura de direito privado".

Tal dispositivo tem suscitado perplexidades na doutrina nacional, de tal maneira que vem sendo alvo de agudas críticas. É o que faz Carvalho Filho, em percuciente análise (2008, p. 1056):

"A norma é de difícil compreensão. O que significaria dar estrutura de direito privado a uma pessoa de direito público? A ideia da norma é, no mínimo, estranha. Há duas hipóteses que teriam pertinência no caso: ou a pessoa de direito público se transforma em pessoa de direito privado, logicamente adotando a estrutura própria desse tipo de entidade; ou continua sendo de direito público, apenas adaptando em sua estrutura alguns aspectos (e não podem ser todos!) próprios de pessoas de direito privado. Ao que parece, somente esta segunda hipótese se conformaria ao texto legal, mas fica difícil entender a razão do legislador. Se a intenção foi a de tornar mais flexível a disponibilização dos bens dessas entidades, qualificando-os como dominicais, seria mais razoável que a lei responsável pela introdução da nova estrutura de direito privado já atribuísse aos bens a referida qualificação, e isso porque o novo diploma já estabelece que os bens dominicais podem ser alienados, observadas as exigências da lei (art. 101). Desse modo, não nos parece ter sido feliz o legislador nessa inovação".

Por fim, acerca do critério adotado pelo Código Civil, Maria Sylvia Zanella Di Pietro assinala que se trata, a bem da verdade, de uma classificação que admite duas modalidades, e não três, como dispõe a lei. "Com relação aos bens de uso comum e de uso especial, não existe diferença de regime jurídico, pois ambos estão destinados a fins públicos"(2009, p. 669). Estes representam os bens de domínio público do Estado. Já os bens dominicais representam os bens de domínio privado do Estado, haja vista serem marcados pelo desprovimento de destinação pública.

12.3. AFETAÇÃO E DESAFETAÇÃO

Como visto no item precedente, os bens públicos podem estar vinculados a uma destinação pública. Nessa hipótese, diz-se que estão afetados.

Afetação (também conhecida como **consagração**) significa, portanto, o **ato pelo qual se confere a um bem determinada destinação pública**, ou para uso comum ou para uso especial. Representa a transformação de uma coisa em bem público (de uso comum do povo ou de uso especial, a depender da finalidade conferida).

Exemplo: o Estado desapropria um terreno de um particular e, em seguida, inicia a construção de uma praça. No caso, a afetação observada confere ao imóvel a condição de bem público de uso comum. Se, ao contrário, a Administração pretende construir uma escola pública, a afetação prestar-se-á ao surgimento de um bem público de uso especial.

A afetação é instrumentalizada por uma **lei** ou por um **ato administrativo**. Nesses casos, na medida em que se observa uma manifestação estatal, há uma **afetação expressa**. Em relação à afetação por meio de um **fato jurídico**, a doutrina não é unânime. Alguns a admitem, como Maria Sylvia Zanella Di Pietro (2009, p. 673) e José dos Santos Carvalho Filho (2008, p. 1059); outros não (GASPARINI, 2008, p. 871). Nesta hipótese, a afetação é **tácita**.

A **desafetação** (ou **desconsagração**) representa processo inverso. Ou seja, é o **ato pelo qual se retira de um bem a respectiva destinação pública**, de sorte que passa a integrar a categoria dos bens dominicais. É o que se dá com a ordem de demolição de uma escola pública ou com o incêndio ocorrido em uma biblioteca pública.

A desafetação efetiva-se por meio de **lei** ou **ato administrativo** (**desafetação expressa**), remanescendo igual polêmica em relação à possibilidade de desconsagração por meio de um **fato jurídico** (**desafetação tácita**). Nesse caso, Diogenes Gasparini a admite (2008, p. 871).

José dos Santos Carvalho Filho afirma ser "irrelevante a forma pela qual se processa a alteração da finalidade do bem quanto a seu fim público ou não. Relevante, isto sim, é a ocorrência em si da alteração da finalidade, significando que na afetação o bem passa a ter uma destinação pública que não tinha, e que na desafetação se dá o fenômeno contrário, ou seja, que tinha a destinação pública, passa a não mais tê-la, temporária ou definitivamente" (2008, p. 1059).

No entanto, tal afirmação deve ser considerada com temperamentos. Isso porque há determinados fatos que não implicam afetação ou desafetação. É o caso dos comportamentos tomados pelos particulares. Assim, o uso de certo bem como passagem não o transforma em uma rua. Da mesma forma, "inaceitável é a desafetação pelo não uso, ainda que prolongado, como, por exemplo, no caso de uma rua que deixa de ser utilizada" (DI PIETRO, 2009, p. 673).

Esquematicamente:

	USO COMUM DO POVO	USO ESPECIAL	DOMINICAL
DESTINAÇÃO	Uso indiscriminado por qualquer do povo	Utilizado pela Administração para realização de atividades públicas	Bens destituídos de destinação pública
EXEMPLOS	Ruas, estradas, praças, mares, rios	Imóveis em que funcionam as repartições, escolas e hospitais públicos, museus, bibliotecas	Dinheiro dos cofres públicos, terras devolutas, imóveis desafetados
PECULIARIDADES	• Bem afetado • Uso gratuito ou remunerado (art. 103 do CC)	• Bem afetado	• Bem desafetado; patrimônio disponível da Administração

12.4. REGIME JURÍDICO

Os bens públicos sofrem um tratamento específico pelo ordenamento jurídico, de tal maneira que seguem um regime jurídico diferenciado, em comparação com os bens privados. É o que se denomina regime exorbitante típico do Direito Administrativo.

As características que consubstanciam tais bens são as seguintes:

a) **Inalienabilidade (ou alienabilidade condicionada)**

Qualidade pela qual **os bens públicos não podem ser objeto de alienação** (ou seja, não podem ser vendidos, doados, permutados etc.). Fundamento para tanto são os arts. 100 e 101 do CC, que assim preconizam:

"Art. 100. Os bens públicos de uso comum do povo e os de uso especial são inalienáveis, enquanto conservarem a sua qualificação, na forma que a lei determinar.

Art. 101. Os bens públicos dominicais podem ser alienados, observadas as exigências da lei".

Como se pode perceber por tais dispositivos, a inalienabilidade representa uma característica **relativa**, ou seja, não atinge todos os bens públicos. Os **dominicais**, aqueles desafetados a uma finalidade pública, **podem ser alienados** pela Administração. Por conta disso, também se faz referência à característica da **alienabilidade condicionada** (cf. Carvalho Filho).

Nota-se, portanto, que a Administração, para realizar a alienação de seus bens, deve proceder previamente à sua transformação em bem dominical. Vale dizer, imprescindível a prévia desafetação.

Cumpre ressaltar que outros requisitos devem ser observados em relação à alienação dos bens dominicais, como será visto em tópico próprio (ver item 12.6, referente à alienação de bens públicos).

b) **Imprescritibilidade**

Característica pela qual **os bens públicos não podem ser objeto de usucapião** (modalidade de prescrição aquisitiva).

Constitucionalmente, a matéria é tratada nos arts. 183, § 3º, e 191, parágrafo único, ambos os dispositivos com a mesma redação: "Os imóveis públicos não serão adquiridos por usucapião". Da mesma forma o Código Civil, que dispõe da seguinte forma:

"Art. 102. Os bens públicos não estão sujeitos a usucapião".

Também pode ser mencionada a Súmula 340 do STF, expedida em um cenário em que ainda havia polêmica acerca da possibilidade de usucapião dos bens dominicais. Reza referida súmula: "Desde a vigência do Código Civil, os bens dominicais, como os demais bens públicos, não podem ser adquiridos por usucapião".

Representa, assim, qualidade **absoluta**. Nenhum bem público pode ser usucapido, sequer os dominicais.

c) **Impenhorabilidade**

Qualidade que **impede a penhora de bem público**. Assim, incabível que se proceda, no bojo de uma execução contra a Administração Pública, à constrição judicial de bem público. Como se sabe, a penhora de determinado bem tem por finalidade a sua posterior alienação, em geral, em hasta pública, de tal sorte que o valor arrecadado nessa operação é utilizado para a satisfação do crédito do exequente.

Ora, na medida em que os bens públicos são alienáveis, incabível que sejam penhorados. Assim determina o art. 649, I, do CPC, pelo qual são absolutamente impenhoráveis os bens inalienáveis.

Outro aspecto de relevo é o regime de execução contra a Fazenda Pública, detentor de uma disciplina específica. Trata-se do regime especial dos precatórios, previsto no art. 100 da CF, bem como nos arts. 730 e 731 do CPC.

Dispõem tais normas:

"Art. 100. À exceção dos créditos de natureza alimentícia, os pagamentos devidos pela Fazenda Federal, Estadual ou Municipal, em virtude de sentença judiciária, far-se-ão exclusivamente na ordem cronológica de apresentação dos precatórios e à conta dos créditos respectivos, proibida a designação de casos ou de pessoas nas dotações orçamentárias e nos créditos adicionais abertos para este fim".

"Art. 730. Na execução por quantia certa contra a Fazenda Pública, citar-se-á a devedora para opor embargos em 10 (dez) dias; se esta não os opuser, no prazo legal, observar-se-ão as seguintes regras:

I – o juiz requisitará o pagamento por intermédio do presidente do tribunal competente;

II – far-se-á o pagamento na ordem de apresentação do precatório e à conta do respectivo crédito.

Art. 731. Se o credor for preterido no seu direito de preferência, o presidente do tribunal, que expediu a ordem, poderá, depois de ouvido o chefe do Ministério Público, ordenar o sequestro da quantia necessária para satisfazer o débito".

A característica da impenhorabilidade é **absoluta**, de maneira que abrange todos os bens públicos, incluídos os dominicais. Isso porque o dispositivo constitucional e os artigos do Código de Processo Civil supratranscritos não preveem exceção alguma.

Observe-se, contudo, que algumas decisões judiciais vêm tornando relativa a impenhorabilidade dos bens públicos, ao permitirem o bloqueio de valores da Administração, sob a justificativa de garantir o cumprimento de decisão judicial que determinou o fornecimento de medicamentos a um indivíduo. De acordo com julgado do Superior Tribunal de Justiça, "é lícito ao magistrado determinar o bloqueio de valores em contas públicas para garantir o custeio de tratamento médico indispensável, como meio de concretizar o princípio da dignidade da pessoa humana e do direito à vida e à saúde. Nessas situações, a norma contida no art. 461, § 5º, do Código de

Processo Civil deve ser interpretada de acordo com esses princípios e normas constitucionais, **sendo permitida, inclusive, a mitigação da impenhorabilidade dos bens públicos**" (REsp 909.752, 2ª Turma, rel. Min. João Otávio de Noronha, v.u., *DJ* de 13-9-2007). No mesmo sentido o REsp 806.765, 1ª Turma, rel. Min. Teori Albino Zavascki, v.u., *DJ* de 2-5-2006.

d) **Impossibilidade de oneração**

Característica pela qual **o bem público não pode ser dado em garantia** (hipotecado, empenhado etc.).

Decorre da impenhorabilidade e da inalienabilidade de tais bens. Expresso nesse sentido o art. 1.420 do CC, que assim prevê:

"Só aquele que pode alienar poderá empenhar, hipotecar ou dar em anticrese; só os bens que se podem alienar poderão ser dados em penhor, anticrese ou hipoteca".

Sobre a amplitude de tal qualidade, se absoluta ou relativa, a doutrina diverge.

Alguns autores defendem que a não onerabilidade é absoluta, incluindo os bens dominicais. De acordo com Maria Sylvia Zanella Di Pietro, "o processo de execução contra a Fazenda Pública obedece a normas próprias estabelecidas no art. 100 da Constituição Federal (repetidas nos arts. 730 e 731 do CPC) e que excluem qualquer possibilidade de penhora de bem público, seja qual for a sua modalidade. Não poderia a Fazenda Pública, nem mesmo com autorização legislativa, abrir mão da impenhorabilidade com que a própria Constituição quis proteger os bens públicos de qualquer natureza" (2009, p. 677). No mesmo sentido encontram-se Hely Lopes Meirelles (2001, p. 502) e José dos Santos Carvalho Filho (2008, p. 1063).

Outros autores entendem que é relativa, sob o argumento de que, se a Administração pode alienar os bens dominicais, cabível instituir gravame sobre eles. "A alienação é um *plus* em relação ao ônus. Logo, até pelo princípio segundo o qual quem pode o mais pode o menos, a outorga dessa garantia é legítima" (GASPARINI, 2008, p. 875).

A despeito desse dissenso, observe-se que a Constituição previu a possibilidade de garantia em duas hipóteses. De acordo com o seu art. 167, IV, é vedada a vinculação de receita de impostos a órgão, fundo ou despesa, ressalvada **a prestação de garantias às operações de crédito por antecipação de receita**. O mesmo artigo, em seu § 4º, permite a **prestação de garantia ou contragarantia à União e para pagamento de débitos para com esta**.

De maneira esquemática:

	Inalienabilidade	Imprescritibilidade	Impenhorabilidade	Impossibilidade de oneração
Conceito	Impossibilidade de alienação	Impossibilidade de ser objeto de usucapião	Impossibilidade de penhora	Impossibilidade de oferecer em garantia
Amplitude	Relativa (cabível a alienação de bens dominicais)	Absoluta	Absoluta	Divergência (absoluta/relativa) *Observação:* art. 167, IV e § 4º, da CF/88

12.5. AQUISIÇÃO DOS BENS PÚBLICOS

Para o exercício das funções públicas, o Estado vale-se de bens das mais diversas naturezas. Ocorre que o patrimônio público assim considerado decorre da obtenção de coisas por variadas formas.

A Administração Pública, como qualquer sujeito de direitos, pode adquirir bens que integrarão o seu patrimônio, visando à consecução dos fins que lhe são próprios. Tal aquisição pode dar-se por **mecanismos típicos de direito privado**, bem como por aqueles **próprios de direito público**.

12.5.1. Mecanismos de direito privado

É cabível à Administração adquirir determinados bens pelas formas ordinariamente previstas no direito privado, à semelhança do que se sucede com os particulares. Assim se dá com as operações contratuais de compra, permuta, recebimento em doação, como também com os institutos da acessão, herança, usucapião, entre outros.

Cumpre notar que o Código Civil também prevê duas modalidades específicas de aquisição de bens pela Administração.

É o que se dá com a denominada **herança vacante**, nos termos dos arts. 1.819 a 1.823 do CC. Na hipótese de inexistência de pessoa com direito aos bens de determinada herança, esta passará, após cinco anos da abertura da sucessão, a integrar o domínio do Município ou do Distrito Federal (ou mesmo da União, se a abertura da sucessão se der em Território Federal).

Em caso de **abandono de propriedade imóvel**, prevê o Código Civil a sua aquisição pelo Município (imóvel urbano) ou pela União (imóvel rural), nos termos do art. 1.276, que assim dispõe:

"Art. 1.276. O imóvel urbano que o proprietário abandonar, com a intenção de não mais o conservar em seu patrimônio, e que se não encontrar na posse de outrem, poderá ser arrecadado, como bem vago, e passar, 3 (três) anos depois, à propriedade do Município ou à do Distrito Federal, se se achar nas respectivas circunscrições.

§ 1º O imóvel situado na zona rural, abandonado nas mesmas circunstâncias, poderá ser arrecadado, como bem vago, e passar, 3 (três) anos depois, à propriedade da União, onde quer que ele se localize".

De acordo com a lei, a intenção de abandonar o bem é presumida quando, cessados os atos de posse, deixar o proprietário de satisfazer os ônus fiscais (art. 1.276, § 2º). Trata-se de uma presunção absoluta, como expressamente indica esse dispositivo.

12.5.2. Modalidades de direito público

A formação do patrimônio público também pode dar-se por formas típicas de direito público.

É o caso da **desapropriação**, pela qual o Poder Público retira compulsoriamente de alguém a propriedade sobre um bem, mediante o pagamento de indenização. Tal forma drástica de intervenção do Estado na propriedade é objeto de estudo específico em capítulo próprio (referente à intervenção do Estado na propriedade).

Também pode ser mencionada a figura da **reversão**, aplicada no âmbito dos contratos de concessão e permissão de serviço público. É o que prevê o art. 35, § 1º, da Lei n. 8.987/95. Assim, na hipótese de extinção de tais contratos, os bens vinculados à prestação do serviço público passam ao domínio da Administração Pública concedente (ver capítulo 10 – Serviços públicos).

Registre-se, por fim, a aquisição do domínio por meio do **registro do parcelamento do solo**, como preconiza o art. 22 da Lei n. 6.766/79 (Lei do Parcelamento do Solo Urbano), que assim dispõe:

"Art. 22. Desde a data de registro do loteamento, passam a integrar o domínio do Município as vias e praças, os espaços livres e as áreas destinadas a edifícios públicos e outros equipamentos urbanos, constantes do projeto e do memorial descritivo".

Como se nota, a aquisição opera-se automaticamente no momento do registro no cartório imobiliário. "Destarte, nada mais se exige para o trespasse dominial dos referidos bens. Não há necessidade de termo de responsabilidade, segundo o qual o loteador se compromete a transferir ao Município o domínio de tais bens, ou de escritura de doação objetivando a aquisição das referidas áreas" (GASPARINI, 2008, p. 901). Representa, portanto, uma aquisição *ex vi legis*. Os bens destinados aos espaços públicos passam a integrar o patrimônio do Município, sem que haja, a propósito, qualquer indenização ao proprietário. Em síntese:

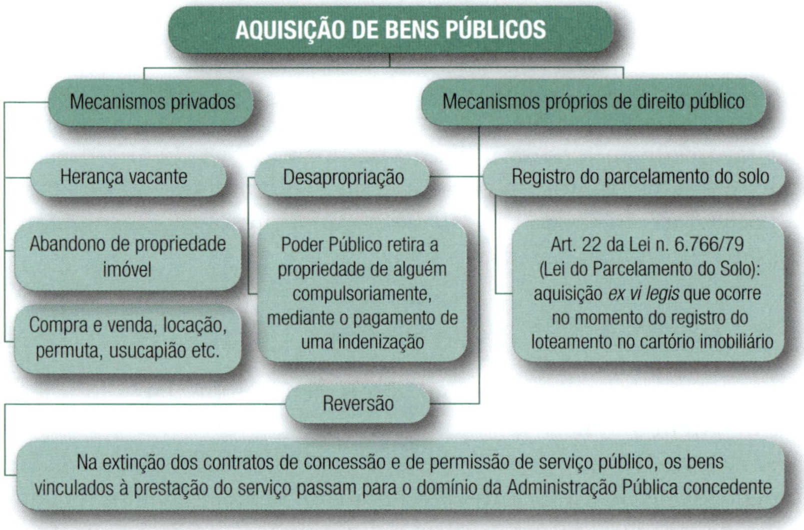

12.6. FORMAS DE ALIENAÇÃO. ASPECTOS GERAIS

A Administração, além de adquirir coisas que constituirão o seu patrimônio, pode proceder à alienação dos bens públicos.

Para tanto, alguns requisitos devem ser observados pelo Poder Público, sob pena de transferência ilegal do patrimônio público. A disciplina jurídica da alienação encontra-se nos arts. 17 a 19 da Lei n. 8.666/93, que veiculam uma série de normas gerais, de observância obrigatória a todas as entidades administrativas.

Tais requisitos são:

a) **prévia desafetação** – como visto, somente é cabível a alienação dos bens dominicais, aqueles desvinculados de uma destinação pública;

b) **demonstração de interesse público** – a Administração deve justificar a alienação, tendo em vista o interesse público. Trata-se de requisito aplicável aos bens móveis e aos imóveis;

c) **prévia avaliação do bem** – requisito igualmente aplicável para todos os bens (móveis e imóveis);

d) **autorização legal** – requisito aplicável aos **bens imóveis** pertencentes às **pessoas jurídicas de direito público** (entidade da Administração direta, autarquias e fundações), nos termos do art. 17, I, da Lei n. 8.666/93. Assim, os bens móveis dos entes privados da Administração indireta (empresas públicas e sociedades de economia mista) não necessitam de lei autorizativa para serem alienados.

Sobre este requisito, incabível que uma lei geral proceda a tal autorização. "Se assim fosse, o Legislativo estaria delegando a competência de a cada caso examinar a oportunidade e conveniência jurídica da alienação. Essa delegação é proibida pelo nosso ordenamento jurídico. Há assim que se ter lei específica dispondo, a cada caso, sobre a alienação de bem público" (GASPARINI, 2008, p. 917);

e) como regra, necessário que a alienação seja antecedida por **licitação**.

Nos casos expressos em lei, admite-se a sua dispensa. São as hipóteses de **licitação dispensada**, que encontra disciplina no art. 17, I e II, da Lei n. 8.666/93. De maneira geral, a licitação é dispensada nos seguintes casos: 1) dação em pagamento (aplicável aos imóveis); 2) doação (móveis e imóveis); 3) permuta (móveis e imóveis); 4) investidura (somente imóveis), que representa a alienação de áreas públicas remanescentes de obras públicas; 5) venda a outro órgão da Administração (móveis e imóveis); 6) alienação ou transferência do uso, para fins de regularização fundiária ou implementação de programa habitacional; 7) venda de ações ou títulos; 8) venda de bens produzidos ou comercializados por entidades da Administração (móveis).

Esquematicamente:

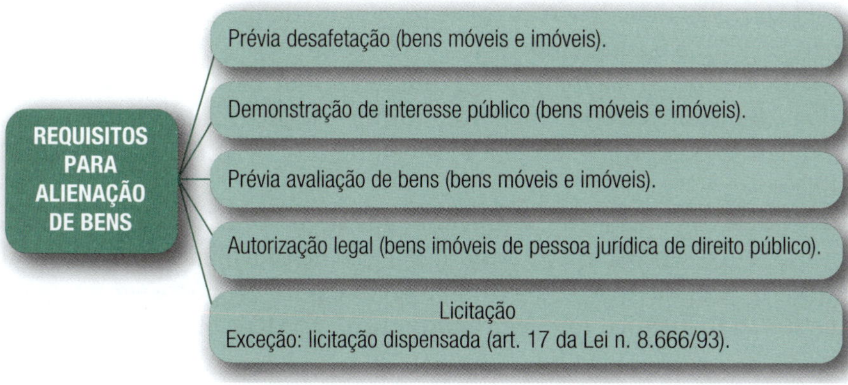

12.7. USO DE BENS PÚBLICOS

Os bens públicos admitem usos diversos. Cabível, por exemplo, o uso pela própria Administração, titular da coisa. Também admissível o uso pelos particulares. Neste caso, convém diferenciar, de um lado, o uso coletivo do bem e, de outro, o uso privativo.

Na primeira hipótese (**uso coletivo**, a utilização pelo povo), o uso "é aberto a todos ou a uma coletividade de pessoas, para ser exercido anonimamente, em igualdade de condições, sem necessidade de consentimento expresso e individualizado por parte da Administração" (DI PIETRO, 2009, p. 687). Assim, suas características são: liberdade na utilização, igualdade de todos os usuários e desnecessidade de outorga administrativa.

Importa notar que a infringência ao livre exercício do uso comum, pelo Poder Público ou por terceiro, gera ao usuário um direito público subjetivo de combater tal situação. Di Pietro confere pertinente exemplo: em relação ao "fechamento de praias para utilização privativa, as pessoas que forem afetadas pelo ato de cerceamento serão titulares de verdadeiro direito subjetivo, tutelável por meio de ações judiciais, inclusive com vistas à indenização por perdas e danos" (DI PIETRO, 2009, p. 687).

Na segunda hipótese, tem-se o **uso privativo por particular** (também denominado **uso especial**), ou seja, "o que a Administração Pública confere, mediante título jurídico individual, a pessoa ou grupo de pessoas determinadas, para que o exerçam, com exclusividade, sobre parcela de bem público" (DI PIETRO, 2009, p. 688).

Suas características são quatro (cf. CARVALHO FILHO, 2008, p. 1078):

a) a **privatividade**, ou **exclusividade**, do uso. "Significa que aquele que recebeu o consentimento estatal tem direito a usar sozinho o bem, afastando possíveis interessados" (CARVALHO FILHO, 2008, p. 1078). O particular pode até valer-se de instrumentos de defesa possessória, objetivando garantir a exclusividade;

b) de acordo com a **instrumentalidade formal**, o uso privativo somente pode ser realizado por um título jurídico formal, "através do qual a Administração exprime seu consentimento" (CARVALHO FILHO, 2008, p. 1078);

c) outra característica é a **precariedade** do uso. "Dizer-se que o uso é precário tem o significado de admitir posição de prevalência para a Administração, de modo que, sobrevindo interesse público, possa ser revogado o instrumento jurídico que legitimou o uso" (CARVALHO FILHO, 2008, p. 1078);

d) por fim, a submissão ao **regime de direito público**, "no sentido de que a Administração possui em seu favor alguns princípios administrativos que levam em consideração o interesse público" (CARVALHO FILHO, 2008, p. 1078).

12.7.1. Instrumento de uso privativo de bem público por particular

Os instrumentos mais relevantes pelos quais se outorga o uso privativo de bens públicos pelos particulares são a autorização, a permissão e a concessão de uso de bem público. De modo geral, tais figuras foram abordadas no capítulo 5, referente aos atos administrativos. Assim, as características já analisadas se mantêm.

A **autorização de uso** representa um ato unilateral, discricionário e precário pelo qual a Administração faculta o uso de bem público a particular. Exemplos: autorização de fechamento de rua para realização de festa comunitária, autorização para ocupação de terreno público para instalação de circo, autorização para veículo com carga pesada trafegar nas vias públicas.

O interesse envolvido em tal hipótese é **predominantemente do particular**. Consequentemente, verifica-se uma **facultatividade** no uso do bem, de tal forma que se apresenta como incabível qualquer consequência pelo não uso. Por exemplo, a autorização para um comerciante colocar mesas e cadeiras no passeio público (calçada) é expedida no interesse do dono do estabelecimento, principalmente. Assim, se em determinado fim de semana não houver o uso do logradouro público para tal finalidade, não cabe nenhuma consequência negativa a ele.

Ademais, por ser precário, incabível o pagamento de indenização ao particular na hipótese de revogação do ato.

A **permissão de uso** apresenta características muito similares à autorização, pois consiste em ato unilateral, discricionário e precário. A diferença, de acordo com a doutrina que prevalece, é a incidência, em maior grau, do interesse público no âmbito das permissões. Disso decorre a **obrigatoriedade** do uso pelo particular, sob pena de cassação do ato.

São exemplos a permissão de uso de passeio público para a instalação de banca de jornal, permissão de uso de praça para realização de feira de artesanato.

A **concessão de uso**, por sua vez, constitui um ato bilateral (um contrato, portanto), discricionário (cf. CARVALHO FILHO, 2008, p. 1082) e não precário. Exemplos: concessão de uso de espaço em aeroporto ou rodoviária para instalação de restaurante ou lanchonete; concessão de uso de imóveis residenciais para moradia de servidores; concessão de sepultura; concessão de uso de água para irrigação.

Por ser não precário, remanesce a obrigação de indenizar como consequência da revogação da concessão.

Vale mencionar também a figura da **concessão de direito real de uso**, entendido como o "contrato administrativo pelo qual o Poder Público confere ao particular o direito real resolúvel de uso de terreno público ou sobre espaço aéreo que o recobre, para os fins que, prévia e determinadamente, o justificaram" (CARVALHO FILHO, 2008, p. 1084).

A diferença entre a concessão de uso e a concessão de direito real de uso diz respeito à natureza das figuras: enquanto aquela representa um **direito pessoal** (vínculo de caráter obrigacional), esta consiste em um **direito real** de uso. Consequentemente, a concessão do direito real é transmissível por ato *inter vivos* ou *causa mortis*.

De forma esquemática:

AUTORIZAÇÃO DE USO	PERMISSÃO DE USO	CONCESSÃO DE USO
Unilateral, discricionário e precário.	Unilateral, discricionário e precário.	Bilateral, discricionário e não precário.
Interesse preponderante do particular.	Interesse concomitante: público e privado.	Interesse concomitante: público e privado.
Facultatividade do uso.	Obrigatoriedade.	Obrigatoriedade.
A revogação não enseja indenização.	A revogação não enseja indenização.	A revogação enseja indenização.

12.8. BENS PÚBLICOS EM ESPÉCIE

12.8.1. Águas públicas

De acordo com a Constituição Federal, as águas públicas pertencem à União e aos Estados-membros.

Nos termos do art. 20, III, são de domínio da **União** qualquer corrente de água que: a) esteja em terreno de seu domínio; b) banhe mais de um

Estado (a exemplo do Rio São Francisco); c) faça limite com outros países; d) se estenda a território estrangeiro ou dele provenha.

Em relação aos **Estados-membros**, pertencem-lhes, por exclusão, as demais águas públicas (art. 26, I, da CF).

Outrossim, igualmente pertence à **União** o **mar territorial** (art. 20, VI, da CF), que pode ser inserido na categoria das águas externas (cf. CARVALHO FILHO, 2008, p. 1118), consistente na zona do mar contígua à costa, fixada em uma faixa de doze milhas, a partir da linha de baixa-mar do litoral continental e insular (Lei n. 8.617/93).

Outra modalidade de água externa é a **zona econômica exclusiva**, que compreende a faixa que vai das doze às duzentas milhas marítimas, contadas da linha de baixa-mar do litoral continental e insular. "Sobre essa faixa o Brasil tem direitos de soberania para fins de exploração e aproveitamento, conservação e gestão dos recursos naturais do leito do mar e de seu respectivo subsolo" (CARVALHO FILHO, 2008, p. 1118).

12.8.2. Terrenos marginais

Terrenos marginais (ou terrenos reservados) são "aqueles que, banhados pelas correntes navegáveis, fora do alcance das marés, se estendem até a distância de 15 metros para a parte da terra" (CARVALHO FILHO, 2008, p. 1110). Ou seja, representam as margens dos cursos de água navegáveis que não sofrem interferência das marés. Caso sofram tal influência, estar-se-á diante de terreno de marinha (ver próximo subitem).

Quanto ao domínio de tais bens, se público ou privado, verifica-se acentuado dissenso. A questão assume importância prática, na medida em que, a depender da solução, tais bens serão, ou não, incluídos no valor indenizatório de uma desapropriação.

Um primeiro entendimento prega o caráter particular de tais bens, com base nos arts. 11, 12 e 14 do Código de Águas (Dec. federal n. 24.643/34). De acordo com Hely Lopes Meirelles, os terrenos reservados representam bens privados onerados com a servidão de trânsito. Assim, "as terras particulares atingidas por essa servidão administrativa não passaram para o domínio público, nem ficaram impedidas de ser utilizadas por seus proprietários" (2001, p. 512).

Um segundo entendimento posiciona-se pelo domínio público dos terrenos marginais, haja vista o art. 20, III, da CF, bem como o art. 31 do Código de Águas. É a posição de Maria Sylvia Zanella Di Pietro e de José dos Santos Carvalho Filho.

Esta última posição é sufragada pelo Supremo Tribunal Federal, que inclusive expediu a Súmula 479, com o seguinte teor: "As margens dos rios navegáveis são de domínio público, insuscetíveis de expropriação e, por isso mesmo, excluídas de indenização". O Superior Tribunal de Justiça, que adotava o primeiro entendimento visto acima (cf. MEIRELLES, 2001, p. 512), sufraga atualmente a posição sumulada pelo Supremo Tribunal Federal (cf. REsp 686.318, 1ª Turma, rel. Min. Luiz Fux, *DJ* de 16-6-2008). Trata-se, efetivamente, do melhor entendimento, diante da clara dicção do art. 20, III, da Carta Magna.

Neste caso, compreendidos como bens públicos, classificam-se os terrenos marginais na categoria dos bens dominicais (DI PIETRO, 2009, p. 706).

Advirta-se, como fez Carvalho Filho, que são particulares "as áreas marginais que houverem sido legitimamente transferidas pelo Poder Público ao domínio privado" (2008, p. 1111).

12.8.3. Terrenos de marinha

São os que, banhados pelas águas do mar ou dos rios navegáveis que sofram a influência das marés, vão até a distância de 33 metros, para a parte da terra, contados desde o ponto em que chega o preamar médio (DI PIETRO, 2009, p. 709). Preamar médio significa, de maneira geral, a maré alta.

São de domínio da União, nos termos do art. 20, VII, da CF. Classificam-se como bens dominicais, "uma vez que podem ser objeto de exploração pelo Poder Público, para obtenção de renda" (DI PIETRO, 2003, p. 583).

A utilização por particular dá-se pelo instituto da enfiteuse, por meio do qual "a União, na qualidade de senhorio direto, transfere o domínio útil ao particular, enfiteuta, tendo este a obrigação de pagar anualmente importância a título de foro ou pensão" (CARVALHO FILHO, 2008, p. 1109). Esclarece esse autor que, embora o novo Código Civil tenha extinguido a enfiteuse, foi mantida a sua aplicação em relação aos terrenos marginais (art. 2.038, § 2º).

12.8.4. Terra devoluta

Assim se denomina "a que não está destinada a qualquer uso público nem legitimamente integrada ao patrimônio particular" (GASPARINI, 2008, p. 941). Explica esse autor que são as terras não titularizadas por quem quer que seja (Poder Público ou particular), embora, em termos dominiais, pertençam ao Estado, em razão dos efeitos do descobrimento do Brasil.

Pertencem à categoria dos bens dominicais, na medida em que não possuem destinação pública alguma. Apesar disso, relevante exceção encontra-se disciplinada no art. 225, § 3º, da CF: "São **indisponíveis** as **terras devolutas** ou arrecadadas pelos Estados, por ações discriminatórias, necessárias à proteção dos ecossistemas naturais".

São de domínio da União as terras devolutas que forem indispensáveis à defesa das fronteiras, das fortificações e construções militares, das vias federais de comunicação e à preservação ambiental (art. 20, II, da CF). As demais pertencem aos Estados (art. 26, IV, da CF).

12.8.5. Terras tradicionalmente ocupadas pelos índios

As terras habitadas pelos índios em caráter permanente são bens públicos da **União**, nos termos do art. 20, XI, da CF.

O Supremo Tribunal Federal firmou entendimento segundo o qual as terras de aldeamentos extintos, ainda que ocupadas por indígenas em passado remoto, não são bens públicos nos termos do art. 20, XI, da CF (Súmula 650 do STF).

O caráter protetivo da Constituição é evidente, na medida em que assegura aos índios a posse permanente e o usufruto exclusivo das riquezas do solo, dos rios e dos lagos nelas existentes. Consequentemente, a sua natureza é de bem público de uso **especial**.

12.9. JURISPRUDÊNCIA DESTACADA DOS TRIBUNAIS SUPERIORES

12.9.1. Súmulas do Supremo Tribunal Federal

- 340: "Desde a vigência do Código Civil, os bens dominicais, como os demais bens públicos, não podem ser adquiridos por usucapião".
- 479: "As margens dos rios navegáveis são de domínio público, insuscetíveis de expropriação e, por isso mesmo, excluídas de indenização".
- 650: "Os incisos I e XI do art. 20 da Constituição Federal não alcançam terras de aldeamentos extintos, ainda que ocupadas por indígenas em passado remoto".

12.9.2. Conceito de bens públicos

Foi verificado acima que o cenário doutrinário brasileiro acerca da definição de bens públicos é extremamente polêmico, o que acaba por refletir-se na própria jurisprudência, fonte de decisões antagônicas.

No entanto, serão destacadas as decisões que vêm prevalecendo, segundo as quais os bens das pessoas privadas prestadoras de serviços públicos são considerados bens públicos.

No âmbito do Superior Tribunal de Justiça restou reconhecida, com base em precedentes da mesma Corte, a admissibilidade de "penhora de bens de empresas públicas (em sentido lato) prestadoras de serviço público, **apenas se estes não estiverem afetados à consecução da atividade-fim (serviço público)** ou se, ainda que afetados, a penhora não comprometer o desempenho da atividade" (AgRg no REsp 1.070.735, 2ª Turma, rel. Min. Mauro Campbell Marques, *DJ* de 15-12-2008). Nesse acórdão ficou consignado: "Esta lógica se aplica às empresas privadas que sejam concessionárias ou permissionárias de serviços públicos".

Em igual sentido o REsp 447.867 (2ª Turma, rel. Min. Eliana Calmon, *DJ* de 28-10-2003):

"PROCESSUAL CIVIL E ADMINISTRATIVO – INEXISTÊNCIA DE NEGATIVA DE PRESTAÇÃO JURISDICIONAL – USO DE BEM DE EMPRESA PÚBLICA: REGIME JURÍDICO DE DIREITO ADMINISTRATIVO.

1. Inexistência omissão no acórdão recorrido, se busca a parte em embargos de declaração inovar seus argumentos.

2. **Os bens de empresa pública afetados à sua finalidade não podem ser utilizados senão dentro das regras de Direito Público**.

3. Bens da Infraero na área das atividades aeroportuárias não seguem as regras de locação (precedentes desta Corte)".

No âmbito do Supremo Tribunal Federal, em julgado paradigmático, houve o reconhecimento de que o regime de execução das empresas públicas, quando prestadoras de serviços públicos, submetem-se ao sistema de precatórios (art. 100 da CF). Assim, impenhoráveis os bens de tais entes. Inaplicável o art. 173, § 1º, da CF (que determina a submissão ao regime das empresas privadas), já que esse dispositivo somente abarca as empresas governamentais exploradoras de atividade econômica. Reproduza-se a ementa de tal acórdão (RE 220.906, Pleno, rel. Min. Maurício Corrêa, m.v., *DJ* de 14-11-2002, *Informativo do STF*, n. 213).

EMENTA: RECURSO EXTRAORDINÁRIO – CONSTITUCIONAL – EMPRESA BRASILEIRA DE CORREIOS E TELÉGRAFOS – IMPENHORABILIDADE DE SEUS BENS, RENDAS E SERVIÇOS. RECEPÇÃO DO ARTIGO 12 DO DECRETO-LEI N. 509/69 – EXECUÇÃO – OBSERVÂNCIA DO REGIME DE PRECATÓRIO. APLICAÇÃO DO ARTIGO 100 DA CONSTITUIÇÃO FEDERAL.

1. À empresa Brasileira de Correios e Telégrafos, pessoa jurídica equiparada à Fazenda Pública, é aplicável o privilégio da impenhorabilidade de

seus bens, rendas e serviços. Recepção do artigo 12 do Decreto-Lei n. 509/69 e não incidência da restrição contida no artigo 173, § 1º, da Constituição Federal, que submete a empresa pública, a sociedade de economia mista e outras entidades que explorem atividade econômica ao regime próprio das empresas privadas, inclusive quanto às obrigações trabalhistas e tributárias.

2. Empresa pública que não exerce atividade econômica e presta serviço público da competência da União Federal e por ela mantido. Execução. Observância ao regime de precatório, sob pena de vulneração do disposto no artigo 100 da Constituição Federal. Recurso extraordinário conhecido e provido".

Mais recentemente, com fundamento no RE 220.906, o Supremo Tribunal Federal deferiu ação cautelar, reconhecendo que os recursos financeiros de sociedade de economia mista prestadora de serviço público não podem ser objeto de penhora, haja vista a submissão ao regime de direito público (continuidade do serviço público). Assim a sua ementa (AC 669, Pleno, rel. Min. Carlos Ayres Britto, m.v., j. em 6-10-2005):

EMENTA: CONSTITUCIONAL E PROCESSO CIVIL – SOCIEDADE DE ECONOMIA MISTA, PRESTADORA DE SERVIÇO PÚBLICO – SISTEMA METROVIÁRIO DE TRANSPORTES – EXECUÇÃO DE TÍTULO JUDICIAL – PENHORA INCIDENTE SOBRE RECEITA DE BILHETERIAS – RECURSO EXTRAORDINÁRIO COM ALEGAÇÃO DE OFENSA AO INCISO II DO § 1º DO ART. 173 DA MAGNA CARTA – MEDIDA CAUTELAR. Até o julgamento do respectivo recurso extraordinário, fica sem efeito a decisão do Juízo da execução, que determinou o bloqueio de vultosa quantia nas contas bancárias da executada, Companhia do Metropolitano de São Paulo – Metrô. Adota-se esse entendimento sobretudo em homenagem ao princípio da continuidade do serviço público, sobre o qual, a princípio, não pode prevalecer o interesse creditício de terceiros. Conclusão que se reforça, no caso, ante o caráter essencial do transporte coletivo, assim considerado pelo inciso V do art. 30 da Lei Maior. Nesse entretempo, restaura-se o esquema de pagamento concebido na forma do art. 678 do CPC. Medida cautelar deferida.

Questões

1. (Ministério Público do Trabalho – 2007) Sobre os bens públicos:

I. os entes da Administração indireta não são bens públicos.

II. são bens públicos aqueles afetados à satisfação de necessidades coletivas e submetidos parcialmente ao regime de direito público, ainda que pertencentes a particulares.

III. afetação é a destinação do bem público à satisfação das necessidades coletivas e estatais, do que deriva sua inalienabilidade, decorrendo da própria natureza do bem ou de um ato estatal unilateral.

IV. os bens dominicais não são passíveis de afetação.

Analisando as asserções acima, pode-se afirmar que:

a) todas estão corretas.
b) apenas as de número II e IV estão incorretas.
c) apenas as de número I, III e IV estão corretas.
d) todas estão incorretas.

2. **(Procurador do Distrito Federal – ESAF – 2004) Os bens públicos de uso especial são inalienáveis, porque:**

a) não podem ser vendidos em hipótese alguma.
b) só podem ser vendidos mediante licitação pública.
c) podem ser alienados, se uma comissão nomeada pelo Chefe do Executivo atestar sua desnecessidade.
d) sua alienação depende de sentença passada em julgado.
e) só podem ser vendidos após desafetados.

3. **(Ministério Público Federal – 2003) Assinale a alternativa correta:**

a) os bens dominicais do Estado, por estarem afetados a fins públicos específicos, não podem ser alienados, a não ser que sejam previamente desafetados.
b) os bens de uso comum do povo, enquanto mantiverem sua natureza, não podem ser objeto de alienação.
c) os bens de uso especial podem ser alienados pela Administração independentemente de desafetação.
d) nenhuma das alternativas está correta.

4. **(Delegação de Notas e de Registro do Estado de São Paulo – 2006) Quanto aos bens públicos, é certo afirmar que:**

a) não poderão ser praceados, nem gravados com direitos reais de garantia, não sendo, ademais, suscetíveis de usucapião.

b) não poderão ser praceados, nem suscetíveis de usucapião, nada impedindo, em casos especiais, sejam gravados com direitos reais de garantia.
c) não poderão ser praceados, nem gravados com direitos reais de garantia, nada impedindo sejam suscetíveis de aquisição por usucapião *pro labore*.
d) não poderão ser gravados com direitos reais de garantia, não sendo suscetíveis de usucapião, mas podem ser praceados.

5. **(Procurador do Banco Central – 2006) Exceções constitucionais à regra de imprescritibilidade dos imóveis públicos:**
a) são os prédios declarados inservíveis.
b) são os bens adquiridos por execução judicial ou dação em pagamento.
c) são os terrenos de marinha.
d) não há.
e) são as terras devolutas.

6. **(Procurador do Distrito Federal – ESAF – 2004) As terras devolutas:**
a) pertencem aos municípios.
b) constituem *res nullius*.
c) pertencem ao Estado, ressalvadas aquelas definidas por lei, como pertencentes à União Federal.
d) pertencem aos proprietários dos terrenos adjacentes.
e) constituem território reservado à preservação ambiental.

7. **(Magistratura do Trabalho da 11ª Região – RR/AM – 2005) A regra constitucional que impõe o pagamento dos débitos da Fazenda Pública mediante o sistema de precatórios relaciona-se diretamente ao princípio da:**
a) insuscetibilidade dos bens públicos a hipoteca, penhor ou anticrese.
b) indisponibilidade do interesse público.
c) autoexecutoriedade dos atos administrativos.
d) impenhorabilidade dos bens públicos.
e) inalienabilidade dos bens públicos.

8. **(Procurador da Fazenda Nacional – ESAF – 2004) O ato administrativo unilateral, discricionário e precário, pelo qual a Administração consente que o particular utilize bem público de modo privado, primordialmente no interesse do utente, é o (a):**

a) concessão de uso.
b) autorização de uso.
c) permissão de uso.
d) aforamento.
e) concessão de domínio pleno.

9. **(Procurador do Município de São Paulo – 2004) Relativamente aos instrumentos jurídicos de outorga de uso de bens públicos, é correto afirmar que:**

a) a autorização de uso implica a utilização de bem público exclusivamente para fins de interesse coletivo, sendo unilateral, discricionário e precário.
b) concessão de uso é o contrato administrativo pelo qual a Administração Pública faculta ao particular o uso privativo de bem público, para que o exerça de acordo com sua destinação.
c) a permissão de uso outorga a faculdade de uso no interesse particular do permissionário, podendo recair sobre bens públicos de qualquer espécie.
d) contrato de concessão de uso, a autorização de uso e a permissão de uso prescindem de autorização legislativa e de procedimento licitatório.
e) concessão de uso é o contrato de direito público, sinalagmático, oneroso ou gratuito, que dispensa formalização *intuitu personae* e procedimento licitatório.

10. **(Delegação de Notas e de Registro – 2006) A concessão de uso de bem público é:**

a) o ato unilateral, precário e discricionário pelo qual a Administração transfere o uso remunerado ou gratuito de um bem público, para uso específico, com tempo certo ou por prazo indeterminado.
b) o ato unilateral, precário e discricionário pelo qual a Administração faculta a alguém o uso para finalidade específica de um bem público.
c) o ato unilateral, precário e discricionário de bem público, pelo qual a Administração consente na prática de atividade individual, compatível com sua destinação principal e propiciando serventia para a coletividade.
d) o contrato pelo qual a Administração transfere a alguém o uso de um bem público.

11. **(Magistratura do Trabalho/14ª Região – 2003) Sobre o regime dos bens públicos, é correto afirmar:**

a) São imprescritíveis e impenhoráveis e não podem ser alienados, em nenhuma hipótese.
b) São impenhoráveis, alienáveis nos termos da lei e suscetíveis de usucapião.
c) São alienáveis nos termos da lei, impenhoráveis e imprescritíveis.
d) São penhoráveis nas execuções dos créditos de natureza alimentícia, alienáveis nos termos da lei e imprescritíveis.
e) São suscetíveis de usucapião, inalienáveis em qualquer hipótese e impenhoráveis.

12. (Ministério Público do Estado de São Paulo – 80º concurso) Numa das opções seguintes, insere-se condição inexigível para que a Administração Pública possa alienar bem imóvel. Assinale-a:

a) realização de prévia avaliação.
b) autorização legislativa.
c) observância de procedimento licitatório, na modalidade concorrência.
d) participação de leiloeiro oficial.
e) existência de interesse público devidamente justificado.

13. (Ministério Público do Estado de São Paulo – 2011) Os bens imóveis públicos, rurais ou urbanos:

a) sujeitam-se à prescrição aquisitiva, qualquer que seja sua área.
b) não podem ser adquiridos por usucapião.
c) estão sujeitos à usucapião *pro labore*.
d) atendida a função social da propriedade, podem ser usucapidos.
e) se urbanos, até 250 m^2, e rurais, até 50 ha, atendidos os requisitos temporal, de posse ininterrupta e sem oposição, sujeitam-se à prescrição aquisitiva.

14. (Defensor Público do Estado do Pará/2009 – FCC) Determinado terreno público foi irregularmente ocupado por famílias de baixa renda há cerca de 40 (quarenta) anos. Pretendendo a regularização dominial da área, a associação de moradores ingressou com ação de usucapião.

Não obstante a decisão dependa de apreciação do Poder Judiciário, pode-se afirmar que:

a) há possibilidade de êxito em razão da prova do tempo de ocupação e do caráter social da demanda.
b) não há possibilidade de êxito em razão da imprescritibilidade dos bens públicos, que não podem ser usucapidos.

c) não há possibilidade de êxito em razão da impenhorabilidade dos bens públicos.
d) há possibilidade de êxito se comprovada a boa-fé dos ocupantes e a constância da ocupação.
e) há possibilidade de êxito se a associação autora representar número de ocupantes suficientes para comprovar a posse justa e de boa-fé na totalidade da área descrita.

Gabarito

1. B
2. E
3. B
4. A
5. D
6. C
7. D
8. B
9. B
10. D
11. C
12. D
13. B
14. B

13

PROCESSO ADMINISTRATIVO

13.1. INTRODUÇÃO

É de fácil compreensão a ideia de que o ato administrativo não surge do nada. De modo geral, previamente à sua expedição, verifica-se uma série de **atos intermediários, que são necessários à declaração final**. Como salientado por Celso Antônio Bandeira de Mello, com base nas lições de Carlos Ari Sundfeld, "entre a lei e o ato administrativo existe um intervalo, pois o ato não surge como um passe de mágica" (2003, p. 443).

Esse contexto encerra a noção de **processo administrativo**, que pode ser definido como a "sucessão itinerária e encadeada de atos administrativos que tendem, todos, a um resultado final e conclusivo" (BANDEIRA DE MELLO, 2003, p. 442).

Consigne-se que o processo representa instituto típico do direito público, e não somente do Direito Administrativo, de tal sorte que se pode afirmar ser o processo a maneira normal de atuação do Estado. Assim, tanto o ato administrativo quanto a sentença e a lei, manifestações das três funções estatais (administrativa, jurisdicional e legislativa), são antecedidas por um processo. É Carlos Ari Sundfeld que esclarece (2003b, p. 91):

"Lembre-se que a Administração Pública, antes de adquirir veículo, promove licitação: publica edital, convocando possíveis interessados, recebe as propostas no dia marcado, abre-as em sessão pública, e assim por diante. O juiz não pode, repentinamente, ditar uma sentença. Alguém há que ajuizar uma ação; o réu será citado, tomando conhecimento do pedido; apresentar-se-á contestação; em audiência, serão ouvidas testemunhas; as partes oferecerão razões finais etc. O mesmo se passa com a edição da lei; inicialmente, propõe-se um projeto; oferecem-se emendas; colhem-se pareceres de diversas comissões; procede-se à discussão e à votação; envia-se o projeto à sanção ou veto do Chefe do Executivo; aprecia-se o veto; faz-se a promulgação".

Nesse sentido é que existem os processos administrativos, os processos judiciais e os processos legislativos.

No tocante ao processo administrativo, sua importância está relacionada com a defesa do cidadão, de tal maneira que constitui um dos mais relevantes instrumentos de garantia dos particulares diante das prerrogativas públicas (cf. BANDEIRA DE MELLO, 2003, p. 441).

13.2. TERMINOLOGIA: PROCESSO E PROCEDIMENTO

Processo e procedimento são noções equivalentes?

Apesar do dissenso doutrinário existente, prevalece o entendimento de que tais termos envolvem significações diversas.

Processo representa o instrumento pelo qual se exerce a função administrativa (cf. DI PIETRO, 2009, p. 620). Também pode ser compreendido como a "relação jurídica integrada por algumas pessoas, que nela exercem várias atividades direcionadas para determinado fim" (CARVALHO FILHO, 2008, p. 905).

Já o procedimento constitui a sequência de atos voltados a determinada finalidade; "é o conjunto de formalidades que devem ser observadas para a prática de certos atos administrativos; equivale a rito, a forma de proceder" (DI PIETRO, 2009, p. 620). Como bem observado por Carvalho Filho, está ligado à dinâmica do processo (2008, p. 907).

Verifica-se, logo, uma correlação entre as noções, e não uma equivalência. O procedimento é desenvolvido no âmbito de um processo administrativo.

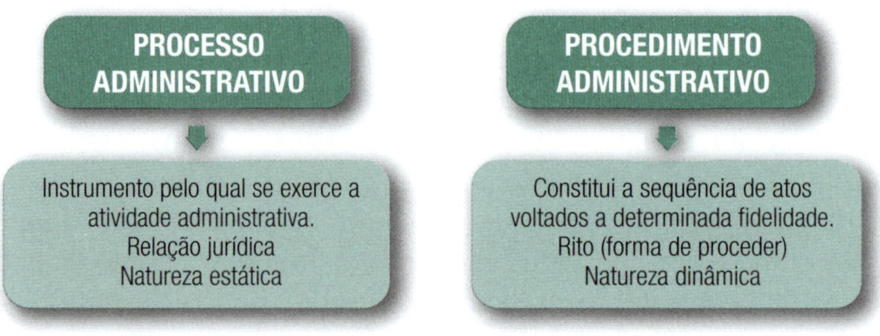

13.3. DIREITO POSITIVO

A regulação do processo no âmbito da Administração Pública representa matéria tipicamente administrativa. Desse modo, cada entidade federativa (União, Estados, Distrito Federal e Municípios) detém competência para disciplinar os processos que tramitam em sua esfera. No âmbito federal, a norma vigente é a Lei n. 9.784/99.

Assim, além da Lei federal de processo administrativo (Lei federal n. 9.784/99), vem-se observando cada vez mais a edição de leis estaduais e municipais reguladoras de referido tópico. Diversas normas podem ser citadas: o Código de Organização e de Procedimento da Administração do Estado de Sergipe (Lei complementar estadual n. 33/96), Lei de processo administrativo do Estado de São Paulo (Lei estadual n. 10.177/98), do Estado de Alagoas (Lei estadual n. 6.161/2000), do Estado de Goiás (Lei estadual n. 13.800/2001), do Estado de Minas Gerais (Lei estadual n. 14.184/2002), do Estado do Amazonas (Lei estadual n. 2.798/2003), do Município de São Paulo (Lei municipal n. 14.141/2006), entre inúmeras outras.

Advertência! Por conta disso, a Lei federal n. 9.784/99 representa uma norma aplicável apenas na esfera da União. Não devem obediência a essa lei o Distrito Federal, os Estados e os Municípios, que devem editar as próprias normas de processo administrativo. Justificativa para tanto é a autonomia administrativa das entidades federativas (cf. GASPARINI, 2008, p. 988).

13.4. PRINCÍPIOS RELACIONADOS AO PROCESSO ADMINISTRATIVO

Diversos são os princípios aplicáveis ao instituto do processo administrativo. Alguns são de ordem geral e incidem de maneira abrangente sobre todo o Direito Administrativo. Assim, não se pode desconhecer que os princípios insculpidos no *caput* do art. 37 da Constituição Federal (legalidade, impessoalidade, moralidade, publicidade e eficiência) merecem aplicação no âmbito dos processos administrativos, da mesma forma que ocorre com o princípio da razoabilidade, da finalidade pública, do devido processo legal etc. Outros se manifestam de maneira específica em relação ao instituto do processo administrativo.

13.4.1. Princípio do devido processo legal

O **princípio do devido processo legal** merece expressa previsão na Constituição Federal, como se pode depreender de seu art. 5º, LIV: "ninguém será privado da liberdade ou de seus bens sem o devido processo legal".

A cláusula remonta ao direito inglês, mais precisamente à "Magna Carta" (1215), cuja relevância se deveu à pioneira limitação formal do poder real. Tornar-se-iam invioláveis os direitos à vida, à liberdade e à propriedade, apenas suprimíveis por meio da "lei da terra" (*law of the land*), progressivamente assimilada pela noção de devido processo legal.

Trata-se de postulado insuprimível em um Estado Democrático de Direito, já que assentado sobre a ideia de uma efetiva proteção dos particulares diante da ação estatal. Assim, desde o momento de sua concepção, o devido processo legal estava "fadado a tornar-se a suprema garantia das liberdades fundamentais do indivíduo e da coletividade em face do Poder Público" (cf. CASTRO, 2006, p. 5).

Salienta Carlos Ari Sundfeld, sobre os contornos de tal garantia (2003b, p. 174):

"O devido processo legal é garantia dos particulares frente ao Estado. Garantia ao mesmo tempo *passiva*, isto é, dirigida à pessoa enquanto sofre o poder estatal, e *ativa*, destinada a propiciar o acionamento da máquina estatal pelos membros da sociedade e a obtenção de decisões".

Outro aspecto de tomo é o desdobramento a que comumente se procede em relação ao devido processo legal.

Assim, foi apresentado inicialmente o aspecto processual do postulado (***procedural due process of law***), por meio do qual a Administração, sempre que intervir na esfera jurídica dos particulares, deve necessariamente proceder à instauração de um processo. Evidentemente, a garantia não se esgota no formal processamento de autos. Ela vai além, sendo concretizada pelo oferecimento de efetivas condições de que o interessado participe da formação da vontade estatal, por meio do conhecimento das decisões expedidas, pela possibilidade de impugná-las ou de apresentar provas, entre outros desdobramentos. Daí a íntima relação entre o devido processo legal e o princípio do contraditório e da ampla defesa.

Posteriormente, observou-se nos Estados Unidos que o devido processo legal ampliou o seu âmbito de incidência, servindo como "controlador do próprio conteúdo das decisões adotadas pela Administração Pública". Inaugurava-se o denominado aspecto substancial ou material do devido processo legal (***substantive due process of law***).

A interferência da cláusula, sob essa ótica material, leva em consideração tanto os atos expedidos pela função legislativa quanto os praticados no exercício da função administrativa. Desta feita, com base nos parâmetros de justiça, de razoabilidade e de proporcionalidade, passou-se ao controle da ação arbitrária do Estado, em clara proteção substantiva dos direitos fundamentais.

13.4.2. Princípio do contraditório e da ampla defesa

Corolário da cláusula do devido processo legal, o **princípio do contraditório e da ampla defesa** sofre previsão específica na Constituição Federal. Dispõe o art. 5º, LV, da CF:

"LV – aos litigantes, em processo judicial ou administrativo, a aos acusados em geral são assegurados o contraditório e ampla defesa, com os meios e recursos a ela inerentes".

Seu conteúdo é amplo, abrangendo a obrigatoriedade de cientificar o particular da existência de um processo, a possibilidade de assegurar o acesso e a vista dos autos, "a possibilidade de apresentar razões e documentos, de produzir provas testemunhais ou periciais, se necessário, e, ao final, de conhecer os fundamentos e a motivação da decisão proferida" (FERRAZ; DALLARI, 2007, p. 90).

13.4.3. Princípio da publicidade

O **princípio da publicidade** encontra-se elencado no art. 37, *caput*, da CF (ver capítulo 2 – Princípios da Administração). Sobre a admissibilidade do sigilo, cumpre reiterar que a Constituição elenca duas hipóteses: sigilo imprescindível à defesa do Estado ou da sociedade (art. 5º, XXXIII) e sigilo necessário à defesa da intimidade ou da honra do particular (art. 5º, LX).

Em relação aos processos administrativos, a publicidade pode assumir dois aspectos: o passivo e o ativo. Pelo primeiro, o Poder Público deve permitir o acesso dos autos pelos particulares. Maria Sylvia Zanella Di Pietro assinala que tal direito "é mais amplo do que o de acesso ao processo judicial; neste, em regra, apenas as partes e seus defensores podem exercer o direito; naquele, qualquer pessoa é titular desse direito, desde que tenha algum interesse atingido por ato constante do processo ou que atue na defesa do interesse coletivo ou geral" (2009, p. 624). Constitui, de acordo com Celso Antônio Bandeira de Mello, o **princípio da acessibilidade aos elementos do expediente** (2003, p. 457). De acordo com o art. 3º, II, da Lei n. 9.784/99, representa direito do administrado a ter ciência da tramitação dos processos administrativos, a ter vista dos autos, a obter cópias de documentos e a conhecer as decisões proferidas.

Já o aspecto ativo impõe que a Administração promova a "divulgação dos atos administrativos" (art. 2º, parágrafo único, V, da Lei n. 9.784/99).

Entre tais formas de divulgação, destaque seja dado à intimação do particular para a realização de diligências ou a ciência de atos de seu interesse, nos termos dos arts. 26 e 28 da Lei n. 9.784/99.

Notória a relação do princípio da publicidade com o princípio do contraditório e da ampla defesa, na medida em que um dos principais objetivos da ampla divulgação dos atos administrativos é conferir ao particular a oportunidade de manifestação e de defesa.

13.4.4. Princípio da oficialidade (ou da impulsão)

Significa que as fases processuais podem ser **impulsionadas de ofício** pela Administração. Dispõe o art. 2º, XII, da Lei n. 9.784/99 que o Poder Público deve promover a "impulsão, de ofício, do processo administrativo, sem prejuízo da atuação dos interessados". Já o art. 5º permite que o início do processo se dê por iniciativa administrativa.

Atente que, diferentemente do processo judicial, no processo administrativo admite-se a instauração da relação processual de maneira oficiosa, por iniciativa da Administração (DI PIETRO, 2009, p. 625). Além disso, a própria revisão dos atos expedidos pode ser realizada de ofício, haja vista a autotutela que caracteriza a Administração.

Dessa forma, conclui-se que o princípio da oficialidade vige em toda a sua amplitude no bojo do processo administrativo.

Considerando que a impulsão do processo representa um dever imposto ao Poder Público, "poderá ser responsabilizado o agente da Administração Pública quando retarda ou se desinteressa pelo processo administrativo" (GASPARINI, 2008, p. 990).

Observa Celso Antônio Bandeira de Mello que não se trata de princípio aplicável a todo e qualquer procedimento, já que "nos procedimentos de exclusivo interesse do administrado a Administração não tem o dever de prosseguí-los por si própria e poderá encerrá-los prematuramente ante a inércia do postulante". Exemplo: no âmbito do processo em que o particular requer uma licença para construir uma edificação, a Administração intima o interessado para complementar a documentação inicialmente apresentada; diante da inércia deste, cabe ao Poder Público o arquivamento do pedido, por abandono.

13.4.5. Princípio do informalismo (formalismo moderado)

Prevalece na doutrina a terminologia **princípio do informalismo**. Alguns autores, entretanto, utilizam a expressão **princípio do formalismo mo-**

derado, por vislumbrarem que a outra nomenclatura "dá a entender que não há ritos e formas no processo administrativo" (MEDAUAR, 2004, p. 203).

Di Pietro esclarece que o informalismo não significa "ausência de forma; o processo administrativo é formal no sentido de que deve ser reduzido a escrito e conter documentado tudo o que ocorre no seu desenvolvimento; é informal no sentido de que não está sujeito a formas rígidas" (2009, p. 626). Evidentemente, em comparação com o processo judicial, o administrativo apresenta menor rigor quanto às formalidades exigidas.

Dispõe o art. 22 da Lei n. 9.784/99: "Os atos do processo administrativo não dependem de forma determinada senão quando a lei expressamente a exigir". Assim, muito embora o informalismo represente uma regra, cabível que a lei expressamente exija maior rigor formal, como se observa em relação aos processos que envolvam direito de particulares, sobretudo os concorrenciais (concursos públicos, licitações).

Dois aspectos devem ser enfatizados acerca do princípio do informalismo:

a) Deve-se privilegiar a adoção de formas simples, suficientes para propiciar adequado grau de certeza, segurança e respeito aos direitos dos administrados (cf. o art. 2º, parágrafo único, IX, da Lei n. 9.784/99).

b) Além disso, deve predominar a razoabilidade da aferição das exigências formais, "para evitar que estas sejam vistas como fim em si mesmas, desligadas das verdadeiras finalidades do processo" (MEDAUAR, 2004, p. 203).

13.4.6. Princípio da pluralidade de instâncias

Significa que **as decisões administrativas podem ser objeto de revisão** pela Administração. Na medida em que a estrutura administrativa se baseia na hierarquia, já que constituída por escalões inferiores e superiores, disso decorre a prerrogativa de o superior hierárquico rever a decisão do inferior, anulando-a ou revogando-a.

Também é denominado **princípio da revisibilidade**, consistente no "direito de o administrado recorrer de decisão que lhe seja desfavorável" (BANDEIRA DE MELLO , 2003, p. 458). Assim, na hipótese de o particular se sentir prejudicado com determinada decisão administrativa, "pode ir propondo recursos hierárquicos até chegar à autoridade máxima da organização administrativa" (DI PIETRO, 2009, p. 630-631).

O direito ao reexame da decisão administrativa é inerente ao princípio do devido processo legal (art. 5º, LIV), mais especificamente do contraditório e da ampla defesa, que garante aos litigantes o manuseio de "recursos" (conforme expressa redação do art. 5º, LV).

Saliente-se que a Lei n. 9.784/99, em seu art. 57, **limitou a três as instâncias administrativas**, salvo disposição legal diversa. "Isto significa que o administrado pode recorrer apenas a três níveis de decisão dentro da organização hierárquica" (2003, p. 516).

Na hipótese de a decisão ser expedida pela autoridade máxima da Administração, incabível o manuseio de recurso, uma vez que não haverá superior hierárquico para apreciar a irresignação. No caso, resta ao particular formular pedido de reconsideração.

De acordo com Di Pietro, o princípio em tela difere daquele observado no processo civil, na medida em que, no âmbito do processo administrativo, é cabível a) fazer alegações não suscitadas em instância inferior; b) o reexame de matéria fática; c) a produção de novas provas (2009, p. 631).

13.4.7. Princípio da verdade material

O princípio significa que "a Administração, ao invés de ficar restrita ao que as partes demonstrem no procedimento, deve buscar aquilo que é realmente a verdade, com prescindência do que os interessados hajam alegado e provado" (BANDEIRA DE MELLO, 2003, p. 459). A verdade real deve ser perseguida, não bastando a chamada verdade formal, assentada sobre o brocardo *quod non est in actis non est in mundo* (o que não está nos autos não está no mundo).

Tal princípio possui relação com o da oficialidade, na medida em que o Poder Público deve "carrear para o expediente todos os dados, informações, documentos a respeito da matéria tratada" (MEDAUAR, 2004, p. 203).

PRINCÍPIOS RELACIONADOS AO PROCESSO ADMINISTRATIVO	
PRINCÍPIO DO DEVIDO PROCESSO LEGAL (art. 5º, LIV, da CF)	→ Fundamentado na ideia de proteger os particulares diante da ação estatal. DESDOBRAMENTOS → ***procedural due process of law***: a Administração, ao intervir na esfera jurídica dos particulares, deve necessariamente proceder à instauração de um processo → ***substantive due process of law***: controle sobre o conteúdo das decisões administrativas

PRINCÍPIO DO CONTRADITÓRIO E DA AMPLA DEFESA (art. 5º, LV, da CF)	→ Conteúdo amplo: ciência da existência do processo; acesso e vista dos autos; possibilidade de produção de provas; conhecimento da decisão tomada etc.
PRINCÍPIO DA PUBLICIDADE	ASPECTOS → **passivo (ou princípio da acessibilidade aos elementos do expediente)**: o Poder Público deve permitir o acesso aos autos pelos particulares → **ativo**: a Administração deve promover a divulgação de seus atos
PRINCÍPIO DA OFICIALIDADE (OU DA IMPULSÃO)	→ As fases processuais podem ser impulsionadas de ofício pela Administração
PRINCÍPIO DO INFORMALISMO (FORMALISMO MODERADO)	→ O processo administrativo deve ser escrito e todo o seu trâmite deve ser documentado, não sendo submetido às rígidas formalidades de um processo judicial ASPECTOS → Adoção de formalismo suficiente para propiciar um adequado grau de certeza, segurança e respeito aos direitos dos administrados → Predomínio da razoabilidade na aferição das exigências formais
PRINCÍPIO DA PLURALIDADE DE INSTÂNCIAS (OU DA REVISIBILIDADE)	→ As decisões administrativas podem ser objeto de revisão pela própria Administração
PRINCÍPIO DA VERDADE MATERIAL	→ A verdade real deve ser buscada, não sendo suficiente a verdade formal

13.5. FASES

Na medida em que o processo constitui uma sequência de atos tendentes a um ato final, cabível a sua divisão em fases, cada qual com um objetivo específico. Independentemente da espécie de processo considerado, pode-se estipular, de maneira geral, as seguintes fases:

a) **Fase de instauração**

É a fase que dá início ao processo. Ela se verifica de ofício ou por iniciativa do particular interessado.

Sob o aspecto formal, na hipótese de instauração de ofício, o processo inicia-se por uma portaria, um auto de infração, um despacho de determinada autoridade. No caso de instauração por iniciativa do particular, a fase introdutória dá-se por um requerimento ou representação (cf. GASPARINI, 2008, p. 993).

b) **Fase da instrução**

Fase em que são colhidas as provas e as informações necessárias à expedição da decisão pela autoridade competente.

Não são admitidas, no âmbito do processo administrativo, provas obtidas por meios ilícitos (art. 30 da Lei n. 9.784/99). Outrossim, merecem recusa, mediante decisão fundamentada, as provas impertinentes, desnecessárias ou protelatórias (art. 38, § 2º).

Em alguns casos, necessária a oitiva de um órgão consultivo (parecer obrigatório), que deverá emitir o ditame no prazo máximo, em geral, de quinze dias. Na hipótese de não haver a emissão do parecer obrigatório, a lei discrimina duas possibilidades: se o parecer for vinculante (ou seja, a decisão final está vinculada ao seu conteúdo), o processo não terá seguimento até a apresentação do ditame; se o parecer for não vinculante, o processo poderá ter prosseguimento e ser decidido com a sua dispensa. Em ambos os casos, a autoridade que se omitiu na expedição do parecer será responsabilizada.

Ressalte-se a possibilidade de abertura de **consulta pública**, quando a matéria do processo envolver assunto de interesse geral (art. 31 da Lei n. 9.784/99). Trata-se de um instrumento facultativo posto à disposição da Administração. O objetivo é permitir a manifestação de terceiros, conferindo um caráter democrático ao processo. A abertura da consulta pública é feita por divulgação pelos meios oficiais, com possibilidade de exame dos autos pelos interessados. De acordo com o art. 31, § 2º, as alegações formuladas na consulta geram um direito de obter da Administração resposta fundamentada.

Além da consulta pública, cabe a utilização da **audiência pública**, igualmente com caráter facultativo, diante da relevância da questão (art. 32). Nessa hipótese, serão promovidos debates acerca da matéria do processo. Ademais, outras instâncias de participação democrática poderão ser criadas pela Administração, como dispõe o art. 33.

Tais mecanismos (consulta pública, audiência pública etc.) evidenciam relevante princípio que envolve os processos administrativos, o da participação popular, "inerente à ideia de Estado Democrático de Direito" (DI PIETRO, 2009, p. 632).

c) **Fase do relatório**

Com as informações e as provas angariadas na fase instrutória, é elaborada uma síntese de toda a apuração, com uma proposta conclusiva, a ser apreciada pela instância decisória. Como se vê, o relatório representa uma peça informativo-opinativa (cf. GASPARINI, 2008, p. 995).

Cumpre notar que, salvo previsão legal, o relatório não detém caráter vinculante, de tal maneira que a autoridade com atribuição para decidir pode fazê-lo em contrariedade às conclusões do relatório, desde que de maneira fundamentada.

d) **Fase decisória**

Etapa em que a autoridade profere a decisão sobre o objeto processual. Representa um verdadeiro dever da Administração, como expressamente dispõe o art. 48 da Lei n. 9.784/99.

De acordo com Odete Medauar, "nessa fase se incluem os elementos necessários à eficácia da decisão, tais como notificação, publicação e eventualmente homologação ou aprovação, pois todos são ínsitos à própria decisão" (2004, p. 205).

e) **Fase recursal**

Evidentemente, a decisão exarada pela Administração pode ser combatida por meio de recursos administrativos, o que provoca a continuidade do processo. Sobre o tema dos recursos administrativo, ver capítulo seguinte – Controle da Administração.

Esquematicamente, temos:

FASES DO PROCESSO ADMINISTRATIVO

↓

1ª FASE →INSTAURAÇÃO: inicia o processo de ofício ou por iniciativa do particular interessado.

↓

2ª FASE →INSTRUÇÃO: fase de colhimento de provas e informações necessárias à explicação da decisão da autoridade competente.
→Possibilidade de consulta e de audiência pública.

↓

3ª FASE →RELATÓRIO: peça informativo-opinativa a ser apreciada em instância decisória.

↓

4ª ETAPA →FASE DECISÓRIA: autoridade profere obrigatoriamente uma decisão sobre o objetivo recursal.

↓

5ª ETAPA →FASE RECURSAL: meio pelo qual podem ser utilizados recursos administrativos contra a decisão proferida.

13.6. MODALIDADES DE PROCESSOS ADMINISTRATIVOS

Os processos administrativos, a depender de seu conteúdo, são divididos em quatro modalidades, de acordo com as lições de Hely Lopes Meirelles. Não se pode ignorar, contudo, que outras classificações existem

(p. ex., Carvalho Filho faz uma única distinção entre os processos: os não litigiosos e os litigiosos; Celso Antônio Bandeira de Mello destaca os processos ampliativos e os restritivos).

Processo de outorga é aquele "em que se pleiteia algum direito ou situação individual perante a Administração" (MEIRELLES, 2001, p. 652). Exemplos: processo de licenciamento de edificação ou de funcionamento, processo referente à concessão de uso de bem público ou de prestação de serviço público, processo de isenção de tributos etc. Em geral, tais processos possuem rito especial e não se observa o contraditório (salvo se houver impugnação ou oposição de terceiros).

Processo de controle é "aquele em que a Administração realiza verificações e declara situação, direito ou conduta do administrado ou de servidor" (MEIRELLES, 2001, p. 652), com o objetivo de verificação de sua regularidade ou irregularidade. Detém rito próprio e não apresenta contraditório, como regra. No entanto, se for apurada alguma irregularidade, ao interessado deve ser concedido o direito de defesa. Nesta hipótese, "deve-se instaurar um processo administrativo de punição" (GASPARINI, 2008, p. 1002). Exemplos: processo de prestação de contas, de lançamento tributário etc.

Processo punitivo é aquele cujo objetivo é a aplicação de sanções em virtude da configuração de infrações. Deve-se conferir ao interessado, previamente à imposição da penalidade, a oportunidade de contraditório e de ampla defesa, corolários do devido processo legal.

Por fim, **processo de expediente** é "aquele que tramita pelo interior da Administração Pública, instaurado por sua determinação ou mediante a provocação de terceiros", não se enquadrando nas demais modalidades (outorga, controle e punição). É o caso do processo de desapropriação, de licitação etc. (GASPARINI, 2008, p. 1003).

MODALIDADES DE PROCESSO ADMINISTRATIVO

Processo de outorga: é aquele em que se pleiteia direito ou situação individual perante a Administração.

Processo de controle: é aquele em que a Administração realiza verificações e declara situação, direito ou conduta do administrado ou de servidor.

Processo punitivo: é aquele cujo objetivo é a aplicação de sanções em virtude da configuração de infrações.

Processo de expediente: é aquele que tramita pelo interior da Administração Pública, instaurado por sua determinação ou mediante provocação de terceiros.

13.7. PROCESSO ADMINISTRATIVO DISCIPLINAR E SINDICÂNCIA

No âmbito das inúmeras espécies de processos administrativos, destaque seja conferido ao processo administrativo disciplinar. Trata-se de processo punitivo por meio do qual a Administração averigua o cometimento de infração pelo agente público, bem como, constatada a sua prática, aplica a respectiva penalidade. Algumas leis definem tal figura, a exemplo da Lei n. 8.112/90 (Estatuto dos Servidores da União), em seu art. 148.

13.7.1. Sistemas de repressão disciplinar

Em relação ao sistema de repressão disciplinar adotado no Brasil, vige o chamado **sistema misto** (ou de **jurisdição moderada**). De acordo com ele, há intervenção de determinados órgãos, "com função geralmente opinativa, sendo a pena aplicada pelo superior hierárquico" (DI PIETRO, 2009, p. 634). Ou seja, observa-se verdadeira divisão orgânica entre a atividade de instrução e a atividade de decisão.

Por conta disso, a fase de instrução e a fase do relatório são realizadas por uma comissão disciplinar, ao passo que a fase decisória é de atribuição do superior hierárquico do agente acusado. Essa repartição, de acordo com alguns autores, homenageia o princípio da impessoalidade, notadamente o seu aspecto relacionado com a isonomia, na medida em que a comissão é órgão que não está inserido na relação hierárquica entre o agente faltoso e o superior hierárquico.

13.7.2. Fases e procedimento (cf. Lei n. 8.112/90)

Nos termos da Lei n. 8.112/90, o processo administrativo disciplinar é o meio utilizado para a **aplicação de penalidades mais severas**, como a suspensão por prazo superior a trinta dias, a demissão, a cassação de aposentadoria ou disponibilidade, ou a destituição de cargo em comissão ou função comissionada.

O processo disciplinar é constituído das seguintes fases (art. 151): a) instauração; b) inquérito administrativo; e c) julgamento. O prazo para o encerramento do processo é de **sessenta dias, prorrogável por igual período** (art. 152).

13.7.2.1. Instauração

Dá-se-a instauração pela publicação da portaria de designação da comissão disciplinar. Este o termo inicial para a contagem do prazo para a conclusão do processo. Nesse momento, o agente assume a condição de acusado.

A autoridade que tomar ciência de irregularidade praticada por agente público é obrigada a promover a sua apuração (art. 143). As denúncias que derem conta de irregularidade igualmente devem ser objeto de apuração, desde que sejam formuladas por escrito e contenham a identificação e o endereço do denunciante (art. 144).

No tocante à comissão disciplinar, é constituída de três servidores estáveis designados pela autoridade competente. A presidência de comissão deve ser ocupada por servidor com grau de escolaridade maior ou igual ao do indiciado (art. 149).

13.7.2.2. Inquérito administrativo

O inquérito administrativo apresenta três subfases.

A primeira é a **fase de instrução**, consistente na coleta de provas para verificação da veracidade dos fatos relacionados à irregularidade apontada. Releva salientar que a comissão está submetida aos princípios da oficialidade e da verdade material, de tal maneira que deve tomar todas as providências para a "completa elucidação dos fatos" (art. 155).

Em virtude da plena aplicação do princípio do contraditório e da ampla defesa, o servidor acusado pode acompanhar todo o processo, pessoalmente ou por intermédio de procurador. Além disso, cabe arrolar e inquirir testemunhas, produzir provas, formular quesitos em caso de prova pericial.

Muita controvérsia girou em torno da discussão sobre a imprescindibilidade de defesa técnica por advogado no âmbito do processo administrativo disciplinar. Inicialmente, o STJ consolidara o entendimento estampado na Súmula n. 343: "É obrigatória a presença de advogado em todas as fases do processo administrativo disciplinar". Ocorre que esta posição encontra-se superada em virtude da Súmula Vinculante n. 5, em que o STF acabou por concluir o seguinte: "A falta de defesa técnica por advogado no processo administrativo disciplinar não ofende a Constituição".

Se for tipificada a infração disciplinar, será formulada a indiciação do servidor. Observe-se que, da condição de acusado, passa à de indiciado. O agente nesta condição deve ser citado, para a apresentação de defesa escrita no prazo de dez dias.

Desse modo, a citação dá início à **fase da defesa**. Como bem observado por Di Pietro, "embora esta fase seja denominada de defesa, na realidade as normas referentes à instauração e à instrução do processo já têm em vista propiciar a ampla defesa ao servidor" (2009, p. 635).

Cumpre notar que o rito procedimental observado no processo disciplinar é inverso àquele comumente observado no processo judicial. Neste, após o ajuizamento da lide, o réu é citado para a apresentação da defesa, de maneira que somente após essa fase se dá a instrução (coleta de provas). Já no processo administrativo disciplinar, como visto, primeiro se dá a instrução e sucessivamente a defesa do agente indiciado.

Na hipótese de o servidor não apresentar defesa escrita, passa a assumir a condição de revel. No caso, a autoridade deve designar um defensor dativo, necessariamente um servidor titular de cargo efetivo com nível de escolaridade igual ou superior ao do indiciado (art. 164, § 2º). Desse modo, releva observar que sempre haverá a defesa do indiciado, não se aplicando o efeito da revelia no processo civil, segundo o qual se reputarão como verdadeiros os fatos imputados.

Por fim, a **fase do relatório**, pela qual a comissão descreve as diligências realizadas, procede à ponderação das provas colhidas, analisa a defesa do servidor, para então expedir a conclusão alcançada, com proposta de absolvição ou aplicação de penalidade.

13.7.2.3. Julgamento

Com o relatório da comissão processante, o processo será remetido à autoridade que determinou a sua instauração, para julgamento.

O relatório detém caráter opinativo, não vinculando a decisão da autoridade com atribuição decisória. Assim, cabível que a autoridade proceda ao abrandamento da pena sugerida pela comissão, até mesmo com a isenção de responsabilidade, bem como agrave a sanção proposta. Evidentemente, a divergência em relação às conclusões do relatório deve ser motivada.

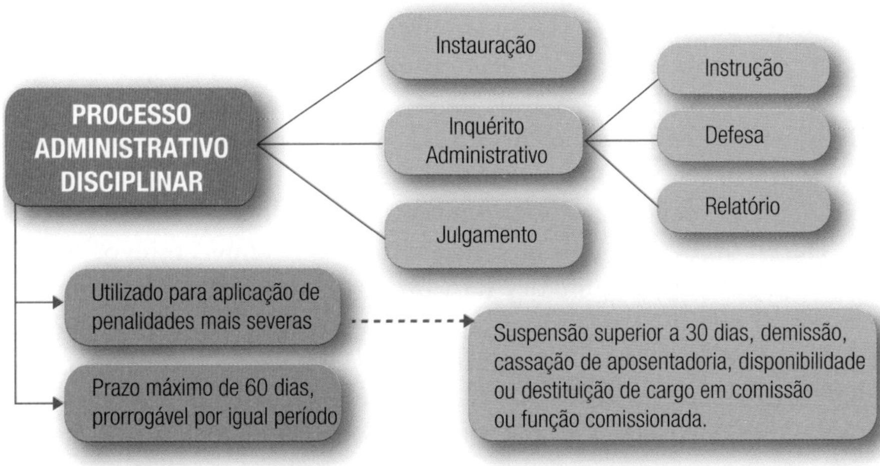

13.7.3. Figuras correlatas

Além do processo administrativo disciplinar, existem **meios sumários** de apuração e aplicação das sanções funcionais.

O primeiro deles é a **sindicância**, utilizado quando a falta funcional for punível com sanções menos graves, quais sejam, a advertência e a suspensão de até trinta dias (art. 146 da Lei n. 8.112/90). No entanto, cumpre observar que, se a instrução realizada em uma sindicância aponta para uma pena mais grave, a autoridade deve instaurar o processo disciplinar. Neste caso, a sindicância representa uma fase preliminar do processo disciplinar.

O prazo para conclusão da sindicância é de **trinta dias, prorrogável por igual período** (art. 145, parágrafo único).

Advertência: há autores para quem a sindicância representa uma fase investigativa, ou seja, de mera apuração de eventual infração. Nessa hipótese, não há nenhuma cominação de sanção. Consequentemente, por conta desse caráter inquisitório, não litigioso, inaplicável o princípio do contraditório e da ampla defesa.

Apesar da confusão terminológica existente, o que se deve tomar como inequívoco é o seguinte:

a) se o procedimento for apenas investigativo, com caráter preliminar, não implicando a aplicação de qualquer sanção, cabível a supressão da garantia do contraditório. A ampla defesa será exercida posteriormente, quando houver o efetivo processo sancionatório. Cumpre observar que alguns doutrinadores inserem a sindicância em tal categoria;

b) por outro lado, se o procedimento for punitivo, inafastável a garantia do contraditório e da ampla defesa. Importa notar que a Lei n. 8.112/90 considera a sindicância como meio para aplicação de sanções menos graves.

Além da sindicância, existe outro meio sumário disciplinado pela Lei n. 8.112/90. Trata-se de uma hipótese de "processo administrativo disciplinar submetido ao rito sumário" (art. 133, § 7º), aplicável na ocorrência de três infrações: acumulação ilícita de cargos públicos (art. 133), abandono de cargo (arts. 138 e 140) e inassiduidade habitual (arts. 139 e 140). As características desse meio sumário são: comissão constituída por dois servidores estáveis; existência de uma instrução sumária, que compreende indiciação, defesa e relatório; o prazo para sua conclusão não excederá trinta dias, admitida a prorrogação por quinze dias.

Esquematicamente:

13.7.4. Afastamento preventivo

Cabe à Administração, no âmbito do processo disciplinar, determinar o afastamento temporário do agente público acusado (art. 147 da Lei n. 8.112/90). Essa medida tem natureza cautelar, uma vez que o seu objetivo é evitar que o servidor não influa na apuração da irregularidade. Como se vê, não se trata de penalidade. Tanto assim que o afastamento é feito sem prejuízo da remuneração do servidor.

O prazo para o afastamento preventivo é de sessenta dias, prorrogável por igual prazo.

13.8. JURISPRUDÊNCIA DESTACADA DOS TRIBUNAIS SUPERIORES

13.8.1. Súmulas Vinculantes do Supremo Tribunal Federal

• 3: "Nos processos perante o Tribunal de Contas da União, asseguram-se o contraditório e a ampla defesa quando da decisão puder resultar anulação ou revogação de ato administrativo que beneficie o interessado, excetuada a apreciação da legalidade do ato de concessão inicial de aposentadoria, reforma e pensão".

• 5: "A falta de defesa técnica por advogado no processo administrativo disciplinar não ofende a Constituição".

Questões

1. **(Magistratura de Goiás – 2007) São princípios do Processo Administrativo:**

a) instauração, instrução, defesa, relatório e julgamento.
b) instauração, instrução, defesa, relatório e oficialidade.
c) legalidade, oficialidade, informalismo, verdade material e garantia de defesa.
d) legalidade, oficialidade, informalismo, verdade material e instauração.

2. **(Defensor Público do Estado de São Paulo – 2007) Nos processos administrativos são observados, entre outros, os critérios, *exceto*:**

a) Início apenas de ofício, para garantia do devido processo legal.
b) Cobrança de despesas processuais, quando previstas em lei.
c) Objetividade no atendimento do interesse público.
d) Atuação segundo padrões de boa-fé.
e) A ampla defesa e o contraditório.

3. **(Procurador do Distrito Federal/2004 – ESAF) Nos processos administrativos:**

a) é direito da parte ser intimada de cada ato praticado, ter vista dos autos, obter cópia de documentos e conhecer os fundamentos da decisão e recorrer.

b) é lícito às partes confiar sua defesa a contador.
c) dispensa-se o contencioso, que só é obrigatório no processo judicial.
d) a decisão proferida em segundo grau faz coisa julgada.
e) a intimação é feita mediante publicação de editais.

4. **(Procurador do Estado de Roraima – 2006 – FCC) Sobre o processo administrativo e processo judicial é correto afirmar que:**
   a) as decisões proferidas em processos administrativos podem ensejar coisa julgada material, desde que tenham observado os princípios do contraditório e da ampla defesa.
   b) o processo judicial administrativo dispensa a observância dos princípios do contraditório e da ampla defesa, pois as decisões nele proferidas não produzem coisa julgada material.
   c) as decisões proferidas em sede de processo administrativo produzem coisa julgada administrativa, que pode ser transformada em coisa julgada material mediante requerimento judicial específico para tanto.
   d) o processo judicial, caso não tenha observado os princípios do contraditório e da ampla defesa, assemelha-se ao processo administrativo, produzindo apenas coisa julgada administrativa.
   e) o processo administrativo, embora não se submeta ao mesmo rigor formal do processo judicial, deve respeitar o princípio do contraditório e da ampla defesa.

5. **(Magistratura do Tocantins – 2007 – CESPE) Acerca do processo administrativo, assinale a opção correta:**
   a) O processo administrativo em geral, no âmbito da União, pode ser instaurado de ofício ou por iniciativa dos interessados, entre os quais se incluem as pessoas e associações legalmente constituídas quanto a direitos ou interesses difusos.
   b) Por meio do recurso ou da revisão administrativa, não se admitirá como resultado o agravamento da situação do recorrente.
   c) No âmbito da legislação fiscal da União, se, após a resposta à consulta, a administração alterar o entendimento nela expresso, a nova orientação poderá também atingir os fatos geradores que ocorram após ter sido dada ciência ao consulente ou após a sua publicação pela imprensa oficial.
   d) Inicia-se para a Fazenda o curso do prazo decadencial com a notificação da decisão final do processo administrativo fiscal.

6. **(Promotor – MPE/SP – 2011) No processo administrativo disciplinar:**
   a) a falta de defesa técnica por advogado é inconstitucional, de acordo com o verbete 5 da Súmula vinculante do Supremo Tribunal Federal.
   b) a presença de advogado é obrigatória, a partir da fase de instrução, segundo o verbete 343 da Súmula do Superior Tribunal de Justiça.
   c) é obrigatória a presença de advogado para oferecimento de alegações finais, conforme o verbete 343 da Súmula do Superior Tribunal de Justiça.
   d) a falta de defesa técnica por advogado não ofende a Constituição, nos termos do verbete 5 da Súmula vinculante do Supremo Tribunal Federal.
   e) a presença de advogado é facultativa, de acordo com o verbete 343 da Súmula do Superior Tribunal de Justiça.

7. **(Juiz – TJ/PE – FCC – 2011) Interpretando a Constituição Federal em matéria processual, o Supremo Tribunal Federal fixou entendimento no sentido de que a falta de defesa técnica por advogado no processo administrativo disciplinar:**
   a) não ofende a Constituição.
   b) ofende o princípio constitucional da ampla defesa.
   c) ofende o princípio constitucional do contraditório.
   d) ofende o princípio constitucional da moralidade.
   e) ofende o princípio constitucional da indispensabilidade do advogado à administração da justiça.

Gabarito

1. C
2. A
3. A
4. E
5. A
6. D
7. A

14

CONTROLE DA ADMINISTRAÇÃO

14.1. INTRODUÇÃO

Como visto no tópico referente ao regime jurídico administrativo, comanda a atuação do Poder Público o princípio da indisponibilidade, por meio do qual os instrumentos públicos não podem ser livremente dispostos pela Administração, em virtude da sujeição desta a determinados limites impostos pelo ordenamento jurídico. Ocorre que a atuação no âmbito dos limites traçados deve ser objeto de controle, sob pena de tornar letra morta as sujeições impostas à Administração.

Além do aspecto referente à legitimidade do desempenho administrativo, igualmente cabível o controle sobre os aspectos relacionados ao interesse público, notadamente o mérito da atuação estatal.

Assim, deve-se compreender o controle da Administração Pública como "a atribuição de vigilância, orientação e correção de certo órgão ou agente público sobre a atuação de outro ou de sua própria atuação, visando confirmá-la ou desfazê-la, conforme seja ou não legal, conveniente, oportuna e eficiente" (GASPARINI, 2008, p. 947).

14.2. TIPOS DE CONTROLE

Como se percebe pela definição acima, existem várias espécies de controle da Administração. Destacam-se, no âmbito doutrinário, as seguintes:

a) Quanto à localização do controle no âmbito da estrutura estatal

Controle interno é aquele realizado pelos órgãos inseridos na estrutura do mesmo Poder que a do órgão controlado. É o caso do controle realizado pelo Executivo sobre os próprios agentes. Da mesma forma é a fiscalização realizada pelo Judiciário em relação aos seus órgãos e servidores.

Já o **controle externo** se dá entre órgãos pertencentes a Poderes diversos. Decorre do sistema de freios e contrapesos inerente ao sistema de separação entre os Poderes, estampado no art. 2º da CF. É o exemplo do controle do Judiciário sobre o Executivo; o controle do Legislativo sobre o Judiciário e o Executivo etc.

b) Quanto ao momento do controle

De acordo com tal critério, o controle pode ser prévio, concomitante ou sucessivo.

O **controle prévio** (*a priori*) verifica-se antes da eficácia de um ato. Exemplo: autorização prévia realizada pelo Senado Federal para a União, o Estado ou o Município contraírem empréstimo externo, conforme prevê o art. 52, V, da CF (MEIRELLES, 2001, p. 627).

Controle concomitante é aquele realizado durante o exercício da atividade decorrente do ato, a exemplo da fiscalização sobre um contrato em andamento.

O **controle posterior** (*a posteriori*) ocorre após a prática de um ato, com o objetivo de sua correção (a exemplo da convalidação), extinção (revogação ou invalidação) ou confirmação (homologação).

c) Quanto à natureza do controle

Os aspectos envolvidos no controle são dois.

De um lado, apresenta-se o **controle de legalidade** (ou de legitimidade), em que se "objetiva verificar a conformação do ato ou do procedimento administrativo com as normas legais que o regem" (MEIRELLES, 2001, p. 627). Deve-se compreender tal conformidade legal de maneira ampla, abarcando "desde a Constituição até as instruções normativas" (GASPARINI, 2008, p. 947).

Cumpre relevar que o controle de legalidade pode ser realizado tanto pelo Executivo (controle exercitável de ofício ou de forma provocada) quanto pelo Judiciário (controle feito por meio de uma ação adequada) ou pelo Legislativo (conforme as hipóteses expressamente previstas na Constituição).

De outro, o **controle de mérito**, por meio do qual são verificados os aspectos de conveniência, oportunidade e eficiência do ato. Ausente, portanto, qualquer aferição quanto à conformidade com o ordenamento jurídico.

Importa salientar que o controle de mérito é realizado pela própria Administração, bem como, excepcionalmente, pelo Legislativo (cf. MEIRELLES, 2001, p. 628; DI PIETRO 2009, p. 726). Nunca pelo Judiciário.

d) Quanto ao órgão que exerce o controle

Em relação a este critério, apresentam-se o controle legislativo, o judicial e o administrativo. **Controle legislativo** é aquele realizado pelo Poder Legislativo sobre os atos da Administração Pública. O **controle judicial** é praticado pelo Poder Judiciário, no exercício de sua função de verificação de legalidade. Já o **controle administrativo** realiza-se pela própria Administração. Diante da relevância de tais mecanismos de controle, eles serão objeto de estudo específico a seguir.

Previamente, ressalte-se que se apresenta como cabível a combinação das formas de controle vistas acima. "Assim, um ato do Executivo, sujeito a controle externo e prévio do Legislativo, pode ser submetido posteriormente ao controle interno e concomitante da própria Administração e, a final, sujeitar-se ao controle de legalidade do Judiciário" (MEIRELLES, 2001, p. 628).

Esquematicamente:

14.3. CONTROLE ADMINISTRATIVO

Controle administrativo (ou **autocontrole**) representa o "exercício pelo Executivo e por órgãos de administração do Legislativo e do Judiciário sobre suas próprias atividades administrativas, visando confirmá-las ou desfazê-las, conforme sejam, ou não, legais, convenientes, oportunas e eficientes" (GASPARINI, 2008, p. 948).

Trata-se de um controle interno que encontra fundamento no **princípio da autotutela**, segundo o qual a Administração pode anular e revogar os próprios atos. Confiram-se, a propósito, as Súmulas 346 e 473 do STF, que reconhecem tal forma de controle. Por sua vez, o "poder de autotutela encontra fundamento nos princípios a que se submete a Administração Pública, em especial o da legalidade e o da predominância do interesse público, dos quais decorrem todos os demais" (DI PIETRO, 2009, p. 727).

Entre os diversos meios de controle administrativo, serão ressaltados os recursos administrativos.

14.3.1. Recursos administrativos

São os meios pelos quais os administrados provocam o reexame do ato pela Administração. Esta representa uma noção geral do instituto.

Encontra fundamento, na seara constitucional, no direito de petição e no princípio do contraditório e da ampla defesa.

O **direito de petição** está previsto no art. 5º, XXXIV, *a*, que assegura a todos "o direito de petição aos Poderes Públicos em defesa de direitos ou contra ilegalidade ou abuso de poder". Compreende essa garantia a possibilidade de os particulares formularem perante a Administração qualquer tipo de postulação. Apresenta "grande amplitude", pois não se verifica limite algum ao direito a ser defendido, "o que torna admissível a interpretação de que abrange direitos individuais e coletivos, próprios ou de terceiros, contanto que possa refletir o poder jurídico do indivíduo de dirigir-se aos órgãos públicos e deles obter a devida resposta" (CARVALHO FILHO, 2008, p. 886).

Já o art. 5º, LV, assegura o exercício do **contraditório e da ampla defesa** no âmbito administrativo, "com os meios e recursos a ela inerentes".

Também pode ser mencionado, a título de fundamento, o **sistema de hierarquia orgânica**. Com efeito, "é o escalonamento de órgãos e agentes, constitutivo da hierarquia, que possibilita ao interessado requerer a reapreciação, por autoridade ou órgão superior, de ato ou conduta de agentes ou órgãos inferiores" (CARVALHO FILHO, 2008, p. 889).

14.3.1.1. Espécies de recursos administrativos

No âmbito da noção geral de recursos administrativos encontram-se espécies recursais diversas. São elas a representação, a reclamação administrativa, o pedido de reconsideração, a revisão e o recurso hierárquico.

Constitui a **representação** a denúncia de irregularidades e desconformidades praticadas no seio da Administração. Diante de tal espécie recursal, o Poder Público tem o dever de apurar a ocorrência da ilegalidade, sob pena de condescendência criminosa (art. 320 do CP).

A **reclamação** representa a "oposição expressa a atos da Administração que afetem direitos ou interesses legítimos do administrado" (MEIRELLES, 2001, p. 636). Está prevista no Decreto n. 20.910/32, que fixa o prazo geral de um ano para o manuseio da reclamação (art. 6º). Observe-se que tal prazo não pode ser confundido com o prazo de cinco anos previsto pela mesma norma, referente à prescrição para combater judicialmente determinado ato administrativo (art. 1º). Cumpre notar que a reclamação suspende a prescrição, conforme preconiza o seu art. 4º. Para Di Pietro, a reclamação representa uma modalidade ampla de recurso, não excludente das espécies ora estudadas (2009, p. 731).

Advertência: não se pode confundir a reclamação ora analisada, modalidade de recurso administrativo, com a reclamação prevista no art. 103-A, § 3º, da CF (introduzida pela EC n. 45/2004, denominada emenda da Reforma do Judiciário). Neste caso, a reclamação é feita perante o Supremo Tribunal Federal, com o fim de impugnar ato administrativo que contraria uma súmula vinculante editada pelo Pretório Excelso. Julgando procedente a reclamação, o Supremo Tribunal Federal anulará o ato administrativo. Como se nota, trata-se de forma de controle judicial; não de controle administrativo.

Pedido de reconsideração é o recurso formulado perante a mesma autoridade que proferiu a decisão impugnada. Algumas leis o preveem expressamente, a exemplo da Lei n. 8.112/90 (Estatuto dos Servidores da União), que fixa o prazo de trinta dias para sua interposição (art. 108). Mesmo na ausência de lei que preveja tal modalidade recursal, admite-se o seu manuseio. Neste caso, salienta a doutrina que o prazo é de um ano, "tomando-se como fonte analógica a reclamação" (CARVALHO FILHO, 2008, p. 895), bem como que a sua interposição não suspende a prescrição nem interrompe o prazo do recurso hierárquico e o prazo para impetração de mandado de segurança (GASPARINI, 2008, p. 951).

A **revisão** constitui "o recurso de que se utiliza o servidor público, punido pela Administração, para reexame da decisão, em caso de surgirem fatos novos suscetíveis de demonstrar a sua inocência" (DI PIETRO, 2009, p. 635). Sobre ela há previsão específica no Estatuto dos Servidores da União (Lei n. 8.112/90, arts. 174 a 182) e previsão genérica na Lei n. 9.784/99, em seu art. 65. Esta norma dispõe que a revisão pode ser exercida "a qualquer tempo", disciplina esta reconhecida no âmbito da doutrina. A respeito, afirma Di Pietro que é cabível o seu manuseio "até mesmo depois de falecido o interessado, pois o seu objetivo é reabilitar o acusado, o que não pode ser limitado no tempo" (2009, p. 636).

Por fim, o **recurso hierárquico**, compreendido como a pretensão de reexame dirigida à autoridade hierarquicamente superior àquela que expediu o ato objeto de impugnação. A doutrina costuma distinguir duas modalidades de recurso hierárquico:

a) o **recurso hierárquico próprio** é aquele interposto perante a autoridade imediatamente superior àquela que expediu o ato, no âmbito do mesmo órgão ou entidade. Representa um recurso que tramita na via interna de determinado ente administrativo. Exemplo: o recurso contra ato de um Diretor de Departamento, dirigido ao Secretário estadual ao qual aquele se encontra subordinado. De acordo com a doutrina, **cabível a sua interposição ainda que não haja previsão legal expressa**, porquanto tal recurso "é uma decorrência da hierarquia" (DI PIETRO, 2009, p. 633).

b) o **recurso hierárquico impróprio** é aquele interposto perante outro órgão ou entidade, não integrante da estrutura hierárquica referente ao que proferiu a decisão impugnada. O adjetivo "impróprio", explica Carvalho Filho, "significa que entre o órgão controlado e o controlador não há propriamente relação hierárquica de subordinação" (2008, p. 892). Exemplos: recurso interposto contra dirigente de autarquia (INSS), encaminhado ao Ministério (integrante da União) ao qual a entidade autárquica está vinculada (deve-se lembrar que, entre uma autarquia e a entidade da Administração direta, inexiste hierarquia, e sim uma relação de vinculação); recursos perante tribunais administrativos, como o Tribunal de Impostos e Taxas (DI PIETRO, 2009, p. 635). Na medida em que não decorre da hierarquia, **somente é admitido se previsto expressamente em lei**.

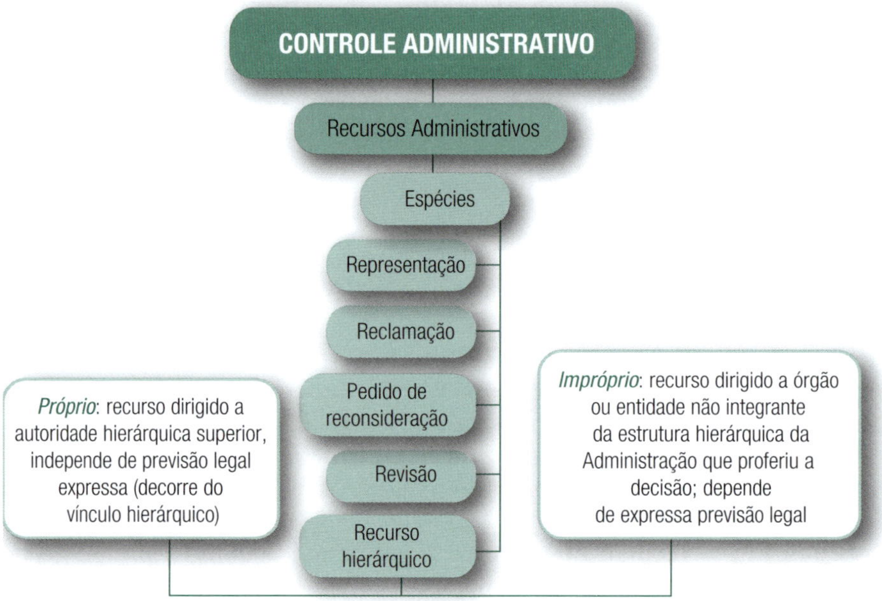

14.3.1.2. Características dos recursos hierárquicos

O prazo para a interposição do recurso encontra-se na dependência da legislação específica. De acordo com a Lei n. 9.784/99 (Lei do processo administrativo no âmbito federal), o prazo do recurso hierárquico é genericamente fixado em **dez dias**, contado da ciência ou divulgação oficial da decisão (art. 59). Outras leis podem disciplinar prazo diverso, como a Lei n. 10.177/98, do Estado de São Paulo, que fixa o prazo de quinze dias como regra (art. 44). Após a fluência do prazo recursal, opera-se a preclusão administrativa, consistente na "perda da faculdade processual-administrativa pelo não exercício, no tempo fixado em lei, da impugnabilidade do ato ou decisão" (GASPARINI, 2008, p. 953).

De acordo com a lei federal referida, o recurso tramitará no máximo por três instâncias administrativas, salvo disposição legal diversa (art. 57).

Em regra, **o efeito do recurso é meramente devolutivo**. Quanto ao efeito suspensivo, somente é admitido quando houver lei específica nesse sentido. É o que preconiza o art. 61 da Lei n. 9.784/99: "Salvo disposição legal em contrário, o recurso não tem efeito suspensivo". Alguns autores justificam tal regime com base no atributo da presunção de legitimidade, de tal modo que o "inconformismo do indivíduo no que concerne a algum ato administrativo não tem o condão de paralisar a atividade administrativa, pois que prevalece neste caso o princípio da continuidade das ações da Administração" (CARVALHO FILHO, 2003, p. 896).

De qualquer forma, o efeito suspensivo pode ser concedido pela autoridade, "havendo justo receio de prejuízo de difícil ou incerta reparação decorrente da execução" (art. 61, parágrafo único, da Lei n. 9.784/99).

Sobre a extensão do reexame decorrente de um recurso, cabível a pergunta: admite-se a *reformatio in pejus*? Ou seja, é possível que o julgamento de um recurso administrativo agrave a situação do recorrente?

É cediço que, no bojo do processo penal, vige o princípio que veda a *reformatio in pejus*. Já no âmbito administrativo prevalece o entendimento de que a Administração pode piorar a situação do particular. Esclarece Hely Lopes Meirelles que a Administração possui ampla liberdade decisória, "podendo reformar o ato recorrido além do pedido ou, mesmo, agravar a situação do recorrente (*reformatio in pejus*)" (2001, p. 639).

Observe-se que o tema não encontra uniformidade doutrinária. Alguns autores, como Diogenes Gasparini, entendem que a reforma decorrente do recurso administrativo não pode impor ao recorrente maior gravame. "O nosso ordenamento jurídico-constitucional não se compatibiliza com a *reformatio in pejus* mesmo tratando-se de decisões em recursos administrativos" (2008, p. 956).

O regime adotado pela Lei n. 9.784/99 admite a *reformatio in pejus*, como se pode notar pelo art. 64. O *caput* desse artigo dispõe que a decisão proferida em sede de recurso poderá confirmar, modificar, anular ou revogar o ato recorrido. Em complementação, o parágrafo único preconiza que, se dessa decisão "**puder decorrer gravame à situação do recorrente**, este deverá ser cientificado para que formule suas alegações antes da decisão".

No entanto, a mesma lei excepciona essa possibilidade no caso de revisão, como expressamente salienta o art. 65, parágrafo único: "Da revisão do processo não poderá resultar agravamento da sanção".

Por fim, cumpre ressaltar que o julgamento do recurso em última instância enseja a chamada **coisa julgada administrativa**, que deve ser entendida apenas como uma preclusão de efeitos internos, já que não tem o alcance da coisa julgada típica das decisões judiciais. De acordo com Hely Lopes Meirelles, "o que ocorre nas decisões administrativas finais é, apenas, preclusão administrativa, ou a irretratabilidade do ato perante a própria Administração" (2001, p. 641).

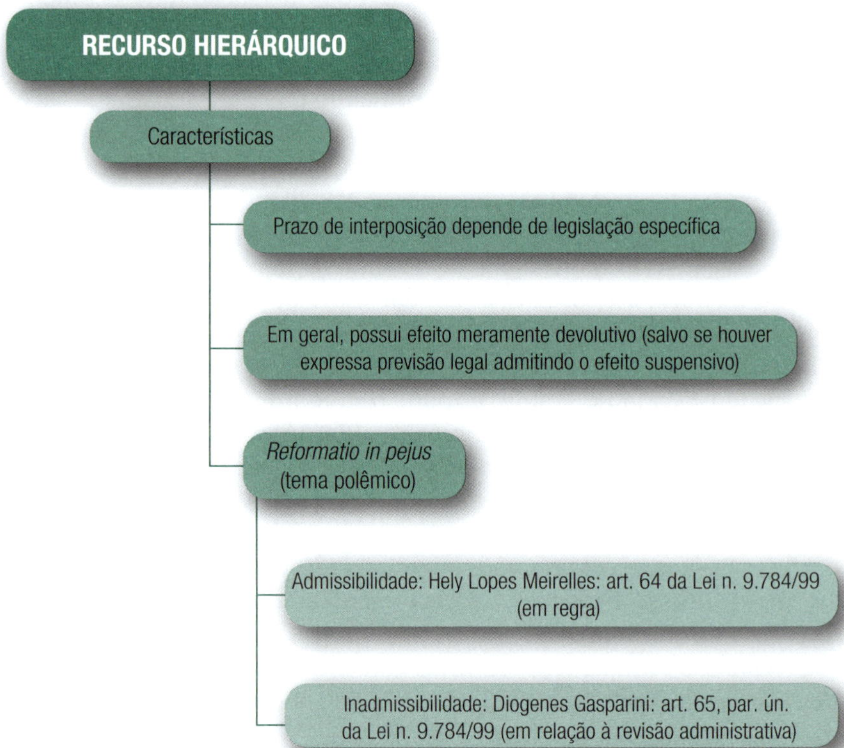

14.4. CONTROLE LEGISLATIVO

Também denominado **controle parlamentar, o controle legislativo** é aquele conferido ao Poder Legislativo, que detém a atribuição de fiscalizar a Administração Pública. Somente são admitidas as formas previstas na Constituição Federal, na medida em que representa o controle de um Poder sobre o outro.

Diversas são as formas para o exercício de tal controle.

Por meio da atuação da **Comissão Parlamentar de Inquérito** (CPI), apura-se fato determinado que envolve a Administração. Previstas no art. 58, § 3º, da CF, tais comissões têm poderes de investigação próprios das autoridades judiciais. Observe-se que a CPI não possui competência para aplicação de penalidades, devendo encaminhar suas conclusões ao Ministério Público, para que este promova a responsabilidade dos infratores.

Cabível, ademais, que o Legislativo proceda ao **pedido de informações** a órgãos públicos, que devem atendê-lo no prazo de trinta dias, sob pena de configuração de crime de responsabilidade (art. 50, § 2º, da CF). Também se pode verificar a **convocação de autoridades** para comparecimento às casas legislativas, objetivando a prestação de informações sobre assuntos que sejam afetos ao agente convocado (art. 50, § 1º, da CF).

A Constituição atribui ao Senado a competência para processar e julgar determinadas autoridades (Presidente e Vice-Presidente da República, Ministros etc.) por **crimes de responsabilidade** (art. 52, I e II, da CF). O Congresso Nacional possui atribuição para **sustar os atos normativos** do Poder Executivo que exorbitem do poder regulamentar ou dos limites da delegação legislativa (art. 49, V, da CF).

Entre as formas previstas de controle parlamentar, destaque seja dado ao **controle financeiro**, ou seja, aquele referente à receita, à despesa e à gestão dos recursos públicos (CARVALHO FILHO, 2008, p. 934). Este é exercido pelo Congresso Nacional, com o auxílio do Tribunal de Contas (arts. 70 e 71 da CF).

O **Tribunal de Contas** representa um órgão que integra a estrutura do Poder Legislativo, detendo caráter auxiliar e especializado, na medida em que colabora com aquele Poder, bem assim assume a atribuição específica de exercer o controle financeiro (CARVALHO FILHO, 2008, p. 935). As competências do Tribunal estão fixadas no art. 71, destacando-se as seguintes:

a) O Tribunal de Contas possui atribuição para apreciar as contas, prestadas anualmente, pela Chefia do Executivo (art. 71, I). Tal apreciação instrumentaliza-se por meio de um parecer prévio, posteriormente julgado pelo Congresso Nacional (art. 49, IX).

Observe-se que tal parecer não apresenta caráter vinculante, na medida em que o órgão legislativo julgador não está adstrito à conclusão do Tribunal de Contas. Exceção seja feita ao parecer prévio das contas dos Prefeitos, que somente deixarão de prevalecer por decisão de dois terços dos membros da Câmara Municipal (CF, art. 31, § 2º).

b) Competência para julgar as contas dos administradores e demais responsáveis por recursos e bens públicos (art. 71, II). Observe-se que esse julgamento não possui feição judicial e sim administrativa. Assim, cabível a sua revisão pelo Poder Judiciário.

É nesse sentido que se deve compreender a Súmula 347 do STF, segundo a qual "o Tribunal de Contas, no exercício de suas atribuições, pode apreciar a constitucionalidade das leis e dos atos do Poder Público". Não se trata do mesmo controle de constitucionalidade exercido pelos órgãos judiciais, quer sob a forma abstrata, quer sob a forma concreta. A súmula significa tão somente que o Tribunal de Contas pode interpretar as leis e os atos administrativos de acordo com a Constituição.

c) Competência para apreciar a legalidade dos atos de admissão de pessoal, bem como a das concessões de aposentadorias, reformas e pensões (art. 71, III). No primeiro caso, encontram-se expressamente excluídas as nomeações para cargo em comissão.

d) O Tribunal detém competência para aplicar **sanções**, na verificação de ilegalidade de despesa ou irregularidade de contas (art. 71, VIII). A Constituição remete à lei a previsão das penalidades, ressalvando a obrigatoriedade de disciplina de "multa proporcional ao dano causado ao erário".

As decisões do Tribunal que imputam débito ou multa terão eficácia de **título executivo** (art. 71, § 3º).

Relevante controvérsia girou na órbita do seguinte questionamento: quem é legitimado ativo para executar tais valores?

A despeito de alguns entendimentos defenderem que o próprio Tribunal de Contas pode ajuizar a respectiva ação de execução, prevaleceu no âmbito do Supremo Tribunal Federal a tese segundo a qual a entidade política que o Tribunal integra é que detém tal capacidade (ou seja, a União, os Estados e os Municípios que possuem tribunais de contas).

Mais recentemente, a jurisprudência do Superior Tribunal de Justiça aponta que o Ministério Público também possui legitimidade para tanto. É o que se verifica do seguinte julgado, com menção a diversos precedentes (REsp 1.119.377, 1ª Seção, Rel. Min. Humberto Martins, *DJe* de 4-9-2009):

"O Ministério Público possui legitimidade extraordinária para promover ação de execução do título formado pela decisão do Tribunal de Contas do Estado, com vistas a ressarcir ao erário o dano causado pelo recebimento de valor a maior pelo recorrido. (Precedentes: Resp 922.702/MG, Rel. Min. Luiz Fux, julgado em 28-4-2009, *DJe* 27-5-2009; Resp 996.031/MG Rel. Min. Francisco Falcão, julgado em 11-3-2008, *DJe* 28-4-2008; Resp 678.969/PB, Rel. Min. Luiz Fux, Primeira Turma, julgado em 13-12-2005, *DJ* 13-2-2006; Resp 149.832/MG, Rel. Min. José Delgado, publicado em 15-2-2000)".

e) O Tribunal pode assinar prazo para que o órgão ou entidade adote as providências necessárias ao exato cumprimento da lei, no caso de verificação de ilegalidade (art. 71, IX).

f) Cabe ao Tribunal **sustar a execução do ato impugnado**, comunicando a decisão à Câmara dos Deputados e ao Senado Federal (art. 71, X).

Advertência: em relação aos **contratos**, o procedimento é diverso. De acordo com o art. 71, § 1º, o ato de sustação será adotado diretamente pelo Congresso Nacional, que solicitará ao Poder Executivo as medidas cabíveis. Se o Congresso ou o Poder Executivo, no prazo de noventa dias, não efetivar tais medidas, o Tribunal de Contas decidirá a respeito.

14.5. CONTROLE JUDICIAL

Controle judicial da Administração é aquele exercido pelos órgãos do Poder Judiciário em relação aos atos expedidos no exercício da função administrativa. Uma definição completa é dada por Diogenes Gasparini: é o "controle de legalidade das atividades e atos administrativos do Executivo, do Legislativo e do Judiciário por órgão dotado do poder de solucionar, em caráter definitivo, os conflitos de direito que lhe são submetidos" (2008, p. 967).

Para Di Pietro, o controle judicial representa um dos fundamentos do Estado de Direito, funcionando como garantia do próprio princípio da legalidade. Com efeito, explica a autora, "de nada adiantaria sujeitar-se a Administração Pública à lei se seus atos não pudessem ser controlados por um órgão dotado de imparcialidade que permita apreciar e invalidar os atos ilícitos por ela praticados" (2009, p. 743).

Para explicar a forma de controle judicial exercida no Brasil, convém expor os principais sistemas existentes. Basicamente, são dois.

De um lado, o **sistema do contencioso administrativo**, igualmente denominado **sistema francês** ou da **dualidade de jurisdição**. Nesse regime, ao lado da Justiça comum, exercida pelo Poder Judiciário, existe uma Justiça administrativa, que exerce a função jurisdicional em relação às controvérsias que envolvem o Poder Público. "Nesse sistema, vê-se que a Administração Pública tem uma justiça própria, localizada fora do Judiciário"(GASPARINI, 2008, p. 970). Nasceu na França (daí a terminologia "sistema francês"), sendo posteriormente adotado na Itália, Alemanha, Uruguai, Suíça, Grécia etc.

De outro lado, o **sistema da unidade de jurisdição**, conhecido como **sistema inglês** ou **sistema de jurisdição una**. Nele, o Poder Judiciário assume o monopólio da função jurisdicional, de modo que todos os litígios são resolvidos por esse Poder, tanto os que envolvem os particulares quanto as controvérsias de que participam a Administração. Originário da Inglaterra, é um regime adotado pelos Estados Unidos, Bélgica, México, entre outros.

O Brasil filia-se ao sistema da jurisdição única. É o que dispõe a Constituição Federal: "A lei não excluirá da apreciação do Poder Judiciário lesão ou ameaça a direito" (CF, art. 5º, XXXV). "Qualquer que seja o autor da lesão, mesmo o poder público, poderá o prejudicado ir às vias judiciais" (DI PIETRO, 2009, p. 743).

14.5.1. Limites do controle judicial

O controle judicial da Administração está adstrito ao **controle de legalidade**, ou seja, à conformidade da atuação administrativa com o ordenamento jurídico. Reitere-se que tal verificação se dá em relação aos atos vinculados e também aos discricionários. Dessa forma, **incabível ao Judiciário exercer o controle de mérito do ato administrativo**, isto é, sobre os aspectos de conveniência e oportunidade, verificáveis exclusivamente pela Administração.

14.5.2. Instrumentos de controle judicial

Os meios de controle judicial podem ser classificados em inespecíficos e específicos (CARVALHO FILHO, 2008, p. 951).

Os primeiros "são os representados por aquelas ações judiciais de que todas as pessoas se podem socorrer"(CARVALHO FILHO, 2008, p. 951), a exemplo das ações ordinárias, das cautelares, dos interditos possessórios etc.

Os meios específicos "são aquelas ações que exigem a presença no processo das pessoas administrativas ou de seus agentes" (CARVALHO FILHO, 2008, p. 951). Nessa categoria inserem-se o mandado de segurança, a ação popular, o *habeas corpus*, o *habeas data* e o mandado de injunção. Também pode ser citada a ação civil pública, muito embora a Administração não represente parte necessária em tal lide.

14.6. JURISPRUDÊNCIA DOS TRIBUNAIS SUPERIORES

14.6.1. Súmula do Supremo Tribunal Federal

• 347: "O Tribunal de Contas, no exercício de suas atribuições, pode apreciar a constitucionalidade das leis e dos atos do Poder Público".

14.6.2. Exigência de garantia: o instituto do *solve et repete* é constitucional?

Encontra-se de certa forma disseminada pelo ordenamento jurídico brasileiro a imposição do *solve et repete* (igualmente denominado "garantia de instância"), consistente na exigência de depósito prévio (ou arrolamento de bens e direitos) como condição de admissibilidade de recurso administrativo. Trata-se de matéria geralmente associada à aplicação de multas ou tributos e à sua respectiva discussão no âmbito do Poder Público. Assim, a título exemplificativo, caso o particular queira impugnar na seara administrativa uma sanção pecuniária aplicada pela Cetesb (entidade que exerce o poder de polícia ambiental no Estado de São Paulo), deve recolher previamente o valor da multa cominada, conforme os ditames da Lei estadual n. 997/76, art. 10, parágrafo único.

Determinadas posições sinalizam a impossibilidade de tal exigência, sob o argumento de que tal mecanismo representa uma forma autoexecutória de cobrança da dívida, em contrariedade ao manuseio compulsório da ação judicial pertinente – a execução fiscal.

Outros doutrinadores afastam a "garantia de instância", baseando-se em argumentos outros, notadamente relacionados com o princípio do contraditório e da ampla defesa, bem assim com o direito de petição. Nesse sentido encontra-se Maria Sylvia Zanella Di Pietro, que evoca a cláusula constitucional do direito de petição, independentemente do pagamento de taxas (2009, p. 729). Para Sérgio Ferraz e Adilson Dallari, plena a inconstitucionalidade da exigência: "O processo administrativo rege-se pelo princípio constitucional do devido processo legal, que encampa o princípio (também constitucional) da ampla defesa" (2007, p. 217).

Em relação à jurisprudência do Supremo Tribunal Federal, a posição anteriormente firmada na Corte Suprema propugnava pela legitimidade da garantia de instância. Assim se deu, por exemplo, nos julgamentos dos

RE 210.246, 210.234, 210.380, 218.752, 224.958 e ADIn 1.049. Em síntese, entre outros argumentos suscitados pelos Ministros, restou assentado que não há direito constitucional ao duplo grau de jurisdição na via administrativa, bem assim que a garantia de instância representa apenas um requisito de admissibilidade do recurso administrativo (e não o pagamento de taxa para exercício do direito de petição).

Ocorre que o entendimento do Supremo Tribunal Federal passou por radical alteração, de modo que a orientação atualmente predominante, inclusive por unanimidade, reconhece a plena inconstitucionalidade do *solve et repete*, verdadeira "máxima fascista", conforme síntese do Ministro Eros Grau.

Tal se deu em março de 2007, ocasião em que foram julgadas diversas ações que versavam sobre o tema (RE 388.359, 389.383, 390.513 e ADIn 1.976). Inserir tais acórdãos na categoria dos paradigmáticos não seria exagero, uma vez que assinalam, de forma inequívoca, o entendimento hodierno da Corte Suprema. Os julgados que se sucederam mantiveram a orientação, como se nota pelos acórdãos dos AI-AgRg 398.933 (*DJ* de 29-6-2007), RE-AgRg 504.288 (*DJ* de 29-6-2007), AI-AgRg 431.017 (*DJ* de 17-8-2007) e RE-AgRg 370.927 (*DJ* de 7-12-2007).

A argumentação gira na órbita de dois dispositivos constitucionais, tidos por violados diante da garantia de instância. Conforme o Ministro Joaquim Barbosa (RE 388.359), exigir que o particular deposite determinada quantia como requisito ao exercício do direito de recorrer equivale, na prática, à supressão desse direito, o que afronta o princípio do contraditório e da ampla defesa (art. 5º, LV, da CF). Ademais, o recurso administrativo está inserido na categoria "direito de petição" (art. 5º, XXXIV, *a*, da CF), assegurado independentemente do pagamento de taxa, esta entendida, segundo o Ministro Cezar Peluso, no sentido lato de despesa, custo ou dispêndio. Outros fundamentos, com igual envergadura e matiz principiológica, foram suscitados, como os princípios da isonomia e da proporcionalidade.

Com base em tal entendimento é que o Superior Tribunal de Justiça expediu a Súmula 373, com o seguinte teor: "É ilegítima a exigência de depósito prévio para admissibilidade de recurso administrativo".

Posteriormente, o Supremo Tribunal Federal editou a Súmula Vinculante n. 21 (*DJe* de 10-11-2009), com o seguinte teor: "É inconstitucional a exigência de depósito ou arrolamento prévios de dinheiro ou bens para admissibilidade de recurso administrativo".

Questões

1. **(Advogado da União – CESPE – 2006) Julgue os próximos itens, que tratam do recurso hierárquico e do pedido de reconsideração.**

   I. Entre o recurso hierárquico e o pedido de reconsideração há diferença consubstanciada no fato de que, enquanto o recurso hierárquico é dirigido sempre à autoridade superior àquela de cujo ato se recorreu, o pedido de reconsideração é uma solicitação feita à autoridade que despachou no caso, com o fim de imprimir outro rumo à decisão anteriormente tomada.

   II O recurso hierárquico impróprio é o pedido de reexame dirigido à autoridade superior àquela que produziu o ato impugnado, isto é, verifica-se dentro da mesma escala hierárquica.

2. **(Defensor Público do Estado de São Paulo – 2006) Recurso hierárquico impróprio é:**

   a) o recurso interposto contra a decisão de dirigente de entidade da Administração Indireta, para a autoridade a que está vinculada, na Administração direta.

   b) aquele que é dirigido à autoridade superior na organização federativa;

   c) o pedido de reconsideração apresentado à autoridade máxima de uma estrutura administrativa.

   d) o pedido de revisão das decisões proferidas em processos disciplinares, para a própria autoridade sancionadora.

   e) a avocação do recurso administrativo pela chefia do órgão administrativo.

3. **(Ministério Público Federal – 15º concurso) Quanto ao controle da Administração Pública, é correta a resposta:**

   a) o Tribunal de Contas da União realiza em geral controle prévio dos atos da Administração Pública.

   b) ao Poder Judiciário federal é vedado apreciar ato do Tribunal de Contas da União.

   c) o Tribunal de Contas da União pode sustar ato administrativo de órgãos do Poder Judiciário federal.

   d) todas as alternativas estão erradas.

4. **(Procurador – PGE/MT – FCC – 2011) De acordo com a Constituição Federal, o controle externo exercido com o auxílio do Tribunal de Contas contempla a:**
   a) apreciação da legalidade dos atos de admissão de pessoal na Administração direta e indireta, excetuadas as nomeações para cargo de provimento em comissão.
   b) fixação de limites, aplicáveis à Administração direta e empresas dependentes de recursos do Tesouro, para despesas com pessoal e custeio.
   c) fixação de limites, aplicáveis à Administração direta e empresas dependentes de recursos do Tesouro, para operações de crédito e concessão de garantias.
   d) fiscalização da aplicação de recursos públicos, por entidades privadas, exceto se recebidos na forma de contratos de gestão.
   e) aplicação de multa proporcional ao dano causado ao erário, independentemente de previsão legal específica.

5. **(Juiz – TRF/5ª Região – CESPE – 2011) De acordo com o que dispõe a CF, a atuação conjunta do TCU e do Congresso Nacional no que se refere a controle externo é requerida em caso de:**
   a) disposição sobre limites para a concessão de garantia da União em operações de crédito interno.
   b) aprovação da exoneração do procurador-geral da República.
   c) julgamento das contas do presidente da República.
   d) aprovação prévia da escolha de presidente e diretores do BACEN.
   e) aprovação das iniciativas do Poder Executivo referentes a atividades nucleares.

Gabarito

1. I. Correto
II. Errado
2. A
3. C
4. A
5. C

BIBLIOGRAFIA

ARAÚJO, Edmir Netto de. *Curso de direito administrativo.* São Paulo: Saraiva, 2005.

ÁVILA, HUMBERTO. *Teoria dos princípios*: da definição à aplicação dos princípios jurídicos. 4. ed. São Paulo: Malheiros, 2005.

________. Repensando o "princípio da supremacia do interesse público sobre o privado". *Revista Trimestral de Direito Público*, São Paulo, n. 24, p. 159-180, 1998.

BANDEIRA DE MELLO, Celso Antônio. *Curso de direito administrativo.* São Paulo: Malheiros, 2003.

________. *Curso de direito administrativo.* São Paulo: Malheiros, 2008.

BONAVIDES, Paulo. *Curso de direito constitucional.* 13. ed. rev. e atual. São Paulo: Malheiros, 2003.

CARVALHO FILHO, José dos Santos. *Manual de direito administrativo.* 19. ed. rev., ampl. e atual. Rio de Janeiro: Lumen Juris, 2008.

CASTRO, Carlos Roberto Siqueira. *O devido processo legal e os princípios da razoabilidade e da proporcionalidade.* 4. ed. Rio de Janeiro: Forense, 2006.

DI PIETRO, Maria Sylvia Zanella. *Servidão administrativa.* São Paulo: Revista dos Tribunais, 1978.

________. *Direito administrativo.* 22. ed. São Paulo: Atlas, 2009.

________. *Discricionariedade administrativa na Constituição de 1988.* 2. ed. São Paulo: Atlas, 2001.

________. *Parcerias na Administração Pública.* 4. ed. São Paulo: Atlas, 2002.

FERNANDES, Jorge Ulisses Jacoby. *Contratação direta sem licitação.* Belo Horizonte: Forum, 2009.

FERRAZ, Sérgio; DALLARI, Adilson Abreu. *Processo administrativo.* 2. ed. São Paulo: Malheiros, 2007.

FERREIRA DA ROCHA, Sílvio Luís. *Terceiro setor.* São Paulo: Malheiros, 2003.

FIGUEIREDO, Lúcia Valle. *Curso de direito administrativo.* 6. ed. rev., atual. e ampl. São Paulo: Malheiros, 2003.

GASPARINI, Diogenes. *Direito administrativo.* São Paulo: Saraiva, 2008.

GRAU, Eros Roberto. *O direito posto e o direito pressuposto.* 6. ed. rev. e ampl. São Paulo: Malheiros, 2005.

GROTTI, Dinorá Adelaide Musetti. Devido processo legal e o procedimento administrativo. *Revista Trimestral de Direito Público.* São Paulo: Malheiros, 1997, v. 18.

JUSTEN FILHO, Marçal. *Curso de direito administrativo.* São Paulo: Saraiva, 2005.

________. *Comentários à Lei de Licitações e Contratos Administrativos.* 9. ed. São Paulo: Dialética, 2002.

LENZA, Pedro. *Direito constitucional esquematizado.* São Paulo: Saraiva, 2008.

MEDAUAR, Odete. *Direito administrativo moderno.* 8. ed. rev. e atual. São Paulo: Revista dos Tribunais, 2004.

MEIRELLES, Hely Lopes. *Direito administrativo brasileiro.* 26. ed. atual. por Eurico de Andrade Azevedo, Délcio Balestero Aleixo e José Emmanuel Burle Filho. São Paulo: Malheiros, 2001.

MORAIS, Alexandre. *Reforma Administrativa.* 4. ed. São Paulo: Atlas, 2001.

MOREIRA NETO, Diogo de Figueiredo. *Curso de direito administrativo.* 12. ed. rev., ampl. e atual. Rio de Janeiro: Forense, 2001.

PIMENTA OLIVEIRA, José Roberto. *Os princípios da razoabilidade e da proporcionalidade no direito administrativo brasileiro.* São Paulo: Malheiros, 2006.

OLIVEIRA, Regis Fernandes de. *Servidores públicos.* São Paulo: Malheiros, 2004.

RIGOLIN, Ivan Barbosa. *Comentários ao Regime Único dos Servidores Públicos Civis.* 5. ed. São Paulo: Saraiva, 2007.

RIGOLIN, Ivan Barbosa; BOTTINO, Marco Tullio. *Manual prático das licitações.* 5. ed. São Paulo: Saraiva, 2005.

ROCHA, Cármen Lúcia Antunes. *Princípios constitucionais da Administração Pública.* Belo Horizonte: Del Rey, 1994.

SALLES, José Carlos de Moraes. *A desapropriação:* à luz da doutrina e da jurisprudência. 3. ed. São Paulo: Revista dos Tribunais, 1995.

SUNDFELD, Carlos Ari. *Direito administrativo ordenador.* 1. ed. 3. tir. São Paulo: Malheiros, 2003a.

________. *Fundamentos de direito público.* 4. ed. 4. tir. São Paulo: Malheiros, 2003b.

________. *Licitação e contrato administrativo.* 2. ed. São Paulo: Malheiros, 1995.

ZANCANER, Weida. *Da convalidação e da invalidação dos atos administrativos.* 2. ed. São Paulo: Malheiros, 1993.